图书馆利用教程

文献检索与

陈思彤 毕 宏 滕丽贞

高灵溪 万益彤 刘 妍 / 主编

那春光 / 副主编

主审

『图书馆利用』和『科技信息检索与利用』课程共用教材

大连海事大学出版社

图书在版编目(CIP)数据

文献检索与图书馆利用教程 / 陈思彤,毕宏,滕丽
贞主编. -- 大连 : 大连海事大学出版社,2023.8(2024.7 重印)
　ISBN 978-7-5632-4455-3

　Ⅰ.①文… Ⅱ.①陈… ②毕… ③滕… Ⅲ.①情报检索—
高等学校—教材②图书馆利用—高等学校—教材 Ⅳ.
①G252.7②G252.65

中国国家版本馆 CIP 数据核字(2023)第 160580 号

大连海事大学出版社出版

地址:大连市黄浦路 523 号　邮编:116026　电话:0411-84729665(营销部)　84729480(总编室)
http://press.dlmu.edu.cn　E-mail:dmupress@dlmu.edu.cn

大连天骄彩色印刷有限公司印装　　　　　　　　　**大连海事大学出版社发行**

2023 年 8 月第 1 版　　　　　　　　　　　　　　　**2024 年 7 月第 2 次印刷**
幅面尺寸:184 mm×260 mm　　　　　　　　　　　　印张:19
字数:472 千　　　　　　　　　　　　　　　　　　印数:5001～10000 册

出版人:刘明凯

责任编辑:王桂云　　　　　　　　　　　　　　　　责任校对:陈青丽
封面设计:解瑶瑶　　　　　　　　　　　　　　　　版式设计:解瑶瑶

ISBN 978-7-5632-4455-3　　　　定价:48.00 元

前　言

　　《文献检索与图书馆利用教程》是我校"图书馆利用"和"科技信息检索与利用"课程的共用教材。本教程的编写适应培养应用性人才的需求，宗旨在于帮助大学生充分了解大学图书馆，尽快掌握应用图书馆的本领，提高自身信息素质，增强文献信息检索能力，养成自主学习的良好习惯。这不仅对大学生本人的学习及将来的工作和科学研究有益，而且对学校营造良好的学习和科研氛围也是十分有益的。

　　本教程从实用角度出发，突出应用性、实践性。上篇全面介绍了大学图书馆利用的有关知识，包括图书馆概述、图书馆在大学生学习成才中的作用、大学生如何利用图书馆并参与其管理与服务，也详细介绍了图书馆各类文献资源的利用方法、各类读者服务的开展情况。下篇以掌握文献信息检索知识和检索技能为切入点，较全面、系统地介绍了常用中文、外文文献数据库资源的特点及检索方法；从综合利用信息角度介绍了资源发现系统和文献管理工具，并以解决实际问题的检索思维方法讲解了文献信息检索技巧。

　　教程内容及编排具有以下特点：

　　1.从学生角度出发，紧密围绕了解图书馆、利用图书馆、融入图书馆的思路，充分结合现代高校图书馆的实际工作，简明扼要地介绍图书馆的文献资源体系、读者服务体系。

　　2.从解决问题角度出发，围绕学习、科研和生活的实际问题，侧重信息资源系统的筛选、检索思路、信息获取方法的细致讲解。

　　3.理论部分简明扼要，资源介绍图文并茂，检索示例部分配有详尽的问题分析、步骤讲解，一目了然，易于理解与掌握。

　　4.汇总图书馆利用百问、中文常用数据库资源列表、外文常用数据库资源列表，突出本教程的实用性和指导性。

　　本书由陈思彤、毕宏、滕丽贞担任主编，由高灵溪、万益彤、刘妍担任副主编。全书由那春光审定。

　　编写分工如下：陈思彤负责第一章、第二章、第三章第三节的编写，以及全书大纲编写、统稿工作；毕宏负责下篇内容统筹及第六章编写工作；滕丽贞负责上篇内容统筹及第四章第一、二节编写工作；高灵溪负责第五章、第八章、第九章第一至五节编写工作；万益彤负责第三章第一、二节及第四章第三节编写工作；刘妍负责第六章、第七章及第九章第六至十节编写工作；申丽萍负责第三章第四至六节编写工作。

　　本书在编写过程中参考了同行专家学者有关著作，并通过网络搜集了相关资料，在此对相关作者和机构表示衷心的感谢。

　　限于编者的学识、水平，加之时间仓促，书中难免有错误、不足和欠妥之处，恳请同行专家、学者和广大读者批评指正，以便修订时加以更正、补充和完善。

编　者

2023 年 5 月

目　录

第一章
大学生与图书馆

第一节　图书馆概述

　　图书馆的出现是以文字的产生为前提的。数千年前,人类就创造了文字,从此逐渐产生了类似图书的东西,因此可以说,收藏图书的行为或事业早在人类文明的萌芽时期就已经出现了。《周易·系辞(上)》说"河出图,洛出书",可见在周代以前已有藏书之举。在我国开始有现代意义的图书馆,大约始于 20 世纪初。目前的中国国家图书馆是我国现有最大的图书馆,也是亚洲规模最大的图书馆。中国国家图书馆馆藏丰富,品类齐全,涉及古今中外,集精撷萃。如今我国图书馆事业正积极地迈向现代化、数字化与智能化,其理论研究和发展均与世界发达国家保持同步。

一、图书馆定义

　　图书馆的定义是什么?图书馆的英文为 library,含义为藏书之所,来源于拉丁文的 liber (图书)一词。我国古代图书馆先后有府、宫、阁、观、台、殿、院、堂、斋、楼等称谓,多称为"藏书楼"。19 世纪末,"图书馆"一词才传入我国。关于图书馆的科学定义,不同时期、不同学者有着不同的认识和表述。

　　我国著名图书馆学家黄宗忠在《图书馆学导论》(1988 年版)中指出,图书馆是对以信息、知识、科学为内容的文献进行搜集、整理、加工、存储、选择、控制、转化和传递,提供给社会读者使用的信息系统。简言之,图书馆是文献信息存储与传递的中心。2003 年他又提出网络环境下,"图书馆是通过人工或计算机、网络对实体或虚拟的信息、知识进行收集、积聚、组织、整理、存贮、选择、控制、转化、传播并建立检索点,供读者检索、利用的信息空间或物理场所或虚实结合的复合体。"

　　柯平教授在《重新定义图书馆》(2012 发表)一文中提出,图书馆是通过对文献和信息的收集、组织、保存、传递等系列活动,促进知识的获取、传播与利用,实现文化、教育、科学、智力、交流等多种职能的社会有机体。

1

我们可以这样理解图书馆:图书馆是对记载人类智慧的文化财富、文献信息进行搜集、整理、加工、组织、存储、传递和开发,并供社会利用的科学、文化、教育和信息服务机构,它纵向继承和发展了人类创造的智慧结晶,横向架起了知识创造和知识利用的桥梁。图书馆的工作对象是文献信息和读者;图书馆的工作程序是对信息进行搜集、整理、加工、组织、存储、传递和开发;图书馆活动的目的是提供利用与服务,以用为主,凸显知识性本质。

二、图书馆类型的划分

为便于了解各种图书馆的特点及其工作规律,这里简要介绍我国通常使用的划分图书馆类型的标准,以及几类主要图书馆的特点。

常用图书馆类型划分依据有:①按图书馆的管理体制(隶属关系)划分。如:文化系统图书馆、教育系统图书馆、科学研究系统图书馆、工会系统图书馆、共青团系统图书馆、军事系统图书馆等。②按馆藏文献范围划分。如:综合性图书馆、专业性图书馆等。③按用户群划分。如:儿童图书馆、盲人图书馆、少数民族图书馆等。对图书馆类型的划分不能只采用单一的标准,必须把各种标准结合起来运用才具有完全的意义。

我国图书馆的类型主要有:国家图书馆、公共图书馆、学校图书馆、科学图书馆、专业图书馆、技术图书馆、工会图书馆、军事图书馆、儿童图书馆、盲人图书馆、少数民族图书馆等。通常认为公共图书馆、科学图书馆、高等院校图书馆是我国整个图书馆事业的三大支柱。以下只简要介绍国家图书馆、公共图书馆、高校图书馆的相关内容。

(一)国家图书馆

国家图书馆在国家信息系统中,提供必要的中心图书馆服务,领导国家信息系统中的图书馆成员,积极参加国家信息系统的建设和制定国家图书馆事业全面发展规划,既是全国的藏书中心、馆际互借中心、国际书刊交换中心,也是全国的书目和图书馆学研究的中心。国家图书馆在很大程度上代表着一个国家图书馆事业的发展水平,它对本国图书馆事业的发展起着重要的作用。

国家图书馆负责完整、系统地搜集和保存本国的文献出版物,担负国家总书库职能;同时为研究和教学有重点地选择外国出版物,拥有丰富的外交馆藏;负责编制国家书目和联合目录;组织和协调各图书馆进行现代技术设备的研究、试验、应用和推广;为图书馆学研究搜集、编译和提供国内外信息资料,组织学术讨论,推动全国图书馆学研究的发展;代表本国图书馆界和广大图书馆用户的利益,参加国际图书馆组织;执行国家对外文化协定中有关开展国际书刊交换和国际互借工作的规定;开展与国际图书馆界的合作与交流;开展科学信息工作,为科学研究提供服务。

(二)公共图书馆

公共图书馆是指向社会公众免费开放,搜集、整理、保存文献信息并提供查询、借阅及相关服务,开展社会教育的公共文化设施。公共图书馆由中央或地方政府管理、资助和支持的,分省(自治区、直辖市)、市及以下不同行政划分的图书馆,其经费来源于地方行政机构的税收,设立和经营必须有法律依据。

公共图书馆收藏学科广泛,通常建有地方文献的专藏,也担负着一定的科学研究服务。读者成分多样,主要服务对象是城市、乡镇中的各阶层居民和少年儿童。在开展馆内流通阅览的同时还到街道、乡村开办借书站和流通点,把书送到基层。

《中华人民共和国公共图书馆法》保证了公民可免费获得图书馆提供的多种多样的服务,包括文献外借、阅览服务、参考咨询、文化活动(文献展览、报告会、讲座、电影、音乐会等)以及为老年人、儿童和残疾人提供的专门服务等。

(三)高校图书馆

2016 年教育部印发《普通高等学校图书馆规程》,指出"高等学校图书馆是学校的文献信息资源中心,是为人才培养和科学研究服务的学术性机构,是学校信息化建设的重要组成部分,是校园文化和社会文化建设的重要基地。"高校图书馆在资源建设方面要为学校教学、科研和学科建设提供文献信息保障,服务对象主要为高校全体师生,要提供便利、健全的文献信息服务,并要在学校人才培养、科学研究、社会服务和文化传承创新中充分发挥作用。为教学和科学研究服务,是高校图书馆的基本特征,也是高校图书馆存在的价值,是其全部工作的出发点和归宿。

根据馆藏文献范围划分,高校图书馆大体上可分为两类,即综合性的和专业性的。综合性高校图书馆和师范院校图书馆属于综合性图书馆;多科性理工科院校图书馆和单科性院校图书馆基本上属于专业性图书馆,只是在专业的范围上有所区别。在我国的高校图书馆中,历史悠久、馆藏丰富的有北京大学、清华大学、北京师范大学、复旦大学、上海交通大学、中山大学、西安交通大学、南京大学、四川大学、兰州大学等高校的图书馆。它们都是全国或地区中心图书馆的成员馆,并在其中担负着重要的职责和任务。

进入 21 世纪,在中国高等教育文献保障系统(China Academic Library & Information System,简称 CALIS)的建设与引领下,全国高校图书馆形成了紧密的联盟和公共服务体系,整合了高校丰富的文献资源和人力资源,实现了全国高校图书馆的信息资源共建、共享,在资源采购、先进理念与技术推广、图书馆人才培养、图书馆学理论研究等方面,都发挥了巨大的社会效益和经济效益,服务中国高等教育的水平显著提高。高校图书馆正在成为一个开放的知识信息系统。

三、高校图书馆的职能与作用

《普通高等学校图书馆规程》中明确指出:高校图书馆的主要职能是教育职能和信息服务职能。图书馆应充分发挥在学校人才培养、科学研究、社会服务和文化传承创新中的作用。

(一)高校图书馆的教育职能

无论高校图书馆如何发展,身处高等教育环境下,教育职能始终是高校图书馆的核心职能。通过读者利用文献资源、享受图书馆服务、环境浸润与熏陶的方式来获取知识、感受文化,进而达到教育作用。其教育职能体现在以下几个方面。

1.思想政治教育

立德树人是高校立足之本,高校教育的核心宗旨在于进行德育教育。图书馆也承担着高校"三全育人"的重要使命。图书馆不仅仅是知识的海洋,还是人类文明、文化成果的汇集地,是校园中培养品德、陶冶情操重要场所之一。图书馆除了拥有优质的思政教育相关文献资源外,还能通过多种形式对学生开展思想品德教育,如挖掘优质红色书籍开展主题读书会;购置思政教育网络课程数据库;利用空间环境优势及多种渠道宣传爱国主义和时事政治等方面内容;或举办图片展览、专题报告等主题读者活动等。图书馆在潜移默化中提高学生思想水平、政治觉悟、道德品质、文化素养。

2.专业学习教育

图书馆是大学课堂学习的延伸、扩展和深入。无论是本科生还是研究生,其专业培养都离不开图书馆。专业任课教师知识更新,其文献信息的来源也离不开图书馆。图书馆不仅提供全面、系统的学科及专业领域教学参考资料,近几年电子教材、教参图书平台建设也为专业学习提供了文献保障。图书馆通过校园网络、电子阅览室等提供最新学术电子文献的阅读、下载,还根据教学科研需要,融入专业学习环节、直接嵌入专业课程,讲授专业学习文献资源的特点与利用方法。

3.自主学习与终身学习教育

大学阶段获得知识的重要方式之一是自主学习,图书馆"以人为本"的服务理念能让读者以自我发展为目的,自由地吸取各方面知识,图书馆为自主学习提供知识创新的源泉,图书馆是自主学习的最佳场所。图书馆为读者提供学习、教育、交流、研讨、鉴赏的知识平台和环境,大学生走进图书馆、利用图书馆,就逐步养成自主学习习惯和能力,具有不断学习的动力,这也正为他们扎实终身学习的理念和行动打下基础。

4.信息素养教育

信息素养是一种能够充分认识到何时需要信息,并有能力有效地发现、检索、评价和利用所需要的信息,解决当前存在的问题的能力,是大学生走出校园、立足社会、求得发展的能力要素。高校图书馆有人力资源、信息资源和信息基础设施的优势,有义务、有责任通过新生入馆教育、读者培训、开设信息素养课程等多种方式,对大学生进行信息素养教育,培养大学生掌握信息获取、鉴别和利用能力,授人以渔,真正掌握自主学习、终身学习的有效方法。

5.综合素质教育

图书馆收藏的多学科纸质文献及电子文献,能开阔读者视野,学科间知识的相互交叉与渗透能拓宽读者的知识面,培养学习能力和学习兴趣。各类阅读推广活动以及良好的图书馆文化环境氛围,让大学生们展现自我能力、体现自身价值,还有利于进行人文素质教育。图书馆有利于大学生汲取营养、增长才干,促进个性发展并不断完善人格。

(二)高校图书馆的信息服务职能

高校图书馆信息服务职能的起始点和落脚点都在资源与服务,二者是图书馆的业务工作主体,也是图书馆发展的核心要素。其信息服务职能体现在以下几方面。

1.信息收集与保障功能

图书馆通过对文献信息按计划收集、有序组织、科学揭示来服务于高校的文献信息资源体系建设,并挖掘文献信息中的知识价值和潜在价值进行开发,促进知识信息的充分流通和利用,使文献资源转化为科技成果和生产力。在不断建设健全全校的文献资源体系的过程中,为教学、科研和学科建设提供文献信息保障。高校图书馆还形成具有本校特色的文献信息资源体系，保持重要文献、特色资源的完整性与连续性，注重收藏本校以及与本校有关的各类型载体的教学、科研资料与成果。

2.信息获取与利用功能

高校图书馆要在国家和行业标准规范下，对全部馆藏文献资源建立完善的信息检索系统，参与校园信息化建设，让师生在最高效、最便捷的情况下获取利用到所需信息，使高校图书馆由资源中心向知识学习与服务中心转变。要加强馆藏实体文献保护与修复，建立数字信息资源的长期保存机制，延长馆藏文献信息在利用时间上的长度。还应积极参与国内外文献信息资源建设的馆际协作，实现资源共建共享，扩大信息资源在利用范围上的宽度。

3.信息服务与支撑功能

高校图书馆要建立健全全校的文献信息服务体系，服务教学与科研、服务人才培养。由被动服务转变主动服务，积极拓展信息服务领域，采用现代化技术改进创新服务方式，提供数字信息服务，嵌入教学和科研全过程，开展学科化服务。注重读者体验、提高服务效率，为师生提供数字化、知识化信息资源，满足读者个性化信息需求。高校图书馆也要积极为高校发展决策、"双一流"建设、智库建设、知识产权成果转化、学校学术资源数字化工作、校史与文化传承等方面提供信息与技术的支撑服务。图书馆也应在保证校内服务的前提下，发挥资源和专业服务的优势，开展面向社会用户的信息服务。

四、名人利用图书馆的故事

自古以来，图书馆影响了众多中外名人的成长，许多名人与图书馆结下了不解之缘，以至于很多名人与图书馆的故事和趣闻被传为佳话。

李大钊

李大钊是中国共产主义运动的先驱者、中国共产党的主要创始人之一，也是我国现代图书馆事业的奠基者。1918年1月，李大钊出任北京大学图书馆主任，开始了他的图书馆事业。他在任的5年间，对图书馆的管理体制、馆藏保障体系、队伍建设、内部管理、馆际交流等方面进行了卓有成效的现代性改革。使北京大学图书馆完成了从传统到现代的转型，完成了由一个封闭式的藏书楼到中国第一所新型、开放的现代图书馆的转型。北京大学图书馆在当时成为新文化运动的重要阵地，成为早期革命活动的中心之一。图书馆成为先进文化的传播阵地，这是中国图书馆事业史上的划时代转变。

马克思

马克思在其一生中与图书馆结下了不解之缘。图书馆是他学习和搜集文献资料、进行科学研究以及著书立说的重要场所。马克思利用英国伦敦博物馆、图书馆的故事世人皆知，被后人传为佳话。为写《资本论》这部鸿篇巨著，马克思曾经不间断地在英国博物馆的图书馆里苦心研究25年之久，阅读了1 500多本图书，他每天在图书馆10小时以上，早上9点钟准时坐在D行第2号座位上学习，借阅书籍、整理笔记、摘录写作，一直到晚上7点才回家。据说马克思在座位那里读书的时候常常情不自禁地在座位下用脚来回擦地面，经过长年累月地摩擦，水泥地面磨去了一层，被人们称为"马克思的脚印"。

列宁

伟大的领袖列宁是利用图书馆的典范。少年时,他利用父亲的工作之便,经常在图书馆查阅资料。他一生去过的图书馆很多。著名的有俄罗斯喀山图书馆、丹麦哥本哈根图书馆等。令人敬佩的是,在他流放的岁月里,他也不放过任何机会去途中经过的图书馆。在他的一生中,曾经阅读、翻阅和研究过成千上万本书,许多时间都是在图书馆里度过的。瑞典皇家图书馆至今还保留着一套老式的桌椅,为了纪念列宁这位忠实勤奋的读者。

拿破仑·波拿巴

拿破仑是世界近代史上最著名的人物之一,这位"军事巨人"戎马一生,却与图书馆有着密切关系。1784年,拿破仑以优异的成绩进入巴黎军校,其间阅读学习了大量著作。拿破仑一生指挥过大小无数战役,规模之大、参战人数之多几乎都是空前的。他一生大部分光阴都是在战场上度过的。即使是这样,拿破仑也没有忘记读书。他有一个"随军图书馆",统帅大军横跨欧洲时,这个图书馆始终与他结伴而行,他常在帐帷之中与书籍为友。这个图书馆总藏书达千部,按书目分类,每箱装60册。他所选的书都是小薄本的书,印刷清晰,纸张极薄,便于携带和自由阅览。

1799年,拿破仑就任法国首席执政官,他制定了一系列保证图书馆事业发展的措施,主要包括:每年给巴黎国家图书馆增拨特别经费;国内各图书馆藏书凡是巴黎国家图书馆没收藏到的均应交换,这使全国各图书馆所没收的宗教图书和流亡国外贵族的珍本图书,得以相对集中于巴黎国家图书馆;实行严格的图书缴送本制度。这些措施使巴黎国家图书馆到1818年时的总藏量达到100万册,一跃而成为19世纪初叶藏书量居世界第一位的图书馆。一百多年来,史学家们对拿破仑颇有争议,然而对他在图书馆事业方面的贡献却能够取得比较一致的看法。

本杰明·富兰克林

富兰克林是美国杰出的科学家和社会活动家。他所从事的第一项公益事业,即与图书相关。1727年时,富兰克林曾召集几位爱读书的青年,组织了一个名叫"共读社"的俱乐部,大家常坐在一起交流读书心得。1730年,富兰克林向俱乐部提出建立图书馆的计划,规定每个参加者先交纳40先令,用以购买第一批图书,以后每年交10先令,继续购买新书,然后借给每个成员阅读。图书馆很快显示出了极高的图书利用率,社会各界也给予了热情的支持。图书馆迅速发展壮大起来,又吸收了费城的其他几家图书馆,后来成了北美第一家公立图书馆,是"北美所有公立图书馆的鼻祖"。

康有为

康有为是中国近代启蒙思想家、资产阶级维新派政治家和杰出领袖,被认为是近代图书馆奠基和开拓的第一人。旅游中他最喜欢参观的就是图书馆,他亲眼看见了西方国家图书馆规模宏大、藏收丰富、功能齐全,更深化了对建立我国近代图书馆事业重要性的认识。1893年,康有为在广州开办万木草堂,他第一个与众不同的举措,就是建立一个供全体学生公共使用的"书藏",即学校图书馆。这种书藏就是康有为认为的向近代图书馆转型期的图书馆形式。

鲁迅

鲁迅对我国现代图书馆事业做出了巨大贡献。鲁迅1912年到1926年在教育部工作,担任社会教育司第一科科长,主管图书馆、博物馆工作。于是来到北京之后的鲁迅先生,不等安顿好家眷,就马不停蹄地投入到了京师图书馆的工作当中。京师图书馆就是如今国家图书馆的前身。查阅这一时期的鲁迅日记,可以看到有关图书馆建设的记载达94次之多,内容涉及馆址选择、藏书建设、人员配备等。国家图书馆至今还保留着许多鲁迅参与当年该馆建设的珍贵文献。

鲁迅曾据理力争使两部举世闻名的珍贵典籍《永乐大典》和文津阁《四库全书》得以入藏京师图书馆。入藏京师图书馆的文津阁《四库全书》，成为唯一一套原架、原函、原书保存的版本，更是成为国家图书馆四大专藏之一。可以说鲁迅为国家图书馆的馆藏打下了很坚实的基础。

鲁迅还指导创办了当时的"京师通俗图书馆"，是我国第一所为普通老百姓服务的大众化图书馆，以"启发教育民众，推进民主革命"为主旨，不仅开启了普通民众免费阅读的先河，更是将大量的通俗读物带给读者，还设立了新闻阅览室和科技阅览室，以达到宣传新思想、新科技的主张。更为难能可贵的是，京师通俗图书馆还开设了儿童阅览室。

华罗庚

华罗庚是举世闻名的数学家和教育家，他的成功之路与清华大学图书馆的关系十分密切。

1931 年，华罗庚来到清华大学，当时他只有初中学历，在数学系图书室担任助理员。这项工作不但解决了他的生计，他还可以旁听数学系的课程，自由进入清华大学图书馆。华罗庚一头扎进了图书馆，系统地攻读馆藏丰富的数学典籍。这一时期，华罗庚除了工作，不是去听课，就是去图书馆，像在家乡那样，还是每天学习 10 个小时以上。他从庞杂纷纭的知识材料中找到了贯穿全局的精髓，成就了他的数学研究之路。1936 年，当华罗庚以访问学者的身份离开清华大学到英国留学时，他几乎已经读完了清华大学图书馆的所有数学藏书。

金庸

武侠小说大家金庸也做过图书馆馆员。金庸原名查良镛，1942 年，他从浙江省衢州中学毕业，来到陪都重庆求学，就读于中央政治学校外交系国际法专业。但是学习一年零二个月以后，因为投诉学校，被学校勒令退学。然后，他被迫投奔同在重庆的表兄蒋复璁，他是民国时期国立中央图书馆的馆长。受抗战影响，当时中央图书馆也迁至重庆（馆址在今重庆图书馆）。受到蒋馆长的帮助，查良镛入职中央图书馆，被安排在阅览组工作。1945 年 4 月，他从中央图书馆辞职。

查良镛后来回忆说："我在图书馆里一边管理图书，一边就读了许多书。一年时间里，我集中读了大量西方文学作品，有一部分读的还是英文原版。"由此可见，在图书馆的工作对金庸的阅读积累也是起到了积极的作用。1994 年，金庸在家乡浙江嘉兴捐资建造了金庸图书馆。

比尔·盖茨

比尔·盖茨把他的成功归结为勤奋学习、认真思考和善于利用图书馆。他认为"图书馆是人类智慧的宝库，是获取知识并从事创新思维的源泉"。微软公司拥有一座藏书质量优秀的图书馆。比尔·盖茨总是从图书馆查找有关业务性和竞争性项目的文献信息资料，以及为报纸专栏撰稿所需的各种背景材料。为了了解即将要会见的人士，比尔·盖茨也会从图书馆查阅其传记资料，以便做到知己知彼。

比尔·盖茨认为，微软图书馆能促使公司员工胜任自己的工作。员工们在工作中需要大量的信息资料，虽然可以通过网络获取，但图书馆拥有一批文献信息专家，他们有能力从外界获取更多的文献信息，帮助员工把工作做得更好。1997 年，比尔·盖茨设立了盖茨图书馆基金，并将 4 亿美元捐献给美国图书馆界，用于装备先进的技术和收藏丰富的文献信息，以便更好地服务于广大读者。

第二节　大学生学习成才与图书馆

在大学学习期间,图书馆是大学生培养自主学习能力、提高专业水平和综合素养的良师益友,对大学生当前的学业和未来的成才有着极其重要的作用。图书馆拥有良好的学习环境和浓厚的学习气氛,有丰富的文献资源,有现代化的硬件设备,有热心服务的图书馆馆员,图书馆热情地向每位大学生敞开大门。学习的机会对每个人都是平等的,怎样在大学期间利用好图书馆,让丰富的文献知识和服务为己所用,是值得每位大学生认真思考的。

一、大学生学习成才的社会背景与要求

当前,现代化信息技术得到飞速发展,使人类收集、整理和传播信息的方法进入了自动化时代,人们必须不断地获取新的信息、更新知识,才能适应现代社会科学技术日新月异的发展节奏。信息技术革命对高等教育、科研进程与方式带来了巨大变革,也构成了当代大学生成才的新背景和新要求。

大学新生在开始大学学习生活后首先要学会"两个转变"。一方面是学习目的要从单一的获得文凭、找到工作向获得真才实学转变;另一方面是学习态度与方法要由被动学习向自主学习转变。经过中学阶段的拼搏考入大学,很多同学学习动力锐减,或认为大学毕业并找到工作就算完成了大学阶段的任务。但当今社会在重视文凭的同时,更重视真才实学、实践能力和个人综合素质。大学课程也不像中学阶段详细讲解、反复练习,而是课堂抛砖引玉,激发同学自己思考并扩充更多知识,进而启迪思维、指导实践。培养自主学习的意识和习惯,具备自主学习的能力在大学阶段是至关重要的。大学要培养的是真正的学习型人才,能够创造性地学习,在未来的工作和生活中,遇到不懂的问题,能通过利用已有知识和学习相关知识创造出新知识,然后解决问题。

大学四年除了需要认真学习专业知识外,社会和国家的发展还需要大学生具备以下能力与素质。

1.能力方面

①学习能力和自我管理、权衡能力:强烈的学习兴趣,能够主动学习新知识和技能,也需要有自我权衡能力,设置适合自己和社会需求的学习目的、目标,同时要具备良好的自我管理能力来规划自己的学习和生活。

②独立思考和创新能力:具备批判思维和分析问题的能力,能够独立思考并提出新的见解和创新性的解决方案,具备分析、评价和创造的高阶思维。

③实践能力和团队合作能力:实践能力和动手操作能力,能够把理论知识应用到实践中,还要拥有积极的团队合作意识,在团队中充分发挥自己的特长,促进团队协作,共同完成任务。

④交流表达能力:良好的沟通交流能力,通过文字、语言能够清晰明确地表达自己的思想和意见,并且能够理解别人的意图和观点。

2.素质方面

①思想道德素质:树立正确的世界观、人生观、价值观,并具有较高道德品质和思想修养。

②文化素质：拓展自身人文社会科学领域知识储备，具有欣赏美、创造美的审美情趣、较高的文化修养和丰富的社会知识。

③身心素质：体质健康和心理健康，有自控能力和适应各种情况的调控能力。

④信息素质：包括信息意识、信息知识与能力、信息道德三个方面，应具备有效获取、处理、分析、评价、整理和应用信息的能力，在数字信息时代，也可以说成是一种数据素养。具备信息素质是自主学习、终身学习的条件，并帮助提高其他领域的素质，是高素质人才的必备素质之一。

《礼记·大学》开篇"大学之道"中阐释了人生的理想在于能够完成"修齐治平"的宏伟事业，而要达到"修齐治平"境界的前提是人格的养成，即正心、诚意的人格的养成。要养成正心、诚意的人格，则需要格物致知，所谓格物致知，就是读好书、做好学问。可见读好书、做好学问是一切事业的根本。大学生要在大学阶段，用青春精力来学习各方面的知识，领悟读书与治学的要义，增加自己的能力，才能更好地成才，实现自己的人生理想。

二、大学生学习成才要重视读书与治学

(一)读书与治学的要义

读书在《汉语大辞典》中的解释为：阅读书籍；诵读书籍。

阅读为用眼察看、阅览、翻阅，诵读为依照文字念，发出读音、宣读、朗读。阅读也是人的一种基本智力技能，是从印或写的语言符号中取得意义、获得情感信息的一系列行为和心理过程的总和，也是从书面语言获取文化科学知识的方法，是信息交流的桥梁和手段。

书籍的概念、状态及其内容符号随着时代的发展而变得丰富多彩，从广义角度理解，现代"书"的概念既包含传统纸张印刷出版图书，也包含电子书、有声书，以及载有多种信息符号并利用网络传播的新闻、文学、自媒体信息等。因此，我们可以从广义的角度，将"读书"理解为：人们运用阅读这一基本智力技能，利用各种存储或传播介质，理解书籍中的信息符号，进而提取意义、获取知识的一系列过程和行为。

治，本义为管理、处理，衍义引申指"从事研究"；学是学问；治学就是探究知识、研究学问。

治学和学习又有所不同。《礼记·月令》中说："鹰乃学习。"学，效；习，鸟频频飞起，意即小鸟反复模仿起飞。可见，学习就是反复求得知识和技能，是对前人已经发现的知识、技能的模仿。学习也是使人从蒙昧状态到通明精神、畅达思想、和悦情绪、修养品性的手段和过程，东汉徐干认为，"学者，心之白日也。"学习就是心灵的太阳，太阳的光辉一照进来，一切都一目了然、豁然开朗。

治学包含学习也包含更多的创造因素，治学的目的是创造，要对前人知识的多方面继承，创造前人尚未发现的知识，解决各种理论和实际问题。治学也是探索、创造能力培养的过程。

(二)读书与治学的关系

读书与治学相辅相成、互相作用、互为依存。读书是人生最关键、最重要的求知手段，治学则是在掌握必要知识的基础之上做学问、做研究，是一种学习和科研的综合。

读书是治学的基础，在很大程度上决定着治学。读书是获取知识和理论的主要途径，丰富自己的储备并建立学术基础。只有建立了扎实的学术基础，才能更好地进行思辨与探索。治

学对读书提供指导方向和方法,也是检验读书效果的方法。治学能引导读书,治学需要有系统性、科学性的思路和方法来探究问题,这些思路、观念和方法又影响着读书的方向和状况,也能帮助更好地分析和理解书籍,治学也是一种更深层次的读书境界。

读书与治学共同推动个人素养的完善。通过不断阅读能在书海中发现自己对某一领域的兴趣,或者发现自己在某一领域拥有优秀的天赋等;读书也能够为大学生提供各种思路、理论和材料,让他们在实验、研究和创新过程中发现问题,这些都让大学生能够不断提高自我素养、增强综合能力和批判性思维,也促进科研能力、研究方法的改进和提升,最终达到全面成才的目标。因此,大学生应该注重读书与治学的结合,充实知识储备,培养解决问题能力和科学精神,在个人向上攀升的道路上最大化舒展自己。

(三)读书与治学的方法

大学生在大学阶段要着力培养自己读书与治学的兴趣和能力。古今中外的名人、学者都在读书和做学问的实践过程中摸索出适合自己的读书与治学的方法,本书进行了概括和梳理。了解这些方法能为我们的大学生活和人生中以后的学习起到有益作用。

1.读书的方法

(1)读书要有"从薄到厚,从厚到薄"的过程

从薄到厚是指读书面要广,要有广泛的兴趣,阅读内容要先易后难,缓步上升、循序渐进,逐步完成知识量的积累。开卷有益,在翻书的过程中我们就可能被书中内容吸引,就能发现自己的兴趣,接触面广就更易诱发兴趣。从厚到薄是在读书过程中达到记忆与理解的目的,要善于归纳知识和洞察问题,这也是治学的基础与准备、关键和核心。通过背诵、做读书笔记等方法,把书中的知识有条理地存储在自己大脑中,转化为自己可以随时提取并作为创新思维原材料的活跃的知识。

(2)读书要有针对性

首先,对于整体个人读书行为而言要明确目的,这需要了解自己的阅读需求并知道不同书籍的内容和作用上的区别,如增加心灵体验的文学作品、启迪思维的哲学著作、专业学习的教科书和学术期刊、查阅参考的工具书等。

其次,尊崇自己的兴趣去读书,专一并坚持下去,兴趣激发阅读主动性和自觉性,就会带着自己需要解决的问题和关注点去认真研读、去思考,兴趣驱使源源不断的总结和思考,就会有收获并去享受阅读,读书就能体现自己的个性和兴趣,只读畅销书、只看专业书籍、只利用网络进行碎片化阅读和泛泛地阅读,都不算严格意义上的爱读书。

最后,读书要有计划、有重点,一段时间内有一个重点,如结合阶段工作学习内容、研究方向、写作而相对集中、有计划地读某一类书,并形成心得,也是一种有效的治学基础训练。

(3)读书要读经典、读原文

在浩如烟海的文献中,选择经典书籍阅读是十分必要的。经典书籍是学者们智力、知识、经验的编撰、积累和进化,经过了时间与历史的考验,精读经典论著、参考一些"必读书目",能起到事半功倍的效果。经典书籍要读原书、原著,才能不断产生自己的想法,而不是依赖于他人的概览介绍、解析解读。周国平关于读经典原著的建议是,不以做学问的压力刻意要求自己,首先当作闲书以轻松的心态和方式来读,不刻意求解,在这个不求甚解的阅读过程中,慢慢接受熏陶,内在的理解能力在慢慢积累,有一天就会发现你越来越读得懂了;当然也要做读书

笔记,并反复阅读。

（4）适当了解和掌握一些阅读方法

目前对于读书方法的研究,已经形成了一门专门的学问——阅读学,并有较多相关书籍和理论研究。常见的有速读法、精读法、五步读书法、SQ3R 读书法等,本书不再详述。大学生可适当了解和掌握一些科学的阅读方法,结合自身特点和实践感受,选择行之有效的方法,以提高学习效率、拓宽获取知识的途径。

2.治学的方法

治学的目的是创造,是学而后思,"思"的过程和结果不唯一,是受个人经验、知识储备、社会体验等多种方面影响的。书籍是客观存在的物体,读书的经验与方法往往有章可循,但治学受主观个体影响较多,方法复杂且往往因人而异。本书梳理部分专家、学者的治学经验之谈,概括治学方法与要点如下。

（1）治学的基本精神

静心是治学的前提,要不慕纷华,耐得寂寞,要有顽强的意志力,坚持潜心研究。认真是治学的基础,读原著、钻研原材料要肯下苦功夫、死功夫,并认真思考。老实是治学的底线,知之为知之,不知为不知,偷窃抄袭不可为。无畏是治学的风范,当观点、建树、研究结果与前人研究权威观点不同甚至相悖时,要有学术勇气,要有坚持真理的勇气。严谨是治学的准绳,治学过程必须谨慎从事,论点鲜明、论据引证准确无误、字词句需反复推敲。

（2）治学宜起点专一

一方面,专一是指对事物充满好奇,不满足于表象,想探究认识到一切事物变化的根源,并勤于思考、擅于甄别、力争有自己的见解、发现、创造。另一方面,专一是指抓住了一个问题进行研究,就不要把它轻易放弃,或认为已有的结论是盖棺定论,因为结论也许有对错,也许有缺陷,需要不断完善,要时常关注、坚持研究。另外,做研究的起点可以专注于一点,不断扩展成研究体系,如专人研究,研究一个人物;专书研究,研究一本书;专题研究,对一个问题进行专题调研。

（3）治学需要丰富资料

丰富的资料既指文献知识,也包括各类研究材料和科研数据。搜集的资料要充足、丰富,能够做到多方引证。不同观点、不同学科领域、不同文化都应广泛涉猎,要采取宽容和开放的态度,打通古今、中西界限,才能在所研究的领域里有所成就。同时要密切注意学科发展、学术动态,不断发掘新材料,才能不断发现新问题。

（4）治学需要创新思维

首先,想象力是创新思维的核心,爱因斯坦认为:"想象力比知识更重要,因为知识是有限的,而想象力概括着世界上的一切,推动着进步,并且是知识进化的源泉。严格地说,想象力是科学研究中的实在因素。"其次,常用的创新思维的突破口有以下几种,一是利用已有方法解决新问题;二是跨学科领域吸收新理论与新方法解决本领域问题;三是运用哲学思维进行理论总结,或带来新思路、新启发;四是依托科学实验创新;五是利用数学方法分析规律以解决问题;六是综合因素与方法的运用。

三、图书馆在大学生学习成才中的作用

图书馆是大学文献信息资源中心,是为人才培养和科学研究服务的学术性机构,是重要的读书治学场所,是师生们的第二课堂,在当代大学生学习成才过程中有着不可低估的重要作用。

(一)图书馆是自主学习中心

图书馆收藏了丰富的文献资源,学生能够在课堂之余利用图书馆继续进行综合性和持续性学习。图书馆专业学术书籍可覆盖全校学科和专业,并经过资源建设馆员精心挑选,具有一定的专业系统性和完整性,能很好补充和拓展课堂上未详细讲解的专业知识,延伸专业学习。大学生还可以学习阅读各类政治、经济、军事、人文、艺术等各类书刊,学习综合性知识,拓宽自己的知识结构,提高文化修养,也可以在阅读中找到自己的兴趣和爱好,发现自我并规划自我。各类外语、计算机技能提升书籍、考试模拟数据库、电子培训讲座及公开课为大学生学习各类技能、备考、求学深造等提供了优越的知识条件。图书馆覆盖无线局域网,提供多媒体电子阅览室,为大学生自主学习营造了信息化平台,可快速查阅电子学术文献、获取网络信息资源。近年来高校图书馆积极开展空间再造,建设了各类型交流、研讨、实践空间,大学生在图书馆以小组讨论、协同学习、双创实践、文化体验等方式参与到更加广泛的自主学习活动中,个体体验和学习效能也显著增强。

图书馆用文献资源、读者服务、空间建设构建了极具开放性和高度自由化的学习场域。大学生依据个性和需求,自主利用文献阅读和学习、享受读者服务的解惑和指导、利用空间交流研讨感受多元学习方式,大学生利用图书馆的过程成为一个自我管理、自我实施、自我成长的自主学习正向循环过程。

(二)图书馆是信息获取中心

为满足师生及时获取信息和知识的诉求,图书馆投入大量经费购买各类学术电子资源,它们实时更新,提供各研究领域全球学术前沿信息,把握趋势、拓宽学术视野。图书馆还利用信息资源的建设与开发、分析与计量等方式,为师生学术研究提供信息检索、挖掘、分析、组织等服务。师生从图书馆获取到的是具有可靠性、技术性、专业性和科学性的信息与知识。高校图书馆还是本校特色资源、机构文献的唯一获取来源,如特藏学科文献、珍贵古籍、本校教师专著、手稿、本校学位论文等。馆际间的联盟合作也使文献信息获取的深度、广度、速度大幅提高。

图书馆还具备开展信息素质教育的能力和条件,承担着全校信息素质教育的重任。图书馆针对大学生的不同阶段、不同类型需求特点,开展新生入学教育、选修课程、专题讲座、数据库培训、微课等多种形式的信息素质教育。教育内容和方式也在不断变革:从工具书的手工检索到网络资源、各类数据库检索;从单纯的课堂教学转向技术实践和体验式情境学习;从知识传授为主转向能力培养为主。通过"授人以渔",培养大学生的信息意识,以及信息选择、利用、吸收的能力,提高自主获取知识与信息的技能。

(三)图书馆是文化育人中心

大学图书馆是校园文化和社会文化建设的重要基地,是收集、整理、储存、传播交流文化成果的信息服务机构。图书馆建筑典雅、气魄宏伟、内部阅览空间明亮宽敞、环境优雅整洁、人文作品装饰点缀其中、学习氛围浓厚、服务温暖如春,大学生置身于这样的读书环境,享受着丰富的馆藏资源,利用着先进的检索设备,会产生一种不由自主地奋发向上的精神力量,感受到文化浸染和熏陶,在无意识中接受教育。图书馆无时不在发挥其潜在的环境育人的功用。

此外,图书馆还利用形式多样、积极向上的阅读推广和文化交流活动浸润读者心灵,发挥文化育人的作用。大学生兴趣广泛、思维活跃、渴望交流,在信息迭代迅速、传统文化与外来文化并存、理想与现实不断冲突的今天,大学生尤其需要正向文化的引领和正能量的输入。图书馆通过组织和开展丰富的读书活动、文化活动,弘扬中华优秀传统文化,培育大学生的社会主义核心价值观,树立积极乐观的人生态度,培养理性健全的人格,掌握良好的读书与学习方法,帮助他们从懵懂少年走向成熟理性、知识丰富的个体,来完成立德树人这一教育的根本任务。

四、大学生要充分利用图书馆

(一)熟悉图书馆文献资源

要知道图书馆有哪些文献资源,不同类型文献资源的内容是什么,能为学习和生活提供什么样的帮助。知道与自己专业学习相关纸质文献、电子文献资源有哪些,或自己很喜欢的书籍、报刊图书馆是否有收藏。除了在图书馆内能实际看到的纸质文献外,高校图书馆购买的大量电子文献资源、数字资源等也千万不能忽视,它们与专业学习、开展科研、备战校内外各类考试、撰写论文、学习公开课程、了解数据资讯、课外阅读等都息息相关。

(二)熟悉文献获取方法

需要了解查找文献或知识的方法,如文献分类方法、馆藏书目检索、数据库检索方法等,还要熟悉图书借阅规则及权限、电子资源获取原文方式等。可以通过提高检索技能和自身信息素养来更好地利用所需文献资源。如学习图书馆组织的有针对性的读者培训、通识课程等,特别是大一新生要认真参加入馆教育,在这类课程里图书馆的老师会讲解图书馆馆藏情况、借阅图书流程、图书馆各类服务等,能使大学生一入学就迅速而全面地了解图书馆。

(三)熟悉图书馆空间布局

要知道需要的文献和服务去哪儿找,要知道馆藏布局、功能区域布局。明确可外借图书和阅览图书的不同分布。特别是有多个分馆、多个馆舍的高校图书馆,大学生要了解分馆间馆藏资源与服务的差别。

(四)充分享受图书馆服务

图书馆是高校中重要的公益性服务机构之一,每个大学生从入校报道到毕业离校期间都是图书馆重要的读者和服务对象,不同专业、不同学习阶段的大学生都能利用图书馆的服务。如线上、线下咨询服务能随时解决使用图书馆过程中遇到的问题;读者可以通过资源荐购服务提出采购建议,让图书馆购买你感兴趣的文献资源;馆际互借、文献传递服务可获取本校图书馆以外的文献资源;读者培训服务针对学习科研各方面各阶段指导资源利用技巧。图书馆的资源、设施、服务都是公共资源,每一位师生都有权利利用图书馆,大家要充分享受图书馆各项服务给我们带来的帮助和便利。

（五）积极参与图书馆活动

图书馆会定期主办或协办各类活动,如形式丰富的阅读推广活动、读书活动、检索技能比赛、中华传统文化体验活动等,或是邀请各领域知名学者、行业名人做学术报告,开展宣讲和学术交流研讨。大学生能在活动中展示才华、表现自我,也能感受浓厚的文化氛围和学术熏陶,领略学者风范。活动既能丰富课余生活,也是珍贵的大学文化生活体验。

（六）和图书馆建立双向交流

大学生在利用图书馆的过程中有任何疑问、意见和建议都可以通过多种渠道向图书馆咨询或反映,图书馆也非常珍视读者的需求,并以此作为不断改进工作方法和服务的重要依据,读者也随之能享受到更优质的服务,在利用图书馆时就能获得最大的效益和更多收获。双方都畅通交流渠道,共同努力,让图书馆发展得更好,大学生也能更好地在图书馆汲取知识、成长成才。

五、大学生参与图书馆管理和服务

大学生参与图书馆管理和服务工作是随着图书馆的发展而不断地完善、成熟和发展的,大学生在参与的过程中,能在广大学生和图书馆间起到很好的沟通和桥梁作用,有利于自身才能的施展和社会实践能力的提高,对图书馆各项工作的开展、提高管理与服务水平,都有着许多积极的意义。

（一）参与形式

1.勤工助学岗位

勤工助学活动是指学生在学校的组织下利用课余时间,通过劳动取得合法报酬,用于改善学习和生活条件的社会实践活动。高校图书馆普遍会根据实际工作需求设立固定的大学生勤工助学岗位,也被称为勤工俭学岗位或义务馆员。一般每学期初图书馆会通过报名、审核、竞聘等环节招聘勤工助学学生,对到岗学生会明确岗位职责并进行细致的上岗培训,图书馆定期对勤工助学学生实行监督和考核,以提高工作效率。

2.志愿服务

高校图书馆志愿服务多为大学生做志愿者或义工,不计报酬参与图书馆的工作。志愿者一般为学生会、入党积极分子、志愿者团队等。图书馆一般会通过一些宣传渠道发布招募信息,采取自愿报名方式确定人员,再根据工作内容,由馆员安排简单培训或讲解之后组织大学生开展具体志愿服务。志愿服务也可以作为一种大学生社会劳动实践活动,由群体向图书馆申请,图书馆再酌情安排工作任务,但一般不接受单人的志愿服务申请。

3.社团或协会团体

目前许多高校的大学生社团中都成立了专门与图书馆建立沟通、参与图书馆管理与服务工作的学生社团,多称为图书馆大学生管理委员会(以下简称"图管会"),也称为图书馆大学生自我管理委员会、大学生读者协会、图书馆学生社团、图书馆协会、××书社、××Library Club 等。图管会成员一般会达百人以上,有较稳定的组织结构,分工明确,能根据学生特长或图书馆工作需要划分不同小组,每年纳新并能保证覆盖各年级的大学生,已成为高校图书馆与读者建立良好关系的重要纽带,也是图书馆开展工作、提升服务的一支可借助的重要有生力量。

(二)可参与的工作内容

1.参与图书馆基础业务管理工作

大学生经过简要的图书馆专业知识或技能培训后,能够参与图书馆各部门的基础工作,或为馆员做简单辅助性工作,如承担部分图书整架上架、阅览室秩序维护、简单文前加工、维修电子阅览室设备、定点答疑或参与值班等业务工作,也可根据专业特长参与图书馆电子设备维护或信息化工作。

2.参与图书馆宣传互动工作

大学生可以利用自身特长和各类专业技术知识,更好地从学生和读者的角度及时广泛地宣传图书馆的资源与服务。如大学生成为图书馆志愿讲解员,或图管会成员组成宣讲团,为新生或外宾入馆参观进行讲解。或是图管会成员组成不同工作小组,参与图书馆微信、微博、主页等线上宣传内容的编辑制作或主题选定,或协助图书馆设计、绘制各类宣传海报等,大学生更了解学生群体的喜好、语言风格,熟悉信息技术交互特点,能让资源或服务宣传的形式更新颖、受众面更广、信息传递更快捷。另外,大学生也可以协助图书馆开展读者需求、服务评价调查调研活动,能迅速深入到大学生读者群体中间获取信息,并对调查数据进行统计、整理、归纳,及时反馈给图书馆。

3.参与组织各类图书馆活动

图管会可根据不同主题协助图书馆组织各类活动,如"世界读书日"系列活动、毕业季系列活动、品牌阅读推广活动等。大学生可以在图书馆的主导下,从活动策划、筹备、组织到开展实现全程参与。图管会成员可积极参与或发动其他同学参加图书馆各类检索大赛、知识竞赛、阅读马拉松、读者座谈会、文明读者签名等活动,激发同学们的学习与阅读热情。

(三)大学生参与图书馆管理和服务的意义

1.大学生方面

大学生无论以何种形式参与图书馆管理和服务工作都是一种参与社会活动的经历。在工作实践中,能培养独立分析问题与解决问题的能力,锻炼独立自主能力并增强责任心。在不同的工作任务中,还能提高大学生的综合素质,如文字语言表达能力、网络信息利用技能、组织能力、管理能力、团队合作意识等。这些实践工作能帮助大学生挖掘自身潜力和体验自我价值实现。

大学生们利用课余时间参与图书馆的管理与服务,使他们学习到利用图书馆的知识和文献检索知识,也在工作中施展了自己的才华,同时他们在实践中也学会严于律己、兢兢业业的工作态度,服务其他读者时也能得到正向情感激励和自我价值认同,增加他们对学习和生活的信心和热情,充分发挥图书馆的实践育人作用。

2.图书馆方面

大学生积极参与图书馆管理工作可以有效缓解高校图书馆人力资源短缺困境,使馆员有更多的时间去做科研调查,有精力开展深层次知识服务,切实提升图书馆的整体服务水平。大学生通过亲身参与图书馆工作,能在管理与被管理、监督与被监督的不同身份中找到平衡,他们更熟悉图书馆资源和服务,更加直观地了解图书馆的规章制度,能够引发换位思考,有助于加强大学生读者和图书馆双方的相互理解、尊重和信任。如果有过此类经历的大学生越来越多,那么通过他们,就能引领更多大学生走进图书馆、融入图书馆,合理利用图书馆将有望成为常态。大学生在工作中能贴近学生的身份、立场建言献策,帮助图书馆获取真实的师生意见和建议,作为图书馆管理创新、服务创新的重要决策依据。

3.读者方面

大学生的参与增加了图书馆人力资源,为图书馆延长、延伸服务创造了有利条件,读者能体验到更实惠的图书馆服务。如一些大学生加入部分阅览室值班管理工作,能拓展图书馆开放区域,延长总开馆时间;或大学生作为某专业学术文献数据库的学生代表,可以在同学中直接担任咨询馆员和讲解员,以最快速度在图书馆外解决读者疑问,完成图书馆服务延伸。大学生参与图书馆管理和服务为读者与图书馆间建立了沟通的桥梁和纽带,读者的意愿、需求、推荐的文献资源、意见和建议都可以通过这个交流平台、信息平台进行顺畅的沟通,让图书馆离读者更近,也使全体读者共同参与到书香校园的建设中。

第二章
图书馆的文献资源

图书馆收藏的文献资源多种多样，了解不同文献资源的类型与特征，掌握图书馆文献资源组织与揭示的方法和规则，能有效提高利用图书馆文献资源的效率，让我们在大学不同阶段充分利用文献中蕴含的知识，助力我们更好地扩充自身知识结构、提升综合能力。

第一节　图书馆文献资源概述

图书馆是学校的文献信息资源中心，既要具备搜集、整理、保存、提供文献资源的基本职能，也要建设全校的文献信息资源体系，为教学、科研和学科建设提供文献信息保障，进而建立健全全校的文献信息服务体系，方便全校师生获取各类信息。

图书馆文献资源不局限于传统意义的藏书，还包括以纸质、声像、胶片、数字、网络等载体形式存在的知识和信息资源，是指根据图书馆的职能与任务、读者的范围及需求，精心选取，并经加工整理、组织保管以提供读者利用的文献资源的总和。

图书馆文献资源可划分为现实馆藏和虚拟馆藏。现实馆藏是指图书馆本身直接拥有所有权限的文献资源，包括传统的纸质印刷型文献和部分电子出版物，如纸质图书、期刊、音像资料、光盘型电子出版物、镜像电子文献资源等。虚拟馆藏是指图书馆只有使用权而没有所有权的文献资源，主要包括网络信息资源和通过共建共享、馆际互借方式而得到的其他图书馆的文献资源。根据获取方式还可将图书馆文献资源划分为采购资源、捐赠资源、开放获取资源、共享资源。

一、图书馆文献资源结构体系

文献资源是图书馆开展一切工作与服务的基础和核心。图书馆的文献资源要通过有效的建设方法构建满足读者需求、资源不断整合、结构合理、特色鲜明、质量优良的文献资源结构体系。这种文献资源结构体系一般主要表现在以下几个方面。

(一)学科结构

根据学校所包含的学科、专业门类收集相应比例结构的文献资源，并辅以其他各种知识门类的文献资源。

（二）等级结构

根据文献内容的水平程度和读者的不同需求层次，将文献资源划分不同的等级结构。如完整级需要收集某专题领域的所有文献资源，以收集齐全为准；研究级应满足师生开展研究与学习的需要，收集该领域各种学术性强、有代表性的全部文献资源；大学级以满足大学生课程学习为目标，收集全部基础著作、教科书、参考书、工具书等资源；基础级包括提高大学生文化修养和拓宽知识视野的文学著作、基础科学文献和文化生活用书等。

（三）时间结构

时间结构包含不同出版时期的文献，既满足读者获取最新文献信息的需求，也满足读者回溯性查询的需求。

（四）语种结构

语种结构既包含中文文献，又根据需求收集其他语种文献资源。

（五）文献类型结构

文献类型结构包含不同出版形式、载体的文献资源，如正规出版物、内部资料；纸质印刷型文献、电子出版物、声像资料。

二、图书馆文献资源特点

高校图书馆文献资源还具有以下特点。

（一）文献资源的加工特点

馆藏文献按一定的科学方法与技术规则进行加工，使其具有图书馆特有的标记符号，区别于其他图书馆或其他类型藏书。

（二）文献资源的目录检索特点

图书馆文献资源经过加工、整理后，文献资源的内容、体系通过目录系统全面地展现与揭示，并利于读者了解、检索及利用。

（三）文献资源的公共使用特点

图书馆文献资源是供广大读者免费使用、反复使用和长期使用的。

（四）文献资源的保存性特点

图书馆文献资源最集中、最大量、最稳定、最持久地保存着古今中外人类社会所创造的知识成果，为读者的参考、使用提供了可靠的保证。

第二节　图书馆文献资源的类型与特征

国家标准《文献著录　第1部分:总则》(GB/T 3792.1－2009)中对文献的定义是:文献是记录有知识的一切载体。2021年发布国家标准《信息与文献　资源描述》(GB/T 3792－2021)替代前标准,并调整了部分专业用语,将"文献"改为"资源",定义为:"包含知识内容和/或艺术内容的有形的或无形的实体,它作为一个单元被构想、制作和/或发行,形成单一书目描述的基础。资源包括文字资源、乐谱、静画和动画、图形、地图、录音资源和录像资源、电子数据或程序,也包括连续发行的资源。"图书馆文献资源种类繁多,依据不同的标准可以划分出不同的类型,下面分别从载体形式、出版类型及加工层次三个方面进行划分。

一、按载体形式划分文献

从古至今随着科学技术的发展,人类先后使用了各种各样的物质形式来记录知识和信息。早期多以天然材料为载体,比较笨重、昂贵,荷载信息少,如甲骨、简策、绢帛、青铜器等。目前常见的载体主要有以下四种形式。

(一)印刷型文献

印刷型文献是以纸张为存储介质,以手写、印刷等为记录手段而产生的一种传统的文献形式,也是目前图书馆中收藏比较广泛的文献形式。其特点是便于阅读和流传,有很强的直观性,但其存储密度太低,体积庞大,不利于实现自动输入与自动检索。

(二)缩微型文献

缩微型文献是以感光材料为存储介质,以缩微照相为记录手段而产生出来的一种文献形式,包括缩微胶卷、缩微胶片和缩微平片等。其特点是体积小,存储密度高,便于收藏、保存和传递,缺点是必须借助缩微阅读机或其他辅助设备进行阅读,保存条件严格。

(三)数字型文献

数字型文献又称电子型文献,是随计算机和网络的广泛应用而产生的一种新文献,指以数字代码方式将图、文、声、像等信息存储在磁、光、电介质上,通过计算机或具有类似功能的设备阅读使用,用以表达思想、普及知识和积累文化的文献形式。包括正式出版的光盘文献、网络文献(如电子图书、电子期刊、网络数据库等),也包括非正式出版数字文献(如网络行政报告、网络会议资料、内部电子期刊、电子教程等)。其特点是存储密度高,存取速度快,原有记录可以改变、删除或更新,可对所有记录信息进行自动检索、传递等处理,但需要计算机、网络才能进行操作或利用,因此也有设备昂贵、使用费用不菲的缺点。

(四)声像型文献

声像型文献是以磁性材料、光学材料等为记录载体,利用专门的机械装置记录与显示声音、图像、动画和视频的文献,又称视听资料。如幻灯片、照相底片、电影胶片、录音带、激光唱盘、多媒体学习工具、程序化学习工具、游戏卡等。其具有存储密度高、内容直观真切、表现力强、易被接受和理解、传播效果好等优点;在帮助人们认识某些复杂或罕见的自然现象,探索物质结构和运动机制,提高教学与训练效果等方面具有独特的作用。缺点是必须借助一定的设备才能使用。

二、按出版类型划分文献

根据常见的文献信息出版、发布及外在表现形态特征,可以把常用的图书馆文献资源归结为 11 类:图书、期刊、科技报告、会议文献、学位论文、专利文献、标准文献、政府出版物、报纸、档案文献、网络文本等。

(一)图书

图书是品种最多、数量最大的科技知识和科研成果的文献载体。图书大多论述或介绍某一学科或领域知识,主题鲜明,内容系统完整,论述全面深入,知识相对成熟稳定,有一定的新颖性。但由于编撰出版时间较长,一般不含最新的信息和成果。如果想对范围较广的问题获得一般的知识,或对陌生的问题获得初步的了解,参考图书是十分有效的。

图书根据内容和用途可大致分为两类。一是阅读性图书,包括教材、专著、文集、科普读物等,一般能给人们提供各种系统、完整和连续性的信息;二是参考工具书,包括手册、年鉴、词典、百科全书、图册、组织机构指南、人名录、地名录等。这类图书出版周期长,但信息量大,内容全面,是查找事实、数据情报的工具用书。

图书的主要外部著录特征有:书名、著者、出版社名称、出版地、出版时间、图书的总页数以及国际标准书号(ISBN)等。图书的内部著录特征有主题词、分类号、内容摘要等。大部分特征都可作为检索途径,帮助我们在检索系统中找到某一本书或某一内容领域的一些书。

例如,在大连海事大学图书馆书目检索系统中我们能看到一本馆藏图书书目著录信息(见图 2-1),读者也可以通过这些信息检索到这本图书。

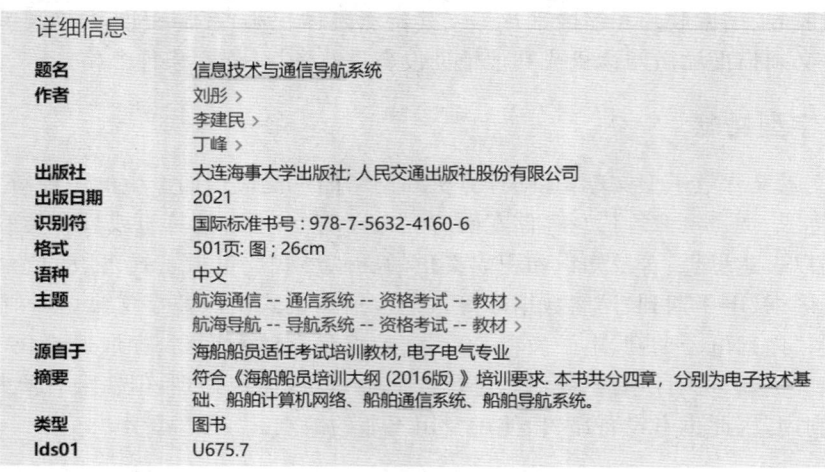

图 2-1 馆藏图书书目著录信息(部分)

(二)期刊

期刊又称杂志,是指有固定的刊名,定期或不定期出版的连续性出版物,每期都有连续的卷、期或年、月标记号,主要刊登两篇以上不同作者撰写的论文、记事或其他著述。期刊具有出版周期短、及时反映当前最新研究成果和科技发展趋势、提供内容新、信息量大且文献类型多样等优点,但在知识系统性、成熟性、完备性方面不如图书。

期刊是进行科学研究、撰写毕业论文的重要参考资料,尤其是自然科学和工程技术研究最重要的信息源之一,也是信息和知识交流的最基本、最广泛的手段之一。特别是能集中反映各学科研究论文、学术争鸣,反映某专业领域新理论、新观点的专业性学术期刊,成为人们掌握动态、开展创新活动的重要参考文献资源之一。一些学术期刊在某一学科或专业信息密度大,刊载论文数量多、质量高,并且被引率较高,能够代表该学科发展水平,这小部分期刊被称为或视为"核心期刊",是获取权威学术信息的重要来源。如北京大学图书馆出版的《中文核心期刊要目总览》使用文献计量学方法每 4 年评选核心期刊,为图书馆采购以及读者选读利用提供参考。

期刊按内容性质划分为学术性期刊、检索性期刊、技术性期刊、科普性刊物、信息性刊物、数据性刊物等;按出版时间长短分为周刊、月刊、双月刊、季刊、年刊等。

期刊的主要外部著录特征包括期刊的刊名、主办单位、出版地、编辑部地址、出版周期、国际标准刊号(ISSN)等。期刊上所发表的论文,我们称之为期刊论文。期刊论文的外部著录特征包括论文题名、著者、著者单位、期刊的刊名(来源出版物)、卷号(Vol.)、期号(NO.)或年月标识、起止页码等,而其内部著录特征则包括关键词(主题词)、摘要、分类号等。这些都是检索某一期刊或某篇期刊论文的主要检索途径。例如:

Title—题名:自主船舶避碰过程中人为失误的分析与评估

Author—作者:周颖;刘正江;王新建;谢辉

Organ—单位:大连海事大学航海学院;交通运输部海事局船检处

Source—文献来源:大连海事大学学报

Keyword—关键词:海事安全;自主船舶;碰撞风险;风险分析;人为失误;证据推理

Year—年:2022

Volume—卷:48

Period—期:03

PageCount—页码:12—19

CLC—中图分类号:U664.82

ISSN—国际标准刊号:1006—7736

(期刊论文记录信息——来自 CNKI—中国学术期刊网络出版总库)

(三)科技报告

科技报告又称研究报告、报告文献,是在科研活动的各个阶段,由科技人员按照有关规定和格式撰写,以积累、传播和交流为目的,完整真实地反映其所从事科研活动的技术内容、进展情况及最终研究成果的正式记录文件。每份报告自成一册,篇幅长短不等,编有特殊的连续编号。内容可分为报告书、论文、通报、札记、技术译文、备忘录等。

科技报告大多与政府的研究活动、国防及尖端科技领域有关,内容新颖、详尽、专深,数据完整,技术含量高,实用意义大,是一种重要的信息源,但流通范围受控,小部分可公开或半公开,大多数均属于保密或控制发行。全球较著名的科技报告有美国政府的四大报告(PB报告、AD报告、NASA报告、AEC/ERDA/DOE报告);英国航空委员会(ARC)报告;法国原子能委员会(CEA)报告;联邦德国航空研究所(DVR)报告;日本原子能研究所报告;三菱技术通报以及我国出版的"科学技术研究成果报告"等。

(四)会议文献

会议文献是指在国内外各种学术会议上发表的论文或报告。文献论题集中,针对性强,内容专深,往往代表某一学科领域的最新成就、最高水平和发展趋势;有助于了解相关领域的新发现、新动向和新成就;传递信息较及时,一些重要的研究成果或新的发现,通常首先通过会议文献向社会公布,会议文献所反映的信息比期刊平均早一年左右,是了解世界各国科技发展水平、动态、发展趋势的重要文献。

会议文献没有固定出版形式,有的在学会、协会出版的期刊上作为专号、特辑或增刊出版;有的发表在专门刊载会议录或会议论文摘要的期刊上;有的汇编成专题论文集作为图书出版。此外,一些学术会议通过开设会议网站,或在会议主办者的网站上设会议专页,利用网站报道会议情况和出版会议论文。

会议文献著录的主要外部特征有论文题名、著者、著者单位、会议名称、会议时间、会议地点、会议名称、出版单位、出版地、出版时间等。在检索会议论文时常用的检索途径有论文题目、作者、会议名称、会议录名称等。例如:

题名:基于改进梯度下降的神经网络全局模型估计

作者:章沪淦;张显库

单位:大连海事大学航海学院

关键词:船舶运动控制;RBF－NNs;船模识别;不确定干扰;改进的梯度下降法

会议名称:第十七届中国智能交通年会(ITSAC 2022)

会议时间:2022－11－09

会议地点:中国四川成都

分类号:U664.82

(会议论文记录信息——来自CNKI—中国重要会议全文数据库)

(五)学位论文

学位论文是高校或研究机构的学生为取得学位在导师指导下独立完成并论文答辩通过的学术研究论文。学位论文所探讨的问题比较专一,引用材料比较广泛,阐述较为系统,论证较为详细,对研究工作有一定的参考价值。特别是博士论文,其后的参考文献几乎是某个专题的书目索引。学位论文中除少数可能发表在期刊或其他出版物上,多数是不出版的,每篇学位论文有一复本保存在授予学位的高校或研究机构,可供查阅或复制。

学位论文的主要外部著录特征有著者、论文题名、专业方向、导师姓名、颁发学位的大学名称以及学位名称等。在检索学位论文可选择常规的论文题目、作者、关键词、摘要等检索途径,还可从导师这一检索途径来检索。因为同一导师所指导的研究生或博士生在论文研究的主题上往往有着很大的关联性,获得更多相关内容学位论文,有益于扩展检索范围。

学科:Information technology；Civil engineering；Transportation；System science

标题:Real－Time Video Analytics Empowered by Machine Learning and Edge Computing for Smart Transportation Applications

作者:Ke,Ruimin

页数:239

出版日期:2020

学校代码:0250

大学/机构:University of Washington

来源:DAI－A 82/8(E),Dissertation Abstracts International

大学所在地:United States —— Washington

ISBN:9798569995738

导师:Wang,Yinhai

委员会成员:McCormack,Ed；Ban,Xuegang (Jeff)；Sun,Ming－Ting

学位:Ph.D.,Doctor of Philosophy

语言:English

论文编号:28263397

学位日期:2020

主题词:Transportation；Information technology；Systems science；Civil engineering

关键词:Edge computing；Intelligent transportation Systems；Machine learning；Smart city；Video analytics

(博士学位论文著录示例,记录来自 ProQuest 学位论文全文数据库)

(六)专利文献

专利文献是指在专利形成过程中产生的一系列官方文件和出版物的总称,包括专利说明书、专利公报、专利分类表、专利索引等一切与专利有关的法律文件,其中主体是专利说明书。专利文献格式规范,文字简练、严谨,分类和检索方法特殊,具有法律效力。

专利文献具有统一编号,数量大、内容新颖、实用可靠、报道迅速、涉及范围广。对于工程人员特别是产品设计人员来说,它是一种较为实用而又颇具启发性的重要参考资料,也是一种重要的科技信息来源,有效利用专利文献对新技术市场的开拓和经济发展具有重要作用。

专利说明书的主要外部著录特征有专利名称、申请专利号、申请人、发明人、分类号等。例如:

专利名称:融合 VDES、北斗三号、4G/5G 网络的船载终端多模式通信方法

专利类型:发明专利

申请/专利号:CN202111590802.9

申请日期:2021－12－23

公开/公告号:CN114286457A

公开/公告日:2022－04－05

主分类号:H04W88/06(2009.01)

分类号:H04W88/06（2009.01）H04W72/08（2009.01）H04W72/10（2009.01）H04W88/06H04W72/08H04W72/10

申请/专利权人:大连海事大学

发明/设计人:胡青;姜毅姚;国伟

主申请人地址:116026 辽宁省大连市高新园区凌海路 1 号

专利代理机构:大连东方专利代理有限责任公司

代理人:李馨

国别省市代码:辽宁;21

（专利说明书记录信息——来自万方中外专利数据库）

（七）标准文献

标准文献是指按规定程序制定,经公认权威机构或主管机关批准的一整套在特定领域内必须执行的规格、规则、技术要求等规范性文献。一个国家的标准文献体系能够反映出该国的技术经济政策、生产发展水平、标准化和现代化程度以及自然条件和资源状况。标准文献的特点是技术成熟度高、描述详尽、完善可靠,具有法律效力;单独出版,编写格式、语言描述、内容结构、审批程序、管理办法、代号系统等都独立成为一套体系;时效性很强;不同种类、不同级别的标准在不同范围内执行;同一级别的标准甚至不同级别的标准经常相互引用和交叉重复。

标准的主要外部著录特征有标准名称、标准号、标准性质、发布日期、实施日期、发布单位、标准分类号、页数、摘要等。

标准名称:液化气体船舶安全作业要求

标准号:GB 18180－2022

标准性质:强制性

发布日期:2022－07－13

实施日期:2023－02－01

全部代替标准:GB 18180－2010

发布单位:国家市场监督管理总局;国家标准化管理委员会

标准技术委员会:中华人民共和国交通运输部

中国标准分类号:R09

国际标准分类号:03.220.40;13.100

归口单位:交通运输航海安全标准化技术委员会

执行单位:交通运输航海安全标准化技术委员会

主要起草单位:中国船级社武汉规范研究所、交通运输部科学研究院、深圳海事局

主要起草人:吴顺平、魏伟坚、洪汇勇、陈轩、石国政、马楠、邱春霞、刘铁英、范洪军、金全洲、周国强、蔡锐丰

总页数:28

纸质版定价:41.00

（记录来自交通运输标准化信息系统 https://jtst.mot.gov.cn/）

（八）政府出版物

政府出版物是指国际组织、政府机构及所属机构颁布的文件。其内容可分为行政性文件（政府公报、方针政策、法令汇编、公告、调查报告等）和科技文献（统计资料、科普资料等）。政府出版物几乎涵盖了所有的知识领域，集中反映了各级政府部门对有关工作的观点、方针、政策，对了解某一国家的政治、经济、法律、军事、制度、社会文化和科技发展状况及政策，具有一定的参考价值。

（九）报纸

报纸是指出版周期较短的定期连续出版物，刊载新闻、评论等其他文章，多为对开或四开，以单张散页形式出版。具有受众面广、发行数量庞大、信息量大、时效性强、制作简便、成本低廉等特点。内容多为消息性报道，不够详尽系统。对于某些需参考时效资讯的学科专业来说，报纸也是一种重要的文献信息资源。

（十）档案文献

档案文献是指国家机构、社会组织及个人在从事各项活动中直接形成的、具有保存价值、经过立卷归档、集中保存起来的具有较高价值的文件，包括各种文书材料、政策文件、技术文件、影片照片、录音盘片等。档案文献是一种客观的历史记录，经过挑选和组织而成，具有原始性、积累性和历史联系性，保密性较强，一般都有密级限制，主要为内部使用。档案文献对了解历史、预测未来具有重要的参考价值，是进行社会科学研究必不可少的第一手参考文献资源。

（十一）网络文本

网络文本是指在海量的互联网信息资源中，不属于上述任一类型的数字化形态的文献，但又具有它们中的一些相应作用的网上文献。这类网络文本形式多样、图文并茂、内容广泛、获取方便、易于摘录，但质量不一、可信度存疑、信息来源渠道复杂。因此利用这类文献时，要对信息的真实性、可靠性做更多的分辨和佐证。

三、按加工层次划分文献

依据文献中信息量的变化、加工层次的不同，可将文献划分为 4 个等级。

（一）零次文献

零次文献又称灰色文献，是作者以本人的经验、研究或研制成果为基本素材而创作的，但未经正式出版发行或未进入社会交流的最原始的文献，只为个人或某一团体使用，如文章草稿、私人笔记、考察记录、试验记录、原始统计数字、技术档案、信件、博客等。它具有原始性、新颖性、分散性和非检索性等特征，但不成熟，不公开交流，难以获得。

（二）一次文献

一次文献是作者本人对生产与科研工作成果进行第一次加工固化而创作形成的原始文献，如专著、备忘录、期刊论文、专利说明书、研究报告、会议论文、学位论文、产品样本、技术标准等。一次文献真实、具体、参考使用价值高,是作者创造性劳动的结晶,其中所表述的新成果、新技术、新发明、新理论都在一定程度上增加了人类知识的总量。但也有分散、数量庞大而查阅不便的缺点。一次文献是文献的主体,是最基本的信息源,也是文献检索的对象。

(三)二次文献

二次文献又称检索性文献,是采用一定的方法将一次文献进行加工整理、归纳、简化、提炼和加工,把文献的外表特征和内容特征著录下来而得到的产物,也称检索性文献,如书目、题录、文摘、索引、OPAC 检索系统等各种检索工具。二次文献是为了便于管理和利用一次文献而形成的,主要作用是存储和报道一次文献线索,具有浓缩性、汇集性、有序性等特点,为查找一次文献提供检索的途径。文献检索的一项最重要的内容就是研究、利用各种二次文献检索工具。

(四)三次文献

三次文献又称参考性文献,是在利用二次文献的基础上,选用一批相关的一次文献,并对其内容进行分析、概括、综合研究和评价而编写出来的文献。主要包括三大类:一是综述研究类,如动态综述、学科总结、专题书评、进展报告等;二是参考工具类,如百科全书、年鉴、手册、指南、字词典等;三是文献指南类,如专科文献指南、书目、工具书目录等。三次文献具有综合性、浓缩性、针对性和参考性的特点。

一般来说,零次文献是人类知识的一部分,是一次文献的素材;一次文献是基础,是检索的主要对象;二次文献是检索一次文献的工具;三次文献是一次、二次文献的浓缩和延伸,且具有创作性和价值性。文献经过作者的创作,文献工作者的整理、加工和压缩,文献研究者的综合、分析和创造,使文献从零次文献逐步演化为三次文献。文献的形式和知识内容更简约、更集中、更系统。图书馆收藏的文献资源以一次、二次、三次文献为主。

第三节 图书馆文献资源的组织

高校图书馆的馆藏是由许多不同类型的文献资源构成的总和,是一个集合概念,学科繁杂、形式多样、数量庞大。同时,图书馆的文献资源也是一个不断发展的体系,随着知识量和文献量的增长,以及读者需求和图书馆自身发展的变化,图书馆要不断补充新文献,不断剔除失效的文献。如何有序化收集、整理、保存这些文献资源,并便于读者利用呢?图书馆需要利用相应的规则和科学的管理方法有效组织与揭示文献资源。

一、文献资源的采集

图书馆的文献资源采集工作是对各类文献信息资源进行长期的、连续性的采购、征集、搜集活动。图书馆设有专门的采购人员,他们根据本馆的收藏原则、收藏范围、采购标准、馆藏利用情况、读者意见、文献出版计划等采集文献以补充馆藏。

(一)纸质文献资源的采集

纸质图书、期刊主要通过期货或现货订购方式采购。由图书、期刊出版商、经销商或发行商向图书馆发出计划出版或已经出版的图书、期刊目录,图书馆根据馆藏建设需要进行选择并预订,图书、期刊出版商、经销商或发行商按照预定的种类和副本数量将出版的图书、期刊分批次送达图书馆。目前,图书馆多利用图书馆自动化管理系统完成电子书目的挑选和预订。同时图书馆也可根据需求进行现场采购,直接前往出版商、经销商的书库挑选,现场采购速度快,并能对内容直观鉴别。

另外,图书馆读者也可直接向图书馆推荐本专业或自己感兴趣的且有一定收藏价值的书刊文献。图书馆也会通过向读者公开订购书目、举办书展等方式征集读者需求,开展需求导向式采购。同时图书馆也接受来自各个方面的捐赠文献,如机构组织、本校师生、名人赠书等。

(二)数字文献资源的采集

随着全球信息的网络化和数字出版的发展,数据库文献信息资源的品类逐渐丰富,这类文献资源的采购是目前图书馆采购工作的重要组成部分。由于数据库文献价格较昂贵且有逐年涨幅,图书馆要在节约有限资金的前提下为师生等读者提供更多的科研学术数据库文献资源。采集方式主要有三种:一是集团采购,多个图书馆基于共同条件或特点,或区域性原因,为实现利益互惠和资源共享,遵循集团协议共同参与同商业数据库商谈判(以国外数据库商为主),从而以相对优惠的价格联合购买数据库文献资源或共享数据库源;二是图书馆根据需求独立采购数据库文献资源,一般做法是成立采购小组开展采购论证和谈判工作;三是积极引入试用数据库文献资源,结合读者实际需求联系数据库商开通数字资源试用,在一定程度上补充馆藏资源,提升文献保障能力。

二、文献资源的分类

(一)文献分类的意义

文献资源是一种人类智力资源,分类就是科学管理这些数量巨大、种类繁多的文献,找到一种适应性强的揭示文献内容的方法。文献分类就是按照文献内容的学科属性或其他特征,将文献一一揭示,并把它们分门别类、系统地组织起来的一种方法。它的意义体现在以下三个方面。

1.便于揭示区分文献

按照内容特征和形式特征区分文献,把具有相似特征的文献集中起来,不同的进行区分,把大集合划分为若干子集、类集。如按学科或专题分类,能从学科门类的角度揭示文献内容,同时也在一定程度上反映学科之间的相互联系、相互交叉和相互渗透的关系。

2.便于组织排架

依照文献分类方法把每一种文献都赋予一个编号,让每种或每个文献在整个分类体系中呈现一定的逻辑顺序和体系结构,这种顺序就可以作为文献在实体书架排列的方法和依据,这也是图书馆通常使用的分类排架方法。这种方式的优点是能够体现藏书的学科系统性,使内容相同或相近的书集中在一起,方便读者按照学科系统查找,也便于图书馆员熟悉藏书并向读者推荐图书。读者在书架中查找自己所需的文献信息时,还可以扩大视野选择更适合的文献信息,起到鸟瞰全貌、触类旁通的效果。

3.便于检索利用

检索文献就是根据组织文献时所采用的标识,把所需要的文献检索出来。文献分类按学科知识的系统性来揭示文献,赋予文献分类属性标识,在检索系统中便可进行分类检索,集中检索到某一学科或专题的所有文献信息。分类检索也是各类国内外文献数据库资源中常用的一种检索方式。

(二)图书分类法——了解《中国图书馆分类法》

图书分类法将图书馆的每一种文献归类,以达到揭示每种图书的学科知识内容和组织藏书的目的。目前我国图书馆普遍使用的图书分类法就是《中国图书馆分类法》(以下简称《中图法》)。《中图法》是适应我国各类型图书馆和科技情报机构对文献进行统一分类的综合性分类法。2010年出版了《中图法》第五版,是目前国内各类图书馆最为普遍使用的版本。

1.《中图法》的分类结构

世界上所有的文献,我们可以把它看成是一个文献的全集。《中图法》将文献全集分成五个子集,即所谓的五大部类,并在这五大部类的基础上展开分成22个大类(参见表2-1)。在这22个大类的基础上进一步展开二、三级类目,形成《中图法》简表。

表 2-1 《中图法》五大部类及 22 个大类

五大部类	22 个大类
马克思主义、列宁主义、毛泽东思想、邓小平理论	A 马克思主义、列宁主义、毛泽东思想、邓小平理论
哲学	B 哲学
社会科学	C 社会科学总论 D 政治、法律 E 军事 F 经济 G 文化、科学、教育、体育 H 语言、文字 I 文学 J 艺术 K 历史、地理
自然科学	N 自然科学总论 O 数理科学和化学 P 天文学、地球科学 Q 生物科学 R 医药、卫生 S 农业科学 T 工业技术 U 交通运输 V 航空航天 X 环境科学、安全科学
综合性图书	Z 综合性图书

　　《中图法》详表是在简表的基础上进一步展开而形成的。它详尽地展示了整个科学体系的脉络,揭示了各个学科之间的关系,是大中型图书馆类分图书的依据。《中图法》详表是一部大16开、1 019页的厚厚的书表。为了便于理解该分类体系,请查看《中图法》第199～200页"K历史、地理"大类的类目简表,以及"K0 史学理论""K1 世界史"方面详细类目划分的内容(见图 2-2、2-3)。

K　历史、地理

类 目 简 表

0　　史学理论
1　　世界史
2　　中国史
3　　亚洲史
4　　非洲史
5　　欧洲史
6　　大洋洲史
7　　美洲史
81　 传记
85　 文物考古
89　 风俗习惯
9　　地理

K　历史、地理

　　总论历史与兼论史地入此。
　　地理入 K9。
　　依总论复分表分,K-0 理论与方法论所属类目复分入 K0。

K0　史学理论

K01　史学的哲学基础
　　历史哲学入此。
　　有关历史唯物主义及其专题论述,如:"社会基本矛盾""社会存在与社会意识"入 B03。

K02　社会发展理论
　　论述各种社会形态的历史发展、发展社会学、现代化理论等入此。

K03　史学专论
　　史学专题论述,关于历史主义与阶级观点的问题,论述历史上各种历史观,关于如何评价历史人物的问题等入此。

K04　年代学
　　研究历史年代的测定理论和方法入此。
　　考察世界各国历史事件及历史年代的著作、历史文献以及历史年表入各国历史;人物年谱入传记。

K05　史料学
　　研究史料的源流、价值、搜集、整理和利用方法的著作入此。
　　史学文献学入 G257.33;世界及各国各时期的史料入 K1/7 世界各国历史;人物传记史料入 K81/83 世界各国传记。

K06　历史研究
K061　历史研究法
　　历史的研究、考订、辨伪、史学计量等方法入此。
　　关于世界及各国的史事、历史文献的研究、考订、辨伪入世界各国史。

K062　历史写法
　　史著的体例与编纂方法入此。

K063　历史学习法
　　史籍读法入此。

K09　史学史
　　关于史学思想、派别的研究,对史学家的学术思想评述以及古代史学理论等入此。

K091　世界
K092　中国
　　依中国时代表分。

图 2-2　《中图法》K 历史、地理大类 K～K092 页面

K093/097　各国

依世界地区表分。

K1　世界史

两洲以上的多国历史入此。

K10　通史

K101　革命史

总论世界奴隶起义、农民起义、民族解放运动、人民革命入此。

K103　文化史

K104　杂史、史钞

K105　历史事件

K106　史料

有关世界历史的公牍、档案、回忆录等入此。

世界历史教学用参考资料入 K10-42;有关文物考古的史料入 K86。

K107　研究、考订、评论

对世界史事件、史料、历史分期等的综合研究、考订、评论入此。

专论入有关各类。

世界历史综合性文集、杂著入 K10-53。

K107.8　东方学

亚述学入此。

K108　年表

历史表解、图解入此。

K109　普及读物

K11　上古史(公元前 40 世纪以前)

关于世界史前考古的著作入 K86。

K12　古代史(公元前 40 世纪～公元 476 年)

K124　古代东方

总论古代亚洲、非洲东北部、即尼罗河、底格里斯及幼发拉底河、印度河、小亚细亚、伊朗高原的奴隶制国家,以及巴比伦王国、波斯帝国、赫悌、希伯莱、腓尼基等的著作入此。

专论亚非各国古代历史的著作入各国史。例:古代中国入 K22;古代埃及入 K411.2。

K124.3　巴比伦王国

K124.4　波斯帝国

K125　古代希腊

K126　古代罗马

K13　中世纪史(476～1640 年)

K131　中世纪早期(5～11 世纪)

〈4 版类名:早期封建社会(5～10 世纪)〉

K132　中世纪中期(12～15 世纪)

〈中期封建社会(12～15 世纪)〉

K133　中世纪晚期(16～17 世纪上半叶)

〈4 版类名:后期封建社会(15～17 世纪上半叶)〉

K134　拜占庭帝国(477～1453 年)

拜占庭帝国是中世纪横跨欧、亚、非三洲的大帝国,在时间上同 K131/133 的历史时期交叉,本类专收拜占庭帝国的历史著作。

K135　阿拉伯帝国(632～1094 年)

阿拉伯帝国是中世纪横跨欧、亚、非三洲的大帝国,在时间上同 K131/133 的历史时期交叉,本类专收阿拉伯帝国的历史著作。

K14　近代史(1640～1917 年)

总论国际工人运动史入此。

K141　17 世纪中后期至 19 世纪 60 年代(1640～1870 年)

英国资产阶级革命至巴黎公社前夕及总论 18 世纪历史入此。

英国资产阶级革命史入 K561.41。

〈4 版类名:英国资产阶级革命至巴黎公社前夕(1640—1870 年)〉

K142　19 世纪 70 年代至 20 世纪初期(1871～1917 年)

巴黎公社至苏联十月社会主义革命前夕时期及总论 19 世纪历史入此。

关于巴黎公社史的著作入 K565.44;关于俄国十月革命前的资产阶级革命史的著作入 K512.4。

〈4 版类名:巴黎公社至苏联十月社会主义革命前夕(1871～1917 年)〉

K143　第一次世界大战(1914～1918 年)

本类与 K142 在时间上交叉,专收有关第一次世界大战的起源、史实、战争史的著作。

关于第一次世界大战的军事史及研究战略、战术的著作入 E 有关各类。

K15　现代史(1917 年～)

K151　20 世纪早期(1917～1939 年)

总论苏联十月社会主义革命至第二次世界大战前夕的世界现代史的著作入此。

专论苏联十月社会主义革命的著作入 K512.51。

〈4 版类名:苏联十月社会主义革命至第二次世界大战前夕(1917～1939 年)〉

K152　第二次世界大战(1939～1945 年)

专论第二次世界大战的起源、史实、战争史及纳粹大屠杀的著作入此。

关于第二次世界大战的军事史及研究战略、战术的著作入 E 有关各类。

K153　第二次世界大战以后(1945～1999 年)

K16　21 世纪(2000 年～)

K18　民族史志

总论世界各国民族史志的著作入此,世界民族地理入此。

专论一洲一国民族史志的著作入各洲、各国史。

图 2-3　《中图法》K 历史、地理大类 K093/097～K18 页面

2.《中图法》的组成

(1)类目表:表达事物概念的词或词组,在分类表里叫类目。类目表是按照一定组织原则组合的概括图书内容特征和形式特征的类目的汇编。由基本大类、简表、详表和通用复分表组成。

(2)类目注释:关于一个类目的内容范围、与其他类目关系、指示辅助表的使用范围和方法以及一些特殊要求的一种指示性的说明。如《中图法》中的 U675.85"海事总结"这一类目下就加了"统计分析碰撞、搁浅等总结入此"的注释。

(3)标记符号:用来表示图书分类标记的符号,也叫分类号码。它既能表示类目在分类体系中的位置,又能使类目具有一定的排列顺序。《中图法》采用的是字母和数字相混合的标记符号。用一个字母标志一个大类,以字母的顺序反应大类的序列,在字母后用数字表示大类下类目的划分。

数字部分的编号制度使用小数制,即首先顺序字母后的第一位数字,然后顺序第二位,以下类推。每三位阿拉伯数字间隔以小圆点儿,即用间隔符"."分开,使号码清楚醒目、易于辨认,如"U675.85""G258.6"。

(4)索引:将类目表中各级类目及类目注释中能归纳成一定标题、表达一定概念的内容,按类目名称、标题的字顺排列起来,在每一条类目、标题的后面都注明其相应的类号,也有的索引从主题的角度把有关的类目集中在一起。查找索引可以辅助我们从其他角度来查找文献。

3.如何利用《中图法》类分图书

图书馆馆员是如何根据《中图法》进行图书分类的呢?下面我们进行一下模拟:

比如图书馆购入《2014 中国发展报告》一书,如何对它进行分类呢?先是要确定它的大类,很显然,它属于 F 经济类,再进一步划分,它属于 F12 中国经济类,仅分到此类可以了吗?很显然不行,一是因为中国经济类的外延要比《2014 中国发展报告》宽泛,从逻辑学角度看这两个概念不相称;二是中国经济类下图书较多,如不细分,不便于检索。因此,还需要进一步划分。我们最后找到详表第 84 页(见图 2-4),其中 F124"经济建设和发展"与《2014 中国发展报告》的外延相称,故给《2014 中国发展报告》一书的分类号为 F124。

三、文献资源的编目——了解索书号

编目就是按照一定的标准和规则,用确切、简单的文字,将每种文献资源的主要外部特征和内容特征进行分析、选择、描述,并予以记录下来成为款目,再将款目按一定顺序组织成为目录或书目的过程。

图书馆分编人员拿到采购回来并验收过的新书后,按照《中图法》为图书分类,给出分类号,然后比较详细地分析这本图书的各种内部和外部特征,将这些信息依据一定的标准,形成比较详尽标准记录格式,目前我国为实现机读目录标准化而通用的就是 CNMARC 格式(中国机读目录格式),每一种文献的 CNMARC 格式数据最终就组织形成了馆藏书目信息系统,这样,读者就可以通过计算机检索查询到图书馆的馆藏文献信息。

F124 经济建设和发展

F124.1 经济增长与发展水平
论述国民经济发展速度、代化进程等入此。
专论国民经济发展趋势与预测的问题入 F123.2。
〈4 版类名:国民经济现代化〉

F124.3 技术发展与创新
总论自主创新、技术革命、技术改造、技术革新、技术开发与发展、技术引进、技术转让、技术合作入此。
专论入有关各类。
〈4 版类名:技术发展与革新〉

F124.4 专业化与协作
组建经济集团入此。

F124.5 资源开发与利用
与生态平衡的关系问题、循环经济、低碳经济、生产布局等入此。
参见 P96、X37。

F124.6 经济效益
增产节约入此。

F124.7 国民收入、国民财富
关于社会总产值、国民收入及其分配、消费与积累比例、国民财富历年变化情况以及总论小康社会建设问题等入此。
〈扶贫问题,5 版改入 F126〉

F124.8 经济波动与经济周期
〈4 版类名:经济波动〉

F124.9 其他

F125 对外经济关系
对外开放入此。

F125.1 对外经济政策

F125.2 组织与活动

F125.3 经济条约、协定

F125.4 对外经济合作
对外经济援助入此。
外资利用入 F832.5。

F125.5 对各国经济关系
依世界地区表分。

F125.7 国家经济安全

F126 人民经济生活状况
论述小康生活以及贫富差距、扶贫、减贫等问题入此。
〈4 版类名:人民生活状况;扶贫问题,4 版入 F124.7〉

F126.1 消费状况
居民储蓄与投资等消费结构入此。

〈4 版类名:人民消费水平、结构〉

F126.2 收入分配状况
城乡居民收支状况与调查入此。
〈4 版类名:人民收入与家计调查〉

F127 地方经济
地方经济概况、经济建设成就、经济发展计划、经济调查研究和有关跨省市经济、区域经济、流域经济等入此。
依中国地区表分。

F127.8 少数民族经济
总论入此。
专论某一省区少数民族经济入 F127.1/.7。

F127.9 特区经济、经济技术开发区经济
总论入此。
专论某一特区与经济技术开发区经济入 F127.1/.7。例:深圳经济建设入 F127.652。

F129 中国经济史
依中国时代表分。如有必要,可再依中国地区表分,并用地区区分符号()加以标识。例:湖南民国经济史为 F129.6(264)。

F129.9 中国经济地理
依中国地区表分。

F13/17 各国经济
依世界地区表分,再依下表分。

0 方针、政策及其阐述
国家经济机制问题入此。

1 社会经济结构与体制
经济体制改革、体制变化等入此。

3 经济计划、规划及其管理
〈4 版类名:经济计划及其管理〉

31 计划与规划工作

32 国民经济发展趋势与预测
中长期经济发展规划、改造自然等长期规划入此。
〈4 版类名:远景规划〉

33 国民经济发展综合规划

35 年度计划与规划

38 专题计划与规划

39 市场机制与市场调节

4 经济建设与经济发展

41 经济增长与发展水平
发展战略入 0;经济发展趋势与预测入 32。
〈4 版类名:国民经济现代化〉

图 2-4 《中图法》F 经济大类 F124～F13/17 页面(部分)

编目完成的 CNMARC 格式书目信息中包含图书的各种内外特征,如书名、著者、国别、ISBN 号、页码、主题等,但读者想在图书馆找到一本图书所在的具体位置就需要依靠"索书号"这一重要信息。

索书号顾名思义就是可凭此号码寻找图书,是图书馆赋予馆藏文献的编码。它是反映每册书具体存放架位的排架号码,是图书馆图书排架管理、馆藏清点和读者检索查找图书进行阅览或外借的主要依据。索书号是图书馆和读者共同遵守的文献组织规则。索书号由图书的分类号和其他一到几组具有特殊规则和意义的号码组成,不同图书馆有不同的构成方式,一般多由分类号、书次号和辅助区分号组成。

下面我们以大连海事大学图书馆所规定的索书号构成情况为例进行讲解。如我们在馆藏书目系统中检索到李明、李福海主编的《船舶管理》一书,索书号为"U692/1967"。在实体馆藏中这本图书的书脊上会贴有标签,也就是"书标",书标上的信息就是这本图书的索书号(见图 2-5),由语种号、分类号和著者号组合在一起构成。

分类号把图书内容按学科属性划分,学科性质相同的图书,分类号也相同,反映在排架上,同类图书就能聚集在一起。但每一类学科领域的图书数量也可能很多,就还需要把这一类别下的每一种图书再进行一一区分。如图书馆关于"水运工作组织与管理"学科方面的图书有很多,都单纯以分类号"U692"排架无法进一步区分,因此大连海事大学图书馆制定《大连海事大学著者号给号原则》,规定:中文作者依据《通用汉语著者号码表》给出著者号,西文作者依据《卡特著者号码表》给出著者号。我们用不同著者号加以标识,来区分同种同类图书的排列顺序。

为了区分出不同语种的图书,大连海事大学图书馆对不同的语种相应给出不同的"语种号",是我馆自行制定的一种标记文献载体语言种类的符号。如规定:1(中文)、2(英)、3(德、法)、4(日)、5(俄)、6(其他语种)。语种号标记在书标的第一行,如图 2-6 所示,其中中文图书语种号 1 一般省略不标。

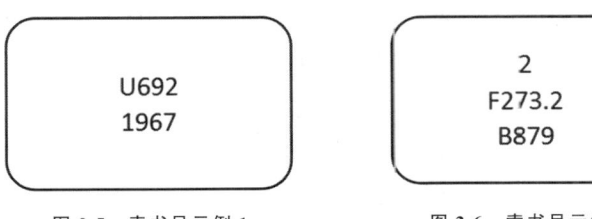

图 2-5　索书号示例 1　　　　　图 2-6　索书号示例 2

四、文献资源的布局

(一)书库的划分

图书馆文献的布局,就是指对书库的划分。布局的要求是:便于存储、排检与利用。每个图书馆都会根据馆舍面积及学科性质对馆藏文献进行布局划分。一是按文献载体形式划分,有普通书库、报刊库、特种文献库、电子阅览室、声像资料库等;二是按文献学科门类划分,有社会科学书库、科技书库、文艺书库等,或按需要划分的专业书库;三是按文献语种划分,有中文书库、外文书库、少数民族文学书库等;四是按文献用途和使用方法划分,有外借书库、阅览书库、样本书库、保存书库、临时储备书库等;五是按藏书利用划分,有一线书库、二线书库、三线书库等。

书库的划分布局从不同角度反映了图书馆藏书的特征和属性,我国各图书馆划分书库往往是多方法混合使用。部分高校图书馆因重点学科建设、总分馆设置等,会在建立基本书库的同时设立多个学科书库,也有较多高校图书馆建有特别收藏书库,保存珍贵文献和学校特色文献。

(二)文献的排架

图书馆所收藏的文献必须进行科学的排列,即将所藏文献按一定的方法系统科学地依次排在书架上,这就是馆藏文献的排架。不同用途、不同类型的馆藏文献,应采取不同的排架方法。排架方法的选用,还要考虑到馆藏文献的种类、数量与用途、文献周转率、读者需求、图书馆的具体条件等情况。任何一种排架方法都有其适用范围和局限性,因而在排架方法上不能强求一致。一般来说,图书馆馆藏文献(这里主要指图书)的排架方法有以下两种:一是内容排架法,以馆藏文献内容体系为标志进行排列,包括分类排架法、专题排架法等;二是形式排架法,以出版物形式序列为标志,如登录号排架法、固定排架法、字顺排架法、书形排架法、语种排架法、年代排架法等。

以大连海事大学图书馆为例,馆藏图书都是采用内容排架法中的分类排架法,即将图书首先按照语种区分开,同一语种下严格依据其各自的索书号顺序依次排列在书架上。先排分类号,依据《中图法》给出的分类号都是由字母和数字两个部分构成,首先按字母先后顺序排,再将后面的数字逐位地按照从小到大的顺序进行排列。关于分类号的排序,比较简单的办法是从左到右一位一位地比较各分类号,按字母先后顺序和数字从小到大次序决定先后的位置,切不可将整个分类号当作一个数字来比较。再以同样的方法排列著者号,从左到右、逐位比较。

实体书架两侧一般设有"架标",明确标注本书架全部图书的索书号范围。图书的排架主要依据"从前到后,从上到下,从左到右,S 走向"的顺序摆放。以大连海事大学图书馆为例,成排放置的双面书架以其中一整面为一个大单位,一整面书架中每两根竖向钢柱划分的 6 层小架为一个小单位(如图 2-7 方框标注位置),按索书号的从小到大顺序排列图书,从一个小单位书架的最上一层开始,从左到右将一层排满后,依次排下一层,这一小单位书架排满后,继续将下一个小单位书架排满,直至将一个大单位的整面书架排满后,再转入下一整面书架,一个双面书架排满后,以同样顺序排满下一个双面书架。从上到下,从左到右的顺序均以读者面向该面书架时为参考,见图 2-7 排架方向示例。

大连海事大学图书馆馆藏期刊排架以期刊分类号、刊名音序为主要依据。期刊分类号来源于"中国标准刊号",出版单位根据期刊主要刊载内容选择《中图法》22 个大类划分期刊所属

图 2-7　大连海事大学图书馆图书排架方法示例

学科。当年现刊按分类号从小到大排列,相同分类号的取刊名每个字拼音的首字母,逐字比较,按照英文字母顺序从小到大排列。一般馆藏纸质现刊种类在千种以下,并平铺于期刊架上,封面、刊名展示完全,读者较易找到。馆藏纸质过刊合订本也以期刊分类号、刊名拼音首字母音序为主要排架依据。报纸合订本按报名拼音首字母音序排列。当日报纸一般平铺展开,加专用报刊夹,按照尺寸、报名音序排列挂在专用报刊架上供读者阅览。

(三)藏借阅一体化布局与 RFID 技术应用

藏借阅一体化布局是一种全开架布局,它利用多种通信及网络技术,采用"统一管理方式",即大开间、少间隔的建筑格局,各处都设有桌椅,方便读者就近阅览,印刷型文献按学科、知识门类集中起来,读者可以随意浏览和自由获取,除特藏文献和现刊以外,减少单独阅览室的设置。这种布局在国内外图书馆普遍采用,很多新建馆舍的图书馆也大多采用这种布局。

配合 RFID 技术(Radio Frequency Identification,是指射频识别技术),图书的排架管理和借还管理更智能化、精确化,也为藏借阅一体化布局提高了服务质量,给读者更人性化的服务体验。在当前图书排架的方法基础上增加层标,层标贴于书架上,用于 RFID 设备识别。将每层图书信息与层标信息关联,设备扫描层标时能明确图书位置,也能发现架位错误的图书或丢失图书,便于管理。同时利用 RFID 技术能更形象、直观地为读者智能导航图书所在的精确物理位置,无须根据索书号自行查找图书位置。

第四节　图书馆文献资源的揭示

图书馆需要通过一定渠道展示、揭示馆藏文献资源,便于读者查找和获取。传统纸质文献或馆藏实体文献揭示方式经历了卡片目录、机读目录、联机公共检索目录(Online Public Access Catalogue,以下简称 OPAC)等演变形式。图书馆利用自动化集成管理系统,实现系统内纸质文献的采购、编目、典藏工作,形成目录体系相关数据,读者利用计算机网络通过检索文献的内外部特征著录信息从而找到所需的图书、期刊、光盘等文献,并能明确其在图书馆的具体位置和使用状态,利用图书馆自动化管理系统还能实现读者借阅信息的管理。电子资源揭示多以电子期刊导航、数据库资源导航、电子资源列表等形式在图书馆的门户网站揭示。

一、高校图书馆文献资源揭示现状

随着读者利用数字资源、网络电子资源的频率增加,馆藏文献资源的揭示方式也不断发展。2011 年,美国学者首次提出新一代图书馆服务平台(Library Services Platform,简称 LSP),国外开始研发新一代图书馆系统。近十年来,随着计算机信息技术的发展,国内外均出现若干较成熟的 LSP 产品,国内外高校图书馆也陆续开始使用新一代图书馆服务平台。LSP 能实现纸质、电子、数字、特藏文献资源的组织和揭示,涵盖完整业务流程管理,特别是对电子资源实现粒度化的全生命周期管理,也具备"全网域"的资源发现能力和读者大数据分析统计能力,是能更好满足读者个性化资源需求的新型智慧图书馆管理系统。

读者利用这类平台可实现全部文献资源一站式的、整合型的统一检索和获取。当读者检索图书时,可查看馆藏纸质图书的相关信息,也同时提供与纸质图书相同的馆藏电子图书获取链接;当读者检索学术期刊时,可查看馆藏纸质期刊的卷、期回溯情况,也可检索到图书馆已购电子数据库资源中拥有该种期刊的情况,并提供数据库链接直接查看期刊情况并获取论文内容。读者不必分别进入不同平台、不同数据库进行检索,而是直接利用统一平台检索图书馆内外各种类型的文献内容。这类平台都有类似 Google 的单一搜索界面,操作简单;检索结果通过比对、去重,被有序组织,层次清晰;平台集成原文获取链接功能,可实现对全文的链接与获取;对于检索到,但无权限直接通过链接获取全文内容的资源,能提供文献传递和参考咨询等协助获取全文的服务。应用跨平台检索的技术,读者可以实现全部馆藏的一站式检索,同时整合全球各类学术资源以及开放获取资源,满足读者一站式获取各类知识的需求。

每个高校图书馆都在尽其所能将所有馆藏文献资源通过一定的科学方式揭示出来,为师生读者提供便捷的、一站式的、整合型的资源检索平台是目前很多图书馆的选择,同时也注重纸质资源和数据库电子资源的分别揭示。南京大学图书馆主页(见图 2-8)以不同的检索窗从不同角度向读者揭示各类文献资源,"纸本目录""南雍撷珍"分别揭示馆藏纸本书刊和古籍特藏文献,"电子数据库"可检索已购数据库,实现数据库导航和介绍。"中文资源发现""外文资源发现"实现馆藏图书、期刊、电子书、全文电子期刊、会议记录、学位论文、多媒体资源、开放获取资源、网络资源等海量数据的一站式检索与发现。北京理工大学图书馆主页(见图 2-9)资源揭示包括馆藏纸本资源检索、数据库检索揭示,也包括一站式检索的"统一检索"平台,"电子期刊"揭示馆藏已购全文电子期刊,通过刊名检索提供期刊所在数据库链接,直接获取期刊论文,还提供期刊导航、核心期刊查询功能。

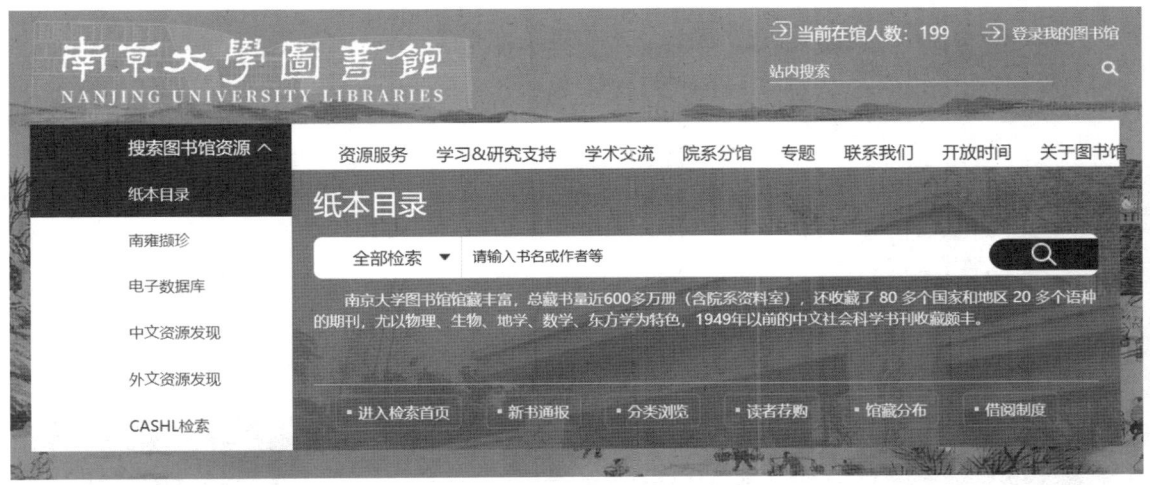

图 2-8　南京大学图书馆三页资源揭示

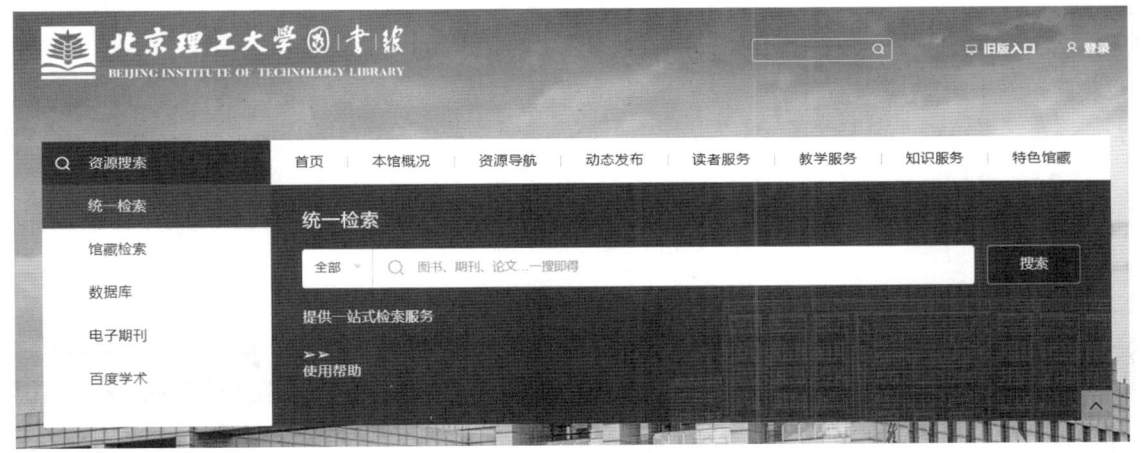

图 2-9　北京理工大学图书馆主页资源揭示

二、馆藏实体资源的揭示

　　馆藏实体资源主要是指纸质图书、期刊、学位论文、光盘、古籍、特藏文献等,图书馆将资源特征信息著录形成馆藏目录,再通过不同的管理系统、网络平台开放揭示这些书目信息,读者利用网络通过个人电脑、图书馆检索机、移动终端等可随时随地检索馆藏信息。

　　下面以大连海事大学图书馆为例,详细介绍馆藏实体资源的统一揭示与检索。

　　大连海事大学图书馆采用 Primo 学术资源发现系统作为文献资源统一发现检索平台,命名为"鲲鹏发现"系统(见图 2-10)。该系统将馆藏实物资源、电子书、订购数据库文献资源、网络免费资源无缝式整合在一起,通过一个统一的入口提供检索。同时能实现书刊检索、知识发现、我的借阅管理等功能。"鲲鹏发现"系统可以通过图书馆门户网站资源揭示检索区域访问,也可以通过"大连海事大学图书馆"微信公众号"资源"菜单中的"我要找书"链接进行手机端访问。本节主要介绍利用该系统检索馆藏纸质图书、期刊,查看资源借阅状态;以及登录个人信息后进行借阅管理功能。

(一)馆藏图书检索

"鲲鹏发现"系统首页(见图 2-10)包含一站式检索框,检索范围可选择全部资源、馆藏目录、电子资源。检索界面包括简单检索、高级检索。"馆藏目录"包含馆藏纸质图书、期刊资源;"电子资源"可检索与系统对接的已购数据库文献资源,包含电子图书、期刊论文、报纸、学位论文、会议论文等多种文献类型,还包括部分网络开放获取学术资源。如图 2-11、图 2-12 中检索结果的对比,在"全部资源"范围内检索某一主题,可获得更多相关检索结果,包括馆藏纸质图书信息、各类数据库及网络电子文献信息。

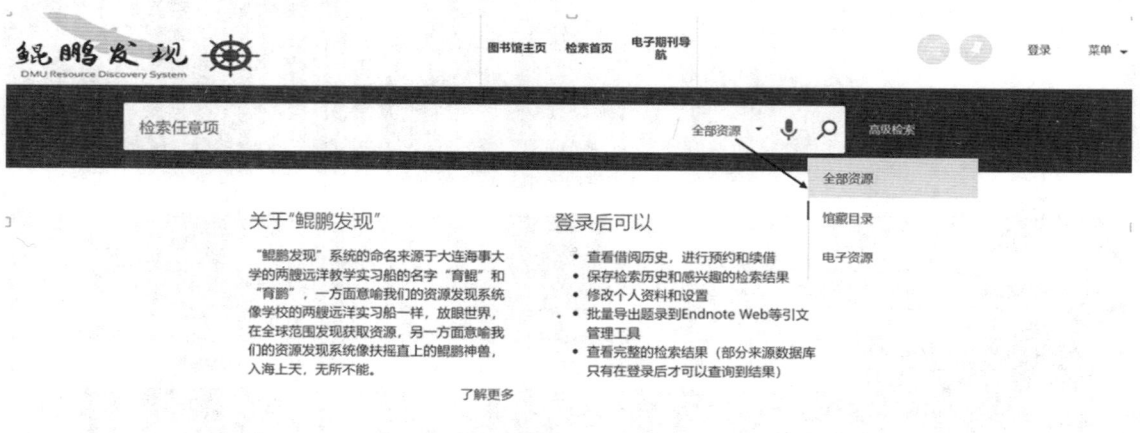

图 2-10 "鲲鹏发现"系统首页

图 2-11 在"鲲鹏发现"系统馆藏目录范围中检索"航海气象"结果页面

图 2-12　在"鲲鹏发现"系统全部资源范围中检索"航海气象"结果页面

　　读者想在图书馆找书要先从"馆藏目录"范围中进行检索,通过书名、主题、作者、出版社等信息进行检索,检索结果浏览页面(见图 2-11)逐条显示相关馆藏文献,右侧可通过排序、可获取性、馆藏地、文献类型、来源、作者、主题、出版社、语种、出版日期、出版物的分类筛选,进一步调整检索结果。以馆藏图书为例,点击检索结果中感兴趣的图书条目记录,可以看到该书目的详细信息及流通信息,如图 2-13 所示,通过流通信息读者可以了解一本图书在图书馆收藏了几个复本,各个复本的收藏位置(阅览区、资料室等);哪些复本是可以借出的,哪些复本只能在馆内阅览;可借出的文献如果已被借出,系统还会显示该书的应还日期。该种馆藏图书的详细信息包括版本、图书主题、摘要、丛书信息等内容。虚拟浏览模拟书架排放情况,把与该书索书号相邻近的图书进行推荐,便于读者找到更多学科内容相近的馆藏图书。

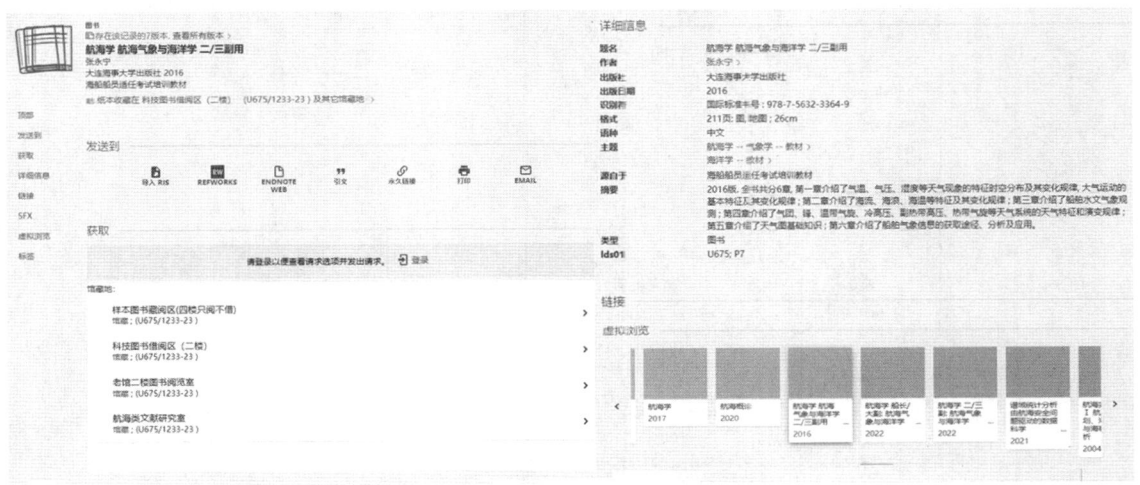

图 2-13　馆藏图书详细书目浏览页面

登录"鲲鹏发现"系统读者可利用"我的借阅"模块（见图 2-14）查看个人当前借阅信息、预约图书信息和罚款情况，进行图书续借操作等。进行个性化设置后，系统还会自动向已绑定的电子邮箱发送过期提醒、催还通知、预约取书等信息。

图 2-14   "鲲鹏发现"系统"我的借阅"模块界面

（二）馆藏期刊检索

在"鲲鹏发现"系统的馆藏目录中也能检索到大连海事大学图书馆当年订购纸质期刊和馆藏过刊情况。输入期刊名称进行检索，点击对应期刊条目可以查看馆藏纸质期刊详细信息，如图2-15所示，点击"查看馆藏"可查看现刊当年已到馆卷、期情况，以及收藏过刊的起止年、起止卷期信息。

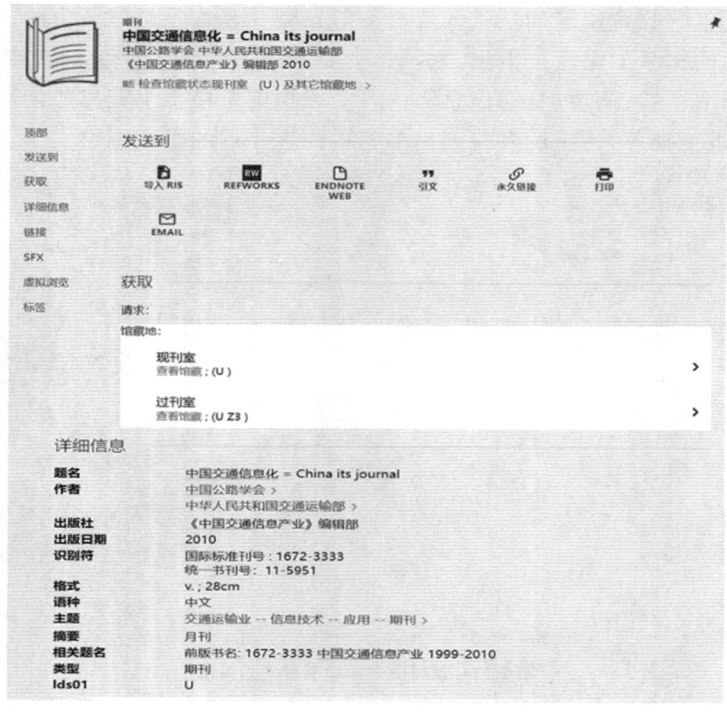

图 2-15   馆藏期刊详细书目浏览页面

三、馆藏电子资源的揭示

电子资源是近年来发展最为迅猛的文献信息资源类型,不仅包括图书馆购买的电子图书数据库、电子期刊数据库、多媒体数据库等,还包括自建特色数据库、论文库以及与馆藏书刊配套的光盘库等。

由于资源类型丰富、更新快速、部分可获取原文,图书馆电子资源目前已经成为广大师生获取文献信息的主要渠道。多数电子资源数据库都需要先由图书馆购买其使用权,而后提供给其用户访问。由于涉及版权和经济方面的原因,对这些电子文献信息资源的访问通常也控制在一定的范围内(例如校园网范围),通过 IP 访问地址控制或需要用户名和口令进行身份认证等。

图书馆电子资源的揭示主要分以下三个方面。

(一)资源整合平台统一利用

如上文介绍的统一资源探索与获取工具目前是图书馆普遍采用的资源整合平台,它将图书馆已购买使用权限的数据库进行对接整合,实现跨库一站式检索,并帮助读者直接利用平台获取全文或申请文献传递服务等。

这种方法的优点是一站式获取文献,免去在不同数据库检索平台之间跳转进行重复检索,节省精力。对于想整体把握某一主题全部文献情况,或对检索结果无精确需求,或未掌握精准检索技术和方法的读者,利用这类整合平台能获得较全面的、系统的相关文献结果。同时,这种方法的弊端是:有赖于图书馆各类数据库资源的技术对接情况,不能保证所有数据库资源都能在数据上完全对接到整合平台,仍存在漏检情况。对检索结果有明确目标或复杂检索需求的读者,平台往往不能提供精准检索结果。

(二)资源检索导航或列表等方式直接访问

图书馆购买各类电子文献资源及数据库后,会在图书馆网站上提供它们的链接或访问引导,因此在网络环境下,图书馆网站是引导读者访问电子资源的入口和指南。图书馆一般会采用数据库资源检索、导航、列表、推荐等形式揭示电子资源。资源导航一般按学科、文献类型、语种等方式分类数据库。如图 2-16 所示为大连海事大学图书馆数据库导航系统界面,既可以浏览各类导航结果,又可以对数据库名称进行检索。许多数据库中主要资源为学术电子期刊,且研究利用率高,很多高校图书馆也会对已购电子期刊资源单独揭示,通过检索、导航方式直接找到所需期刊,并提供期刊所在数据库访问链接。

列表形式一般直接按数据库名称的首字母为顺序分别列出,或以中文、外文数据库分别列出,或单独列出"常用数据库""试用数据库"列表。推荐形式多为图书馆按照学校重点学科建设情况把学科领域相关的各类型电子资源汇总并单独推荐,方便相关读者直接利用;或结合图书馆特色电子馆藏、自建数据库等单独推荐。

利用导航或列表方式揭示电子资源便于读者快速、准确找到自己需要的数据库,但也要求读者有明晰的检索需求,对自己常用的数据库资源内容及使用方法比较熟悉,掌握了自己研究领域相关文献的检索技术。

以大连海事大学图书馆为例(见图 2-17),主页还提供了"数据库快捷访问""试用数据库

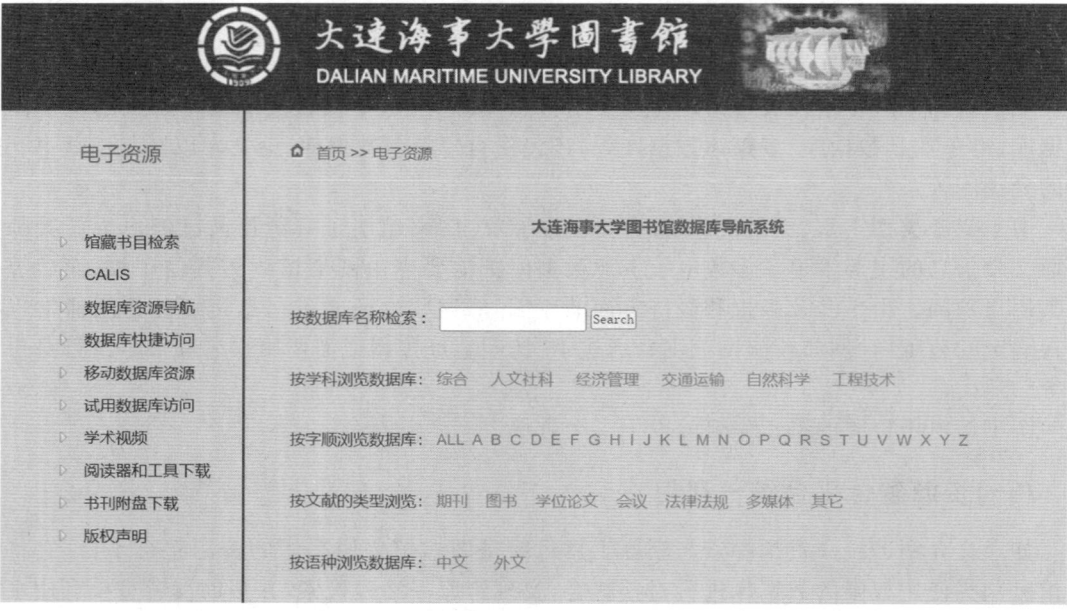

图 2-16　大连海事大学图书馆数据库导航系统界面

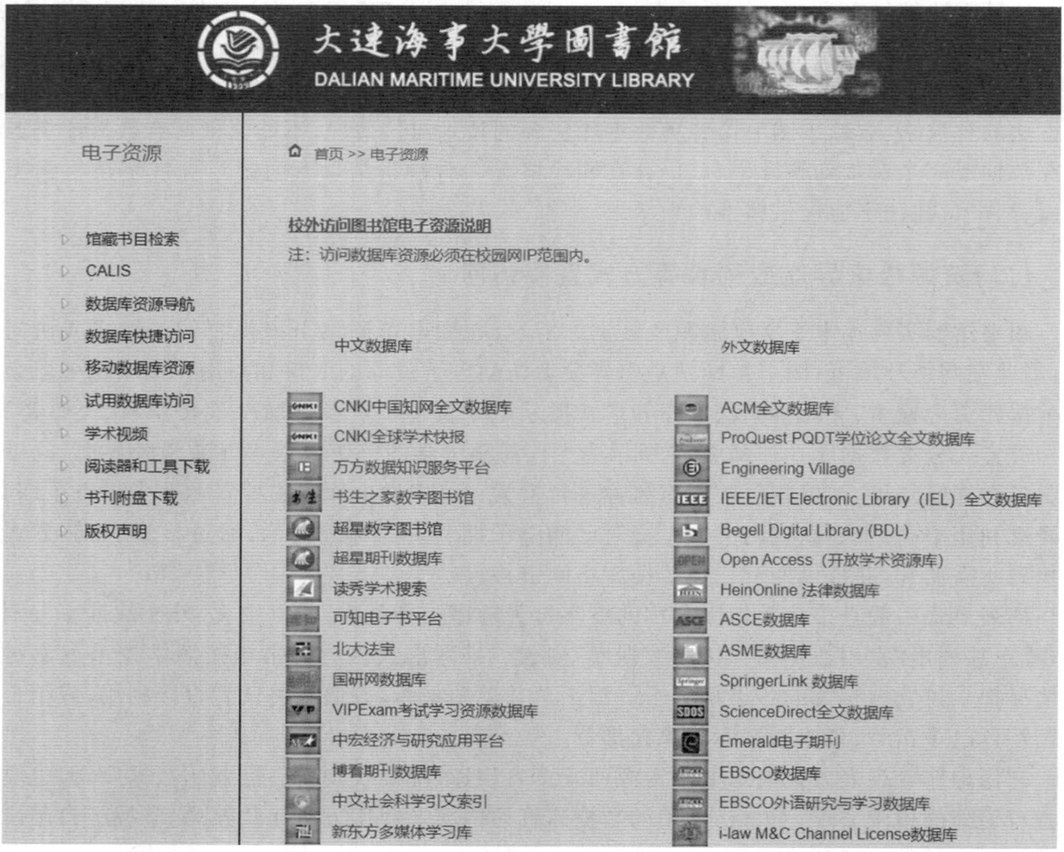

图 2-17　大连海事大学图书馆"数据库快捷访问"页面

访问"入口，列出全部数据库资源，点击进入数据库详细介绍页面，包括访问链接、数据库使用说明及示例、数据库涵盖内容、学校读者权限、咨询馆员联系方式等。

(三)移动终端访问

除上述两种揭示电子资源的方法外，随着移动通信技术的快速发展和电子阅读的兴起，又出现了移动图书馆、电子书借阅机、数据库 APP、微信小程序、微信公众号访问等应用于移动终端的电子资源揭示及获取途径。

移动图书馆也被誉为"口袋里的图书馆"，读者通过接入网络的手机、平板电脑等移动终端可随时随地、方便、有效地使用图书馆的资源和服务。如个人借阅查询、馆藏资源检索、图书馆中外文电子资源的检索与下载、在线阅读海量电子图书、报纸全文、在线收听有声读物、观看视频课程等。移动图书馆平台的登录方式目前有 Web 端、客户端两种方式。

电子书借阅机是利用二维码技术来实现电子图书借阅，可以实现单册电子书的无限次数下载。读者安装相应客户端后，直接扫描借阅机里图书封面上的二维码即可下载图书到手机、平板电脑等移动终端阅读。

一些数据库产品也在 Web 访问的基础上，增加了可用于移动终端的数据库文献访问、检索及下载服务。如全球学术快报 APP(中国知网)、博看书苑 APP、博看微刊微信小程序、畅想之星电子书 APP、墨鸣奇妙微信公众号(Emerald)等，都可以利用手机等移动终端，通过身份认证设置使读者随时利用这些电子文献资源。

第三章
图书馆的读者服务

高校图书馆的主要服务对象是学校全体师生，围绕学校教学、科研、管理等工作开展文献信息服务和空间服务等。伴随着时代的发展，高校图书馆的服务在不断丰富及演进，以适应广大师生读者的各类需求。为了让读者更为详细地了解到图书馆的各项服务的内容、功能及流程等，更为有效地利用图书馆，本章将对高校图书馆各项服务进行阐述说明。

第一节　文献流通服务

文献流通服务是将馆藏文献通过一定的方式直接提供给读者利用，以充分发挥文献作用，是图书馆的主要服务内容。它包括馆内流通与馆外流通两个方面，馆内流通的主要方式是阅览和外借，馆外流通的主要方式有送书上门、流通站等。

一、文献外借服务

(一)文献的借阅

文献外借是图书馆基本服务之一。有借阅权限的读者可根据个人需求在图书馆拣选文献资料。在查找到合适的文献后，可遵照图书馆的规则进行借阅。通过办理一定手续后，读者可将文献资料带出图书馆外自行阅读。在规定的借阅期限内，不受时间和空间的使用限制，但读者需要承担个人外借文献的保管义务，损坏或丢失均须按图书馆规则进行相应处罚。

高校图书馆除了提供读者个人借阅服务以外，为了满足团体读者的借阅需求，可以提供团体借阅服务。这需要团体负责人提交申请并附加相关证明材料，申请批准后，可进行批量文献借阅。

文献借阅的注意事项如下：

1.读者须凭本人的身份认证相关证件进行借阅，不得使用他人证件；

2.借阅前须自行检查文献资料，如发现有污损、划线、水渍、破损等情况应立即向工作人员说明，并加盖印章；

3.借阅时需认真核对借阅系统上的信息,如信息显示不符,须及时寻求工作人员予以解决;

4.文献资料在借阅成功后,须妥善保管,避免损坏或遗失。

5.对于无法外借的文献资料,须征求工作人员同意,登记或抵押证件之后,方可进行文献扫描或者复印。

(二)文献的续借

读者在依照图书馆规则借出文献后,需在规定日期内进行归还。若读者对于所借阅文献还有持续使用需求,图书馆将为其提供续借服务。办理续借时读者需通过校园网在借阅系统或平台上进行相关操作,系统自动延长该书的归还时间期限。一般一本外借图书只能办理一次续借。

二、文献归还服务

文献的借出和归还可通过人工服务或自助借还机办理,一般以就近原则设置在图书馆出入口,或各个书库、阅览区出入口附近。许多高校有总分馆或多个学科分馆,一般都提供通借通还服务,“通借”是指读者可以在本地馆借阅本校其他异地馆藏图书,“通还”是指读者可以在本地馆归还本校其他异地馆藏图书。许多高校为方便读者还设立了宿舍/教学楼还书点、24小时还书机等,方便师生随时、就近归还图书。

(一)文献归还

读者在借阅文献后,须遵照图书馆的借阅规则,按时归还文献,以形成文献流通闭环。工作人员在收到归还的文献后会进行常规检查,如文献是否存在污损、划线、水渍、破损等情况,一旦发现将依据相关规定进行处罚。读者无论是使用自助机器归还文献,还是人工归还文献,都需要在确认归还成功后再离开,若读者私自将文献放在还书处或还书车上,一旦造成文献丢失,读者须自行承担责任。

(二)超期归还

为了合理利用图书,让更多人受益,图书馆倡导读者遵照借阅规则按时归还图书,不允许长期占有图书。对于没有按时归还图书的读者,图书馆会依据相关规则进行处罚,如:罚款、暂停读者借阅权限等。被暂停借阅权限的读者,在其归还文献并缴纳罚款后,可恢复其权限。

三、文献预约服务

文献预约服务是指当读者想要借阅的文献已被全部借出时,读者可在图书馆系统中预约登记所需文献。当该文献被归还后,图书馆系统会依据预约申请登记的先后顺序发送通知,读者收到通知后,可自行到馆借阅文献的一种服务。预约借书服务是图书馆在文献副本量少而借阅人数多的情况下,所采取的一种保证重点读者或急需读者需要的服务方式,其优点是能最大限度地满足读者需求,加速文献周转,提高文献利用率,降低文献的拒接率。

文献预约注意事项:①只有当在架文献全部副本被借出时才可申请预约;②预约文献的读

者需要留下正确并经常使用的联系方式,以便于所预约文献到馆后,能及时收到系统发出的图书到馆通知;③收到预约通知后要依照图书馆相关规定及时借阅。超过借阅的等待期限后,系统将按预约先后次序给下一位预约者发送通知,或者将文献归还到正常书架上恢复流通。

四、文献阅览服务

阅览服务是指由图书馆提供专用场地以及相关设备,便于读者进行阅览查询的专项服务,也是图书馆的传统基本服务之一,它是读者利用文献信息进行学习、研究的重要形式。阅览服务不仅可以提高文献的利用率,同时还可以在读者阅览时为其提供周到及时的服务。

(一)多媒体阅览服务

随着多媒体技术的发展,以及多媒体资源的日益丰富,广大读者对多媒体的需求也日趋增高,对此高校图书馆通过使用多种类型的电子设备为广大读者提供多媒体阅览服务。

1.电子阅览服务

电子阅览服务是多媒体服务中相对基本的服务,例如提供电子书、电子阅报机或者电脑服务,不同学校配置设备的数量不一,读者依据相关的使用规则进行操作,使用时要注意爱护设备。此外读者还要注意,部分电子阅览室的电脑属于无盘工作站,不能进行文件存储。所以读者需要自行准备移动存储设备来存储资料,并在确认资料存储好之后再关机,以防止资料丢失无法找回。

2.视听阅览服务

相较于电子阅览服务,视听阅览服务是近些年发展快速的新型服务,且呈现多元化发展,如:观影服务区、音乐鉴赏间、朗读亭、琴棋书画文创台,等等。

(二)纸质文献阅览服务

纸质文献阅览是各大高校图书馆最常见的阅览服务,一般是以设置成专门的阅览室方式为广大读者提供服务。阅览室会有针对性、主题性和侧重性地收藏特定范围或类型的文献,如特色馆藏、珍贵馆藏等,并保证文献种类齐全,内容新颖,使用价值高。阅览服务能满足读者的不同阅读需求,并了解读者的阅读倾向、阅读需要和阅读效果。同时,阅览室为读者提供良好的阅读环境,配备舒适的座椅和明亮的灯光,读者在阅览室中可以充分利用有利学习条件自主学习。常见的阅览室包括以下类型。

1.图书类文献阅览室服务

图书馆对于一些多种渠道搜集或捐赠来的文献,或者是没有复本的文献,因为其不具备流通的条件而选择提供阅览服务;鉴于各类文献使用的特点不一样,图书馆还会细分为综合型文献阅览室服务和专业型文献阅览室服务。

(1)综合型文献阅览室服务:对于某些专业特色文献或者珍本善本,图书馆出于保护的目的不会外借,提供仅限于读者在阅览室内阅览的服务;

(2)专业型文献阅览室服务:对于一些专业类、工具类图书,读者只是临时性使用,且使用量大无法外借,因此图书馆将此类图书存放于专用阅览室以供广大读者查阅使用。

2.报纸期刊文献阅览室服务

报纸和期刊是时效性很强的文献,图书馆为了保证及时替换更新,因此为其设置专用阅览室,或者将报刊文献、期刊文献合并为一个阅览室共同管理。

五、馆际互借服务

馆际互借是指图书馆之间经过协商,允许读者相互利用对方馆藏,以满足读者借阅需求的一种服务方式。由于每个图书馆的馆藏特色各不相同,因此每个图书馆的馆藏范围、品种、数量也各有不同,单独靠本馆的藏书很难满足读者日益变化的需求。目前,全国各地区、不同范围的高校图书馆都建立了馆际互借关系,校际通过这种方式既节省了经费,又解决了广大读者的需求,使图书达到 $1+1>2$ 的资源利用效果。

高校图书馆的馆际互借多以校为单位,办理馆际互借时读者,首先应到负责本校的馆际互借的老师处申请馆际互借的使用权,并进行相关登记;其次应携带专用的馆际互借卡/本,以及本人的身份证明(读者证件、学生证、工作证等)到收藏图书的图书馆办理馆际互借手续,办理过程中要了解该图书馆的相关馆藏使用规则,例如图书可以外借的时长、归还时间、是否可以续借以及一旦超期的相关责任及后果等。

随着信息的高速发展,馆际互借服务也已经越来越便捷,所要借阅的文献资料也不再仅限于图书,有可能是期刊或其他载体形式的文献。

第二节　读者咨询服务

读者咨询服务是指图书馆工作人员根据读者需要,为便捷读者获得文献信息,减少查找利用文献所花费时间和精力的一种答疑解惑型、指导型服务。咨询服务充分发挥文献的使用价值,揭示文献收藏情况,扩大读者视野,帮助读者了解和掌握最新的学术科研成果及其动态和趋势,还能辅导读者阅读,帮助读者了解检索工具的使用知识,直接或间接的帮助读者解决文献获取困难,顺利开展学习工作和研究。

一、读者咨询服务的类型

根据读者咨询问题的类型及咨询方式,可以将咨询服务分成如下几大类型。

(一)依据咨询问题的性质划分

1.事务性咨询

图书馆馆员对于针对读者在查找文献,以及在日常利用图书馆的过程中所遇到困难进行解答。例如:读者可就图书馆布局情况、如何检索图书、馆内设备如何使用、图书丢失处理、个别服务开展时间、数据库使用疑问等情况进行咨询。其咨询问题的特点是主题分散,没有连续性,问题并不专深,但需要工作人员熟练掌握图书馆的业务和大量的日常运营信息等。

2.专题性咨询

图书馆工作人员针对某一特定的主题内容,查询有关文献,提供与该专题有关的文献、文献线索及动态进展信息的服务工作。其特点是咨询内容是针对科研、教学、研究工作中的课题提出的。解答提供有关课题的系统知识,而且知识学术性强,对咨询结果要求较高。

(二)按咨询渠道划分

1.线下咨询服务

线下咨询是指图书馆馆员在现场以口头的方式回答读者咨询的服务。例如:读者去总服务台的咨询,各个部门或岗位接到的电话咨询,读者在利用图书馆时向就近馆员提出的咨询等等。对于初次进入图书馆,或者对图书馆的各种服务功能不了解的读者,这种面对面的线下咨询是较为便捷的。

2.线上虚拟咨询服务

虚拟咨询是基于网络环境的新型服务方式。图书馆馆员借助相应系统与读者建立连接,对提出问题的读者通过网络进行实时或非实时回答的对话式参考咨询服务。此种服务方式打破了地域限制和空间限制,只要咨询方和图书管理员能够使用网络,就可以进行咨询与解答的服务。例如读者可以在利用图书馆的过程中随时随地进行咨询,甚至读者本人可以不在图书馆内的状态下,就使用数据库、数据平台、文献传递等服务时产生的问题进行提问,此种服务极大地方便了读者。随着时代发展,虚拟咨询使用的工具也越来越多样化。从早期使用的电话、电子邮件,到现在使用的 QQ、微博、微信公众号、移动 APP 等,均可作为虚拟咨询的工具。

二、读者咨询服务的流程

读者咨询问题的处理过程包含以下几个流程:受理咨询、对问题进行分析判断、答复读者以及解答后要做的咨询记录。每个环节都需要咨询人员耐心详细的沟通,才能达到读者的咨询目的。

受理咨询:图书馆馆员有义务回答读者在利用图书馆时所提出的问题。无论提问方式是面对面的线下咨询,还是通过平台所进行的线上虚拟咨询。

对问题进行分析判断:鉴于读者对图书馆了解的程度不同,以及各类读者的需求不同,在接到读者的咨询问题后,馆员需要协助读者梳理思路理清逻辑,明确其想要咨询的问题是什么,再思考如何组织语言,用浅显易懂的话语来回复读者。

答复读者:对于读者咨询的各类问题,如果是相对简单的事务性咨询,馆员可以直接回答。如果是比较专业的专题性咨询,首位接待到读者咨询的老师可以代为转达问题,或者是引导读者直接去找相关老师进行进一步的详细咨询。

咨询记录:对于每一次接待读者的咨询之后,图书馆馆员都需要做咨询记录,详细记录读者提出的问题,以及馆员所给出的回复,并定期归纳总结咨询记录。对于有代表性的问题,以及读者多次提问的典型性问题要予以重视,思考是否有必要进行相应改进措施,以便为读者提供更高效的服务。

第三节　信息检索服务

信息检索服务是指图书馆馆员利用信息分析处理专业技能,对图书馆各类馆藏资源中重要的信息与知识进行组织、加工,为读者学术科研、成果转化、学术管理决策提供有针对性的情报信息服务,这类服务为高校师生、管理者开展各类学术研究工作起到重要支撑、支持作用。

一、学科服务

学科服务的发展是随着图书馆学科馆员制度的发展而逐渐发展并不断完善的。学科馆员是指具有某一学科专业背景,同时具有图书情报专业技能的图书馆员,熟悉相关学科信息资源分布情况,具有信息分析能力,能够为高校师生读者的教学与科研提供多方位、深层次的学术性信息服务。狭义的学科服务是指以服务于学科专业为基础,围绕学科领域文献开展资源建设工作和参考咨询服务。广义的学科服务我们可以理解为,针对高校学科或专业发展建设,学科馆员开展的一切服务的总和。

(一)学科服务的基本内容

1.学科馆藏建设与发展

国外大学图书馆设立学科馆员的初衷,就是为学科发展建立系统而独立的学科馆藏,因此,由学科馆员负责所对应的相应学科的馆藏建设与发展,相关服务也一直是学科服务最重要的内容之一。包括对应学科背景、发展和需求,为读者做出选书决策和资源推荐服务;对学科文献资源现状进行评估;开展学科相关电子资源试用服务;建立学科资源导航、指南、门户等。

2.学科文献信息参考咨询

与图书馆普遍的参考咨询服务不同,这类服务往往是与学科文献相关的深度咨询服务。包括资源利用方面参考咨询;专业领域科研工作及课题研究方面的信息咨询。

3.对口院系联系与服务

学科馆员应当是院系师生与图书馆之间的桥梁,高校图书馆的学科馆员一般会负责一个或多个院系的日常对口联系与服务。如定期向院系师生征求资源建设、试用、征订购买意见;协助院系师生进行课题检索、文献检索;定期走进院系为师生介绍推广图书馆资源和服务,同时增进与院系的联系。

(二)学科服务在高校图书馆的发展

学科服务的内容和范围是随着大学图书馆服务模式的演变以及学校学科建设发展需求的演变而不断发展变化的,向提供学科化、针对化、个性化、知识化、泛在化服务的方向发展。

嵌入式学科服务是近二十年高校图书馆学科服务拓展和深化主要方向。一种为嵌入教学服务,学科馆员部分或全程参与到专业课程的设计与教学当中,如与教师商定设计课程内容、遴选教学案例;为教师和学生提供课程相关参考书和文献资源导航;或与教师合作开设专业信息检索课程,负责专业文献分析与评估、文献管理和学术道德与规范等内容的讲授。另一种为嵌入科研全过程的支撑学科服务,在项目申请前期和项目研究过程中提供咨询、学科文献分析、新信息推送等服务,在项目后期提供论文发表、学术规范、课题跟踪、可持续发展、科研转化等方面的信息支撑服务。

二、查收查引服务

查收查引又称收引查证、论文引证、文献查证、查证查引,该服务是指通过对用户发表或指定的论文或著作在国内外著名检索工具中的收录及引用情况、来源出处、相关指标等进行检索并出具检索证明报告。检索内容归类为两种:论文收录和引用情况。可检索收录或引用情况的检索工具如 SCI、SSCI、ESI、EI、CPCI、JCR、CSSCI、SCD、CNKI 等,或以《中国科学院文献情报中心期刊分区表》《中文核心期刊要目总览》等证明论文来源刊物性质。

服务检索结果的应用范围可归纳为三种类型,即用于学生学业、师生科研项目以及人才评定。如与学生学业相关的评奖、学位申请、出国、毕业、求职等;与科研项目相关的基金或课题申报、项目结题、成果统计、项目验收、奖励申报等;与人才评定相关职称评审、岗位聘任、高层次人才引进、荣誉申报等。查收查引服务为以上这些委托提供客观、准确的文献收录和引用依据。

查收查引服务流程包括读者网上填写委托单或现场提出查收查引委托,提供相关论文信息,馆员完成检索工作后,根据实际情况出具客观证明材料,读者领取纸质材料或电子扫描件。

三、科技查新服务

科技查新服务(以下简称"查新")是为了避免科研项目的重复研究,以及客观地判别科技成果的新颖性、先进性而开展的一项工作。在高校师生科研工作过程中,如国家、省、部、市等各级科研项目的开题立项、成果鉴定与评估、申报奖励,以及新产品开发、专利申请、技术引进等,均需进行科技查新。查新针对某一特定课题进行,为被查课题出具一份"查新报告"。

(一)查新服务的作用

科技查新是文献检索和情报调研相结合的情报研究工作,它以文献为基础,以文献检索和情报调研为手段,以检出结果为依据,通过综合分析,对查新项目的新颖性进行情报审查,写出有依据、有分析、有对比、有结论的查新报告。

它的作用包括三个方面:一是为科研立项和成果鉴定提供文献角度的客观依据,查新有较严格的年限、范围和程序规定,有查全、查准的严格要求,能客观准确地掌握国内外的有关文献信息,查清研究现状;二是为科研人员进行研究开发提供可靠而丰富的信息,查新人员利用丰富的文献信息资源和检索技巧,能提供从一次文献到二次文献的全面查新检索,获得丰富、准确的文献资料,能满足科研工作的信息需求;三是为课题的先进性作对比分析和综合评价,查新要结合检索文献结果进行认真分析和研究比对,查新结论要求具有客观性、评价性、明确性和鉴证性。

(二)查新服务的程序

科技查新工作的程序包括四个步骤:接受课题、文献检索、分析对比、撰写查新报告。

首先要求用户填写科技查新委托书,告之查新人员查新范围、课题内容、关键技术、创新点等。查新人员接受课题后,对课题进行分析、理解,找出该课题的新思想、新见解、新方法。明确该查新课题所应使用的关键词、主题词及检索途径后,进行文献检索。查全率是文献检索的核心,因为新颖性的审查与判断就是要回答国内外有没有与该课题相同或类似的文献报告。分析对比是从检索命中的文献中,选择最主要的相关文献,与课题提出的新思想、新技术、新方法进行异同比较,针对课题的技术特点进行分析,审查该课题研究的主要技术指标处于什么水平。通过对比确定查新结论,形成查新报告,报告由下列几部分组成:封面;项目主要内容说明和查新要求;国内外文献检索范围、时限和情况;检索结果说明和查新结论。

四、情报分析服务

情报分析服务是图书馆对文献信息进行分析与综合的一种服务,主要是通过对某一时期或某一领域的文献信息利用文献计量方法、数据统计方法等,进行分析与归纳,并以研究报告的形式提供给有需求的用户或读者。其功能在于通过对大量文献进行分析研究和综合,为读者提供浓缩的、系统化的情报资料,为预测研究和决策研究提供文献资源角度的客观参考和数据支撑。

情报分析服务在高校"双一流"建设的基本特征和信息服务需求的基础上不断发展创新,是推动高校学科发展的基础性工作之一。服务内容包括但不限于:某研究群体学术研究表现力、影响力分析;学科(大学)排名动态分析;基于多源文献信息数据,梳理学科现状、分析学科竞争力;对标学科发展需求,多维度挖掘数据,分析学科研究方向及前沿,评估判断学科研究的未来发展态势;人才引进及科研人员绩效评估。

五、知识产权服务

高校是科研创新、知识产权创造与运用的先进阵地。2017年12月,国家知识产权局联合教育部研究制定并下发《高校知识产权信息服务中心建设实施办法》(国知办发规字〔2017〕62号),提出在全国大学分批次布点高校知识产权信息服务中心,并对高校知识产权信息服务中心的定位、建设原则、工作内容、遴选确认、考核监督做了介绍,其中第一章总则第五条规定"知识产权信息中心一般设立在高校图书馆"。基于此办法中的规定,很多高校图书馆主导开展了高校知识产权信息服务。全国很多高校将"高校知识产权信息服务中心"设立在图书馆。

图书馆开展的知识产权服务主要围绕专利服务展开,包括专利查新、专利检索、专利培训/讲座、专利分析、专利咨询、专利预警跟踪、专利布局、专利人才培养、专利资源导航/专利索引、专利代理、专利审查、专利宣传等。具体服务实践有针对高校或者行业的专利竞争力分析;专利信息检索咨询及专利法律状态咨询;嵌入到个人及科研团队全面开展专利查新及知识产权服务;知识产权专题培训;结合决策支持服务,完成专利全景分析报告、学科研究热点预测;面向本科生、研究生开设知识产权基础课程等。

知识产权服务的目的是为学校的知识产权创造、运用、保护和管理提供全流程支持服务,支撑学校协同创新和优势学科建设,促进学校科技成果转化;为学校和社会培养知识产权信息服务人才;"双创"环境下为社会公众、创新主体提供知识产权信息公共服务;为政府决策、企事业单位发展提供知识产权评议咨询,产生有应用价值的咨询建议。

六、文献传递服务

文献传递服务是图书馆通过一定的方式把读者所需的文献从文献源提供给读者的一种服务。具体来说,读者要有已确知的、特定的文献需求,图书馆通过一定的方式在适当的时间内将需要的文献或替代品以其有效的方式与合理的费用直接或间接传递给使用者的一种服务。传递的文献无须返还,服务具有快速、高效、简便的特点。

文献传递服务一般可通过大学图书馆申请。由图书馆代读者获取本馆未入藏的国内外其他图书馆的文献信息(复印期刊论文、会议文献、学位论文、技术报告、标准文献等文献或提供相应文献类型的电子版全文)。文献传递方式为普通邮寄、快件、传真或 Email 等(以 Email 方式为主)。一般图书馆文献传递服务都要收取一定的费用,其收费标准大多依照文献传递中心收费标准执行。有时读者可获得减免部分文献传递服务费用的优惠。

文献传递服务是在信息技术的支撑下从馆际互借服务发展而来的,是文献资源共享的重要方式之一。通过开展文献传递服务,不仅缓解了图书馆经费、资源不足与读者日益增长的文献需求之间的矛盾,也对教学科研起到了很好的支撑作用。

目前国内重要文献传递中心有:CALIS 中国高等教育文献保障系统文献传递中心、NSTL 国家科技图书文献传递中心、CASHL 中国高校人文社会科学文献传递中心、国家图书馆文献提供中心、中国科学院文献情报中心等。如大连海事大学图书馆加入了"CALIS 文献传递中心""NSTL 国家科技文献中心",并与一些数据库商建立文献传递平台合作,为读者提供更广阔的文献传递服务范围。

第四节　宣传报道与阅读推广服务

图书馆的海量文献资源和多元化服务如何让读者充分了解,让读者更好地利用,需要依靠图书馆宣传报道的力度和对各类资源的推荐推广,在传统媒体和新媒体相互融合发展的背景下,宣传报道服务和阅读推广服务都发挥了更加重要的作用,也产生了较大的变革。

一、宣传报道服务

图书馆宣传报道服务是以广大读者为对象,目的是加深读者对文献的认识、对图书馆服务项目的了解,从而实现对读者利用图书馆的指导作用。宣传报道内容主要围绕着文献与阅读这一主题,也包括图书馆服务、项目、活动等的宣传,以及一般性的社会宣传。

图书馆宣传报道服务的形式包括:①直观方式,即通过资源、服务的介绍、陈列展览同读者见面,如发放图书馆利用手册、制作宣传资源或服务的海报等;②组织读者活动方式,如通过学术报告会、文学欣赏会、检索开放日、科技服务月等活动宣传推荐文献资料和服务;③网络多媒体方式,通过网页制作工具设计主页,在网上动态实时地发布最新信息并反馈给读者,是宣传报道服务最新、最主要的方式。其次是通过微博、头条、微信、公众号、视频号、移动端手机 APP 等各种新兴媒体进行融合发展,促使图书馆的宣传推广服务为读者提供更高效、更个性化及多元化的服务。

目前高校图书馆最主要的宣传报道渠道有以下几种。

(一)图书馆门户网站

随着网络技术的发展以及读者对图书馆电子资源利用需求的不断增加,图书馆门户网站在图书馆日常运行中发挥着越来越大的作用,它是读者利用图书馆最重要的数字门户。门户网站能整合各类文献资源,并进行清晰、科学的揭示,便于读者直接访问利用,也能提供更加便捷的服务,方便读者快速了解图书馆,同时也是图书馆和读者沟通的重要桥梁。高校图书馆门户网站就是大学生充分利用图书馆最重要的指南和攻略,需要了解图书馆网站的主要内容和使用方法。

高校图书馆门户网站一般包括检索模块、公告模块和核心功能导航模块,有些也会从读者身份角度直接导航所需资源和服务。以大连海事大学图书馆门户网站(http://lib.dlmu.edu.cn/)为例(见图3-1),网站主要包含统一检索模块、核心功能导航模块和快捷通道模块,发挥资源检索获取、服务介绍、新闻公告等作用。

图 3-1　大连海事大学图书馆主页

利用统一检索模块,读者可通过"鲲鹏发现"系统对馆藏目录和电子资源进行一站式检索,也可获取个人借阅信息。核心功能导航模块在页面的中心区域,主要有八大核心功能,每个核心功能下还有细致划分:①本馆概况(本馆简介、历史沿革、馆长寄语、组织机构);②读者指南(规章制度、常用电话、开馆时间、期刊目录、关于"鲲鹏发现");③读者服务(基础服务介绍、文献传递服务、研究生论文提交、查收查引服务、科技查新服务、移动图书馆、荐书荐刊服务、电子书采选、预约服务、催还提醒服务、预约自习室、预约研讨室);④电子资源(馆藏书目检索、CA-LIS、数据库资源导航、数据库快捷访问、移动数据库资源、试用数据库访问、学术视频、书刊附盘下载、阅读器和工具下载、版权声明);⑤新闻公告;⑥培训信息;⑦最新资源;⑧特色资源(航运文献库,航海文献研究室藏书,本校博、硕士学位论文,航海类机构知识库,ESI 数据动态通报)。

统一检索模块、核心功能导航模块将图书馆基本情况、读者利用规则、全部馆藏资源、各类功能与服务、特色馆藏资源、读者培训、新闻公告等内容全部囊括并清晰展示。快捷通道模块为读者快速了解和使用图书馆的资源和服务提供便利,提炼了 13 项师生读者最常利用的资源、服务或功能页面建立快速链接,并根据不同阶段需求实时更换内容。

(二)图书馆微信公众平台

微信公众平台以其功能强大、操作简单、传播迅速、受众面广、互动性强等优势,不断丰富着图书馆的服务方式和服务内容,已成为高校图书馆服务用户的主要途径之一。各高校图书馆纷纷开通微信公众平台,作为进行资源推荐、活动宣传、开展讲座培训、与读者交流互动、提供新型知识服务等的新型阵地。微信公众平台也能整合馆藏资源检索系统、数据库资源小程序等,方便读者利用手机随时随地查找文献信息、利用图书馆服务。由于微信平台的开放特性,校外人员也可以关注图书馆微信公众号,这也使高校图书馆扩大了读者范围,有效提高了宣传效率。

大连海事大学图书馆于 2015 年 11 月开通了官方微信公众平台(见图 3-2),总关注人数已逾 3 万人,已成为信息发布及读者利用图书馆的重要渠道。搜索微信公众号"大连海事大学图书馆"或"dlmulib"并添加,或直接扫描下方二维码即可关注。

图 3-2　大连海事大学图书馆微信公众平台二维码及页面

大连海事大学图书馆微信公众平台提供的主要功能有:动态(最新消息、培训信息、资源动态、展览预告)、资源(我要找书、电子文献、好书推荐、博看专区)、服务(空间预约、规章制度、开馆时间、我要咨询、联系我们)等。微信公众号定期推送消息,内容主要包括纸质、电子资源荐读、线上读书活动、信息素养教育培训、各类通知公告、最新业务动态等。推文不只配有文字和图片,还有书刊资源的线上阅读链接、线上培训链接,以及各类小视频讲解推广内容等。平台还与图书馆自动化管理系统对接,读者可通过微信平台直接利用"鲲鹏发现"系统的各类功能。当读者利用图书馆遇到问题时,选择"服务—我要咨询"进入"微信在线咨询平台",与图书馆馆员在线交流,通过输入 H 或帮助,可以获得开馆时间、馆藏分布、借阅说明、图书续借、随书光盘、数据库检索、我的图书馆、移动图书馆等常见问题的自动回复,如未找到你要咨询的问题答案,也可以直接在对话框输入问题,馆员会在线上咨询值班期间第一时间回复每个问题。

(三)图书馆官方微博账号

微博同样是拥有庞大用户基础的社交媒体平台,具有即时性、交互性、覆盖率广等特点。微博用户可以免费发布、转发信息、关注感兴趣的用户、创建微博群等。许多高校图书馆开通了官方微博账号,开展通知发布、资源与服务推荐等工作,利用微博的互动性,图书馆微博账号也更便于开展读者互动讨论、意见征集、读者教育直播、阅读推广直播等活动,也能促进各图书馆之间的线上互动和联合开展读者活动。

二、阅读推广服务

图书馆阅读推广是馆员利用专业知识和技能,通过文献信息资源建设、读者资源建设、馆员自身建设和阅读保障建设,化解读者与文献信息之间的阅读障碍和问题,推进阅读矛盾平衡,实现阅读扩大化的工作实践。

教育部 2015 年 12 月 31 日印发的《普通高等学校图书馆规程》中就有明确规定:图书馆应积极参与校园文化建设,积极采用新媒体,开展阅读推广等文化活动。高校图书馆作为高校文献信息资源的集合地,理应承担起培养和促进大学生阅读的重要责任。近年来,为了响应国家"倡导全民阅读、建设书香社会"的号召,引导师生养成"爱读书、读好书、善读书"的良好习惯,各高校图书馆针对读者阅读的需求和特点,组织实施了丰富多彩的阅读推广服务和活动,主要形式如下。

(一)诵读与经典演绎

通过大声诵读经典或以戏剧表演形式阅读经典书籍,有助于理解作品的深层意蕴,也有助于提升理解力和表达能力。常通过比赛、培训、文艺汇演模式开展,如:大连海事大学图书馆从2014 年开始创建校园阅读品牌"丹墨书香"文艺汇演,通过动态的戏剧表演形式演绎经典文学作品,《红楼梦》《屈原》《雷雨》《李尔王》等经典文学作品被搬上了舞台,点燃了师生品读经典的热情。福州大学图书馆每年 4·23 世界读书日期间都会举办"朗读者"大赛,同学们用自己不同的朗读方式、情感展示文学作品。

(二)书目推荐和导读

针对特定需求或范围,面向读者推荐阅读的书目或书单,介绍被其内容特点并提供阅读该书的方法建议。如:清华大学图书馆推出"清华园里读好书——《清华大学荐读书目》",集中揭示推荐书目和专家导读内容。

(三)读书会、文化讲座

邀请校内相关领域专家为主讲人,对相关知识进行推广讲解,并推荐相关书籍,或组织读者共读某一书籍并开展交流讨论。如南京中医药大学图书馆"走进茧斋与国医大师共读一本书"活动。

(四)真人图书馆

以人为书,传达"每个人的经历本身就是一本书"的理念,通过广大读者与真人之间展开面对面的交流和沟通,来实现真人图书的阅读,分享人生感悟。如上海交通大学图书馆的"鲜悦"真人图书馆活动已开展百余期。

(五)阅读推广+

将各类元素融入阅读推广活动,突出趣味性、有效性,引发读与思,如将影视、音乐、竞赛、展览、摄影、空间等元素加入阅读推广服务与活动来促进文化浸润和思想引领,促进阅读习惯的养成。

阅读推广是高校图书馆服务中不可或缺的重要工作,是推进书香校园建设的重要内容,它具有以下特点和作用:一是具有功能性,阅读推广能够帮助读者培养阅读习惯、激发阅读兴趣、提高学习能力和阅读水平,也是挖掘图书馆馆藏文献价值、增加借阅率的有效方法。二是具有针对性,高校阅读推广的目标人群主要是学生,图书馆会针对不同时间节点、不同学习阶段的学生读者需求和特点开展有针对性、主题明确的阅读推广服务。三是具有互动性,阅读推广服务多以丰富的形式开展,在吸引读者的同时也强调读者的参与性、互动性,不同于个人阅读,在集体活动中读者可以发表自己的阅读感受,显著提高读者的阅读效果。

第五节　读者教育与培训服务

为提高馆藏文献资源的利用率和读者利用图书馆的质量,充分发挥图书馆作为文献信息中心、学习教育中心和学术与文化交流中心的作用,图书馆通过各种形式大力开展读者教育与培训,提高读者利用图书馆信息资源的能力,促进读者更加有效地利用图书馆的资源和服务。

一、读者教育与培训的方式与内容

培训方式分集中式、分散式两种。集中式培训是指图书馆开设的信息检索类通识课程、定期举办的馆藏资源检索与利用培训等。分散式培训是指主题读者培训、在线培训、特定数据库资源利用讲解等。集中式培训需要有固定的时间、地点,全体人员都需要到现场,面对面进行培训教学,培训内容全面丰富,具有一定体系,但较易受时间和地点的限制。分散式培训可以不受时间、场地、气候等的影响,服务对象明确,并可以有计划地进行大规模教学,学生学习具有主动性,能够提高学习的效果。因此两种教育培训方式的有机结合会使图书馆信息资源得到更充分的利用。

(一)图书馆基本情况

图书馆基本情况是指向读者介绍图书馆的基本情况,如开放时间、规章制度、空间布局、资源分布、机构设置、服务内容、安全注意事项,让读者更好更快地了解和熟悉图书馆。

(二)图书馆资源利用

图书馆资源利用是指介绍图书馆馆藏资源、多媒体设备、自助设备、空间设施和安全设施等的分布和使用。

(三)文献信息检索与利用培训

文献信息检索与利用培训是指介绍馆藏 OPAC 系统的使用方法、图书馆电子资源检索利用方法(中外文电子期刊、电子图书、多媒体资源、学位论文、会议文献、专利数据)、各类工具书的使用方法、网络文献资源利用方法等。

(四)软件使用培训

软件使用培训是指介绍学术研究需利用的文献管理软件、数据统计分析软件、设计类软件、工具类软件等的使用方法和技巧。

(五)阅读与写作

阅读与写作是指进行图书推荐、书目导读、阅读方法、写作技巧和投稿指南等方面的培训。

二、图书馆信息素养教育

图书馆开展读者教育与培训的目的是让读者更好地了解图书馆,更快地熟悉图书馆提供的各类资源和深层次服务,有力地提升读者的信息素养水平。

信息素养是个体恰当利用信息技术来获取、整合、管理和评价信息,理解、创造和建构新知识,发现、分析和解决问题的意识、能力、思维及修养。大学生信息素养教育是高等学校落实立德树人目标、培养高素质、创新型人才的重要内容,也是高校图书馆的一项重要任务。2015年,教育部印发的《普通高等学校图书馆规程》中明确指出,图书馆应充分发挥在学校人才培养中的作用,重视开展信息素养教育。2021 年 3 月 12 日,教育部发布《高等学校数字校园建设规范(试行)》的通知,明确指出"高等学校应积极开展信息素养培养,融合线上与线下教育方式,不断拓展教育内容,开展以学分课程为主、嵌入式教学和培训讲座为辅、形式多样的信息素养教育活动,帮助用户不断提升利用信息及信息技术开展学习、研究和工作的能力"。

高校图书馆具有资源、设施、技术、人员等方面的优势,能积极承担高校信息素养教育的重任,国内各高校图书馆都在积极采取线下和线上相互结合的方式,大力推进大学生的信息素养教育,为学校的人才培养贡献力量。高校图书馆开展线下信息素养教育形式主要包括新生入馆教育、文献检索与利用课和培训讲座等。

（一）新生入馆教育

新生入馆教育是大学生信息素养教育的第一个环节，是培养新生信息意识的良好开端。图书馆通过专题讲座、参观讲解和实践考试相结合的方式，帮助新生快速熟悉图书馆的基本概况、空间布局、资源分布、设备设施的使用、服务内容、借阅规则和规章制度等，为新生在校期间的学习和研究中能更好地利用图书馆打下良好的基础。

（二）文献检索与利用课

文献检索与利用课是高校图书馆开展信息素养教育的主要形式，能够系统地帮助学生熟悉和掌握图书馆的文献信息资源，提高大学生获取和利用文献信息的能力，满足大学生进行专业学习、撰写毕业论文以及开展科学研究的现实需要。

（三）培训讲座

培训讲座是图书馆为帮助读者掌握信息获取途径与方法、熟悉图书馆资源和服务、全面提升其信息素养的重要举措。图书馆每学期都定期或不定期地开展多种形式的数据库使用培训讲座，同时根据不同阶段、不同类型的读者需要，举办有针对性的专题信息检索培训讲座，内容涵盖中外文数据库资源检索与利用、论文开题选题、论文写作与投稿、文献管理工具的使用、研究趋势和热点分析、专利检索与分析，等等。

线上信息素养教育作为线下信息素养教育的有益补充，能够提升信息素养教育的效果，主要包括慕课（MOOC）、微课程及线上培训讲座等形式。

慕课即大规模开放在线课程，它是一种面向所有人的免费注册使用的在线教育模式。作为一种新型教学模式，慕课因具有信息规模大、无费用、对所有求学者开放的特点与优势，一经出现，就受到全世界教育界的广泛关注和推广。慕课为高校图书馆的信息素养教育提供了可以自主学习的平台，有效扩大教育范围，能获得更多大学生重视并能积极参与学习，为传统的信息素养教育注入了新的活力。

随着"微"时代的到来，"微"学习成为一种重要的学习模式，微培训、微阅读、微讲座、微课程等新兴教育方式成为这种学习模式的重要载体。信息素养教育"微课程"应运而生，信息素养教育"微课程"是将信息素养教育内容细分成若干个小的知识点，以短小的声音解说或者视频演示，动态地呈现图书馆丰富的资源和深入的服务、信息资源检索和利用技巧以及信息管理与分析工具利用等相关知识。信息素养教育"微课程"具有"短、小、精、活"的特点，能够激发学生的学习兴趣，提高学生的自主学习能力，更加有效地提高学习效果。

为了方便师生高效便捷地检索和使用数据库文献资源，图书馆也会定期联合数据库出版商推出内容丰富的线上培训讲座，这类讲座讲解内容更丰富，并对学科、专业学术研究有一定的指导意义。

第六节　空间与设备设施服务

图书馆是一个生长着的有机体,随着社会的发展和技术的进步,图书馆经历了第一代以馆藏为中心的单一阅读空间,第二代藏阅合一的双向互动空间,发展重心开始向第三代注重读者需求、开放共享、人机交互、多元融合的智慧空间服务转移,空间服务和设备设施服务被认为是图书馆转型发展的突破点和方向之一,也是目前被师生读者广泛利用的服务内容。

一、空间服务

高校图书馆近年以"深化空间的内涵与价值"为提升服务效能的重要突破口,将空间服务纳入图书馆整体发展规划,积极开展空间整合、再造及拓展工作,赋予图书馆空间新的活力,建立起一种"以人为本、虚实融合"的新空间形态,为高校师生提供丰富的空间服务。

图书馆空间服务是在新技术、新设备、新理念的影响下,突破原有的图书馆空间功能,整合图书馆自身资源(电子、纸本、网络资源)、技术、人力和场地,向综合化和开放化发展,为读者提供全方位、个性化、人性化智慧服务,促进读者自主学习、激发读者灵感和创新的一种新型服务模式。目前高校图书馆空间服务主要包括以下几种形式。

(一)个人学习空间

个人学习空间是为了满足个人学习需要而设立的独立空间,每个学习空间使用隔断等方式隔开,既保留有一定的视野,也能营造不受干扰的个人空间,满足读者个人学习的需要。

(二)协作学习空间

协作学习空间是为了满足读者小组学习、研究和知识创造,设立很多大小不等的研讨室或小组讨论室,为方便读者灵活使用该中心,配备的家具、设备具有可移动性和重组性,配备灵活的桌椅、可移动和固定白板、投影仪、电脑等。根据协作学习空间的使用目的不同,提供相应的辅导项目服务,支持学术研讨、教学培训、讨论交流、创新赛事、社团活动等。

(三)多媒体空间

多媒体空间的目的在于激发读者对新媒体的兴趣,满足读者对多媒体制作的需求,提升其创造力。该空间一般提供高性能的电脑工作站、扫描仪、多媒体阅读器、高清电视电脑一体机(可触摸)、蓝光 DVD 等硬件,同时配备专业的音视频编辑软件和专业的技术指导人员。读者可自主或在协助下进行高质量的多媒体作品制作。同时多媒体空间也支持用户开展影视欣赏、影视群体赏析等活动。

(四)新技术体验空间

新技术体验空间是一个引进世界前沿的新技术产品,让读者通过亲自体验,感知新技术,丰富知识,跟进时代潮流。国内部分高校设立该空间,提供产品体验区和数字应用体验区,提供基于各种品牌型号的电子书、平板电脑等最新数码设备的教学应用体验服务及图书馆新服务（移动图书馆、移动经典阅读、移动多媒体课程点播等）。

（五）创新空间

创新空间是一个实验、创新、学习和思想交流的空间，为读者提供场地、材料、工具、设备和技术，使其能够进行动手性探索和参与性学习。高校图书馆构建创新空间，可以激发学生灵感，培养创新思维，提升创新能力，从而提高学生就业率，同时还是将师生所学由想法变为现实的最佳场所。

（六）休闲学习空间

该空间是为读者放松心神、调剂学习而设立的多样性服务区。通常设置有咖啡厅、观影厅、展览厅等，家具配备一般颜色较为明快、活泼，其间区域放置书籍和报刊等，根据需求和特色来决定其内容。

（七）研究共享空间

研究共享空间一般情况是专门为学校的科研人员设计的学术研究空间，学术氛围更强。它是学习共享空间服务的延伸，对图书馆技术人员、资源、设备的要求更高。它是一个将学生和教师组织在一起，对各自的研究进行分享和讨论、合作进行课题研究的空间；也是学者与大咖间交流、演讲、了解同行研究进展的空间。

二、设备设施服务

图书馆设备设施资源是图书馆资源的重要组成部分，它在图书馆的运行中与图书资源、人才资源起着相互配合、相互支持的作用，设备设施资源的现代化、智慧化程度已成为现代图书馆建设的关键，也是构成读者服务的重要部分。

（一）传统图书馆的设备设施

传统图书馆的设备设施主要以基础建设设备设施为主，面向读者主要体现在阅览桌椅、电源照明、空调设备、防盗检测设备和充消磁设备等方面，侧重于读者在图书馆使用资源的体验。经过时代的发展和社会的进步，各种现代信息技术、数字技术、网络技术、通信技术、虚拟现实技术、多媒体技术、大数据技术和人工智能技术正逐渐影响和改变着传统图书馆，现代图书馆既拥有传统意义上的设备设施，又有计算机、多媒体设备、通信设施和通信网络等现代设备设施。

由知识出版社 1994 年出版的《图书馆管理词典》一书中，定义图书馆设备为：图书馆为开展业务工作和读者服务工作而配置的常用设备。一般包括以下十大类：

①藏书设备，主要是书架、书桌、书木柜等；

②目录设备，包括陈列和保存目录的设备，以及馆员和读者共同使用的目录柜；

③空调设备；

④防尘防潮设备，主要是吸尘器和吸湿器（除湿机）；

⑤运输设备,包括推车、流动服务车、升降机、电梯、传送带以及室外运输用车等;

⑥阅览设备,包括阅览桌、阅览椅、报刊架、书柜、陈列柜、出纳台、微缩阅览器等;

⑦计算机技术设备;

⑧视听、复制设备,主要包括闭路电视系统、电视放映机、照相微缩和录像设备、收音机、照相机、卡片复印机等;

⑨通信、消防监控设备;

⑩办公用品及设备。

这种划分是比较详细地把图书馆的业务工作和读者服务工作看作两个不同的工作范畴。历经几代图书馆人的不懈努力,图书馆设备设施建设也在不断更新,随着信息化浪潮的推动,图书馆建设进入了智慧图书馆的建设时代,图书馆的设备设施建设和应用也发生了巨大的转变。

(二)智慧图书馆设备设施

智慧图书馆的新定位、新形象、新能力,都主导了未来图书馆的发展模式。图书馆的设备设施建设及服务将在未来图书馆工作中起到重要的支撑和保障作用。

智慧化设备设施是图书馆业务和服务运行的核心要素,是提升服务效率和服务水平的关键所在。智慧图书馆更加强调通过现代信息技术、大数据技术、物联网技术和人工智能技术等实现"书人相连""书书相连"以及"人人相连",读者在任何时间、地点,以任何方式都可以访问使用图书馆。智慧图书馆建设就要打破传统图书馆的各类限制,使得图书馆的服务职能、服务边界、服务效率得到提升和拓展。

智慧图书馆设备设施发展则侧重于设备和设施的智慧化,从而实现建筑、设备、资源和服务对象之间的互联互通,给读者提供主动化、个性化、智慧化的服务。根据办公以及开展各项服务和业务工作所需的设备、家具和用品情况,智慧图书馆的设备设施主要分为以下几个部分。

(1)家具设备:灵活多变、富有特色且具备多种功能性的家具,包括阅览家具、读者接待家具、休闲家具等。

(2)建筑设备:建筑的人性化设计,如便捷的通道、合理的路线、清晰的导视指引。

(3)电子技术设备:包括网络设备,自动化管理设备,自助服务设备,数据库服务设备,视听音像设备,复印、打印、扫描、刻录设备,电源设备等几个部分。

(4)藏书保护设备。

(5)新型智能化借阅设备:包括自助借还书机、电子阅读机、朗读亭、瀑布流阅读屏、听书设备等。

(6)安全设备:主要包括图书安全系统、馆内防盗监视系统、图书馆门禁系统、消防系统等。

技术的进步和服务理念的转变将进一步推动高校图书馆向智慧图书馆方向发展,高校图书馆将以满足师生读者日益增长的多元化需求为导向,不断引发新的空间服务模式、不断引入新的设施设备,不断提升服务质量,更好地推动图书馆的发展与转型。

第四章
大连海事大学图书馆利用指南

为了方便读者了解图书馆、利用图书馆,本章我们将大连海事大学图书馆概况、规章制度以及图书馆利用常见问题介绍给读者。

第一节　大连海事大学图书馆概况

大连海事大学图书馆,前身为大连海运学院图书馆,创建于 1953 年春天。半个多世纪以来,她伴随着中国高等航海教育前进的脚步,栉风沐雨、披荆斩棘,在祖国母亲的精心培育下苗壮成长,今天已成为我国航运文献信息保障的重要支柱。

图书馆现有二处馆舍:东山教学区图书馆和新图书馆,另有三个资料室,总计拥有阅览座位约 3 500 个。东山图书馆于 1982 年 7 月建成,2005 年改建、装修后重新使用。新图书馆位于主校门中轴线上,处于校园中心区域,是联系东西山校区的枢纽,便于师生利用图书馆。馆舍与体育馆、环形学汇、科学会馆楼群形成三足鼎立之势,成为校园标志性建筑。新图书馆于2021 年 11 月局部投入使用,于 2022 年 10 月正式全面投入使用。

一、大连海事大学图书馆机构设置

图书馆现设一室八部:即馆长室、综合管理部、采编部、学科服务部、自动化部、流通部、阅览部、报刊部、东山阅览部。

二、大连海事大学图书馆馆员队伍介绍

图书馆现有工作人员 104 人,正式工作人员 64 人,合同制 2 人,派遣 25 人,返聘 13 人。其中,具有高级技术职称的 26 人,具有硕士研究生以上学历的 26 人,本专科以上学历的人数占总人数的 95%。

三、大连海事大学图书馆馆藏

图书馆现有馆藏文献 249.46 万收藏单位,其中中文图书 210.28 万册、外文图书 23.51 万

册、期刊合订本 11.67 万册、缩微资料 4 万余件;年订购报刊 595 种(其中中文报刊 515 种,外文报刊 28 种,报纸 42 种)。订购各类电子资源平台 65 个,电子文献数据库总计 94 个。数据库内容已经基本涵盖学校所有学科专业。海大图书馆目前已初步建成以航海类学科文献为主干、以海上交通运输类学科文献为主体,兼顾工程、管理、经济和法律等学科文献的多类型、多语种、多载体的印刷型文献和数字化文献相结合的文献保障服务体系,已经成为学校教学、科研的文献信息保障中心。

图书馆现拥有服务器、各种计算机终端和外部设备 260 余台,可实现馆藏文献、信息资源检索和下载等各类资源服务,通过高带宽的网络实现了图书馆业务和行政管理的自动化。

四、新图书馆概览

新图书馆建筑总面积 34 970 平方米,主轴线尺寸 117.00 米×97.50 米,层高 5.00 米,建筑高度 23.80 米,属于典型的大跨度、大空间公共建筑,总体呈"回"字形布置,为地上四层、局部地下一层,设置两个读者出入口及一个图书出入口。大厅中堂直接利用顶棚获得最大化自然采光,开阔明亮,可概览图书馆内部全貌。馆内拥有图书借阅区、报刊阅览区、中外文样本图书藏阅区、预约自习室、多媒体体验区、预约研讨室、预约研修室、学术沙龙、阅读空间及学术报告厅、朗读区等功能区域;提供自助借还、24 小时自助还书、自助文印、导视导引、朗读亭、书画台等智能服务设备。新图书馆将依托"大开间、多元化、多功能"的空间特点,积极拓展空间服务,致力满足师生信息交流、知识学习、文化共享需求,打造丰富多彩的校园学习空间。

第二节　大连海事大学图书馆规章制度

图书馆的规章制度是指图书馆工作人员及读者必须遵守的工作条例、规章、规则、细则和办法。它不但是图书馆实行科学管理的依据与准绳,更是使图书馆工作正常有序进行的保证,是图书馆多年工作经验的概括与总结,各高校图书馆规章制度在原则上基本相似。为了使大家更好地利用图书馆,下面把大连海事大学图书馆部分与读者相关的规章制度介绍给大家。

《读者入馆规则》

为了维护读者利用图书馆的基本权益,保证图书馆良好的借阅秩序和阅览环境,特制定本规则。

1.本校读者凭本人校园一卡通或身份码入馆,本校毕业生可凭校友卡入馆,请主动接受工作人员的检查;校外人员可凭馆际互借证、单位介绍信经门卫同意方可入馆;其他来访人员须提前与本馆联系,经确认后方可入馆。

2.校园一卡通只限本人使用,遗失请及时办理挂失手续,否则产生后果由本人承担。

3.入馆请保持衣着整洁,举止文明。

4.严禁携带食品、饮料等不利于藏书保护、阅览环境维护的物品及设备入馆。

5.进入阅览区请保持肃静,手机请置静音状态。

6.加强公德意识,自觉维护阅览秩序,请勿抢占座位。

7.存包柜仅供读者当日使用,离馆时应将个人物品及时带走。

8.爱护馆内公共设备设施,如有损坏,除赔偿外将追究相应责任。

9.严禁携带违禁物品和宠物入馆。

10.严禁吸烟,全馆禁烟禁火。

11.禁止随地吐痰、乱扔废弃物,自觉维护馆内环境卫生。

12.未经图书馆许可,禁止任何单位和个人在馆内拍照、录像、张贴或散发广告等宣传品。

13.拾到他人校园一卡通、银行卡、钱包、有效证件、书包、电脑、手机等物品,请及时交与图书馆办公室。

14.如违反上述规则,图书馆将予以批评、教育,并视其情节向相关部门通报。

15.本规则由图书馆负责解释。

《流通部借阅管理规则》

第一章　总则

第一条　为向师生读者提供优质的借阅服务,提高馆藏图书和公共资源的利用效率,制定本规则。

第二条　本规则适用于大连海事大学图书馆流通部提供的阅览、借还及其他公共服务。

第三条　本规则与上级政策文件规定不一致的,从上级规定。

第二章　借还规则

第四条　读者办理校园一卡通并由一卡通中心向图书馆推送数据后,读者一卡通即具备借阅功能。

本科新生须接受《图书馆利用课》教学培训后获得借阅权限。

第五条　借阅功能的变更与注销:

(一)读者在办理离校手续前,须清还所借图书和所欠费用;

(二)本科生、研究生网上自助办理离校手续;

(三)教工携带离校通知单及一卡通到总服务台办理离校手续;

(四)办理离校手续后,借阅功能即予注销。

第六条　借还服务时间:

(一)馆内自助借还机借还时间为周一至周五 7:30—21:50、周六和周日 9:00—20:50,室外 24 小时自助还书机随时可还;

(二)人工借还时间为周一至周五 7:30—21:30;周六和周日 9:00—20:30;

(三)每月最后一个周五下午 13:00—17:00 闭馆,停止借还,室外 24 小时自助还书机除外。

第七条　读者须持本人一卡通或身份码借阅图书,借还图书可在借还机自助办理或在总服务台办理,不得转借、涂改证件,不得持有双证。

第八条　读者借阅图书时应检查所借图书是否有圈画、污损、条形码脱落等,如有上述情况应主动要求工作人员做相应处理。

读者借阅图书时应核对设备屏幕上的信息,如有疑义及时咨询工作人员。

第九条　借阅册数和时间上限:

(一)本科生借阅册数限 20 册,期限为 60 天;

(二)研究生借阅册数限 25 册,期限为 90 天;

（三）教工借阅册数限 30 册,期限为 90 天;

（四）离退休教工借阅册数限 10 册,期限为 90 天。

第十条　寒暑假期间到期的图书,延至开学后 2 周内归还;其他节假日到期的图书,延至假期后 1 周内归还。

第十一条　逾期未还单册图书达到 15 天以上的停止借阅权限。

第十二条　归还的图书 12 小时内系统限制再次外借。

第三章　预约和续借规则

第十三条　读者利用预约图书服务时,需在图书馆主页"我的图书馆—个人资料中"填写有效的 Email 地址。

第十四条　预约服务仅限于同一种图书全部借出时使用。

第十五条　同一种图书如被多个读者预约,系统将按读者预约的先后顺序自动排序。

第十六条　每位读者预约图书数量为 1 册,每个预约申请有效期为 60 天,超过 60 天预约自动失效,读者须对此书再次预约。

第十七条　预约图书归还后,系统将自动通过 Email 向读者发送图书到馆通知。接到通知后,读者须在 3 个工作日内到总服务台办理外借手续。

第十八条　预约图书到馆后保留期为 3 个工作日,3 个工作日后预约记录自动删除或转至下位读者。

两次预约未取,暂停半年预约权限。

第十九条　已外借图书限续借一次,读者应在图书到期前登录图书馆主页"我的图书馆"自行办理续借。逾期图书不能续借。

第二十条　已被预约的图书不能办理续借。

第二十一条　最长续借期限为正常借阅期限的一半。

第四章　图书遗失赔偿规则

第二十二条　图书遗失后建议读者先购书赔偿,若购买不到再做赔款处理。

第二十三条　赔书规则:

（一）读者需购买书名、著者、出版社和 ISBN 号相同版本的新书作为赔偿;

（二）须交纳新书加工费每册 5.00 元。

第二十四条　赔款规则:

（一）1990 年以前出版的图书按原价的 20 倍赔偿;

（二）1991—1995 年出版的图书按原价的 10 倍赔偿;

（三）1996—2000 年出版的图书按原价的 5 倍赔偿;

（四）2001—2005 年出版的图书按原价的 3 倍赔偿;

（五）2006 年以后出版的图书按原价的 2 倍赔偿;

（六）多卷书或成套图书,赔偿时以整卷(套)图书进行赔偿;

（七）在做赔偿处理时,丢失图书如有逾期记录,读者须同时缴纳超期资源占用费;

（八）赔书或赔款手续办理后,找到原书不予退赔。

第二十五条　图书逾期有偿使用规则:

（一）逾期归还收取图书资源占用费每册每天 0.05 元;

（二）单册图书最高收取 20.00 元资源占用费;

（三）资源占用费达 10.00 元以上的停止借阅权限。

第二十六条　图书破损等情形赔偿规则：

（一）归还图书时，如发现有圈画、涂抹、污损、破损、缺页、撕页等情形，视其情节，按原书价的 20%～100% 进行赔偿；

（二）若损坏图书条形码，每个条形码按 2.00 元进行赔偿。

第五章　公共资源使用规则

第二十七条　读者按需取用在架藏书，不用时须送至原位或指定还书处，借阅期间须爱护图书、文明阅读，不得涂画、撕毁、私藏，不得未经办理外借手续带出借阅区。

第二十八条　禁止随意移动、损坏借阅区家具、设备。

第二十九条　借阅区禁止高声讲话，保持手机静音，严禁烟火和违章电器，禁止进食，饮水时避免污染藏书。

第三十条　借阅区阅览座位可用于阅览和自习，禁止占座，离开座位 30 分钟以上的不得遗留个人物品，贵重物品须自行妥善保管。

第六章　附　则

第三十一条　违反本规则的给予批评教育，多次教育无效或违反校纪的通报相关学院、部门处理。

第三十二条　本规则由大连海事大学图书馆负责解释和修订。

第三十三条　本规则自 2022 年 9 月 1 日起执行。原《大连海事大学图书馆图书外借规则》《大连海事大学图书馆赔罚款规则》《大连海事大学图书馆借书证管理规则》《大连海事大学图书馆还书箱使用规则》同时废止。

《样本图书藏阅区管理规则》

1. 查阅图书时，须有序取放图书，保证书架整齐。

2. 读者每次阅览图书限取两册，阅后图书放回原处，或放至阅后还书架，由馆员统一上架。

3. 样本图书藏阅区图书只阅不借，不允许将本楼层的图书带到其他楼层阅览。

4. 如需复印样本图书藏阅区的文献，须在本楼层区域自助复印，不允许到其他楼层。

5. 爱护图书，文明阅读。禁止涂划、撕毁或私藏图书，否则按相关规定处理。

6. 读者严禁使用笔记本电脑等移动阅读设备以外的电器，注意用电安全。

7. 禁止携带食物到样本图书藏阅区，将水杯妥善放置并保持学习环境卫生整洁。

8. 妥善保管个人物品，贵重物品随身携带。如有丢失，请主动与学校保卫处联系。

9. 请勿占座。离开座位 30 分钟以上的读者，须将物品随身携带，文明让座。

10. 请保持肃静，手机调至静音状态，以免影响其他读者阅览。

11. 请保持样本图书藏阅区的整体布局，禁止随意移动和涂抹家具等设备设施。

12. 读者需遵守图书馆开闭馆时间，离馆时请将个人物品随身携带，闭馆后工作人员将清理占座物品。

13. 如违反上述规则，图书馆将予以批评、教育，并视其情节向相关部门通报。

14. 本规则由图书馆负责解释。

《电子阅览室管理规则》

1. 电子阅览室是为读者提供网上资源查询、数字文献阅览、数据库检索利用、读者信息素养教育培训等内容的服务场所。

2. 读者必须遵守执行《中华人民共和国计算机信息网络国际联网管理暂行规定》、《中华人民共和国网络安全法》和国家、学校及各级的有关法律法规,严禁访问反动、色情等不健康网站。对恶意违反规则的读者,将终止其进入电子阅览室的资格;对构成犯罪的读者,将交学校有关部门或由司法机关依法追究其法律责任。

3. 电子阅览室不对个人文档的安全负责,请勿在机器上存放重要文档,需存放请存放在自带的存储设备上。

4. 电子阅览室多媒体体验区视听资料需在咨询台押一卡通领取,使用后及时归还;不得在多媒体体验区内播放自带影音资料。

5. 爱护本室所有设备设施,不得随意更改计算机配置。由个人原因造成软、硬件损坏,需照价赔偿;如在使用中出现硬件故障,或需要安装及升级应用软件,请及时通知本室工作人员,切勿擅自解决。

6. 读者不得将本室的设备、部件等物品带出室外。

7. 读者不得携带各种食品、饮料等入室,因此造成的不良后果,须照价赔偿。

8. 如违反上述规则,图书馆将予以批评、教育,并视其情节向相关部门通报。

9. 本规则由图书馆负责解释。

《东山阅览室读者阅览规则》

1. 为了证每位读者都能够合理充分利用文献,读者每次限取书架上的图书 2 册,并请将阅后的图书放回原处。

2. 读者将个人物品及本馆图书放在二楼存包间,请勿带包(包括塑料袋、纸袋)进入阅览室;请勿带软饮料,食品进入阅览区;请将水杯放在窗台上或桌下,以保证阅览桌面和保持学习环境的整洁。

3. 请读者注意衣冠整洁,请勿穿背心、拖鞋入内。

4. 阅览区严禁吸烟,随地吐痰,丢弃垃圾和利用电源充电,以保证安全和卫生。

5. 读者所带个人物品,请妥善保管,否则如有丢失,责任自负。勿用物品占座,离开座位30 分钟以上的读者,请将物品随身体携带,文明礼貌让座。

6. 请读者将手机设置在振动状态,通话请到阅览室外边远离读者。

7. 请读者保持室内安静,勿喧哗,尤其是带电脑的同学,避免谈话、玩游戏。

《东山自习室使用规则》

东山图书馆自习室划分为普通自习室和自备电脑自习室两部分,图书馆对这两部分自习室管理规定如下,希望广大读者认真阅读并自觉遵守。

1. 凡是自带电脑的同学,一律到自备电脑自习室学习,不允许在普通自习室使用,以免影响他人;不带电脑自习的同学,请到普通自习室学习。

2. 自习室一律不允许用物品(书包、书、本子等)占座,更不允许一人占据多个座位。

3. 因有事短时间离开座位,应在座位上留一张纸条说明离开的起止时间(不超过 20 分钟),不留纸条或者超过规定时间仍不返回,后来者可以使用此座位。

4. 午饭和晚饭时间不允许长期将书包留在座位上,人走物走,否则视为占座,丢失物品责任自负。

5.因占座问题发生纠纷,由工作人员调节,情节严重的交送学生管理部门处理。

6.爱护自习室的设备,不得私自随意搬动桌椅。

7.保持室内安静,不喧哗,将手机设在振动状态,不在室内使用手机等通信工具,尤其是自备电脑自习室内禁止玩游戏。

8.禁止在自习室进食,维护环境卫生。

9.读者离开座位,应将椅子靠好,并将桌上的物品及垃圾清理干净。

《馆际互借规则》

为了更好地服务于我校教师和研究生的教学和科研、扩大文献资料的索取途径和使用范围、充分实现文献资源共享和提高文献满足率,我馆与大连理工大学、东北财经大学、大连医科大学、辽宁师范大学、大连交通大学、大连外国语大学、大连工业大学、大连海洋大学、大连民族大学、大连大学、海军大连舰艇学院、辽宁警官学院、大连教育学院、大连职业技术学院十四所高校图书馆组成联盟,开展图书文献的馆际互借服务,并协商制定如下规则。

1.我校的教师和研究生,如我馆缺藏所需的图书,可向流通部主任提出馆际互借申请。

2.申请馆际互借的读者,须凭本人校园一卡通或工作证办理登记手续,换取馆际互借证(含馆际互借本,两者同时使用,方为有效)。

3.在我馆换取的馆际互借证使用期限为15天。如需续借,请到流通部主任处办理,否则按超期处理。逾期3天以内,超期费每天2.00元,超期3天以上每天5.00元。缴纳超期费用需到总还书处办理。

4.持我馆馆际互借证的读者,到其他院校借阅图书时,应遵守该校图书馆的规章制度。

5.持其他院校馆际互借证的读者,到我馆借阅图书时,应遵守我馆的规章制度。

6.请读者妥善保管好馆际互借证。如有丢失,应立即到我馆和馆际互借证所属院校图书馆同时办理挂失手续,挂失前造成的损失由本人承担。

7.本规则由图书馆负责解释。

《预约自习室使用办法》

预约自习室座位实行预约使用制,读者须在系统中预约选取座位方能利用预约自习室进行自习。

一、预约和选座

1.现场预约:可在图书馆馆内预约自习门口现场选座机上预约选座,仅可选取当日开馆后的座位。

2.网页预约:可通过图书馆主页—读者服务—预约自习室,点击页面上方链接预约,或在地址栏输入网址:http://seats.dlmu.edu.cn,此方式可提前一天预约选座。

3.官微预约:通过"大连海事大学图书馆"微信公众号—服务—空间预约—座位。此方式可提前一天预约选座。

注:(1)预约可选时长为1~4小时。

(2)取消预约只能在预约没有生效前操作,预约生效时间为开始时间前10分钟。

(3)通过学校统一身份认证平台进行认证登录预约界面。

二、签到

预约成功后请提前10分钟或者延迟15分钟内通过现场预约台签到后使用座位。

三、签离

1.临时离开：读者因事暂时离开座位须在选座机上选择"暂时离开——刷卡"（或微信扫描座位二维码——暂时离开），系统保留座位 30 分钟（中午 11:00—13:00，下午 16:30—18:30 时间段保留座位 90 分钟）；返回时需要在选座机上"刷卡—暂离/返回"确认。

2.读者离开图书馆如无需保留座位，需在选座机上刷卡选择"签离"退出座位，确认。

四、续约

可在预约结束前 30 分钟新建预约，或者扫描座位二维码点击续约。

五、违规处理

1.预约后未按时签到者将被记违规 1 次。

2.使用中选择"暂时离开"，未在规定时间返回签到者，记违规 1 次。

3.离开图书馆未签离者，记违规 1 次。

4.违规满 5 次将被限制使用座位预约系统 3 天。

《预约研讨室预约流程及使用规则》

图书馆预约研讨室可供师生进行项目或者课题的短时小型讨论，空间及设备使用均免费，由于资源有限其他目的需求请勿申请。

一、网页预约

1.访问图书馆主页—读者服务—预约研讨室—查看预约、签到、违约规则。

浏览器登录 http://seats.dlmu.edu.cn/（限校内，校外需登录 VPN），在左侧【资源列表】的【空间】类型处，选择【预约研讨室】，在右侧窗口选择"预约须知"标签，阅读内容并下载"大连海事大学图书馆预约研讨室申请表"。

2.选择"预约状态"标签，根据需求选择研讨室类型、预约日期、预约时段，然后在弹出窗口输入预约组全体成员的学号、工号，将"大连海事大学图书馆预约研讨室申请表"填写完整，在"选择文件"处提交电子版或扫描版申请表。全部信息录入完毕点击"提交"即可。

3.等待图书馆人工审核结果。可通过预约系统页面右上角"个人中心"查看预约审批情况、修改预约、个人信用明细等信息。

二、手机微信公众号预约

1.关注"大连海事大学图书馆"微信公众号—选择"服务"—"空间预约"—进行身份认证—进入预约系统—点击"空间"—点击"预约研讨室"。

2.选择页面右上角"介绍"，查看"预约须知"，阅读内容并下载"大连海事大学图书馆预约研讨室申请表"。

3.返回预约页面，根据需求选择研讨室类型、预约日期、预约时段，然后在弹出窗口输入预约组全体成员的学号、工号，将"大连海事大学图书馆预约研讨室申请表"填写完整，在"选择文件"处提交电子版或扫描版申请表。全部信息录入完毕点击"提交"即可。

4.等待图书馆人工审核结果。可通过预约系统页面右下角"个人中心"查看预约审批情况、修改预约、个人信用明细等信息。

三、预约研讨室试运行规则

1.图书馆预约研讨室试运行期间,分两个时段开放(工作日周一至周五 8:30—11:00,14:00—16:30)。

2.试运行期间预约系统登录用户名和密码与学校统一身份认证平台的用户名和密码一致。

3.读者需提前 3 天预约开放时间中的任意时段,预约时需填写并上传预约"大连海事大学图书馆预约研讨室申请表",由图书馆人工审核(人工审核工作时间:工作日周一至周五 8:30—11:00,14:00—16:30,法定假日除外),审核结果可在个人中心—个人预约中查看。预约成功后读者可提前 10 分钟或在预约开始时间后的 15 分钟内刷卡签到进入研讨室使用。

4.如需取消已审核的预约,需至少早于申请开始时间 24 小时取消预约,具体操作:点击个人中心—个人预约—取消预约。

5.预约成功后,预约成员应按时到达研讨室并刷卡签到;预约研讨室需要所有预约成员刷卡签到;成员签到人数达到预约研讨室最少使用人数(5 人),方可正常使用预约研讨室;如预约时间开始 20 分钟后,成员签到人数未达到预约研讨室最少使用人数(5 人),系统记录研讨负责人违约一次,并且释放本次申请。违约两次后将被暂停使用图书馆座位与空间预约权限 14 天。

6.读者进入研讨室后须首先查看设备是否完好,有问题请及时联系工作人员(联系方式在预约网页"房间信息"或门口刷卡机上查看),否则本次设备故障或损坏由研讨负责人负责,视故障或损坏情况记违约或赔偿。

7.研讨室使用完成后,使用者应负责将室内物品及设备恢复使用前的状态,带走个人物品及废弃物,关好门窗,关闭电源及房门。使用期间所有的设备损坏或者遗失,需由使用人负责赔偿,并需及时告知图书馆工作人员,否则记研讨负责人违规 1 次。

《存包柜使用规则》

为满足读者临时存放学习用品的需求,图书馆现设有三种类型的存包柜。相关使用规则如下:

1.普通存包柜(共 288 个,位于一楼次入口旁)

(1)普通存包柜为无配置固定锁存包柜,读者可自备锁头进行使用。

(2)普通存包柜仅限当日存取,为保障所有读者的使用权益,图书馆将根据使用情况不定期进行清理。

(3)在考研季,已报名考研的同学可通过报名—抽签的方式参与抽取存包柜的使用资格,使用期限自抽签结果公布日起至考研结束当日止。

2.抽签制存包柜(共 150 个,一楼次入口旁 45 个、电子阅览室入口旁 105 个)

(1)抽签制存包柜配有专用锁及钥匙,需要领取和归还钥匙,使用周期定为一个月。每月末统一组织抽签以决定下一个自然月的使用权,抽中存包柜者需于公布结果的三日内登记并取走钥匙,并于月末归还钥匙。未在规定日期内取走钥匙的读者,将取消本次使用权。

(2)未及时归还钥匙者将计入信用黑名单,取消其次月存包柜抽取资格;遗失钥匙者需及时和图书馆联系补配钥匙。

(3)在考研季,已报名考研的同学可通过报名—抽签的方式参与抽取存包柜的使用资格,使用期限自抽签结果公布日起至考研结束当日止。

3.面部识别存包柜(共96个,二楼7—9号梯旁48个,三楼7—9号梯旁48个)

(1)请读者依照面部识别存包柜上的使用说明进行使用。

(2)请读者当日存取,图书馆将根据情况不定期进行清理。

(3)该部分存包柜在考研季维持原使用方式不变。

4.除上述特殊要求外,读者须遵守以下通用使用规则:

(1)存包柜严禁存放食物、饮料等物品。

(2)为确保个人物品安全,请勿将贵重物品放在存包柜中,如发生遗失,责任自负。

(3)存包柜内不得存放易燃、易爆、易腐蚀及其他违禁、危险物品,如因违反规定造成不良后果,将追究存包人的责任。

(4)请各位读者爱护公共财物,共同维护文明的校园环境。

第三节 大连海事大学图书馆利用百问

1.大连海事大学图书馆有几个馆舍? 都在哪里?

大连海事大学图书馆目前有2个馆舍,一处是2022年开始启用的新图书馆,坐落西山校区,建筑面积约为35 000平方米,包括地上四层、局部地下一层,拥有图书借阅区、报刊阅览区、预约自习室、多媒体体验区、预约研讨室、阅读空间及学术报告厅等功能区域;提供自助借还、自助文印、导视系统、朗读亭等智能服务设备。

另一处是东山图书馆,坐落东山校区。东山图书馆一楼为法学院资料室,二楼为图书阅览室,收藏图书共计54 922册,报纸8种,文艺期刊22种,共有阅览座位160个,主要为读者提供图书阅览和咨询服务。东山图书馆三楼、四楼为读者自习室,提供自习座位576个。

2.图书馆有几个资料室? 都在哪里?

资料室的图书是以满足院系专业使用为侧重点,进行定向资源收集的。图书是与院系的专业课程及相关研究课题相配套的,具有很强的专业特点。因此各个资料室目前不是对全校读者开放的,仅限于各自院系专业的读者登记借书,目前共有以下三个资料室。

(1)法学院资料室:位于学校东山校区图书馆一楼105室,该资料室藏书主要为法律类图书,如:法理学、民法学、刑法学、商法学、国际法学、法律思想及法制史等等,涵盖了所有类别的法律书籍。

(2)外国语学院资料室:位于学校西山校区外语楼101室,该资料室是针对本学院系教师的具体专业分工和侧重点,进行资源信息的收集,突出了本学院专业师生对资料信息精、深、专的要求,藏书内容具有鲜明的专业化特点。

(3)马克思主义学院资料室:位于马克思主义学院107室、108室,该资料室是一个专业性图书资料室。它主要为师生提供马列主义、毛泽东思想、哲学、军事、心理、文学、社会学、艺术等方面的资料。

3.如何获取图书馆简介？

首先,可以在图书馆主页中的"本馆概况"栏目下查看图书馆介绍,其次可以在新图书馆一楼的主、次入口,及每层楼的 A 区、D 区交口处设置的电子导视屏查看"图书馆"的相关信息。

4.图书馆的各区域分布是怎样的？

(1)新图书馆

一层:总服务台、报刊部、预约自习室、预约研修室、电子阅览室及多媒体体验区、学术报告厅;

二层:科技图书借阅区（N 大类—Z 大类）、预约研讨室;

三层:中文社科图书借阅区（A 大类—K 大类）、海大阅读空间;

四层:样本图书藏阅区、外文图书藏阅区、特藏中心、学术沙龙、预约研讨室。

(2)东山图书馆

一层:法学院资料室;

二层:图书阅览室;

三层:自习室、航海文献资料研究室;

四层:自习室。

5.新图书馆借阅区馆藏图书类别布局是怎样的？

二层:科技图书借阅区

A 区:G—H359.9　　B 区:H359.9—K　　C 区:A—F203.9

D 区:F203.9—F847.1　　E 区:I

三层:中文社科图书借阅区

A 区:TP312JA—TP391.4　　B 区:自习区　　C 区:N—TJ

D 区:TK—TP312JA　　E 区:TP391.4—Z 及科技外文图书

6.借阅外文原版图书在什么位置？

社科类图书的外文原版书和科技类外文原版书的摆放方式不同。社科类外文原版书依据语种号排列法,摆放在相应中文图书索书号的后边。科技类外文原版图书统一摆放在二楼E 区。

7.大连海事大学图书馆主页网址是什么？

http://lib.dlmu.edu.cno

8.进入图书馆的身份认证方式是什么？

读者需持一卡通或者绑定一卡通 NFC 功能的手机进入图书馆,或者扫"海大在线"小程序上的"身份码"可以入馆。

9.图书馆开闭馆时间是怎样规定的？

开馆时间:

周一至周五:7:30—21:50;

周六、周日:9:00—20:50;

每个月末周五下午(13:00—17:00)闭馆,馆内所有预约空间同时关闭,17点后重新开放。

新图书馆预约自习室周末开放时间:8:00—20:50。

10.图书馆借还书时间是怎样规定的?

借书与还书时间相同:周一至周五 7:30—21:30;

周六、周日 9:00—20:30;

每个月末周五下午(13:00—17:00)闭馆(馆外24小时自助还书机随时可以还书)。

11.如何开通校园一卡通借书功能?

图书馆采用校园一卡通作为读者图书馆图书借阅卡,经过"图书馆利用课"的教学培训后开通借阅功能。

12.校园一卡通遗失了怎么补办?

若遗失了校园一卡通,需尽快在"海大在线"或到学校"网络信息与综合服务中心"进行挂失补办,以防他人捡到卡后盗用信息。

13.检索图书有几种途径?

读者检索图书有5种路径:

路径1:从 PC 端登录图书馆主页检索系统进行检索。

路径2:在手机端通过"大连海事大学微信公众号"资源板块中通过"我要找书"进行检索。

路径3:通过图书馆检索机进行检索。

路径4:通过手机浏览器登录图书馆主页通过"馆藏书目"进行检索。

路径5:超星移动图书馆"馆藏查询"进行查询。

14.OPAC 是什么?

OPAC,英文全称 Online Public Access Catalogue System,即公共联机书目查询系统,是利用计算机终端来查询基于图书馆局域网内的馆藏数据资源的一种现代化检索方式。这种检索系统除了能够满足馆藏信息查询外,还可以实现读者借阅情况查询、发布图书馆公告、读者留言等一系列功能。它是读者利用图书馆的最常用的检索工具。当读者想查找一本书、一种刊或者一篇我校毕业生写的学位论文时,都要先到 OPAC 上查看图书馆是否有收藏,如果有,可以按照藏址获取阅览,当你所查找的资料的流通状态是"在库可借"的状态,就可以拿着该书的索书号到相应的楼层获取,并按照借书流程办理借阅手续。

15.图书馆检索机的分布在哪里?

新图书馆一楼次入口附近设有检索区域,配置了12台检索机供读者检索使用,另在2—4层楼的C区和D区分别设置了2台检索机,以方便读者检索图书使用。

16.什么是索书号?有什么用途?

索书号一般由语种号、分类号、著者号等构成,通常以书标的方式分别贴在图书书名页的右上角及书脊的下端,一个索书号只能代表一种书。索书号的用途是图书馆藏书排架及借阅的主要依据。

17.检索到的图书藏书地址旁边显示一组带字母的数字是什么意思？有什么用途？

这组数字叫索书号，是图书馆藏书排架用的编码，也是指引读者找到所需图书的"位置代码"。索书号一般由 1 个或 2 个字母和数字共同组成，常被印在目录卡片的左上角、书脊下方的书标上以及图书书名页或封底的上方。一个索书号只能代表一种书。我馆的索书号由语种号、分类号、著者号等构成。读者利用 OPAC 检索系统查检到书刊的索书号，即可从书架上找到所需的文献资料。

18.不知道准确的书名或者刊名，能查找到吗？

可以，系统提供关键词搜索功能，只要知道书名或刊名中的关键词便可以查到想要的文献资料。

19.检索到的图书地址旁有一个⊙图标是什么意思？有什么用途？

该标志为图书藏址定位图标，仅显示在可借类型的图书旁。读者点击此标志后，系统会以平面图的方式展示想借图书的具体馆藏位置（见图 4-1）。

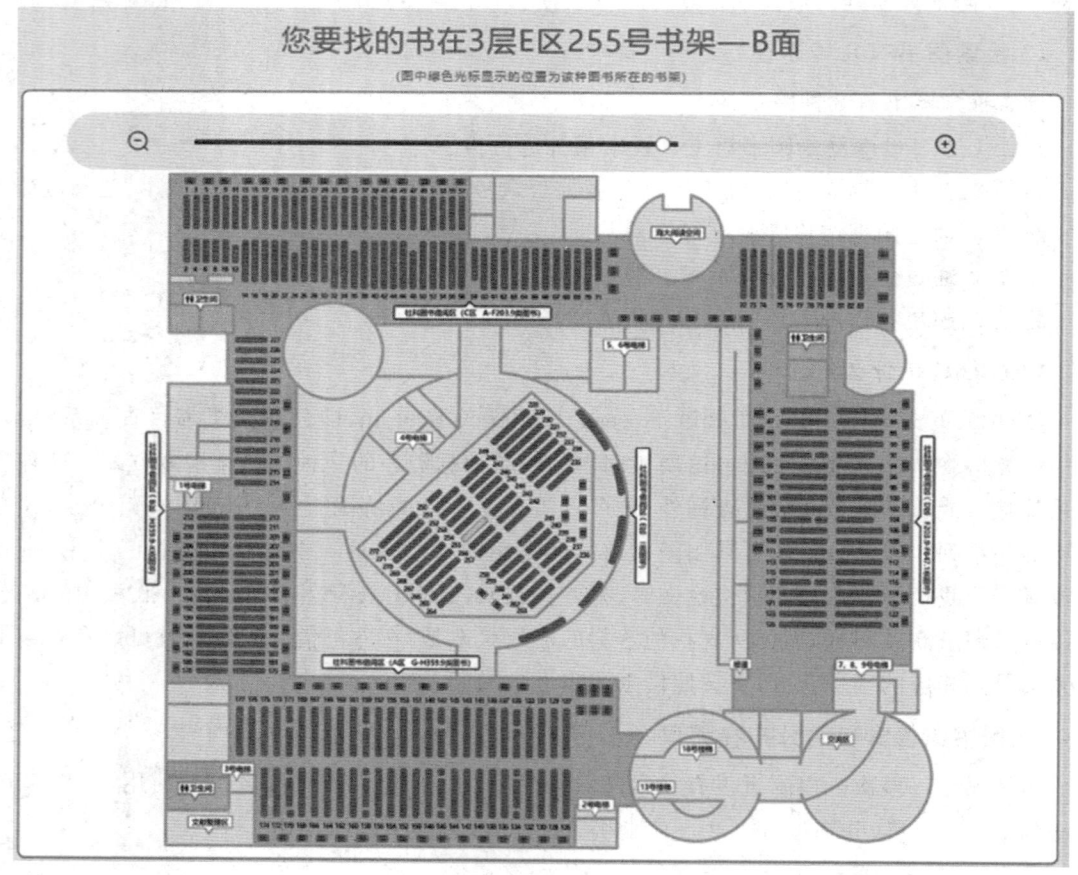

图 4-1　图标展示想借图书的具体馆藏位置

20.检索到图书状态时,有的显示"在架上",有的显示是一组时间,是什么意思?

如图 4-2 所示。

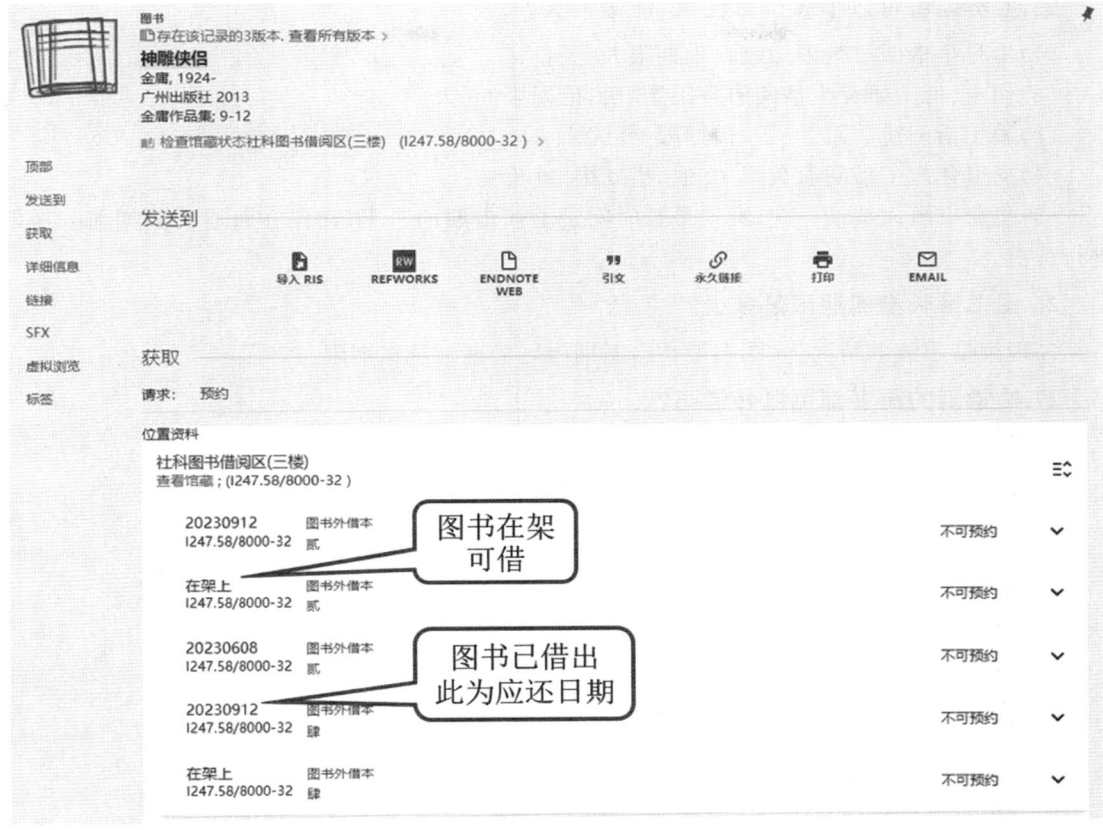

图 4-2　检索系统显示不同图书状态

21.为什么有些图书查询结果中"状态"字段显示"图书外借本"却在书架中找不到呢?

出现该情况的原因有:

(1)图书在被查询当天刚归还,还没有上架,可以第二天再去找。

(2)有读者在馆内阅览,没有办理借阅手续。

(3)开架借阅有可能出现少数乱架等现象,可以直接与工作人员联系。

22.新生入校后什么时候可以借书?

新生入校后,图书馆将根据网信中心推送新生信息和照片等数据,统一处理后开通借阅权限。

23.如何借阅图书?

首先要在馆藏书目检索系统上检索你所要借的图书信息,记录好该书索书号以及馆藏地址,并按照馆藏地址去图书所在楼层及区域,依照索书号到书架上查找到所要借图书,将书带到自助借书机自行操作借书,或者到总服务台进行人工借书。

24.借阅图书时,应该注意什么?

借阅图书时,读者应仔细检查所借图书是否存在圈画、涂抹、缺页、破损、污损、水渍等情况。若有上述情况,需将图书带至一楼总服务台,向工作人员申请盖上相应印章,以证明图书外借时的状况。

25.各类读者可以借多少本图书,能借多久?

(1)本科生借阅册数限 20 册,借期限 60 天;

(2)硕士、博士研究生借阅册数限 25 册,借期限 90 天。

(3)教工借阅册数限 30 册,借期限 90 天。

(4)离退休教工借阅册数限 10 册,借期限 90 天。

(5)每册书可以续借一次,续借最长时间是上述借期的一半,建议在每册书到期前一星期进行续借。

26.图书最长借阅期限是多少?

办理续借手续的情况下,图书最长借阅期限＝借期＋续借期限。

27.检索到的图书都可以外借吗?

只有新图书馆二楼、三楼的图书外借,其他地址的馆藏一概只阅不借。

28.新图样本图书藏阅区的图书可以外借吗?

样本图书藏阅区的图书均为独本,只阅不借。

29.藏址是"老馆二楼图书阅览室"是指哪里?

该藏址指的是东山图书馆二楼图书阅览室。

30.东山图书馆藏书可以外借吗?

东山图书馆的藏书,只阅不借。

31.可以用别人的借书证借书吗?

读者借书时须持本人一卡通办理借阅手续,如因个人一卡通管理不善,被他人利用办理了借阅手续,所造成损失由自己承担。

32.书没看完可以续借吗?

读者所借阅的每册图书均可续借一次(已被其他读者预约的、超期的图书除外),但必须在图书到期之前续借。建议最佳的续借时间是图书到期前的一个星期。续借最长时间是正常借期的一半。

33.所借的图书到期当天可否续借?

图书到期当天如果没有被预约是可以续借的。

34.不到图书馆可以办理续借手续吗? 如何办理图书续借?

办理图书续借手续无需将书带到图书馆。读者续借须进入图书馆主页,点击"我的图书馆"模块查看"我的借书证",在借阅列表图书信息左端选择要续借的图书前方方框后,点击"续借"选项,该条目会显示"续借成功"字样(见图 4-3),或者登录超星移动图书馆 APP 点击"借阅信息"模块,进入后进行续借。

☑ 人间冷暖 汪曾祺	到期: 10/02/23, 23:59. 归还到: 社科图书借阅区(三楼) I247.7/3183-86	⟳ 续借	⌄
☑ 梁实秋散文选集 梁实秋	到期: 10/02/23, 23:59. 归还到: 社科图书借阅区(三楼) I266/3332-34	⟳ 续借	⌄
☑ 朝鲜战争内幕全公开 楚云	到期: 09/14/23, 23:59. 归还到: 社科图书借阅区(三楼) E297.5/4410-42	⟳ 续借	⌄
☑ 话题终结星人自救指南:心理学让你会高情商沟通 吴娜磊	到期: 09/11/23, 23:59. 归还到: 社科图书借阅区(三楼) C912.11/6061	⟳ 续借	⌄
☑ 高情商沟通:寻找人际关系的金钥匙 于洋	到期: 10/25/23, 23:59. 归还到: 社科图书借阅区(三楼) C912.11-49/1038	续借成功	⌄
☐ 边城:沈从文小说菁华 沈从文	到期: 09/11/23, 23:59. 归还到: 社科图书借阅区(三楼) I246.7/3480-34	⟳ 续借	⌄

图 4-3　续借图书操作界面

35.图书为什么不能续借？

若所借阅图书已被其他读者预约,则无法续借;逾期的图书也不能续借。

36.所借图书可以续借几次？

每册图书在没超期的情况下只能续借一次。

37.读者如何查看个人借阅信息和图书应还日期？

有四种方法可以查看。方法一:登录学校统一认证平台后,访问图书馆主页,点击右下角"我的图书馆",进入后点击"借阅列表",即可查找到当前全部个人借阅信息。方法二:到新图书馆一楼大厅,在自助借还机上点击"账户"模块,刷卡或扫码后可以查询到个人全部借阅信息。方法三:到"海大在线"应用中心"我的图书馆"中查看。方法四:在超星移动图书馆 APP 的"借阅记录"模块下查看。以上四种方法在查到个人借阅了那些书以外,同时还能查到图书的应还日期。

38.图书馆借阅系统有提醒功能吗？

图书馆借阅系统具有图书到期提醒以及预约图书到馆提醒的功能。系统会分别在图书到期的前 3 天,图书到期的当天通过发送邮件来提醒读者进行图书续借或归还。读者收到预约图书到馆提醒后,须在 3 天内到馆办理借阅手续。

39.如何使用图书馆提醒功能？

登录图书馆主页,在"我的图书馆"中点击"个人资料"板块,填写常用的电子邮件地址,并确认即可。该设置是目前享受图书馆借阅系统提醒服务的唯一方式。

40.图书如何归还？

目前有三种方式可以归还所借图书,具体还书地点均在学校新图书馆一楼。方式一:在总服务台人工归还图书;方式二:在总服务台对面的自助区,使用自助借还书机归还图书;方式三:通过馆外 24 小时自助还书机进行归还。

41.可以替他人还书吗？

可以替其他读者归还图书。

42.在哪里进行还书通知的绑定？

进入图书馆主页后,点击右下方"我的图书馆",进入"个人资料"板块,填写有效个人信息,在我的"电子邮件"一栏中填写正确常用的电子邮件地址。填写无误后点击上方"保存更改"即可保存。注意:该电子邮件地址是系统唯一可以为读者发送通知的联系方式。

43.我借的书到期了还书后,能不能立即再借出来?

为了保证广大读者的阅读公平性,图书利用最大化,归还的图书 12 小时内系统限制同一读者再次外借,12 小时后如该书未被借出可重新借阅。另:在归还到期图书时可在"馆藏书目"中检索该书是否有副本在架,如有可以借阅该副本。

44.想借的图书都已借出怎么办?

若读者想借阅的图书都已全部借出时,可以通过预约的形式进行约借,该书被归还后即可办理借阅手续。

45.如何预约图书?

只有某种图书可借复本已全部借出时,才可以申请预约服务。具体预约方法:进入图书馆主页面,在"馆藏书目"中检索想要借阅的图书。若此时,该图书的馆藏显示"不在馆内",表示该书已全部被借出,读者可以点击"预约"来进行图书预约操作(见图 4-4)。

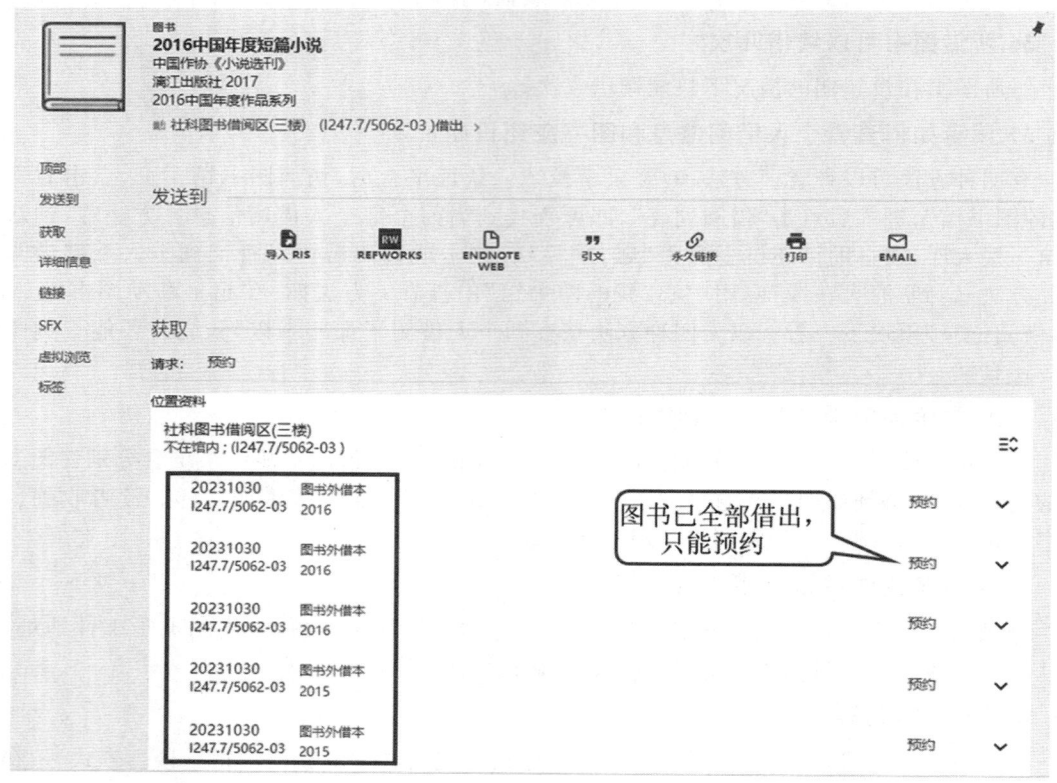

图 4-4　预约图书操作图

46.预约的图书到哪里去找?

当读者收到预约图书到馆的邮件提醒时,读者本人持一卡通到新图书馆一楼的总服务台办理借阅手续。

47.怎样取消图书预约?

当读者在图书系统中预约成功,但图书尚未归还到图书馆的状态下,读者可自行登录"我的图书馆",在预约列表中取消预约。若系统中预约成功,且图书也已经归还到图书馆,只能由图书馆总服务台工作人员来取消预约。累计两次预约未取,从最后一次预约时间计起,半年内将不允许预约。

48.为什么我的借书证借不了图书了呢?

如下三种原因会造成管理系统自动冻结借书权限,不能借阅图书:

(1)已经达到借阅权限数量的上限者;

(2)所借图书中有逾期 15 天(含 15 天)的图书;

(3)资源占用等费用累计已经超过 10.00 元。

49.所借的图书没有按时归还会被处罚吗?

为保证广大读者利益,倡导读者按期归还图书,逾期将收取图书超期资源占用费,每册图书每天 0.05 元。

50.如果被暂停借阅权限怎么办?

首先读者需确定是什么原因造成的借阅权限受限。若因资源占用费累计达到 10.00 元以上的停止借阅权限的读者可自行到新馆一楼总服务台缴纳费用,即可恢复权限。若因图书逾期的读者需先归还图书,再缴纳资源占用费,即可恢复权限。

51.所借图书超期,会影响我借书吗?

会的,图书超期将收取图书超期使用资源占用费,每册图书每天 0.05 元。当累计费用超过 10.00 元或逾期未还单册图书达到 15 天以上的停止借阅权限。

52.可以替他人缴纳资源占用等费用吗?

在图书馆是可以替他人缴纳资源占用等费用的,缴纳时需提供当事人的一卡通号码或者姓名。另:毕业生通过学校离校系统缴纳资源占用等费用时无法由他人替缴。

53.在图书馆借的书丢了怎么办?

若读者遗失了所借阅图书,须按照图书馆相关规定进行赔偿,读者可以自行选择遗失赔书或遗失赔款。

遗失赔书是指在 ISBN 号、提名、作者、出版社、版本、信息一致的情况下,读者可购买相同的新书作为遗失图书的赔偿,并另付图书加工费 5.00 元。

遗失赔款是指在无法购买到相同图书进行赔偿时,需按图书出版年代予以赔款:

(1)1990 年以前出版的图书按原价的 20 倍赔偿;

(2)1991～1995 年出版的图书按原价的 10 倍赔偿;

(3)1996～2000 年出版的图书按原价的 5 倍赔偿;

(4)2001～2005 年出版的图书按原价的 3 倍赔偿;

(5)2006 年以后出版的图书按原价的 2 倍赔偿。

整套图书中的单册图书,按照整套图书价格赔偿。

54.在办理完遗失赔款手续后,遗失图书又找到了,图书馆可以将钱退给我吗?

不能,在赔书前工作人员会再三向读者确认是否要赔款,完成赔款手续后将无法退回。

55.什么是 ISBN 号?

国际标准书号(International Standard Book Number),简称 ISBN,是专门为识别图书等文献而设计的国际编号。

56.什么是 ISSN 号？

ISSN 号即标准国际刊号，是标准国际连续出版物号（International Standard Serial Number）的简称，是为各种内容类型和载体类型的连续出版物（例如报纸、期刊、年鉴等）所分配的具有唯一识别性的代码。分配 ISSN 的权威机构是 ISSN 国际中心（ISSN International Centre）、国家中心和地区中心。

57.图书馆里为什么不让吃零食、水果以及喝有色饮料呢？

因为零食、水果及有色饮料中含有一定量的糖分，若不小心将糖分沾染到书籍上，会对书籍产生污损，进而影响书籍的使用寿命，同时受糖分污损的图书会滋长出一种用肉眼很难发现的细菌，当其他读者再接触这样的书籍时细菌便会对其健康产生危害；过多食品垃圾及残渣也易招引蚊蝇、蚂蚁、老鼠等，危害书籍、影响环境。另外，在图书馆吃喝不利于营造良好的学习氛围，也影响个人学习效率，因此不允许在图书馆内吃零食、水果，喝有色饮料。

58.不小心将书污损了怎么办？

依照《大连海事大学图书馆关于借还书赔罚款的规定》，视污损情况按书价的 20％～100％予以赔偿。

59.去哪里缴纳因为图书超期或其他原因产生的费用？

到新馆一楼总服务台以扫码方式从校园花中缴纳，不收取现金。

60.在什么地方办理图书借阅？

我馆在一楼中庭设置了 2 台自助借还书一体机；我馆在二楼、三楼的 D 区各设置了 1 台自助借书机，以供读者借阅使用，同时读者也可以直接在总服务台人工借书。

61.如何使用自助借书机借书？

点击屏幕"借书"模块：

（1）读取个人信息：刷一卡通；读取绑定一卡通的手机；扫"海大在线"身份码。

（2）图书翻至扉页摊开放于 V 形槽内，用激光扫条形码，听到"滴"声后，将书推送到底部，显示借书成功。

（3）点击"退出"操作完成。

62.如何使用自助借书机还书？

（1）点击屏幕"还书"模块。

（2）图书翻至扉页摊开放于 V 形槽内，用激光扫条形码，听到"滴"声后，将书推送到底部，显示还书成功。

（3）点击"退出"操作完成。

63.24 小时自助还书机在哪里？

24 小时自助还书机设置在新图书馆一楼（A 区）靠近主入口外侧，馆外投放还书口与四海楼相对。

64.如何使用 24 小时自助还书机？

（1）点击开门；

（2）翻开书名页；

（3）在红色光标处扫描书内条形码；

（4）扫码后合上图书，推入传送带；

（5）待图书归还成功后,屏幕上方会显示当前归还图书的书名;

（6）如图书被退回并显示"单册不能归还,单册有预约请求",此书需到馆内"总服务台"归还;

（7）归还完成后,点击"注销"。

65.为什么在自助借还机上操作借书、还书,机器显示要到总服务台人工处理?

（1）提示读者所借图书有超期 15 天以上的情况,系统已经自动冻结读者借阅权限,读者须将超期图书归还,系统自动回复借阅权限。

（2）提示读者因图书超期造成罚款超过 10 元,系统已经自动冻结读者借阅权限,待资源占用费缴纳完毕后,系统自动恢复借阅权限。

（3）当前所归还的图书被预约,系统提示到总服务台进行人工归还。

66.自助借书时显示"外借不允许,申请离校,请将图书带至服务台"是什么意思?

对于已办理完毕业手续的学生,借阅系统已被冻结,无法借阅图书,但可以在阅览室看书。

67.新图书馆二楼、三楼自助借书机不好用,如何借书?

读者可以使用一楼自助借书机,或到总服务台人工办理借书手续。

68.馆际互借是怎么回事,我能享受馆际互借的服务吗?

馆际互借(Interlibrary Loan)是基于馆际之间资源共享而提供的一种服务方式,就是对于本馆没有的文献,在本馆读者需要时,根据馆际互借制度,向馆际互借成员馆进行借阅,其借阅册数及时间须遵循对方馆的有关规章制度,目前只有教师与研究生可以享受馆际互借服务。

69.馆际互借收费吗?

馆际互借成员馆之间的借阅服务不收费,但如果在图书使用的过程中有超期未还或其他违规行为,须遵守借书图书馆的相应处罚,并由本人缴纳。

70.如何查找本校硕士、博士论文?

查找本校电子版硕士、博士论文请登录图书馆主页,点击特色资源选择本校博、硕学位论文库,阅读使用说明登录系统,通过检索便可以查找阅读电子版学位论文了。

71.图书馆有朗读的空间吗?

图书馆在 2 楼 C 区与 D 区交角处的开放式平台处设有读者朗诵空间,开放时间:

上午 8:00—下午 4:30(周一至周五);

上午 9:10—下午 4:30(周六至周日);

国家法定节假日不开放。

72.图书馆国家法定公休日开馆吗?

图书馆将会根据学校发布的"部分节假日放假安排"通知具体安排调整开闭馆时间。

73.图书馆寒暑假开门吗?

图书馆会在每学期期末根据学校发布寒暑假放假通知及要求,通过研究决定寒暑假开闭馆时间,敬请关注。

74.假期到期的图书该如何归还?

我馆对于法定放假 1 天的假期(清明节、端午节等),统一图书延期 1 星期,放假 3 天以上的假期,统一延期 2 星期。寒暑假中到期的图书,图书馆系统会自动将借期延长至开学后,一般要在新学期前两周内归还图书。

75.因当兵、支教,延学等原因造成一卡通无法借书怎么办?

若读者因参军、支教或延学等原因造成借阅权限失效,需要开具"在读证明"交到新图书馆总服务台,工作人员会依据证明文件来更改借阅权限。

76.出差在外造成图书逾期怎么办?

任何原因造成的图书过期都将会影响图书正常流通。读者为避免个人经济损失,请事先查看个人借阅记录,并设置提醒功能,以便及时办理续借、归还或委托他人代为归还。如不可预见性因素造成图书逾期,图书馆将会统一处理。

77.怎样能借到利用率高的图书呢?

读者可根据个人专业及爱好浏览相应还书架上的图书,该书架上的图书均为借阅率高的图书。

78.如何获取新书信息?

获取新书信息主要有以下三种方式:方式一,可在各楼层的新书存放架,浏览新书;方式二,关注大连海事大学图书馆官微,官微会不定期地进行新书消息推送;方式三,官微下方的"博看书院"板块下有专门针对电子书的《新书速递》板块。

79.校友可以进图书馆看书吗?

欢迎广大校友持校友身份码进图书馆看书,但无借书权限。

80.校外人员,可以在海事大学图书馆借书吗?

我校图书馆暂不对校外人员开放使用。

81.可以办理集体借书吗? 需要哪些手续?

可以以团体为单位办理集体借书,办理时需要出示团体活动证明,借还规则等同于读者个人借书。

82.留学生可以借书吗?

只要是在学校正式注册的留学生均可借书。

83.图书馆是否接受捐赠图书?

我馆接受校内外单位及个人捐赠图书,请将图书送至新图书馆一楼总服务台,会有相应工作人员接待处理。

84.可以到图书馆做勤工助学或是做义工吗?

可以到图书馆来做勤工助学工作,根据个人兴趣特长选择勤工助学岗位。图书馆随时欢迎各位同学到图书馆来做义工,与图书馆工作人员一同为读者创造一个良好的学习环境。

85.闭馆前没有及时将自己座位上的东西带走会怎么样?

图书馆每天晚上都会定时清理占座物品,凡闭馆时遗留在阅览区的个人物品,将由工作人员进行清理,如需领回请到所在楼层咨询处询问。

86.读者可以带包进阅览室吗?

新图书馆各阅览区域(除四楼外文图书藏阅区外)均可携带书包进入,东山阅览部阅览室禁止读者带包进入。

87.期刊可以外借吗?

期刊不能外借,只能在期刊部区域内阅览,如有外借需求请利用电子资源。

88.图书馆电子阅览室在哪里,电脑如何使用,是否收费?

新图书馆一楼 D 区设有电子阅览室、文献检索教室、电脑自备区及多媒体体验区,为读者提供馆内信息检索、网上信息查询以及日常计算机使用等服务。图书馆为读者提供的设备均可免费使用,上网所需流量自理。

读者直接进入电子阅览室选择机器使用即可,如需使用网络,需要登录“大连海事大学统一身份认证平台”。图书馆电子阅览室的电脑均为无盘工作站,因此需自备 U 盘或移动硬盘存储资料。

89.电子阅览室里可以带自己的电脑学习吗?

电子阅览室设有电脑自备区,提供 54 个座位,供读者自带电脑进行学习。

90.图书馆的资源不是免费的吗? 为什么校园网客户端会被扣费了呢?

网络信息中心对图书馆所购买的大多数数据库都开通了免流量服务。内网资源是免费的,如果你登录了那些收费的数据库(一般都是访问国外的服务器)就会出现被收流量费的情况;此外数据上还会给临时开一些试用数据库,这些数据库使用的时候是收流量费的;还有一个原因是你在使用免费直通数据库的同时还做了其他的网上事宜,如 QQ 或微信聊天、听些网络歌曲等,这些使用流量都是会造成扣费的。

91.电子阅览室的应用软件版本太低怎么办?

当读者使用图书馆电子阅览室时,发现应用软件版本太低需要升级时可以联系自动化或直接跟电子阅览室咨询台值班人员提出意见和建议,自动化部门技术人员根据读者提出的要求准备软件进行安装。

92.如何下载借阅图书的随书光盘?

进入到图书馆主页后点击“数据库快捷访问”,点击左侧“试用数据库访问”,进入到“畅想之星光盘数据库”,依照数据库内的介绍点击网址链接进入到光盘数据库中。在检索条内输入想查找的光盘主题名,检索到之后可以自行选择下载方式。

读者需注意:不是每本书都有光盘,只有书名页盖有“盘”字印章的图书才有光盘。

93.预约座位、预约自习室、预约研修室和预约研讨室有什么区别?

(1)四者都是预约型学习空间。预约座位和预约自习室属于座位预约,一人一座;预约研修室属个人预约空间、一人一室;预约研讨室属小团体预约空间,用于 5～12 人学术研讨交流。

(2)预约座位分散于新图书馆内 1—4 楼,共计 1284 个座位。

(3)预约自习室位于新图书馆 A 区图书馆次入口旁,共有 377 个座位。

(4)研修室位于新图书馆 D 区电子阅览室内,共计 13 个房间,每个房间以单个人为单位预约。

(5)预约研讨室共四个,二楼 B 区与 C 区交汇处设有 2 个研讨室,预约条件需满足 4～8 人方可预约并签到使用,四楼 D 区设有 2 个研讨室,预约条件需满足 5～12 人方可预约并签到使用。

94.预约自习室和预约座位的开放时间一样吗?

周一到周五开放时间是一致的,周末预约自习室开放时间为 7:30—21:50。馆内预约座位的开放时间与开闭馆时间相同。

95.如何预约自习室？

预约自习室有如下四种方式：

(1)现场预约：可在图书馆馆内现场选座机上选座，仅可选取当日开馆后的座位。

(2)网页预约：可通过图书馆主页－读者服务－预约自习室，点击页面上方链接预约，或在地址栏输入网址：seats.dlmu.edu.cn。此方式可提前一天预约选座。

(3)官微预约：通过"大连海事大学图书馆"微信公众号－服务－预约空间－座位入口进行预约。此方式可提前一天预约选座。

(4)通过微信小程序"海大在线"的"座位预约"模块预约座位。

注意：研修间和预约研讨室只能通过网页和大连海事大学图书馆的官微预约。

96.预约自习室如何签退？

读者在预约时段结束，或因某种原因提前离开者需在选座机上刷卡"签离"，或使用微信扫描座位二维码签退。

97.自助机签到无效怎么回事？

有如下三种可能：

(1)读者需在预约时间前 10 分钟以及预约时间到达后 15 分钟内签到，超过这个时间段刷卡签到都算违约。

(2)读者签到可以使用一卡通身份码，或者已经绑定我校一卡通 NFC 功能的手机。除此之外其他的签到方式均不接受。

(3)新办的一卡通因系统更新需要时间，因此刚刚补办的一卡通无法入馆，也无法签到。

98.预约自习室座位可以提前几天预约？

每天早晨 6 时起可以预约第二天的座位。

99.每天可以预约座位、自习室多少次？

不限制每天使用预约空间的次数，但是每次只有当前预约结束后，方可再行重新预约。

100.预约座位或预约自习室的界面出现空闲、半空闲和正在使用状态三者有什么区别吗？

空闲中是指该座位可以全时段预约(每个时段最长是 4 小时)；半空闲是指这一时段中有部分时间已被预约；使用中是指当前这一时段已被读者预约，正在使用中。

101.预约研讨室使用要求和时间？

图书馆预约研讨室使用人数需满足 4～8 人(二楼)或 5～12 人(四楼)，周一至周日每天分三个时段开放 8:30—11:00,14:00—16:30;18:800—21:00。

102.预约研讨室的预约方式及注意事项？

预约空间与预约座位的方式和路径相同，有如下内容需要注意：

网页预约：校内读者(校外需登录 VPN)通过电脑浏览器登录 http://seats.dlmu.edu.cn/,在左侧"资源列表"的"空间"类型处，选择"预约研讨室"，在右侧窗口选择所需预约的研讨室类型、预约日期、需预约的研讨室以及所预约时段。在弹出窗口输入预约组成员的学号，提交《大连海事大学图书馆预约研讨室申请表》，录入完毕点击"提交"即可。

微信预约：读者通过"大连海事大学图书馆"微信公众号，点击右下角"服务—空间预约"模块后选择"预约研讨室"进行预约。

注意：

（1）预约时段灰色表示非开放时段，黄色表示已被预约，白色表示空闲；

（2）读者需提前3天预约开放时间中的任意时段，预约时需填写并上传"大连海事大学图书馆预约研讨室申请表"，由图书馆负责人员人工审核（人工审核工作时间：工作日周一至周五8:30—11:00,14:00—16:30,法定假日除外），审核结果可在个人中心—个人预约中查看。预约成功后读者可提前10分钟或在预约开始时间后的15分钟内刷卡签到进入研讨室使用。

（3）预约成功后，可在"个人中心"的"预约列表"里查看预约记录。预约成功之后若因其他原因无法使用研讨室，需至少早于申请开始时间24小时取消预约，具体操作：点击"个人中心"—"个人预约"—"取消预约"。

（4）签到时要求每名预约成员均需刷卡签到，违者小组成员均视为违约。

103.预约研讨室如何签到使用？

预约成功后，预约成员应按时到达研讨室并刷卡签到；预约研讨室需要所有预约成员刷卡签到；成员签到人数达到预约研讨室最少使用人数（5人），方可正常使用预约研讨室；如预约时间开始20分钟后，成员签到人数未达到预约研讨室最少使用人数（5人），系统记录研讨负责人违约一次，并且释放本次申请。违约两次后将被暂停使用图书馆座位与空间预约权限14天。

104.使用预约研讨室的注意事项有哪些？

读者进入研讨室后须首先查看设备是否完好，有问题请及时联系工作人员（联系方式在预约网页"房间信息"或门口刷卡机上查看），否则本次设备故障或损坏由研讨负责人负责，视故障或损坏情况记违约或赔偿。

研讨室使用完成后，使用者应负责将室内物品及设备恢复使用前的状态，带走个人物品及废弃物，关好门窗，关闭电源及房门。使用期间所有的设备损坏或者遗失，需由使用人负责赔偿，并需及时告知图书馆工作人员，否则记研讨负责人违规1次。

105.请问预约研讨室为什么不能预约完立刻生效？

因资源有限，预约研讨室预约后由图书馆进行审核，符合条件方可预约使用。

106.预约研讨室若在使用过程中出现问题或需要帮助怎么办？

可以直接到研讨室所在楼层咨询台找馆员询问。

107.具有预约功能的座位与空间，在使用时签到有时间要求吗？如何"签离"？

预约成功后，读者在到达预约场所并通过现场签到后，方可使用座位。可在预约时间前10分钟以及预约时间后15分钟内的签到均视为有效签到，超出该时间范围均视为违约，座位将被自动释放。在签到时间内通过闸机入馆的同学，系统默认无需单独去签到机签到，可直接入座学习即可。

读者预约使用时间结束后需要"签离"。读者提前结束离开图书馆，需在选座机上刷卡选择"签离"退出座位，或微信扫描座位二维码进行"签离"确认；如预约截止时间在图书馆闭馆时间点上，无需"签离"，系统自动释放。

108.如果在使用预约自习室座位的过程中操作违规了，会如何处理？

（1）预约后未按时签到者将被记违约1次。

（2）使用中选择"暂时离开"，未在规定时间返回签到者，记违约1次。

（3）离开图书馆未"签离"者，记违约1次。

(4)违约满 5 次将被限制使用座位预约系统 3 天。

109.如何消除预约系统中的违约记录？

违约记录一般是因为没有按时签到或签退造成,该记录形成后不予消除。每位读者信誉分为 100 分,每记 1 次违约扣 20 分,全部扣除后,系统自动会停止该用户 3 天预约权限。3 天后重新恢复到满分状态,可以继续预约。在停止用户使用预约功能期间,读者仍可利用图书馆其他学习空间。

110.预约系统信用分如何清零？

预约自习室或预约空间的信誉分以学期为记录单位,在学期内产生的违约次数均会在每学期期末统一做清除处理,恢复满分以供下学期使用。

111.在使用预约自习室、预约研修室时,遇到问题如何处理？

可以直接到电子阅览室咨询台或拨打 0411-84726021、0411-84727456 寻求帮助。

112.当预约自习室网页预约页面打不开时,如何处理？

请关闭手机数据使用@DLMU 无线网络或利用浏览器在地址栏输入 http://172.17.3.109:9130/,跟电脑端使用方法相同。

113.如何查找预约记录及取消预约？

进入预约界面,点击"个人中心"即可查看预约记录或取消预约。

114.在阅览室里遇到问题应该找谁帮助解决呢？

可以找该阅览室或阅览区的图书馆馆员,也可以通过图书馆官微的微信咨询。

115.校园网能够同时登录多少设备？

校园网允许一个账号同时登录 1 台有线终端和 2 台无线终端。

116.如何查找、使用图书馆电子资源？

读者可以登录图书馆主页了解各个数据库收藏范围,针对个人所需资源进行查找。各个数据库的查找方法可参考相应网页上的介绍;读者也可以参加图书馆组织的相关专题培训,学习如何查找、使用电子资源;读者还可以通过咨询图书馆工作人员获得帮助。同时,图书馆还开设了"私人订制"培训,读者可以采用预约的形式展开培训,培训形式包括线上培训,线下讨论,以及小型讲座等。

117.谁有权限使用图书馆的电子资源？

本校读者均有使用图书馆电子资源的权限。有些数据库有并发用户(或最大用户数)限制,即只允许一定数量的用户同时使用该数据库。遇到这样的提示,请等待几分钟再进行使用。如果有时不能访问某个数据库,也可能是网络通信问题或数据库服务器故障,可以尝试多访问几次。如果确定不是个人计算机或网络的问题,请及时向图书馆学科服务部 0411－84725255 反映。

118.从哪里能获取图书馆的数据库资源培训讲座通知？

图书馆主页的"新闻公告"和"培训信息"板块中都能看到即将举办的讲座通知,此外校园网"学生通知"及"办公通知"或图书馆入口处也会有相应的通知。同时"大连海事大学图书馆"微信公众号上也会推送相关信息。

119.图书馆都有哪些类型数据库？

我馆数据库分为:在线数据库、镜像数据库、自建数据库和试用数据库四种类型。

在线数据库是指学校购买了其使用权，数据存在资源提供方的服务器中，读者通过登录"大连海事大学统一身份认证平台"就能进行访问，数据是实时更新的。

镜像数据库是指学校把数据买回来，存放于图书馆的服务器中，读者无需登录校园网客户端即可访问。访问响应速度较快，但数据三个月或半年才能更新。

自建数据库是大连海事大学图书馆针对本校重点学科、重点研究方向，对具有学术价值的文献资料进行搜集、整理的数据库。

试用数据库为图书馆当前并未确定购买，数据商临时开通使用的数据库，使用时间短。

120.本科生常用的中文数据库有哪些？

CNKI 中国知网全文数据库、VIPExam 考试学习资源数据库、读秀学术搜索、超星数字图书馆、博看期刊网和万方数据知识服务平台。

121.本科生常用的外文数据库有哪些？

IEEE、ACM、SpringerLink、EBSCO、Elsevier ScienceDirect 和 Emerald 电子期刊数据库。

122.在校外期间能使用图书馆数据库吗？

有如下两种方式可以从校外访问数据库。

(1)通过 CARSI 访问

CARSI 联盟访问网址：https://ds.carsi.edu.cn(推荐浏览器 IE10＋以上，Chrome62＋以上，360 浏览器 11＋以上)选择或手动输入"大连海事大学(Dalian Maritime University)"，进入到 CARSI 资源列表页，可以看到我校购买的有权限访问的所有 CARSI 资源，直接点击资源名称即可访问。在我校统一身份认证界面输入用户名和密码，登录后按提示选择同意使用条款即可使用。

(2)通过 VPN 客户端访问

下载 VPN 客户端：https://svpn.dlmu.edu.cn/portal/#！/down_client 安装客户端 EasyConnect 运行 EasyConnect，在首次出现的服务器地址栏填入 https://svpn.dlmu.edu.cn，使用服务大厅的账号和密码登录，通过短信码验证登录后，即可浏览器访问校内资源。

123.如何下载电子文献阅读器？

阅读本馆数据库中一些特定的论文需要借助专用阅读器才能打开。这些专用阅读器可在各自数据库的主页或大连海事大学图书馆主页的"电子资源——阅读器和工具下载"栏目中免费下载。例如：打开中国期刊网中的论文需要 CAJ Viewer 阅读器或 Adobe Acrobat Reader 等 PDF 阅读器，打开重庆维普数据库中的论文需要维普阅读器，打开万方数据库中的论文需要 Adobe Acrobat Reader 等 PDF 阅读器，打开书生之家的论文需要用书生之家阅读器。

124.查找文献必须利用图书馆所购买的数据库吗？

一般情况下利用浏览器查找出的文献资通常是标题和摘要，并不能获取全文，如有全文需求需要付费获取，而图书馆已经购买了各类数据库使用权，供读者免费获取。

125.什么是文献传递服务？

文献传递是指当读者在本校电子资源中无法查找到所需文献，可申请使用文献传递服务，图书馆将帮助读者从国内外的图书馆或文献收藏机构中查找读者所需文献。

126.文献传递服务可以帮助查找哪些类型文献？

查找的文献类型包括：期刊文章、会议论文、科技报告、标准、专利、学位论文等。

127.如何申请文献传递？

到图书馆主页"文献传递服务"中,直接下载"文献传递申请单"填写相关内容,以邮件的方式发送到文献传递馆员的邮箱,然后到图书馆学科服务部办理此项服务。

注意:需先到图书馆预付押金后方可受理申请。

128.文献传递服务流程是什么？

(1)进入图书馆主页从图书馆馆藏 PRIMO 查询所需纸本文献;或从图书馆已购数据库 http://lib.dlmu.edu.cn/dzzy/sjkkjfw.html 中获取所需馆藏资源;

(2)确定上述途径无法获取,通过 CALIS 联合目录,查询能提供该文献传递服务的收藏机构的信息,再委托图书馆进行文献传递;

(3)填写文献传递申请单,将申请单发送到文献传递员的电子邮箱;

(4)到图书馆学科服务部交押金,办理手续;

(5)获取文献,进行费用结算。

129.多长时间可以得到需要的文献？

图书馆文献传递员将尽快处理您的申请。具体的时间还与文献提供方的速度及文献查找的难易程度和传递方式等因素有关,一般从国内协作馆获取中外文期刊文章大约三四个工作日。另外,一些需要到国外获取的文献,会相对比较慢。图书馆会尽最大能力满足读者需求,也请读者给予理解。

130.文献将如何传递给申请人？

中外文期刊文章等一般会以电子文献形式发送到申请人的电子邮箱中。

131.文献传递的收费标准？

本地收藏的文献复制费:0.3 元/页(指复印＋扫描＋普通传递);加急费:10.00 元/篇;

说明:普通传递包括 email 方式、CALIS 文献传递、平寄、挂号、传真和读者自取方式。采取特快专递和人工专送方式传递文献,还需加收实际发生的传递费用。

上述收费标准适用于文理中心本地收藏的普通文献,古文献和旧报刊费用另计。

代查外馆文献:图书馆文献传递收费＝实际付出的费用＋代查外馆资源手续费;

注:高校系统内文献:2 元/篇;

代查外馆资源手续费:国内图书馆收藏的文献:5 元/篇;

国外图书馆收藏的文献:10 元/篇。

132.文献传递服务联系方式是什么？

联系人:周老师;咨询电话:84725253。

周一至周五:上午 8:30—11:00;下午 2:00—4:30。

办公地址:新图书馆 A2—02 学科服务部;电子邮箱:zhoubo@dlmu.edu.cn。

133.文献传递检索是否能提供其他检索平台？

CALIS 联合书目数据库:http://opac.calis.edu.cn/simpleSearch.do;

国家科技图书文献中心:http://www.nstl.gov.cn/;

全国期刊联合目录:http://union.csdl.ac.cn/index.jsp;

CALIS 西文期刊目次数据库:http://ccc.calis.edu.cn/index.php? op＝index。

134.什么是课题查新,如何申请?

查新一般是指科技查新,相关人员会根据查新委托人提供的需要查证其新颖性的科学技术内容,按照《科技查新规范》进行操作,并做出结论出具查新报告。课题查新的具体流程如下:

加入大连海事大学图书馆"海事查新"群,群号:QQ75263308,下载"查新委托单"并按照备注要求填写完整,然后发送邮件至 fhy@dlmu.edu.cn, zhoubo@dlmu.edu.cn,同时请务必拨打电话 84725253 或者 84725255 进行确认。

提交完成并电话确认后,尽快安排相关人员到新图书馆 A2-02 学科服务部与查新员交流试检,确认查新委托申请,分析查新项目内容,确定最终查新点,现场预检并调整、确定检索策略。

正式检索并整理检索结果,与查新委托人交流进行分析比对,草拟查新报告。提交审核员审核并修改查新报告。

签字、盖章、出具正式查新报告。

费用结算、附件归档。

135.需要论文查收查引,开具检索证明,如何操作?

用户可自行到新图书馆 A2-02 室"学科服务部"进行委托;也可登录图书馆主页,点击"读者服务"的下级菜单"网络服务"中的"论文文献查收查引",下载并填写"检索证明委托单",然后发送到相关老师信箱并打电话 84725253 进行确认。如果暂时未被数据库收录可开具刊源证明,需要委托人携带纸质期刊。

136.查收查引数据库检索范围包括什么?

(1)SCIE—Science Citation Index Expanded《科学引文索引》(2002 年—至今);

(2)SSCI— Social Sciences Citation Index《社会科学引文索引》(2002 年—至今);

(3)EI—Engineering Index《工程索引》(1969 年—至今);

(4)CPCI-S—Conference Proceedings Citation Index — Science《科技会议录索引》(即原来的 ISTP)(2004 年—至今);

(5)CSSCI—《中文社会科学引文索引》(2008 年—2010 年);

(6)《中文核心期刊要目总览》。

137.到哪里查询核心期刊目录?

新图书馆二楼 A202 室可以查询核心期刊的收录情况。

138.可以选修文献检索课吗?

可以,登录学校教务处选课系统即可选修"科技信息检索与利用课"这一课程,课程号为2113602920。该课程是面向全校本科生开设的一门公共选修课,旨在加强针对大学生信息检索的基本方法及基本技能的培养。课程主要内容包括:文献检索的基本知识、网络信息检索基本知识及检索引擎的使用技巧、数据库文献检索的基本知识及检索方法和技巧。通过该课程的学习,学生能了解信息检索的基本原理,日常学习中可用的资源库及检索资源的基本概况等;能掌握信息检索的技巧和方法,解决学习中出现的相关问题,进而提高其信息素养。

139.图书馆有查重服务吗?

图书馆已购买了查重数据库,读者可以根据自己的需求,依照网站上的相关介绍,进行操作。

140.移动图书馆如何登录？

我校的移动图书馆服务提供了 Web 版、客户端版、微信版三种访问方式，读者通过接入网络的手机、平板电脑等移动终端可随时随地、方便有效地使用图书馆的资源和服务。

客户端版访问：移动设备访问 http://m.5read.com/appdown.html 下载安装后即可使用，或直接扫描图 4-5 二维码下载安装：

图 4-5 客户端登录移动图书馆

注：移动图书馆不收取任何服务费用，但所产生的网络流量费用需读者承担。

141.如何快速提升利用图书馆的能力及检索能力？

(1)请大家关注"大连海事大学图书馆"微信公众号，及时了解图书馆发布的各项信息；

(2)积极参加图书馆举办的各种电子资源数据库培训；

(3)参加图书馆开设的全校性"科技信息检索与利用"选修课；

(4)关注图书馆制作的信息素养教育系列微课程——鲲鹏微课堂；

(5)有专题数据库培训需求的同学，请与学科服务部高老师联系 gaolx@ dmu.edu.cn；

(6)充分利用图书馆各个楼层的咨询台，有问题找咨询人员。

142.什么是鲲鹏微课堂？

鲲鹏微课堂是由大连海事大学图书馆制作的信息素养教育系列微课程，旨在提升读者的信息素养，帮助读者更好地了解和使用图书馆的各类资源，掌握数据库检索的方法和技巧，为学习和科研助力。可通过大连海事图书馆官微来访问鲲鹏微课堂。

143.想看的纸质文献，图书馆没有怎么办？

对于图书馆没有购买的纸质文献，建议读者充分利用电子资源。如果没有电子资源，可以向采编部门推荐采购，或者求助相关老师来进行文献传递。

144.可以推荐图书吗？

图书馆接受广大读者的购书建议，有如下两种方法：

读者可以优先从 http://lib.dlmu.edu.cn/dzfw/gstj.html 上的荐购书目中查找信息，是否有你想推荐的书，如有拨打电话 84729620 将书目信息反馈给图书采编部。

如果想推荐的书不在名单上，可以自己整理好相关书目信息，中文荐购信息反馈：Email：libzjw@ dlmu.edu.cn；外文荐购信息反馈：Email：wangjing @ dlmu.edu.cn，或拨打电话 84729620，进行详细沟通。

145.图书状态显示订购中、编目中、典藏中、在架上、库本，这是什么意思？

订购中是指该书已经订购，但尚未到馆；编目中是指该书已经到馆，目前正在加工处理中；

典藏中是指该书编目已完成,并根据订购意向进行典藏,即将进入流通状态;在架上是指该书已经入馆,且已经加工完毕,读者可以外借;库本是指该书已经入库,是独本,只阅不借。

146.典藏状态的图书多长时间能上架流通?

典藏中的图书有多种情况,其一是真实的在分编后正在进行典藏分配工作,其二是本馆委托书商进行数据全加工的图书,这些图书在分编完成后,即进入典藏中的状态,但是图书还在书商配货过程中,需要滞后很久才能真正到馆,完成典藏、上架。

147.忘记"大连海事大学统一身份认证平台"的登录密码怎么办?

可以用微信扫描如下二维码,根据扫码后的提示步骤操作(见图4-6)。

忘记密码

微信扫描二维码

图4-6　统一登录号找回密码二维码

148.因更换手机号,无法收到登录验证码如何处理?

若因读者自行更换了绑定登录"大连海事大学统一身份认证平台"的手机号码,无法登录学校网站时,读者需去网络信息与综合服务中心进行处理。

149.一卡通丢失,请问到哪里补卡?

补卡地址为网络信息与综合服务中心105室,补办时需携带个人证件。联系电话84723889。一卡通补办时间为周一至周五的工作时间,周六、周日休息。

150.西山校区的读者可以利用东山图书馆资源吗?

可以,图书馆资源没有地域性划分,只要是本校读者均可以利用图书馆资源。

151.办理离校手续要去图书馆吗?

我校已经实施网上离校,即读者在接到离校通知后,在办理期限内自行将借阅图书归还,并在离校系统中或者到图书馆总服务台将超期罚款缴纳完毕。待借阅账号中的图书和欠款全部清理完毕后,离校系统将默认完成图书馆相关离校业务,离校生将无需再到图书馆专门去盖离校章。

152.硕士论文提交过程遇到问题找谁咨询?

请与负责学位论文的老师联系,电话:84725567,或到东山图书馆305航海类文献资料室咨询。

153.我校图书馆有毕业论文查重系统吗?

提交毕业论文需要提交相关的查重报告,但具体使用哪个查重平台,须遵照相关部门或导师的要求。

154.航海类文献研究室在哪?

航海类文献研究室在东山图书馆305室,作为阅览资料室其收藏文献只阅不借。

155.对图书馆的工作及服务有意见及建议,向谁反映?

读者可以通过图书馆主页下方"快捷通道"内的"留言本"反映诉求,图书馆对读者的意见及建议会及时进行反馈。读者也可以直接拨打相关部门电话进行沟通,同时也可以登录大连海事大学图书馆官微,在右下方的"服务模块"点击"联系我们",线上直接反应。

156.在图书馆可以上外网吗?

在图书馆可以上外网,但是需要登录"大连海事大学统一身份认证平台"。

157.图书馆里能打印、复印、扫描资料吗?

读者可以使用图书馆每层楼文印区的自助文印设备打印、复印、扫描资料。

158.如何自助打印?

(1)电子设备接入校园网@DLMU,由浏览器进入 IP 为 172.17.3.109:9130 的页面。

(2)进入"云打印"并登录,账号和初始密码与"大连海事大学统一身份认证平台"一致。

(3)选择本地文件并设置打印需求,点击"确定"将待打印文件上传至服务器。

(4)在自助设备点击"自助打印"并刷一卡通,选定待打印文件,再次刷卡进行打印并付费。

注:打印机不接受连接 USB 文件打印。

159.如何自助复印?

(1)将待复印文件放置于复印机内,在自助设备点击"自助复印"并刷一卡通。

(2)依次按复印机"复印""启动"键,再次刷卡进行复印并付费。

160.如何自助扫描?

(1)将扫描文件放在复印机上方输稿器槽中,在屏幕上点击"自助扫描"并刷一卡通;

(2)按复印机"菜单"键,再依次点击扫描通讯簿"192.168.0.1 描(PC 保存)"后按复印机"启动"键,再次刷卡进行扫描并付费;

(3)电子设备接入校园网@DLMU,由浏览器进入 IP 为 172.17.3.109:9130 页面。

①进入"扫描文档"并登录,账号和初始密码与"大连海事大学统一认证平台"一致;

②选择完成扫描的电子文件并下载。

161.自助打印机没纸怎么办?

打印机没纸请拨打电话84728122,会有工作人员进行补充纸张。

162.自助打印机报错怎么办?

打印机报错,或者任何异常情况均可以拨打84728500进行反映。

163.馆内有彩色打印机吗?

馆内四楼 A 区与 B 区交接处设有彩色打印机。

164.自助打机可以打印在读证明吗?

不能。学校设有专门打印制式学历、学籍和成绩单的机器,分别设置在学汇楼、扬帆楼和综合楼供同学使用。

165.能在图书馆里给校园网客户端账号充值吗?

不能。图书馆不设圈钱机器,只能到网络信息与综合服务中心设置的固定圈钱机器上进行充值,或使用"海大在线"小程序充钱。

166.图书馆里有存包柜吗,如何使用?

图书馆设有存包柜。根据使用时间分两种类型:当日存取型存包柜和当月使用型存包柜。当日存取型存包柜又分为读者自备锁头的自助型存包柜和可以人脸识别的智能存包柜。自助型存包柜摆放在一楼次入口左侧共计 288 个,人脸识别智能存包柜分布在二楼、三楼两个楼层的 D、A 区的交汇处,共计 96 个。当月使用型存包柜共计 150 个,一楼次入口旁 45 个,一楼电子阅览室入口旁 105 个。

读者可以在图书馆开放时间内使用当日存取型存包柜,该类型存包柜仅限白天使用,读者须在闭馆前将存在柜子中的个人物品取走。若当天没有按时取走个人物品,将有专门工作人员清理柜子。

当月使用型存包柜,摆放在一楼主入口旁的多媒体教室门口。读者对该存包柜拥有一个月的自由使用权,使用期间图书馆不加干涉。包月存包柜在每月月末通过抽签摇号的方式公平选出下一个月存包柜的使用名单。抽中存包柜者需于公布结果的三日内登记并取走钥匙,并于月末归还钥匙。未在规定日期内取走钥匙的读者,将取消本次使用权。

167.人脸识别存包柜出现无法识别时,应如何解决?

人脸识别存包柜出现无法识别时,只能向保安寻求帮助,用备用钥匙才能打开柜门取出物品。

168.如何获得当月使用型存包柜的使用权?

同学需要通过抽签获得当月使用型存包柜的使用权。申请抽签的同学需在"海大文学"公众号后台回复"存包柜报名"获取二维码,或扫描下方二维码进行报名(需要填写学生姓名、手机号、身份证、一卡通),由后台人员进行相关统计。抽签结果将于月末在"海大官网—服务大厅—咨询—学生通知"以及"海大文学"公众号上公布。公布后三天为确认期,学生需携带一卡通至新图书馆次入口旁存包柜外确认存包柜号码并领取存包柜钥匙。

抽中者不得私自转让存包柜钥匙,否则出现问题自行负责。新存包柜使用期限为抽签结果公布当日起一个月,到期后将会组织下一轮抽签。其间如有自愿放弃者及未及时确认者,其存包柜的使用权会再次通过抽签方式决定,抽签时间另行通知。

169.当月使用型存包柜的钥匙丢了怎么办?

钥匙丢失后需及时联系"图管会"进行锁芯更换,锁芯 4.8 元/个(更换的锁芯价格按每批购买实际价格执行,不加价,以"图管会"出示购买发票为证)。

170.新图书馆有地图吗?

一楼的主、次入口处设有电子导视系统供读者使用,同时在二、三、四层楼的 A 区、D 区交汇处也设有电子导视系统供读者使用。馆内也有各类导引指示牌用以指示方位。

171.新办的一卡通刷卡显示不存在怎么办?

因系统更新需要时间,新办的一卡通一般第二天才可使用。

172.图书馆各读者服务部门联系电话是多少?

图书馆各读者服务部门联系电话如下:学科服务部主任办公室 84725255;流通部主任办公室 84728143;报刊阅览室 84727456;社会科学阅览室 84729830;科技阅览室 84723318;样本室 84728301;总还书台 84728122;东山阅览部 84725257。

下篇

第五章
文献信息资源检索基础知识

本章介绍了文献信息资源检索的基础知识,包括文献信息资源检索的含义、类型、常用工具、检索技术以及通用步骤,掌握这些基础知识有利于读者更好地认识文献信息资源检索,确定检索的类型、方式、方法等。

第一节　文献信息资源检索概述

一、文献信息资源检索的含义

文献信息资源是按照一定规则和方式组织、存储和管理起来的,文献信息资源检索是指根据文献信息资源的检索需求,利用相应的规则和方式查找和获取文献信息资源的过程。详细展开来看,文献信息资源检索主要包含了三个方面的内容:第一,文献信息资源要按照具体的特征进行记录,包括编目、标引、著录,形成了文献信息资源的记录数据;第二,用一定的规则和方式把文献信息资源的记录数据整理并存储,让这些记录更加有秩序,便于检索;第三,文献信息资源的检索需要利用与管理、存储相匹配的方法从文献信息资源的记录数据中查找出需要的部分,当获取到的结果和需求相匹配的时候,检索就完成了。

二、文献信息资源检索的类型

文献信息资源检索按照不同的分类标准,可以划分为不同的类型,具体分类如下。

(一)按文献信息资源检索的方式划分

1.手工检索

手工检索指的是利用印刷型的检索工具手工操作的检索方式,这种方式比较传统,利用的检索工具有检索卡片、检索类图书或期刊等。手工检索需要靠工作人员翻阅检索工具来进行,检索一般比较精准,但是耗费时间,检索效率低。根据读者需要获取的文献信息资源类型的不同,手工检索所选择的印刷型工具也不同,下面举几个例子。

（1）检索图书或报刊

手工检索图书或者报刊需要利用到目录、索引等检索工具，例如《中国国家书目索引》《全国报刊书目索引》，这些工具可以全面系统地揭示和报告国家出版的图书、报刊信息，为了方便检索，这些书目索引中提供了笔画检索表、汉语拼音字母表等。

（2）检索知识

想要检索某个学科范围的知识，可以翻阅百科全书类的工具书，例如《中国大百科全书》《不列颠百科全书》等。《中国大百科全书》作为我国第一部大型综合型百科全书，可以用于检索各个学科领域的百科知识，为方便检索，百科全书中提供了条目分类目录、大事年表、索引等。

（3）检索事件、数据、统计资料等

想要获取某个年份，某个行业相关的事件、数据、统计资料等内容，一般可以借助于年鉴，例如《中国统计年鉴》《世界年鉴》等。年鉴的检索可以按照目次表、分析主题索引等。

除了上述例子，还有查找人名、地名、机构名等用的手册，查找字词用的字、词典，查找图表用的图录表谱等，在这里就不一一详细介绍了。

2.计算机检索

计算机检索指的是利用计算机从存储的电子数据中查找需要的文献信息资源的方式。这种检索方式需要人机合作，由人选择检索工具、制定检索方案等，而计算机则根据人的操作来执行检索，计算机检索是现代社会主要的检索方式。和手工检索方式相比，计算机检索的实质还是一样的，同样是需求和资源的匹配过程，但是在文献信息资源的管理、存储、获取等方面上发生了变化，由人工翻阅筛选变成机器自动读取查找，大大提高了检索的效率，但是成本和费用比较高，检索结果不一定精准全面，需要进行调整和筛选。计算机检索包括脱机检索、联机检索、光盘检索及网络检索等。

（1）脱机检索

脱机检索指的是在单台计算机上，利用输入输出装置进行检索的方式，这种方式属于早期的检索方式，把文献信息资源存储在磁带上，并且事先编制需求和匹配结果的数据，定期为检索数据库更新内容。

（2）联机检索

随着计算机技术的发展，人们可以用一台计算机作为主体，同时连接多台终端，形成检索系统，能够实现多台终端同时检索，检索需求的提问可以更快被处理，还能够不断修改提问。

（3）光盘检索

光盘检索指的是利用光盘数据库对文献信息资源进行检索的方式。光盘作为存储介质，有存储容量大、读取速度快、使用空间小等优点，很多图书馆数据库的前身都是光盘数据库，如中国学术期刊全文数据库、EI光盘数据库等。

（4）网络检索

随着互联网技术的不断发展，网络检索成为文献信息资源检索的方式，文献信息资源都存储在网络上，检索也尤为便捷，目前应用十分广泛，成为主要的检索方式。人们不光可以利用计算机进行网络检索，还可以利用手机、平板电脑等移动设备来操作。随着智能手机的发展和普及，移动设备的网络检索成为人们更为常用的方式，例如通过手机浏览器、微信小程序、移动APP等，检索变得更加便捷和个性化。

(二)按文献信息资源检索的内容划分

文献信息资源检索按照检索的内容划分可以分为文献检索、多媒体检索、数据信息检索、事实信息检索等。

1.文献检索

文献检索是读者使用最多的一种检索方式。从狭义的角度看,文献检索的对象是文献,例如图书、期刊、报纸、会议论文、学位论文等,通过检索可以获取到文献的题录信息、文摘、全文等。根据可获取的文献的类型的不同,需要用到的检索工具会不一样,接下来以不同加工深度的文献检索为例详细说明。

(1)题录目次检索

题录目次检索可以获取到书名、刊名、作者、年代、出版社等信息,采用题录目次检索的数据库有很多,例如用于查找古籍书目的清华大学的"古籍善本书目数据库",用于查找图书资料目录的"联机公共查询目录",用于查找期刊论文的中文社会科学引文索引等。标准数据库有的也只是收录题录,如中国知网的标准数据总库除了国家标准全文、行业标准全文,还收录了国内外标准题录数据库,可以通过标准号、标准名称、关键词、发布单位、起草单位等检索途径进行检索。

(2)文摘检索

文摘检索指的是除了获取题录目次之外,还需要获取文摘信息的检索方式。很多知名的数据库采用了这种检索方式,如 Engineering Index 数据库、Web of Science 平台,这样的数据库可以获取文献的题录目次和文摘信息,通过文摘检索可以了解文献的背景、内容要点、研究方法等信息,例如 Web of Science 平台可以通过摘要、地址、主题、标题、作者等检索途径进行检索。

(3)全文检索

全文检索指的是除了文献的题录目次和文摘信息,还需要检索全文的检索方式。可以进行全文检索的数据库包括中国知网(Cnki)全文数据库、万方数据知识服务平台、超星期刊数据库、博看期刊数据库、ScienceDirect 全文数据库等。全文检索方式比较受读者喜爱,以超星期刊数据库为例,可以利用正文、栏目、机构、摘要、关键词等进行检索,检索到的期刊或者论文可以获取全文。

2.多媒体检索

随着数字化技术的发展,文献信息资源已经不局限于文本类型,还有图片、音频、视频等多种媒介形式。为了方便获取多媒体类型的文献信息资源,出现了相应的多媒体检索方式,按照不同的多媒体文献信息资源,可以划分为图片检索、音频检索、视频检索等。

(1)图片检索

图片检索的对象是各种类型的图片,包括日常生活中需要的图片,如商品图片、风景图片、人物图片等,也包括学习科研中需要的图片,如设备图片、地图图片、架构图片等。图片的检索可以利用图片类工具书、网络搜索引擎、图片网站来进行,也可以利用图书馆的图片数据库来实现,例如中国知网的学术图片库、IncoPat 专利平台、交通运输专题知识库等。以中国知网的学术图片库为例,这个数据库可以用于检索期刊、博硕论文、会议论文等出版物中的形态图、谱线图、曲线图、系统图、分析图,检索途径有图片主题、出版日期、图片类别、学科类别等。

（2）音频检索

音频检索的对象是各种类型的音频,包括音乐音频、有声书音频、新闻音频、音效音频等。音频的检索可以利用网络搜索引擎、各类型的音频网站来进行,也可以利用图书馆的音频类型数据库来实现,如库克数字音乐图书馆、博看有声小程序及 APP 等。以库客数字音乐图书馆为例,这个数据库可用于检索世界上的各种古典音乐音频,检索途径包括曲目、演唱人、关键词等。

（3）视频检索

视频检索的对象是各种类型的视频,包括影视剧视频、讲座视频、生活记录视频、教学视频等。视频的检索可以利用网络搜索引擎、各类型的视频网站来进行,也可以利用图书馆的多媒体数据库来实现,如超星名师讲坛、万方视频、新东方多媒体数据库、艾迪科森网上报告厅等。以超星名师讲坛数据库为例,读者可以通过这个数据库检索到知名专家学者、学术权威的讲座视频,生活、艺术、历史等各个领域的微视频等,读者可以通过视频导航或者主题、主讲人等检索途径快速检索需要的视频。

3.数据信息检索

数据是在各种计算、统计、研究等形成的数值,这些数据信息可以作为日常生活以及社会各个领域生产工作的依据,也是学习科研过程中的重要参考。数据信息的检索可以借助一些统计类型的工具书,如《中国统计年鉴》,也可以借助数据类型的数据库,如 EPS 全球统计数据/分析平台、中国经济社会大数据研究平台、国研网等。以 EPS 全球统计数据/分析平台为例,读者可以通过这个数据库检索到世界贸易、世界经济、中国商品贸易、中国教育、中国旅游、中国海洋等各个领域的统计数据,检索途径有国家、行业、分类、指标等。

4.事实信息检索

事实信息检索的检索对象是一些有关于某一个事物、人物、机构等的事实信息,例如国内外重大事件、某个学科领域的知识、某个行业的标准和规范等。事实信息的检索可以利用百科全书、年鉴、手册等工具书,网络搜索引擎等,也可以借助于图书馆的事实型数据库,如 Lexis Advance 全球法律信息数据库、中国知网的中国工具书总库、中国知网的中国年鉴网络出版总库等。以中国年鉴网络出版总库为例,可以用于检索中国国内的基本国情、地理、历史、政治、军事、外交、法律、经济、科学技术等各个领域的事实信息,可以用年鉴导航或者通过年鉴名称、主题、主编、条目作者、作者单位等检索途径检索。

第二节　文献信息资源检索常用工具

文献信息资源的检索需要用到一些工具来实现,目前常用的主要有网络搜索引擎、电子资源数据库、文献信息资源发现系统等。

一、网络搜索引擎

(一)网络搜索引擎的概念

网络搜索引擎指的是按照一定的方法策略,用计算机程序从互联网上搜索信息,并通过对搜索到的结果组织和处理之后提供内容的系统,可以提供检索服务。常见的网络搜索引擎有百度、搜狗、Google 等,是读者获取各种网络文献信息资源的主要途径。

网络搜索引擎检索文献信息资源具有检索界面简单、使用便捷、检索速度快、资源广泛等特点,读者不需要掌握太复杂的检索方法和技巧也能找到与需要相匹配的文献信息资源,但是也有一些缺点,例如检索结果的数量太多、质量无法保证、筛选耗费时间等。

(二)网络搜索引擎的类型

网络搜索引擎按照不同的划分标准可以分为不同的类型,一般来说,按照网络搜索引擎的工作方式可以划分为目录索引搜索引擎、全文搜索引擎和元搜索引擎。

1.目录索引搜索引擎

目录索引搜索引擎是一种用于检索网站资源的浏览型搜索引擎。用户可以通过目录索引搜索引擎获得网站链接的列表,通过浏览分类导航便能够获取需要的信息,例如 Yahoo、新浪、网易等就属于目录索引搜索引擎。

2.全文搜索引擎

全文搜索引擎是将多个搜索引擎进行集成,为用户提供统一的检索界面的搜索引擎。这种搜索引擎通过搜索技术可以对用户需求和网络资源精心匹配,通过用户输入的检索词,从海量的网络资源中搜索出结果,并按照一定的顺序返回给用户。例如 Google、百度、搜狗等就属于全文搜索引擎。

3.元搜索引擎

元搜索引擎指的是通过同时在多个引擎上搜索获得和用户需求相匹配的结果的一种搜索引擎。通过元搜索引擎可以获得来自多个搜索引擎的结果,并且通过自动聚类等技术让结果更加精准。例如 360 搜索、VIVISIMO 等就属于元搜索引擎。

二、电子资源数据库

(一)电子资源数据库的概念

数据库是指由至少一种文档组成的,为了满足某一特定目的或者某一个特定数据处理系统需要的一种数据库的集合。简单来说,数据库就是存储在计算机设备上的一些数据集合,电子资源数据库也就是存储了大量电子文献信息资源的数据集合。电子资源数据库可以为读者提供各种各样类型的文献信息资源,供他们学习、娱乐、科学研究使用,具有数据量大、样式多、专业性强等特点。

(二)电子资源数据库的类型

电子资源数据库按照不同的分类方式,可以划分为不同的类型。一般来说,按照内容特征对图书馆数据库进行划分可以分为综合类数据库、书刊类数据库、视频类数据库、考试学习类数据库、专业类数据库、事实数据类数据库、科研工具类数据库等。

1.综合类数据库

综合类的数据库一般包括多个子数据库,收录了各种文献类型,涵盖了多种学科领域,读者可以综合检索各种类型、各种学科的文献。例如常用的 CNKI 中国知网全文数据库、万方数据知识服务平台、ScienceDirect 全文数据库等都是综合类数据库。

2.书刊类数据库

书刊类数据库专门收录图书和期刊,有的涵盖了多种学科领域,有的侧重部分学科领域,读者可以利用这样的数据库检索阅读各种图书和期刊。例如博看期刊数据库、超星期刊数据库、超星数字图书馆、GSP 电子期刊库等都属于书刊类数据库。

3.视频类数据库

视频类数据库中收录了各种类型的视频资源,有的主要收录讲座和课程、有的收录科技前沿视频、有的收录兴趣学习类视频等,读者可以通过视频类数据库学习课程、开拓视野等。例如超星名师讲坛、万方视频、创新树—全球创新知识服务平台、世界名校精品课资源服务平台等都属于视频类数据库。

4.考试学习类数据库

考试学习类数据库为读者提供考试学习相关的试卷、学习视频、考试咨询等文献信息资源,内容包括语言学习、司法考试、研究生考试等各个方面,读者可以利用考试学习类数据库学习、备考、自测等。例如 VIPExam 考试学习资源数据库、新东方多媒体学习库、IBCET 大学英语四级网考学习数据库等都是考试学习类数据库。

5.专业类数据库

专业类数据库是专门收录专业相关的文献信息资源的数据库,读者可以从专业类数据库中获取相关专业的图书、论文、行业资讯、统计数据等文献信息资源。例如北大法宝、交通运输专题知识库、国际海员服务中心网(ISSC)、ACM 全文数据库数据类型数据库、IEEE/IET Electronic Library(IEL)全文数据库等都是专业类数据库。

6.事实数据类数据库

事实数据类数据库收录了各种事实、数据信息,为学习和科研提供依据。读者可以从这类数据库中获取某个行业的统计分析数据,发展现状事实等。例如中国年鉴网络出版总库、EPS 全球统计数据/分析平台等都是事实数据类数据库。

7.科研工具类数据库

科研工具类数据库是用于辅助科研的数据库,在功能上包括科研分析、文献管理、论文润色等不同类型,形式上也可以分为软件和网站两种类型,读者利用这类数据库可以使科研更有效率。例如 Note Express、万方创新助手、ESI 基本科学指标、英文学术论文润色服务平台等。

三、文献信息资源发现系统

(一)文献信息资源发现系统的概念

文献信息资源发现系统也可叫学术资源发现系统,是指可以一站式发现和获取来自多个数据库的多种文献资源的系统,可以用于揭示所有的馆藏。文献信息资源发现系统的界面一般比较简单便捷,方便使用,可以实现图书馆纸本资源和电子资源的整合,同时检索图书馆各种类型的资源以及丰富的开放获取资源。资源发现系统与搜索引擎有些相似,都是可以一站式检索和获取文献信息资源,但是和搜索引擎不同的是,资源发现系统发现和获取的资源依托于各种图书馆数据库或者是开放获取的文献信息资源,更侧重于帮助读者便捷地获取学习和科研需要的文献信息资源。

(二)文献信息资源发现系统的类型

文献信息资源发现系统可以根据开发形式分为开发商提供的系统、开发商提供的可二次开发的系统和图书馆自主研制开发的系统。

1.开发商提供的系统

开发商提供的系统指的是开发商将已经研发成熟的文献信息资源发现系统提供给图书馆直接使用,系统安装、系统配置等工作由开发商来完成。

2.开发商提供的可二次开发的系统

开发商提供的可二次开发的系统指的是开发商提供给图书馆的文献信息资源发现系统可以根据图书馆自身的特点对系统进行个性化的配置,凸显出图书馆的特点,模块的增加和删除、资源的调整等都可以自行配置。

3.图书馆自主研制开发的系统

图书馆自主研制开发的系统指的是部分有实力的图书馆根据自身的特点和需求对文献信息资源发现系统进行了研制和开发,此类系统的各个方面的功能都能更加有针对性地服务读者。

第三节　文献信息资源检索方法

文献信息资源检索需要用到一定的检索技术来让检索更加精准、全面、有效,获取和检索需求相匹配的结果,其中比较常用的检索技术有布尔逻辑检索、截词检索、位置检索、词组检索、精确检索和模糊检索等。

一、布尔逻辑检索

(一)布尔逻辑检索简介

布尔逻辑检索指的是检索词之间的逻辑关系,主要包括逻辑"与"、逻辑"或"、逻辑"非",可以用于高级检索中不同检索项之间逻辑关系的限定,也可以用于制定检索式。逻辑"与"通常用"and"、"AND"或"＊"算符来表示,例如 A AND B AND C 或者 A＊B＊C 表示检索的内容需要同时包含 A、B、C 三个检索词(见图 5-1);逻辑"或"通常用"or"、"OR"或"＋"算符来表示,例如用 A OR B OR C 或者 A＋B＋C 表示检出所有含有 A 或 B 或 C 三个检索词的记录,一般来说这个运算符用于连接同义词、近义词或者相关词等(见图 5-2);逻辑"非"通常用"NOT"、"not"或"－"算符来表示,排除算符后面的检索词,例如 A NOT B 或 A－B 表示检索出含有 A 词但是不含有 B 词的记录(见图 5-3)。

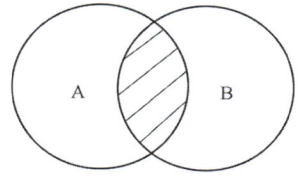
图 5-1　逻辑"与"

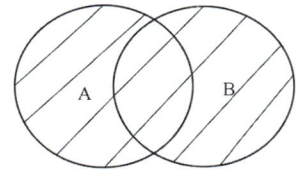
图 5-2　逻辑"或"

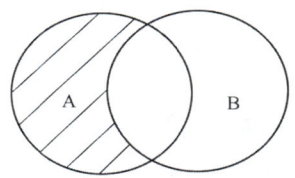
图 5-3　逻辑"非"

三种逻辑运算符可以在同一个检索式中使用,也可以单独使用,不同数据库的运算优先次序可能会有所差异,一般来说运算符的优先级是 NOT＞AND＞OR,在使用逻辑运算符的时候,运算符和检索词之间要有一个空格,不同的数据库或是检索系统对逻辑运算符的大小写会有要求,一个有多个检索内容的检索式中,想要优先运算的部分需要用"()"括起来,系统会先对"()"中的内容进行运算,然后才按照逻辑运算符的优先级顺序来运算。逻辑运算符使用在具体的数据库中检索时需要依据数据库自身的规则为准。

(二)布尔逻辑检索举例

1.逻辑"与"检索举例

以检索"人工智能"和"机器人"两个关键词为例,想要检索到"人工智能机器人"相关的结果就需要将两个关键词的逻辑关系设定为逻辑"与",代表检索出的结果中既要有"人工智能",也要有"机器人",相应的检索式可以写成:"人工智能 AND 机器人"或者"人工智能 ＊ 机器人"。

逻辑"与"除了限定检索主题之外,还经常应用于检索结果比较多的情况,为了缩小检索范围,可以利用逻辑"与"增加其他相关的检索词或者增加时间、单位、作者等内容的检索。

2.逻辑"或"检索举例

以检索关键词"智能家居"为例,近义词还有"智能家电",为了让检索的结果更加全面,需要增加同义词或者近义词作为关键词同时检索,这时候关键词之间的关系就是逻辑"或"的关系,这样可以有效避免漏检的情况,相应的检索式可以写成"智能家居 OR 智能家电"或者"智能家居＋智能家电"。

逻辑"或"可以应用于扩大检索范围,当一个检索词检索出的结果较少的时候,可以增加相关检索词并用逻辑"或"的关系进行检索。

3.逻辑"非"检索举例

以检索关键词"图书馆"为例,如果不希望检索公共图书馆相关的内容,可以利用逻辑"非"来限定"图书馆"和"公共图书馆"之间的关系,代表检索出的结果中有"图书馆"相关的内容,同时排除"公共图书馆"相关的内容。相应的检索式可以写成:"图书馆 NOT 公共图书馆"或者"图书馆 － 公共图书馆"。

逻辑"非"经常被用来排除某个检索内容,或者排除某个年份、某个出版物等,可以缩小检索范围,让检索更加精准。

二、截词检索

(一)截词检索简介

截词检索是利用一些符号来代替检索词的某个部分的一种检索技术,截词符号有"?""＊""＄"等,其中"＊"可以代表 0 或者多个字符,"?"可以代表 1 个字符,"＄"表示 0 个或者 1 个字符。不同检索系统中的检索规则会有差异,截词检索符号和含义需要以具体的检索系统为准,一般在检索帮助里面可以找到相关的说明。按照截词位置不同,截词检索可以划分为前截词、后截词、前后截词以及中间截词。

(二)截词检索举例

1.前截词举例

前截词也叫左截词、后方一致,利用前截词可以让词的后面部分保持不变,前面部分发生变化,例如检索"＊ology",可以检索出"biology""ecolog""geology""climatology"等结果。

2.后截词举例

后截词也叫右截词、前方一致,利用后截词可以让词的前面部分保持不变,后面部分发生变化,例如检索"gene＊",可以检索出"genetic""generate""generation""general"等结果。再如检索"200?"可以检索出 2000—2009 年的结果。

3.前后截词举例

前后截词是指检索词的中间部分保持不变,前面和后面发生一些变化。例如检索"＊computer＊"可以检索出"computer""micocomputer""computerize"等结果。

4.中间截词举例

中间截词也叫前后方一致,在保持检索词前面和后面不变的情况下,让中间部分的字母发生一些变化。例如"h＊emoglobin"可以检索出"hemoglobin""haemoglobin""hemidaemoglobin"等结果。再如检索"wom?n"可以检索出"woman"和"womon",类似的单复数形式变化可以使用同样的方法来检索。

三、位置检索

常见的位置检索运算符有"with""near"等。"with"算符指的是两侧的检索词必须按前后顺序出现在记录中,不可以颠倒,并且两个词之间允许插入 0～n 个其他词。例如:"light(4W)rail"表示 light 与 rail 之间最多可插入 0～4 个词,但位置不能颠倒。"near"算符表示两侧的检索词前后位置可以颠倒,在两词之间允许插入 0～n 个字,例如:"computer（2N）science"表示 computer 与 science 之间最多可以插入 1～2 个词,顺序可以颠倒。

四、词组检索

词组检索是指用""(双引号)将检索词组或者是句子进行锁定,这样可以找到精准匹配的文献。例如检索"artificial intelligence"这个词组,如果不用双引号括起来的话,检索结果可能就是包含了"artificial""intelligence"两个词的文献,但是并不是作为词组出现的,这样一来检索结果的相关性就没有那么大。

五、精确检索和模糊检索

精确检索和模糊检索功能主要用于帮助读者调节检索词匹配结果的精准性。例如检索"英语口语"如果用精确检索,检索结果就是"英语口语"相关的文献,如果选择模糊检索,可能会检索出商务英语口语、英语高级口语等相关的文献。

第四节　文献信息资源检索通用步骤

文献信息资源检索可以按照一定的检索步骤来进行,这样检索的时候就不会太盲目,虽然不同的检索工具或者是不同的数据库在具体的检索时步骤会有差异,但是基本思路是一样的。

一、检索问题的分析

在检索开始之前,分析要检索的内容是非常关键的一步,只有明确自己想要检索什么,才能够高效率地去检索文献信息资源。例如要检索一个课题,首先要分析这个课题属于什么学科范围,涉及哪些主题或者概念,他们之间的相互关系是怎样的,还要明确检索目的是要查新还是查准、查全,想要检索的文献有没有类型、语种的要求。

二、检索工具的选择

对检索需求进行明确之后,就可以选择合适的检索工具了,在学科范围上,所选的检索工具要包含要研究的课题的内容,例如检索某一社会科学的课题就不适合去工程类的数据库检索。从检索工具所收录的文献类型也要跟课题需要的文献类型相符合,例如想要检索某一课题相关的期刊论文就需要去找期刊数据库或者是拥有各种文献类型的综合型数据库。如果想要检索全文型的文献,就需要提供全文文献的数据库去检索,例如 Web of Scinece 平台只有文摘型的文献,虽然提供了全文获取的链接,但是并没有办法保证全文的获取,想要获取全文还是要选择 ScienceDirect 这样的全文数据库。

三、检索词的选择

检索词是用于表达信息需求,体现检索课题内容的基本元素,也是在文献信息资源检索时对数据进行匹配的基本单元。检索词的选择对检索结果的影响非常大,因此检索词需要对检索需求进行分析和提炼,还要考虑到检索工具支持的检索词类型或者形式,然后选择合适的检索词进行检索。

在文献信息资源检索时,检索词需要输入到相检索工具的检索框中,有的检索工具不需要其他的设定便可以直接根据检索词进行检索,有的检索工具则需要设定检索途径、逻辑关系、增加一定的限定条件综合使用。

检索词的选择上要考虑怎样才能最好地表达主题概念,对研究课题的内容要进行分解或者综合,进而提炼出核心的概念,还要留意是否有隐形概念,检索词一般也会涉及相似词、上位词、下位词等,想要让检索做得精准和全面,就要把所有的情况尽可能考虑到。而且在检索的过程中,检索词不是一成不变的,而是需要根据检索结果的情况不断调整的。检索词的确定需要注意以下几个方面。

(一)优先选择主题词

如果数据库本身有规范词表时,那么应该首先选用此表中的词来表达检索课题的相关主题,这样检索的时候能更好地匹配数据库中的资源。例如在 Engineering Village 数据库中就提供了规范化的词表,如果数据库没有提供规范词表,那么可以尽可能在专业文献中找到常用的专业术语进行检索。

(二)选择专业术语

每个学科都有一些专业术语,相对自然语言来说,这些专业术语更加规范化,也更容易和专业文献的内容进行匹配,例如"土豆"这个词如果用专业术语表达的话就是"马铃薯"。

(三)避免与课题内容无关的词

避免使用不能表达课题内容的词如"应用""方法""研究""设计"这样的词,还有英文中的"by""for""the""from",这样的词都不适合作为检索词。

(四)注意检索词的拓展和转换

例如一个检索词有同义词、近义词、隐藏词、全称、简称、翻译差别等情况下,要一起作为检索词来检索,才能够保证文献的查全率,还是以"土豆"为例,这个词除了专业词汇"马铃薯"还有其他的称呼,如"洋芋""地蛋"等。再如"社会化媒体"这个检索词,其实如果扩展开来的话,还涉及"微博""微信""论坛"等检索词。

四、检索途径的选择

在利用检索工具进行检索时,除了要利用反映课题内容的检索词,还需要利用到跟文献的外部特征相关的检索词,不同的文献有各种各样的外部特征,而课题的内容以及这些外部特征都是检索的途径,例如主题、关键词、标题、作者、出版物名称等,也就是查找文献信息资源的一种入口。

检索工具提供的检索途径很多,尤其是图书馆的数据库以及文献信息资源发现系统,由于要检索的文献信息资源的类型十分丰富,所以检索的途径也就相应地变多了,不同类型的文献信息资源也各自有不同的检索途径,在检索的时候可以使用通用的检索途径,如果想要更加精确地检索,也可以选择特殊的检索途径。

(一)通用的检索途径

通用的检索途径有主题、标题、关键词、摘要、作者、作者单位、文献来源等。通用的检索途径中,主题途径主要揭示了文献信息资源的内容主题,当读者想要了解某一个研究主题的相关研究时,主题途径是个很好的选择;关键词途径一般会和文献中的关键词相匹配,当读者想要更加精准地找到某个研究内容的文献,可以使用关键词来检索,相似的检索途径还有标题、摘要、全文等,这些检索途径获得的结果范围会有所差异,一般来说,用主题、关键词作为检索途径时检索出的结果比较多,如果想要缩小检索范围,可以利用标题、摘要等检索途径。

当检索某一主题时想要增加作者或者作者单位等信息,就可以利用高级检索增加作者、作者单位作为检索途径。当读者想要了解某个作者、某个机构或者某种期刊的文献时,也可以单独使用作者、作者单位、文献来源这些检索途径进行检索。

(二)特殊的检索途径

特殊的检索途径中,学位论文检索有导师、学位授予单位、学科专业名称等检索途径;会议论文检索有会议名称、主办单位、会议论文集等检索途径;专利文献检索有专利名称、申请号、公开号、申请人、发明人等检索途径;标准文献检索有标准名称、标准号、起草人、起草单位等检索途径……因此读者在检索不同类型的文献信息资源时要充分利用各种检索途径,以满足自己的检索需求。

五、逻辑关系和其他限定条件的选择

确定了检索词和检索途径之后,要根据检索需求选择合适的逻辑关系,增加其他限定条件,如时间、核心期刊、语种等。例如当检索的主题词或者是关键词比较多的时候,要根据选择的检索工具的逻辑规则确认运算顺序;要研究某一特殊时期的事件,可以选择相应的时间范围来了解当时的研究情况;想让检索结果都来自北大核心期刊,可以在期刊的限定选项中勾选"北大核心"等。

六、试检并调整检索策略

根据制定好的检索策略进行检索时,可能会发现检索结果并不是很理想,有可能检索结果太多了难以筛选,也有可能检索结果太少不足以参考,这个时候就需要调整检索策略。检索结果太多,可以调整检索词,增加检索词或者换成范围更小的检索词,也可以调整检索途径、逻辑关系,还可以增加检索的其他限定,检索结果太少则使用相反的方法调整检索策略。

七、处理检索结果

对于检索结果的处理包括对检索结果的标记、收藏、做笔记、导出题录、结果筛选、结果分析、结果文献获取等。这些操作也根据不同的检索工具会有差异,但是以图书馆的数据库来说,导出题录、结果筛选、文献获取等基本的操作功能都具备,读者可以根据需要对检索结果进行处理。

第六章
中文文献数据库资源

文献数据库资源作为一种重要的检索资源,通常可分为中文文献数据库资源和外文文献数据库资源两大类。中文文献数据库资源是指由中国的各出版机构、数据库发行商出版发行的资源,主要是为检索中文文献资源服务的。根据数据库提供的资源种类的学科种类分为综合性和专业性资源,出版类型的特点分为图书、期刊、多媒体、数据/事实等,本章将从综合性数据库检索平台、书刊数据库、专业数据库、多媒体数据库等多个角度选取常用的中文文献数据库资源逐一进行介绍。

第一节 中文文献数据库资源概览

为了便于读者在日常学习中根据学科、文献类型需要等途径正确有效地选择数据库,下面选取了大学生常用的中文数据库资源进行了汇总(见表6-1)。

表 6-1 中文常用文献数据库资源列表

序号	数据库名称	概要(学科、文献类型)	网址	学科	类型	全文
1	中国知网	面向海内外读者提供各类资源统一检索、统一导航、在线阅读和下载服务,涵盖基础科学、文史哲、工程科技、社会科学、农业、经济与管理科学、医药卫生、信息科技等十大领域。是一个大规模集成中国的期刊、博硕士学位论文、工具书、会议论文、报纸、年鉴、专利、标准、科技成果、古籍等各类文献资源的大型全文数据库和二次文献数据库。	www.cnki.net	综合	多种	有

（续表）

序号	数据库名称	概要（学科、文献类型）	网址	学科	类型	全文
2	万方知识服务平台	综合性数据库检索平台,在巩固现有全文数据库的基础上,集成期刊、学位、会议、科技报告、专利、标准、科技成果、法规、地方志、视频等十余种知识资源类型,形成了一个智能、开放的中外文综合文献整合服务系统,涵盖资源发现系统、学术不端检测服务、学术分析服务、学科选题服务以及知识管理等智能化平台与工具。	wanfangdata.com.cn/	综合	多种	有
3	万方创新助手	产业科技创新知识图谱数据库,利用大数据、人工智能、自然语言处理、知识图谱等技术开发的产业科技创新服务平台。	www.cstservice.cn/index	综合	其他	无
4	畅想之星电子图书	与400多家出版单位合作深度合作建立的集版权管理、新书发布、电子书采购、销售、阅读与知识发现于一体的综合性服务平台。涉及学科包括哲学、经济学、法学、教育学、文学、历史学、理学、工学、农学、医学、军事学、管理学和艺术学等多个门类。	www.cxstar.com/basedata/dlhsdx.htm	综合	图书	有
5	超星期刊	收录我国正式出版发行的学术期刊,以学术、技术、政策指导、高等科普及教育类期刊为主,内容覆盖自然科学、工程技术、农业、哲学、医学、人文社会科学等各个领域。	qikan.chaoxing.com	综合	期刊	有
6	读秀学术搜索	由海量图书等文献资源组成的庞大的知识系统,可以对文献资源及其全文内容进行深度检索,并且提供原文传送服务的平台。	edu.duxiu.com	综合	图书	无

（续表）

序号	数据库名称	概要（学科、文献类型）	网址	学科	类型	全文
7	博看书苑	收录畅销期刊及学术边缘期刊和热门畅销图书。期刊包括时政、民生、党政、军事、文学、文艺、时尚、娱乐、医药、健康、财经、管理、科技、科普等多个专辑，图书包括经典名著、党政军事、经济职场、人文社科、文学艺术、时尚娱乐、教学科技等专辑。	zq.bookan.com.cn/? t＝index&id＝21169	综合	图书、期刊	有
8	国研网	收录了国务院直属政策研究和咨询机构国务院发展研究中心 1985 年以来的研究成果、全面汇集了国研网资深研究团队自主研发的周报、月报、季报、年报产品，整合了国内财经领域主流报纸资讯信息、期刊学术成果、政府部门政策法规信息及权威机构发布的统计数据。	edu.drcnet.com.cn	专业-经济	数据/事实	有
9	交通运输专题知识库	囊括了交通行业相关图书、词条、论文、课件、视频、音频、动画、图片、标准规范、工法、法规、文章等 12 种资源类型，覆盖了水运、公路（大土木）、汽车、轨道交通、物流及综合交通等与交通相关的全部专业。	zt.yuetong.cn	专业-交通运输	图书、视频	有
10	北大法宝	智能型法律信息检索系统，数据内容涵盖法律信息的方方面面，包含法律法规库、司法案例库、法学期刊库、律所实务库、专题参考库、法宝视频库、法考系统库、检察文书库、行政处罚库、党内法规库等子库。	www.pkulaw.cn	专业-法学	法规、期刊	有
11	万方视频	以科技、教育、文化为主要内容的学术视频知识服务系统，包括高校课程、学术讲座、学术会议报告资格考试辅导、医学实践、管理讲座、科普视频、高清纪录片等适合各层次人群观看的精品视频。	video.wanfangdata.com.cn	综合	视频	无

（续表）

序号	数据库名称	概要（学科、文献类型）	网址	学科	类型	全文
12	超星名师讲坛	邀请国内外知名专家学者、学术权威，通过授权方式将他们的学术思想和多年研究成果系统地记录、保存并制作成的学术视频，内容覆盖哲学、文学、法学、历史学、经济学、理学、工学、农学、医学教育学、管理学等领域。	ssvideo.chaoxing.com	综合	视频	无
13	新东方多媒体学习库	新东方在线推出的集在线测评、网络课堂、在线考试、多媒体互动平台为一体的"一站式"综合学习平台，包含四六级、考研、出国留学、应用外语、实用技能、求职指导、职业认证和公务员等八大类别课程。	library.koolearn.com	专业-英语语言	视频	无
14	VIPExam考试学习资源数据库	集日常学习、考前练习、在线无纸化考试等功能于一体的教育资源库软件。现已涵盖外语、计算机、财经、职业资格、工程、公务员、考研、实用职业技能等专辑	www.vipexam.org	综合	其他	无
15	中国社会科学引文索引（CSSCI）	检索中文人文社会科学领域的论文收录和被引用情况的重要工具	cssci.nju.edu.cn	综合	期刊	无
16	EPS全球统计数据/分析平台	集数值型数据资源和经济计量系统为一体的数据服务平台。通过对各类统计数据的整理和归纳，形成一系列以国际类、区域类、财经类及行业类数据为主的专业数据库集群	https://www.epsnet.com.cn/	专业-经济	数据/事实	无
17	中宏经济与研究应用平台	涵盖了20世纪90年代以来宏观经济、区域经济、产业经济、金融保险、投资消费、世界经济、政策法规、统计数字、研究报告等方面的详尽内容	edu.macrochina.com.cn	专业-经济	数据/事实	无

（续表）

序号	数据库名称	概要（学科、文献类型）	网址	学科	类型	全文
18	书生之家数字图书馆	收录了计算机通信与互联网、经济金融与工商管理、生活百科、综合性图书与工具书、法律、社会科学、哲学宗教、历史地理、科普知识、知识信息传媒、自然科学、一般工业技术、冶金与金属、石化与能源动力、电工技术、电子电信与自动化、其他工业技术、建筑、交通运输与环境等多个领域的图书	www.sursenelec.com	综合	图书	有
19	国际海员服务中心网	跟踪各类国际航运信息。海上安全、环境保护、海上保安、海员权益、航运通告、安全通告、海上事故、事故简报、航运综合、海事新技术、卫星通信、海事研究等 12 个子类，可了解更多国内外行业资讯	www.issconline.com	交通运输	数据/事实	无
20	环球英语多媒体资源库	涵盖出国英语、学历英语、实用英语、职业英语、热门小语种、职称英语六大类课程视频，在等级考试、外语学习、出国、求职等方面为大学生提供在线外语学习类网络课程	www.englibrary.com	专业-外语	视频	无
21	月旦知识库	我国台湾地区最大社会科学学术精品库,子库包括我国台湾地区各类核心期刊、论著、词典工具书、教学案例库、常用法规库、判解精选库、解读裁判库、博硕士论文库、题库讲座等，是唯一同时集合九种资源于一库的平台,运用智能型跨库整合交叉比对查询	www.lawdata01.com.cn	专业-人文社科	期刊、图书、其他	无
22	"法信"——中国法律应用数字网络服务平台	对海量法律条文、法条释义、案例要旨、法律观点、裁判文书等知识资源进行深度加工、分类聚合、串联推送，为用户提供一站式法律解决方案和案例大数据智推服务	www.faxin.cn	专业-法学	期刊、图书、其他	无

（续表）

序号	数据库名称	概要(学科、文献类型)	网址	学科	类型	全文
23	创新树——全球创新知识服务平台	"创新"类大型数据库平台,以"创新"为核心内容,汇聚了世界上顶级的创新案例、创新视频、创新思维、创新研究报告、创新成果、创新工具等全球创新资源,从最初"引发创新兴趣"到最终"保护创新成果",资源体系完整贯穿了创新全过程	www.innovationtree.cn	综合	视频	无
24	可知电子图书	出版机构通过"可知"平台为教育科研机构提供电子图书馆配置采和数字内容阅读应用服务,实现数字内容产品的变现和知识应用	www.k2ledge.com	综合	图书	有
25	汇雅电子图书	超星推出的电子图书平台	www.ss1ibrary.com	综合	图书	有
26	世界名校精品课	涵盖了耶鲁大学、哈佛大学、剑桥大学、麻省理工学院、牛津大学、斯坦福大学、康奈尔大学、宾夕法尼亚大学、哥伦比亚大学等世界顶尖级大学的精品课	www.shutu.tv/school/337	综合	多媒体	无
27	网上报告厅	大型视频专家报告库。它有机整合了清华大学、中央广播电视总台、中央党校、中华医学会、中国经济50人论坛等权威学术机构的专家报告资源,开发了"学术报告"和"学术鉴赏"两大视频报告群	www.wsbgt.com	综合	多媒体	无
28	英文学术论文润色服务平台	针对老师和学生的英文学术论文面临的语言问题,提供润色服务	www.smartpigai.com/smartstudy_dlmulw	专业-外语	其他	无
29	新时代红色讲堂思政教育视频	以国内党建、思政领域权威专业视频课程为核心资源的数据库	www.redclass.net	专业-思政	多媒体	无
30	大雅相似度分析	以辅助学术研究为目的,揭示文献的相似文献、相似程度和相似处,旨在为用户提供一个学术分析及文献相似度分析工具,为用户判断学术论文性质提供参考依据	www.dayainfo.com	综合	其他	无

（续表）

序号	数据库名称	概要（学科、文献类型）	网址	学科	类型	全文
31	高校信息素养教育	供高校师生学习信息检索、提升信息素养能力的专业视频类数据库	suyang.zxhnzq.com	专业-图书情报	其他	无
32	CSMAR 国泰安	经济金融型数据库。该数据库涵盖了股票市场、公司、基金、债券、衍生市场、经济、行业、货币市场、海外、板块、市场资讯、专题、科技金融、商品市场、银行、人物特征等	cn.gtadata.com	专业-经济	数据/事实	无
33	方正阿帕比电子图书	收录了中华人民共和国成立以来大部分的图书全文资源、全国各级各类报纸及年鉴、工具书、图片等特色资源产品	http://172.17.5.176/Usp/大连海事大学图书馆镜像	综合	图书	有
34	库克音乐	以古典音乐为主的数字音乐图书馆	www.kuke.com	专业-音乐	多媒体	无
35	人大报刊资料	内容源于中国人民大学书报资料中心《复印报刊资料》纸质期刊，汇集了自改革开放以来国内报刊公开发表的4 000余种人文社科学术研究成果的精粹	ipub.exuezhe.com	人文社科	期刊	有
36	维普中文期刊服务平台	学术期刊大数据服务平台	qikan.cqvip.com	综合	期刊	有
37	新东方在线口语平台	新东方在线针对中国大学生英语口语学习中"哑巴英语"和"中式英语"的现状，全力打造的一款以学生为中心、循序渐进式、学练结合的互动型口语产品	oral.koolearn.com	专业-外语	多媒体	无
38	中国资讯行	中文商业数据库，包括经济新闻、商业报告、中国法规、中国上市公司、环球商讯、中国人物库等	www.infobank.cn	专业-经济	数据/事实	无
39	百度文库高校版	依托百度文库实用性文档，为机构类型用户量身打造的行业知识库	eduai.baidu.com	综合	其他	无
40	笔杆网	基于大数据的写作与创新平台	www.bigan.net	综合	其他	无
41	书香中国	中文在线数字出版集团旗下集阅读、学习、互动于一体的互联网开放式阅读平台	dlhs.chineseall.cn	综合	图书	有

（续表）

序号	数据库名称	概要（学科、文献类型）	网址	学科	类型	全文
42	全球案例发现系统	大型案例文献数据库集群。GCDS 整合了世界众多知名案例研究机构的研究成果,定位于为从事案例开发和案例教学的用户提供一站式检索和传送服务	www.htcases.com	综合	数据/事实	无
43	软件通	自助式网络视频学习系统,采用微课形式将众多优质数字视频教育资源有机串联在一起,是通过计算机视频快速学习和精通掌握各种主流软件操作技能的按需学习和自主学习数据库系统,也是一个面向信息化应用技术实用技能的大规模实践学习型数据库系统	rjt.softtone.cn	专业-计算机	多媒体	无
44	工程科技数字图书馆	机械工业出版社开发和运营的专业类电子出版物发布平台,为用户提供在线内容检索和阅读服务。平台提供 10 000 余种专业领域高品质核心经典电子图书、行业年鉴、手册工具书及专业期刊等资源,装备制造业视频等。学科涵盖机械、汽车、电工电子、建筑、计算机、管理、经济、心理、外语等领域	library.cmanuf.com	工程	图书	有
45	设计师之家数字图书馆	艺术设计数字技能教育资源平台,包含数字教程、学习路径、素材资源、美育教育等十大模块,数字教程基本覆盖所有与设计相关行业的	www.51sjsj.com	专业-艺术设计	多媒体	无
46	51CTO 学堂	IT 技能在线学习平台,涵盖虚拟化、运维、网络、安全、移动开发、数据库等 120 多个门类,全方位覆盖 IT 技术各领域	e-learning.51cto.com	专业-计算机	多媒体	无
47	CIDP 制造业数字资源平台	平台涵盖机械制造领域图书知识单元、三维模型、电子图书、工程教学等资源	cidp.com.cn	专业-工程	图书、多媒体	无
48	中国近代影像资料库	以近代历史照片为主要内容的专业历史研究数据库	www.lzp360.com	专业-历史	多媒体	无

（续表）

序号	数据库名称	概要（学科、文献类型）	网址	学科	类型	全文
49	就业数字图书馆	就业能力培养与就业知识学习中心	www.jiuye.net	综合	多媒体	无
50	中国科学引文数据库 CSCD	收录我国数学、物理、化学、天文学、地学、生物学、农林科学、医药卫生、工程技术和环境科学等领域出版的中英文科技核心期刊和优秀期刊，并供引文索引	http://webofscience.com	综合	期刊	无

第二节　中文综合数据库检索平台

本节主要介绍三个常用的中文综合数据库检索平台，它们的主要特点是平台中包含多个子数据库，并涉及多个学科及多种文献类型。各检索平台除具备基本的检索功能外还提供丰富的文献分析功能，在提供相关文摘信息的基础上均直接提供了全文链接。

一、中国知网（Cnki）

（一）中国知网（Cnki）概述

中国知网（China National Knowledge Infrastructure，简称 Cnki）是中国学术期刊电子杂志社、同方知网（北京）技术有限公司共同创办的网络出版平台，为读者提供各类资源统一检索、统一导航、在线阅读和下载服务，涵盖全学科领域，是一个集成中国的期刊、博硕士学位论文、工具书、会议论文、报纸、年鉴、专利、标准、科技成果、古籍等各类文献资源的大型全文数据库和二次文献数据库。

1. 中国知网（Cnki）资源概述

（1）《中国学术期刊出版总库》以全文数据库形式集成出版了中国学术期刊文献的电子期刊，基本完整收录了 1915 年至今我国公开出版发行的学术期刊（含英文版）全文文献，包括基础与应用基础研究、技术研究、工程研究、工程与项目管理、技术开发、实用工程技术、行业技术发展与评论、高级科普、学科教育教学类期刊。

（2）《中国学术辑刊数据库》是目前国内较大的、连续动态更新的学术辑刊全文数据库。产品包含基础科学、工程科技Ⅰ、工程科技Ⅱ、农业科技、医药卫生科技、哲学与人文科学、社会科学Ⅰ、社会科学Ⅱ、信息科技、经济与管理科学等十大专辑，十大专辑下分为 168 个专题。

（3）《中国博士学位论文全文数据库》《中国硕士学位论文全文数据库》是连续动态更新的博硕士学位论文的全文数据库，收录了 1984 年至今我国基础科学、工程技术、农业、医学、哲学、人文、社会科学等各个领域的博硕士论文。

（4）《国际会议论文全文数据库》遴选了 1981 年至今国内外重要会议主办单位产出的或论文汇编单位书面授权并推荐到"中国知网"进行数字出版的重要国际学术会议文献，多数为自然科学领域。

(5)《中国重要会议论文全文数据库》遴选国内 11 278 家重要会议主办单位或论文汇编单位书面授权投稿的学术会议文献,基本囊括了 1953 年至今我国各学科重要会议论文。

(6)《中国重要报纸全文数据库》是以重要报纸刊载的学术性、资料性文献为收录对象的连续动态更新的报纸全文数据库。收录了 2000 年以来中央级各类报纸,各省、自治区、直辖市及其他地市级城市党报,以及面向全国公开发行的具有一定影响力的特色重要行业性报纸。

(7)《中国年鉴网络出版总库》是我国拥有国家标准刊号连续出版的年鉴全文数据库,收录了 1949 年至今 5 000 多种以条目为基本单位的年鉴内容。

(8)《中国工具书网络出版总库》是大型工具书在线检索平台,包含语言文字类工具书、资料类工具书、检索性工具书三大类资源,内容涵盖社会科学、自然科学、工程技术等各个方面,收录了我国 200 多家出版社正式出版的 12 000 多部工具书、2 200 多万个词条、370 多万张图片。

(9)《中国专利全文数据库》是收录了 1985 年 9 月至今包含我国的发明公开、发明授权、实用新型、外观设计四大专利类型的大型专利图文数据库。

(10)《国家标准全文数据库》收录了由国家标准化管理委员会发布的,中国标准出版社出版的国家标准以及由中国计划出版社出版的工程建设类国家标准。

(11)《中国行业标准全文数据库》收录了现行、废止、被代替以及即将实施的行业标准,包含轻工、文化、中医药、有色金属、稀土、黑色冶金、包装、纺织、海洋、粮食、林业、煤炭、卫生、物资管理、烟草、医药、新闻出版、电子等 40 余种行业标准。

2.中国知网(Cnki)主页介绍

登录 http://www.cnki.net,即进入"中国知网(Cnki)"数据库检索平台主页面(见图 6-1)。读者可根据需要进入文献检索、知识元检索、引文检索等不同的检索入口。此外,主页面还提供了知网研学平台、大数据研究平台、个人查重服务、出版平台 & 评价等特色信息服务。

图 6-1　中国知网(Cnki)检索平台主页

(二)中国知网(Cnki)检索方式

中国知网(Cnki)为读者提供了5种检索方式,一框式检索、高级检索、专业检索、作者发文检索和句子检索。下面将分别对这五种检索方式进行介绍。

1.一框式检索

一框式检索是最便捷的检索方式,既可以进行跨库检索,也可以进行单库检索。一框式检索界面(见图6-2),在进行单库检索时,可分别选择学术期刊、学位论文、图书、会议、报纸、年鉴、专利、标准、成果、古籍、法律法规、政府文件、企业标准、科技报告等其中一个子库进行检索;在进行跨库检索时,可选择上述的一个或多个子库进行检索。检索时,读者可根据需求选择主题、全文、关键词等不同检索项进行检索条件的限定,不同子库检索项也有不同,如学术期刊子库可检索的字段包括主题、篇名、关键词、摘要、作者、作者单位、全文、DOI 等检索项;学位论文子库会有导师、第一导师、学位授予单位、学科专业名称等特有的检索项;专利子库会有专利名称、申请号、分类号、公开号、申请人、发明人、代理人、同族专利项、优先权等特有检索项。

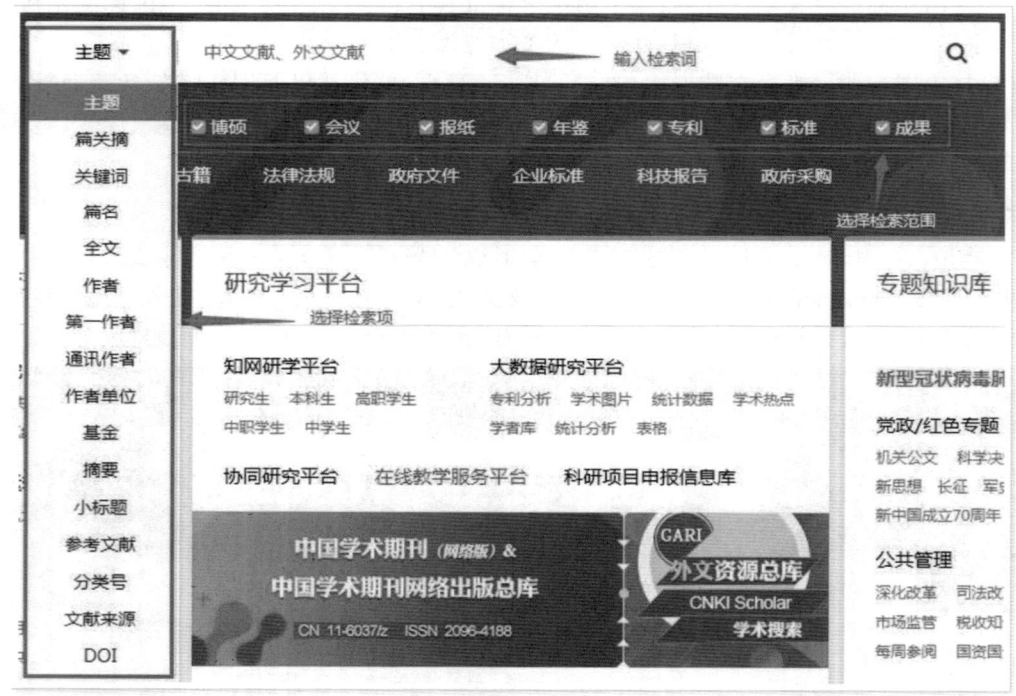

图 6-2　中国知网(Cnki)一框式检索

2.高级检索

高级检索支持多字段逻辑组合,并可通过选择精确或模糊的匹配方式、检索控制等方法完成较复杂的检索,得到符合需求的检索结果。在中国知网(Cnki)首页点击"高级检索"即可进入高级检索页,或在一框式检索结果页点击"高级检索"也可进入高级检索页(见图6-3)。

高级检索页面的检索区域分为上半部分的检索条件输入区和检索控制区,在检索条件输入区读者可以根据需求自由选择检索项、检索项间的逻辑关系（AND、OR、NOT）以及检索词匹配方式（精确 or 模糊），对于匹配方式，除了主题只提供相关度匹配外，其他检索项均提供精确、模糊两种匹配方式。点击检索框后的"＋/－"按钮可添加或删除检索项，最多支持 10 个检索项的组合检索。检索控制区主要作用是通过条件筛选、时间选择等，对检索结果进行范围控制，控制条件包括：出版模式、基金文献、时间范围、检索扩展。检索时默认进行中英文扩展，如果不需要中英文扩展，可手动取消勾选。

在检索条件输入区的最左侧有隐藏的文献分类导航，点击裹开后勾选所需类别，可缩小和明确文献检索的类别范围。总库高级检索提供 168 专题导航，是知网基于中图分类而独创的学科分类体系。年鉴、标准、专利等除 168 专题导航外还提供单库检索所需的特色导航。

图 6-3　中国知网（Cnki）高级检索页面

此外，高级检索还支持结果中检索，执行后在检索结果区上方显示检索条件，与之前的检索条件间用"AND"连接。

3.专业检索

在高级检索页切换"专业检索"标签，可进行专业检索，专业检索适用于图书情报专业人员查新、信息分析等工作，使用运算符和检索词构造检索式进行检索。专业检索的一般流程：确定检索字段构造一般检索式，借助字段间关系运算符和检索值限定运算符可以构造复杂的检索式。专业检索表达式的一般式：＜字段代码＞＜匹配运算符＞＜检索值＞。

4.作者发文检索

在高级检索页切换"作者发文检索"标签，可进行作者发文检索，通过输入作者姓名及其单位信息，检索某作者发表的文献，功能及操作与高级检索基本相同。

5.句子检索

在高级检索页切换"句子检索"标签，可进行句子检索。句子检索是通过输入的两个检索词，在全文范围内查找同时包含这两个词的句子，读者可以根据需求限定这两个词是同时出现在同一句中或者同一段中。句子检索不支持空检，同句、同段检索时必须输入两个检索词。如，检索同一句含有"大数据"和"机器学习"的文献，结果见图 6-4，句子 1 为查找到的句子原文，"句子来自"为这两个句子出自的文献题名。

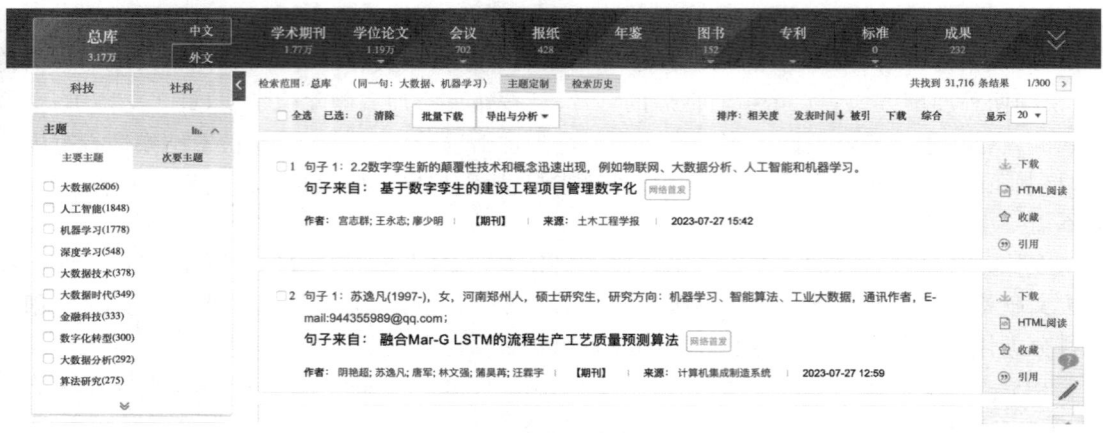

图 6-4 中国知网(Cnki)句子检索结果页面

(三)中国知网(Cnki)检索结果的处理

在检索结果界面,读者可以看到检索范围,即在某一个子库进行单库检索,还是跨库检索;检索结果条目数;检索结果页面文献的排序方式;每页显示的文献数目;检索出来的文献来源于哪个子库等信息(见图 6-5)。

图 6-5 中国知网(Cnki)检索结果页面

1.按文献资源类型筛选文献

横向展示总库所覆盖的所有资源类型,总库检索后,各资源类型下显示符合检索条件的文献量,突显总库各资源的文献分布情况,可点击查看任一资源类型下的文献。如点击学术期刊,可查看检索到的所有期刊类型的文献。

2．按中文、外文筛选文献

点击"中文"或"外文"，查看检索结果中的中文文献或外文文献。点击"总库"回到中外文混检结果。

3．按文献所属学科是科技还是社科筛选文献

点击"科技"或"社科"，查看检索结果中的科技文献或社科文献。点击"总库"回到全部结果。

4．主题定制

读者可根据需要自行注册一个个人账号，登录个人账号后，点击"主题定制"，定制当前的检索表达式至"我的CNKI"，可了解所关注领域的最新成果及进展。

5．检索历史

点击"检索历史"，可查看检索历史，未登录个人账号的情况下可查看最近的10条记录。在检索历史页点击检索条件，可以按历史记录的检索条件查看检索结果。

6．显示模式

检索结果的浏览模式可切换为详情模式或列表模式。其中默认为列表模式，提供文章题名、作者、来源、发表时间、被引频次、下载频次等关键信息，同时也提供下载、阅读等功能。详情模式显示较为详细的文献信息，可通过浏览题录信息确定是否为所查找的文献。详情模式的页面布局分为两个部分，左半部分为题录摘要区，右半部分为操作功能区。

7．排序

中国知网提供发表相关度、发表时间、被引、下载、综合排序，读者可根据需要选择相应的排序方式。检索结果默认按相关度排序，相关度排序是在兼顾发表时间的情况下降序排列。综合排序是根据相关度、重要性系数、时间系数等计算后得到的一个综合值进行排序。

8．分组筛选

检索结果区左侧为分组筛选区，提供多层面的筛选角度（如主题、学科、发表年度、研究层次、文献类型、文献来源、作者、机构、基金等），并支持多个条件的组合筛选，以快速、精准地从检索结果中筛选出所需的优质文献。

9．相关搜索推荐

在检索结果的下端，中国知网提供了相关搜索功能，推荐了与读者输入的检索词相关的词，以便读者进一步调整检索范围。

（四）中国知网（Cnki）文献管理与分析

1．文献管理中心

中国知网文献管理中心提供了导出文献与可视化分析功能，而可视化分析又包括已选结果分析和全部检索结果分析。已选文献以列表形式显示全部勾选文献，可对已选文献进行再次选择，并以再次选择的文献，进行导出题录、生成可视化分析报告等功能操作。可点击任意

一条已选文献后的"✖"删除当前文献;也可勾选文献前的复选框,选择一篇或多篇文献,点击上方"清除"按钮,删除选中的多条文献。

（1）导出文献

从检索结果页面或者文献管理中心进入导出题录界面,包括多种文献导出格式。默认显示为 GB/T 7714－2015 格式题录。在查新（自定义引文格式）和自定义格式中,提供自定义字段选择。不可更改选中状态的复选框字段为预设字段,可自由选中的字段为自定义字段,全选或重置可以更改自定义字段的选中状态。自定义字段的选中状态变更后,点击预览,在结果预览区可查看更改后的输出结果,见图 6-6。

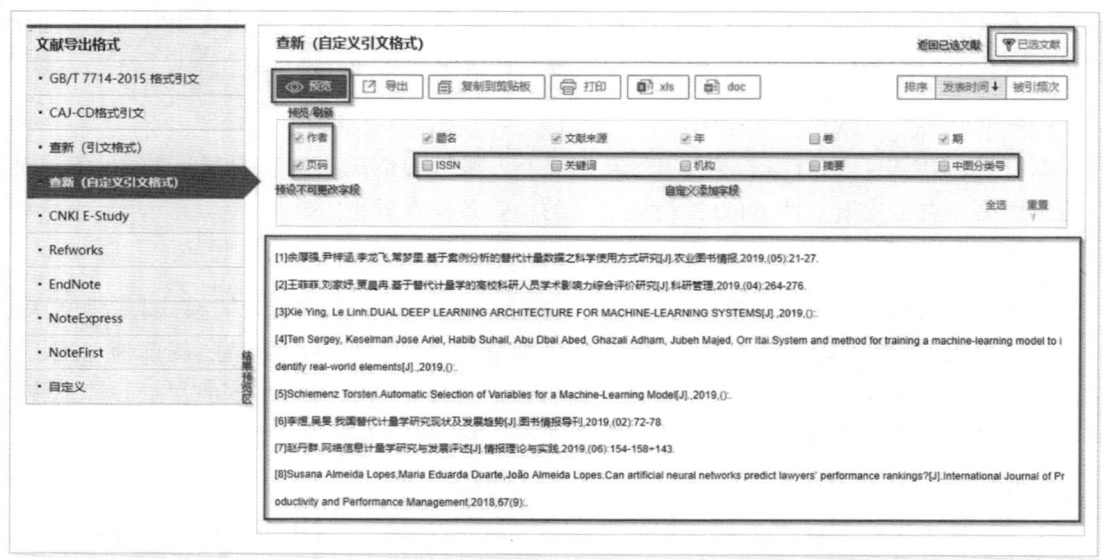

图 6-6　中国知网（Cnki）导出文献——查新（自定义引文格式）

（2）已选结果的可视化分析

可视化功能是基于文献的元数据及参考引证关系,用图表的形式直观展示文献的数量与关系特征,已选结果分析支持最多选择 200 篇文献进行分析。分析项包括:

①指标分析:指标分析的指标项包括文献数、总参考数、总被引数、总下载数、篇均参考数、篇均被引数、篇均下载数、下载被引比。其中下载被引比为总下载数除以总被引数。

②总体趋势分析:显示所选文献、参考文献、引证文献在其发表时间年度范围内的数量趋势。鼠标在图表上左右移动,可以查看某一年度的不同文献类型的数量信息。

③关系网络分析:包括文献互引网络、关键词共现网络、作者合作网络 3 种网络图谱,分别从文献引用、关键词、作者合作等角度揭示了文献间的关系。

④分布分析:从不同角度呈现文献的主要分布情况,最多显示五项组成部分的比例情况,包括资源类型分布、学科分布、来源分布、基金分布、作者分布和机构分布。计算方式为某一项的文献数占已选文献总数的比例。此外,如果已选文献的类型不包含上述元数据信息,则该分布不显示,作者、机构项的统计以规范标引数据为准。

（3）全部检索结果的可视化分析:主要包含总体趋势分析、分布分析、比较分析。总体趋势分析,显示逐年的发文量以及当前年份的预测值。分布分析项则与检索结果页面中的左侧分组项中各分组项的可视化结果一致,采用柱状图或饼图展示分组数据。比较分析,读者点击任意分布分析中的柱状图中的柱形或者饼状图中的扇区,添加该项分组数据作为比较项,进行分析。

2.文献知网节

(1)基本信息

学术期刊、学术辑刊、学位论文、会议文献文章详情页为三栏结构,从左到右分别为文章目录、题录摘要信息和引证文献。文章目录和引证文献可以收起或者展开,无内容时两侧默认收起。专利、标准等其他子库收录的文献为单栏结构,展示文献的题录摘要信息(见图6-7)。

图 6-7　中国知网(Cnki)期刊论文文献知网节首屏布局

(2)下载与阅读

中国知网(Cnki)为读者提供了 CAJ 下载和 PDF 下载两种下载方式,其中下载 CAJ 格式的原文文件需要使用 CAJ Viewer 阅读器将查看文献。阅读方式有 HTML 阅读和手机阅读,其中 HTML 阅读适用期刊、报纸、会议、辑刊,手机阅读读者可以下载全球学术快报 APP 并扫描文献的二维码,可以在移动端打开文献,对文献进行下载、引用和阅读。

(3)主题网络

文献主题脉络图以节点文献为中心,图示化节点文献相关主题内容的研究起点、研究来源、研究分支和研究去脉(见图6-8),文献主题脉络图显示节点文献的主题词,最多可以显示 9 个主题词。研究起点是二级参考文献的主题词,研究来源是参考文献的主题词,研究分支是引证文献的主题词,研究去脉是二级引证文献的主题词,均按主题词出现频次由多到少遴选,最多显示 10 条。将鼠标移入主题词,可以显示出该主题词来源文献的篇名,点击篇名,链接到该篇文献的知网节页面。

(4)引文网络

引文网络部分主要包括参考文献、二级参考文献、引证文献、二级引证文献、共引文献、同

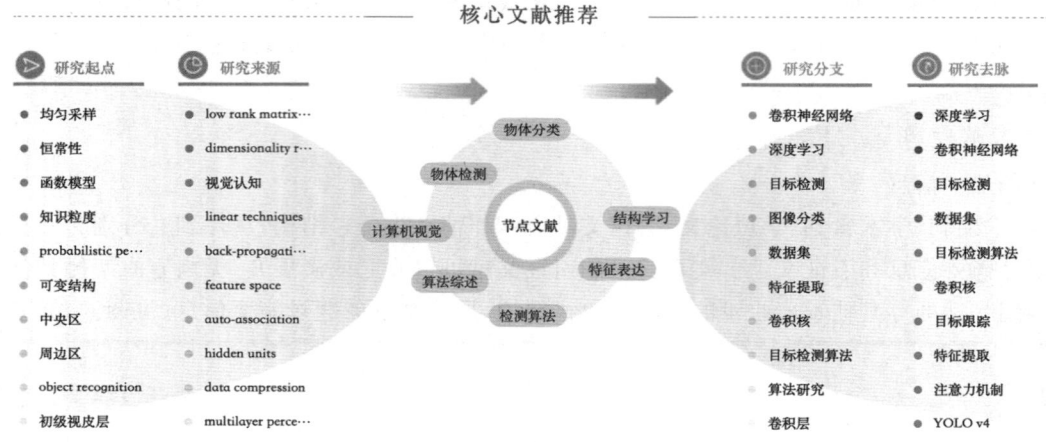

图 6-8 中国知网（Cnki）主题网络（核心文献推荐）

被引文献。其中，参考文献反映本文研究工作的背景和依据；二级参考文献是本文参考文献的参考文献，进一步反映本文研究工作的背景和依据；引证文献引用本文的文献，反映出本文研究工作的继续、应用、发展或评价；二级引证文献是本文引证文献的引证文献，更进一步反映本研究的继续、发展或评价；共引文献是与本文有相同参考文献的文献，与本文有共同研究背景或依据；同被引文献是与本文同时被作为参考文献引用的文献（见图 6-9）。

图 6-9 中国知网（Cnki）引文网络

（5）相关文献推荐

相关文献推荐是指会推荐与所检索文献内容相似的文献（见图 6-10）。

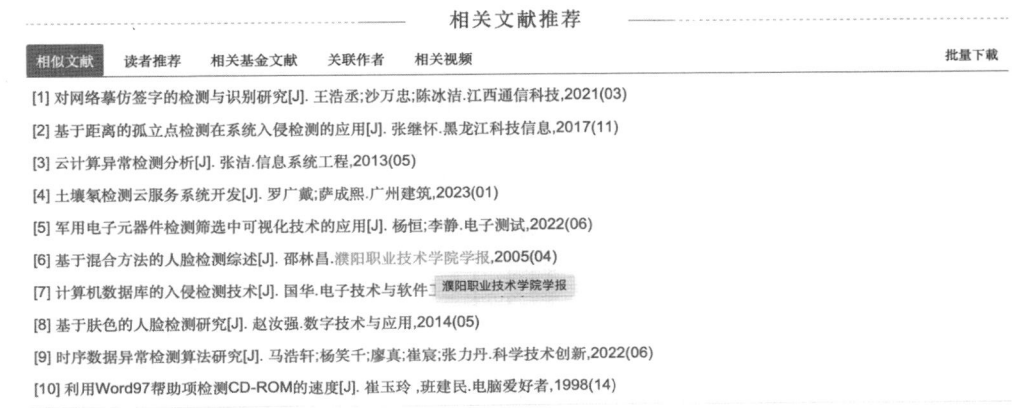

相关文献推荐

相似文献　　读者推荐　　相关基金文献　　关联作者　　相关视频　　　　　　　　　　批量下载

[1] 对网络摹仿签字的检测与识别研究[J]. 王浩丞;沙万忠;陈冰洁.江西通信科技,2021(03)

[2] 基于距离的孤立点检测在系统入侵检测的应用[J]. 张继怀.黑龙江科技信息,2017(11)

[3] 云计算异常检测分析[J]. 张洁.信息系统工程,2013(05)

[4] 土壤氡检测云服务系统开发[J]. 罗广戴;萨成熙.广州建筑,2023(01)

[5] 军用电子元器件检测筛选中可视化技术的应用[J]. 杨恒;李静.电子测试,2022(06)

[6] 基于混合方法的人脸检测综述[J]. 邵林昌.濮阳职业技术学院学报,2005(04)

[7] 计算机数据库的入侵检测技术[J]. 国华.电子技术与软件工... 濮阳职业技术学院学报

[8] 基于肤色的人脸检测研究[J]. 赵汝强.数字技术与应用,2014(05)

[9] 时序数据异常检测算法研究[J]. 马浩轩;杨笑千;廖真;崔宸;张力丹.科学技术创新,2022(06)

[10] 利用Word97帮助项检测CD-ROM的速度[J]. 崔玉玲,班建民.电脑爱好者,1998(14)

图 6-10　中国知网(Cnki)相关文献推荐

(五)中国知网(Cnki)出版来源导航

出版来源导航提供文献来源出版物的检索、浏览等功能,以整刊或供稿单位为主要对象,帮助读者了解文献来源的出版物详情,或查找权威优质的出版物,按出版物浏览文献。导航入口见图 6-11,在知网首页点击"出版物检索"即可进入导航页面。

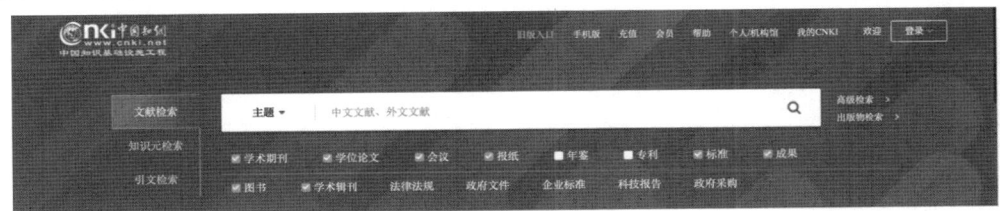

图 6-11　中国知网(Cnki)出版物来源导航入口

在导航页面左侧显示了学科导航体系,包括十大专辑和 168 个专题内容,可选择导航类别,浏览该类别下的所有出版来源。

在导航首页还展示最近浏览的出版来源封面或图标,并推荐最近更新的期刊、学位论文、会议、报纸、年鉴及工具书产品中的近期更新的前两条数据。点击封面或图标,进入出版来源详情页。

出版来源导航主要包括期刊、辑刊、学位授予单位、会议、报纸、年鉴和工具书的导航,读者可在下拉菜单中选择某产品导航,切换到该产品的导航首页进行检索,以期刊导航为例,检索期刊的检索结果(见图 6-12)。点击某一本期刊,进入期刊详情页面,期刊详情页面主要包括页头检索框、介绍信息、刊期浏览、栏目浏览、统计与评价以及刊内检索结果版块(见图 6-13)。

图 6-12 中国知网(Cnki)导航主页面

图 6-13 中国知网(Cnki)期刊导航——期刊详情页面

(六)中国知网(Cnki)移动端——全球学术快报

全球学术快报基于中国知识基础设施工程(Cnki)的核心建设成果《中国知识资源总库》和中国最完整的中英文信息服务平台——Cnki Scholar,面向全球学者实时推送学术成果。它可以实现文献的检索、阅读、下载和管理,查看相关学科的学者、热点等,还可以进行个性化定制和推送及个人账户管理,以便满足读者的移动阅读需求。读者下载安装"全球学术快报"APP后,进行注册、登录,并关联学校机构账户,关联后可在校外进行使用。

二、万方数据知识服务平台

万方数据知识服务平台是由北京万方数据股份有限公司推出的一个综合性数据库检索平台,是国内较早的中文数据库资源产品,是用户开展学术研究、论文写作或者科研立项的好帮手。该平台在巩固现有全文数据库的基础上,集成期刊、学位、会议、科技报告、专利、标准、科技成果、法规、地方志、视频等 10 余种知识资源类型,形成了一个智能、开放的中外文综合文献整合服务系统,涵盖资源发现系统、学术不端检测服务、学术分析服务、学科选题服务以及知识管理等智能化平台与工具。

(一)万方数据知识服务平台资源概要

1.中国学术期刊数据库

收录的期刊涵盖自然科学、工程技术、医药卫生、农业科学、哲学政法、社会科学、科教文艺等各个学科。截至 2023 年 4 月累计收录了 1998 年以来的近 8 400 余种期刊,其中包含北京大学、中国科学技术信息研究所、中国科学院文献情报中心、南京大学、中国社会科学院历年收录的核心期刊 3 900 余种,数据为日更新。

2.中国学位论文全文数据库

收录中国近 900 家学位授予单位的学位论文,涉及全国 211 重点高校、中科院、工程院、农科院、医科院、林科院等机构,独家收录博士后论文,涵盖全部学科领域。

3.中国学术会议文献数据库

收录中文会议和外文会议资源两个部分,专业范围涵盖自然科学、人文、社科、理学、经济、工业技术、文体教育、医学等各领域。中文会议收录始于 1982 年,收录由国家级学会、协会、研究会组织、部委、高校召开的学术会议论文,每月更新;以一级学协会为主,万方会议论文数据库学术性强,注重连续性,是科技查新重要的数据库,国内目前收录会议数量较多、质量较高、学科覆盖较广。外文会议主要来源于 NSTL 外文文献数据库,收录了 1985 年以来世界各主要学会、协会、出版机构出版的学术会议论文,每月更新。

4.中外科技报告数据库

中外科技报告数据库包括中文科技报告和外文科技报告。中文科技报告收录始于 1966 年,源于中华人民共和国科学技术部;外文科技报告收录始于 1958 年,涵盖美国政府四大科技报告(AD、DE、NASA、PB)。

5.中国法律法规全文数据库

收录自 1949 年中华人民共和国成立以来,全国人民代表大会及其常委会、国务院及其办公厅、国务院各部委、最高人民法院和最高人民检察院以及其他机关单位所发布的国家法律法规、行政法规、地方法规、国际条约及惯例、司法解释、合同范本等。

6.中外标准数据库

收录所有中国国家标准(GB)、中国行业标准(HB)以及中外标准题录摘要数据,共计 200 余万条记录,其中中国国家标准全文数据内容来源于中国质检出版社,中国行业标准全文数据收录了机械、建材、地震、通信标准以及由中国质检出版社授权的部分行业标准。

7.中外专利数据库

涵盖 1.56 亿条国内外专利数据。其中,中国专利收录始于 1985 年,累计 4 060 万余条专利全文,可下载专利说明书,数据与国家知识产权局保持同步,包含发明专利、外观设计和实用新型三种类型,准确地反映中国最新的专利申请和授权状况,每年新增 300 万条。国外专利 1.1 亿余条,均提供欧洲专利局网站的专利说明书全文链接,收录范围涉及中国、美国、日本、英国、德国、法国、瑞士、俄罗斯、韩国、加拿大、澳大利亚、世界知识产权组织、欧洲专利局等 11 个国家、两个世界组织及两个地区数据,每年新增 1 000 余万条。

8.中国科技成果数据库

收录自 1978 年以来国家和地方主要科技计划、科技奖励成果,以及企业、高等院校和科研院所等单位的科技成果信息,涵盖新技术、新产品、新工艺、新材料、新设计等众多学科领域,共计 64 万多项。数据库每两月更新一次,年新增数据 1 万条以上。

9.中国地方志

以地方志为核心资源,全面系统整合我国现有新旧方志文献资源,平台资源内容纵贯整个社会发展历史,横及社会各个门类,从历史到当代,从政治到经济,从自然资源到人文遗产,是一个时间跨度大、涵盖范围广、资料全面、可多角度检索的中国地方志知识资源总库。该库集成新方志、旧方志资源,实现新旧方志统一检索,在提供整书原书原貌的阅读体验的同时提供地图找志、可按地区、时间/朝代、专辑等方式来查找文献。

(二)万方智搜

万方数据知识服务平台整合数亿条知识资源,实现海量学术文献统一发现及分析,支持多维度组合检索。"万方智搜"作为万方数据股份有限公司旗下的学术资源检索与获取平台,提供万方数据资源的检索服务,收录了包括期刊、学位、会议、科技报告、专利、标准、科技成果、法规、地方志、视频 10 余种资源类型在内的 3 亿多篇中外文学术文献,全面覆盖各学科、各行业。在此基础之上,万方智搜通过深度知识加工及知识图谱技术,构建了 2000 余万条专家和机构数据、3 亿多条文献引证数据、1 万多本期刊数据等多种数据类型。

登录网址:g.wanfangdata.com.cn,进入"万方智搜"(亦称"万方数据知识服务平台")主页面(见图 6-14)。

1."万方智搜"检索方式

(1)统一检索

读者可根据需要选择"万方智搜"首页的检索框进行"统一检索",选择想要限定的检索字段(题名、作者、作者单位关键词和摘要)实现多种资源类型、多种来源的一站式检索和发现(见图 6-14)。读者既可以单击检索字段进行检索限定,也可以直接在检索框内输入检索式进行检索,系统支持 not、and、or 的逻辑匹配检索。同时,检索词输入时系统支持智能识别检索,可对用户输入的检索词进行实体识别,便于引导用户更快捷的获取知识及学者、机构等科研实体的信息。"万方智搜"还为读者提供了针对不同资源类型的检索,包括期刊、学位、会议、专利、科技报告、地方志等资源,读者可以通过单击检索框上部的资源类型进行检索范围切换。

(2)高级检索

"万方智搜"检索框的右侧有高级检索的入口,单击可进入高级检索界面(见图 6-15)。高

图 6-14　"万方智搜"主页面

级检索支持多个检索类型、多个检索字段和条件之间的逻辑组配检索,方便读者构建复杂检索表达式。读者可以根据自己的需要,选择想要检索的资源类型。

图 6-15　"万方智搜"高级检索页面

　　系统通过以下检索条件,帮助读者提升检索的准确率。利用页面上的"＋/－",表示添加或者减少检索条件;"与""或"和"非"表示限定检索条件;精确,表示系统对于输入的检索词不拆分;模糊,表示系统对输入的检索词拆分;提供发表时间和更新时间限定。

　　此外,系统还提供了智能识别、二次检索(结果中再检索)、专业检索、作者发文检索等不同的检索界面。高级检索添加了智能检索的功能,提供了中英文扩展和主题词扩展。系统还提供了资源类型、万方来源的数据库等文献导航,便于读者从多角度浏览万方的资源。

　　2."万方智搜"检索结果处理

　　检索结果提供详情式和列表式的展示方式。列表式展示标题、作者、来源、时间、下载量等简要信息,并提供阅读、下载、引用等操作按钮。针对不同的资源类型,提供了不同的排序指标,读者可对检索结果进行相关度、出版时间、被引频次指标、下载量等多维度排序,通过资源类型、出版时间、语种、来源数据库等限定条件进一步缩小检索结果范围,通过"获取范围"的分面(包括原文链接、有全文的资源、原文传递的资源、国外出版物等)对结果获取范围进行限定。

对于单篇文献,读者可在检索结果页进行在线阅读、下载、导出、收藏、分享操作,点击"导出"按钮,可根据需要导出不同的文献格式;对于多篇文献,用户可进行全选、清除、导出操作,实现多篇文献的统一操作管理。

(1)文献详情页

文献详情页(见图6-16)包括期刊、学位、会议、专利、科技报告、成果、标准、法规、地方志、视频。依据文献类型的不同,提供有针对性的详情页页面。期刊文献详情页展示该文献的中英文标题、作者、作者单位、摘要、关键词、分类号、在线出版日期、页数等文献信息,提供在线阅读、下载、引用、收藏、分享、打印等操作。右侧展示文献所在期刊母体信息,点击期刊名称进入期刊详情页。通过点击作者、作者单位、关键词,可以构建出多维度、多层次、内容深度关联的知识脉络。此外,还可以点击详情页右侧的相关主题、相关学者、相关机构跳转知识脉络页。

图6-16 "万方智搜"文献详情页

文献详情页还提供该文献的引文网络,以展示文献的参考文献和引证文献列表及图谱(见图6-17);相关文献推荐和媒体资源推荐;依据文献还提供相关主题、相关机构、相关学者等信息推荐。

(2)结果分析页

①知识脉络分析:通过点击作者、作者单位、关键词,可以构建出多维度、多层次、内容深度关联的知识脉络,还可点击详情页右侧的相关主题、相关学者、相关机构跳转知识脉络页。

②检索结果分析:在检索结果分析页面可对年份、作者、机构、学科、期刊、基金、资源类型、关键词进行可视化分析。

(3)文献获取方式

"万方智搜"支持全文的在线阅读,包括期刊、学位、会议、专利、科技报告、法规、地方志资源;在万方智搜,个人实名认证用户登录,一次性补充部分个人信息并进行学者认证,可实现中文科技报告后的在线阅读。

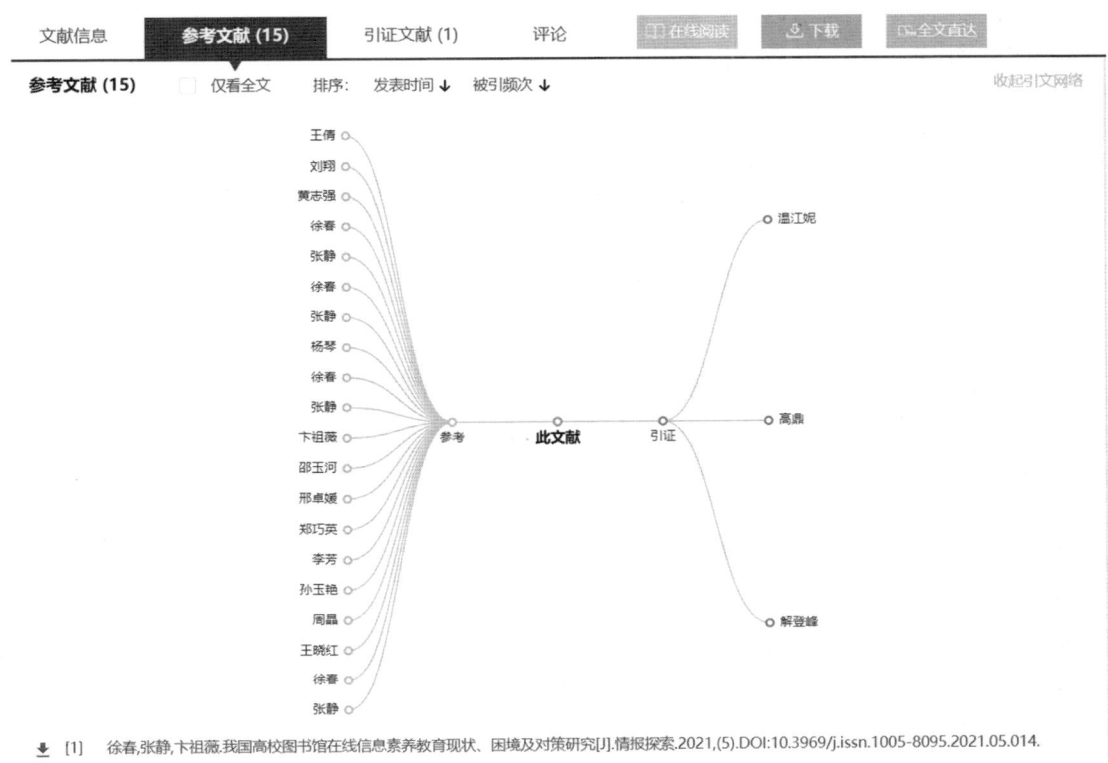

| 文献信息 | 参考文献 (15) | 引证文献 (1) | 评论 | 在线阅读 | 下载 | 全文直达 |

参考文献 (15)　☐ 仅看全文　排序：发表时间 ↓　被引频次 ↓　　　　　　　　　　　收起引文网络

↓ [1]　徐春,张静,卞祖薇.我国高校图书馆在线信息素养教育现状、困境及对策研究[J].情报探索,2021,(5).DOI:10.3969/j.issn.1005-8095.2021.05.014.

图 6-17　"万方智搜"引文网络图

除了支持本平台收录的资源的全文在线阅读和下载外,"万方智搜"还与国家科技图书情报中心(NSTL)、国家工程技术数字图书馆(ISTIC)合作提供文献的原文传递服务。利用万方智搜检索到来自 NSTL 和 ISTIC 的资源,均可以通过原文传递服务便捷快速地获取所需文献的全文服务。系统针对购买国内外文献保障服务的机构用户,还提供国家工程技术数字图书馆(ISTIC)收录的部分中外文期刊、中外文会议、中文学位论文的检索与获取。

第三节　中文书刊数据库资源

中文书刊数据库资源提供了中文电子书刊的检索服务,这里选取最常用的三种中文电子书刊数据库予以介绍,即："可知"电子书平台、独秀学术搜索、博看数据库。

"可知"电子书平台和读秀学术搜索是两种不同的电子图书资源系统。可知电子书平台可提供资源查找、电子书试读和推荐购买、全文阅读等功能,此外,还推出了"可知道"的功能。"可知道"是一种破壁化阅读方案,可将专业电子书内容解构为问答知识库,当读者搜索一个知识点或者一个问题时,平台将直接给出该知识点在书中的解答,实现了工具书般条目化的阅读。读秀学术搜索不同于传统电子图书的服务,它虽无法逐页浏览整本图书,但提供了数量更为庞大的图书种类供检索,并借助馆际互借方式提供了一种全新的图书全文的阅读体验。

博看数据库包含博看书院、博看有声数据库等资源,收录的期刊以畅销期刊及学术边缘期刊为主。

一、"可知"电子书平台

(一)"可知"电子书平台概述

"可知"平台是由电子工业出版社、人民邮电出版社、化学工业出版社、机械工业出版社、人民卫生出版社、建筑工业出版社、社会科学文献出版社、商务印书馆、中国人民大学出版社、北京大学出版社、上海交通大学出版社、浙江大学出版社等知名出版社入驻并直接提供数字资源的知识服务平台,是国内专业的电子图书阅读应用平台。

目前"可知"平台提供近 33 万册正版电子书的在线阅读服务,包含 2023 年各出版社最新图书,部分电子书与纸书出版保持同步,并持续更新;平台基于 PC Web、Android、IOS 及 H5、小程序的跨平台跨终端融合阅读方案,支持跨出版社、跨图书全文检索、知识问答、知识关联阅读等独特功能。

(二)"可知"电子书平台使用方法

1.登录方式

"可知"电子书有 3 种登录方式,一是直接访问 https://www.keledge.com;二是通过进入可知公众号,选择"体验可知",可快速访问"可知"平台;三是下载可知 APP,进入"可知"平台,可获得更全面的功能和体验。用户使用手机号码(微信号)注册,注册完成即可登录(见图 6-18)。

图 6-18 "可知"电子书平台首页

2."可知"电子书平台检索方式

"可知"电子书平台提供了检索及导航等资源查找方式。读者可通过首页的"院系导航",

根据院系专业查找需要的资源(见图 6-19)。读者也可以通过关键字、出版社、作者、ISBN 等检索资源,在检索框中输入相应的检索词进行检索(见图 6-20)。

图 6-19　"可知"电子书平台资源查找——院系导航

图 6-20　"可知"电子书平台资源查找——关键字检索

3."可知"电子书平台检索结果处理

在检索结果界面,读者可根据自己的需求,查看电子书、课程、有声书、民国资源库等不同集合中的电子书资源;也可根据需求,从出版时间、出版社等方面对检索结果进行筛选;有综合、出版时间、阅读量等不同的排序方式。检索结果的显示有大图和列表两种方式,读者可根据需求进行调整(见图 6-21)。

在电子书详情页面,读者可点击图书封面进入图书详情进行试读和荐购,部分图书在您点击荐购后,点击"在线试读"可以立即限时试读全书(见图 6-22)。当荐购的图书被图书馆采购后,平台将会推送上架通知,读者可以长期阅读。

二、读秀学术搜索

(一)读秀学术搜索资源概述

读秀学术搜索是北京世纪读秀技术有限公司开发的由海量图书等文献资源组成的庞大的知识系统,是一个可以对文献资源及其全文内容进行深度检索,并且提供原文传送服务的平台。读秀学术搜索的 680 万种中文图书资源、17.7 亿页资料能够满足不同读者的专业需求,读者可以借助文献传递即时获得所需的文献资源,很大程度地满足了学术研究的需要。读秀学

图 6-21 "可知"电子书平台检索结果页面

图 6-22 "可知"电子书平台——电子书详情页

术搜索通过为读者提供深入图书内容的全文检索,实现本馆购买的纸质图书和超星电子图书数据库电子图书的整合。

(二)读秀学术搜索检索方法

登录网址:edu.duxiu.com,进入读秀学术搜索主页面,主页面提供了知识、图书、期刊、报纸、会议论文、学位论文、音视频等文献资源的检索查询。

1.知识搜索

系统默认的首页面即为"知识搜索"。"知识搜索"在图书资料的章节、内容中搜索包含检索词内容的知识点,为读者提供了突破原有一本本图书翻找知识点的新的搜索体验,更有利于资料的收集和查找。

读者可以在读秀首页选择知识频道,直接输入感兴趣的关键词,进入搜索结果页面后,可以在浏览搜索结果页面,选择需要的章节,点击标题链接进入阅读页面(见图 6-23)。

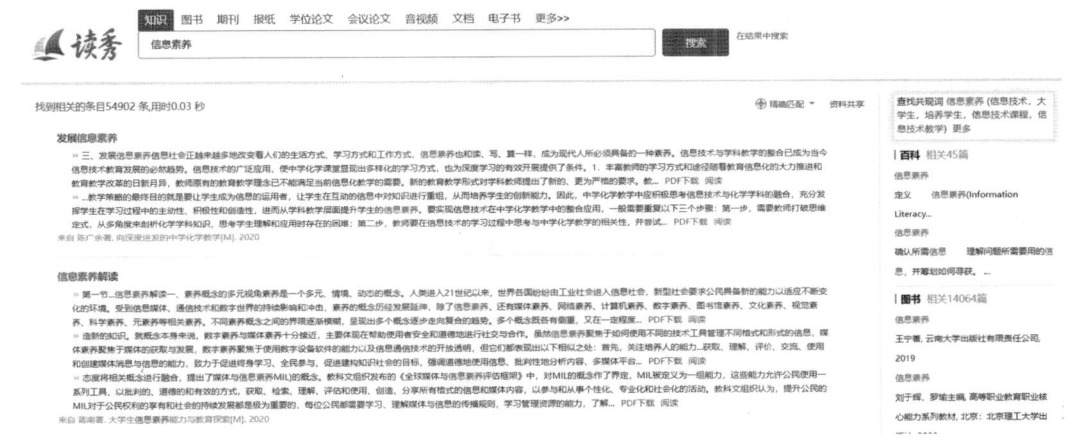

图 6-23　读秀学术搜索——"知识搜索"检索界面

在阅读页面可对全文内容进行翻页、放大、缩小、文字提取、查看本页来源等,点击图书标题或"阅读"标签查阅文献,并可下载相关的文献内容。阅读中的文献,可利用"文字识别"功能,选择要识别的文字区域,完成文字的摘录及提取。利用"资料来源"链接,可查看该知识来源于何处,进一步了解该知识点相关权威性和学术性。

2.图书搜索

选择图书频道(见图 6-24),可进入快速检索界面。系统提供了全部字段、书名、作者、主题词、丛书名、目次等多个检索字段,读者可以根据需要选择感兴趣的检索字段,输入关键词,利用"中文搜索"查找中文图书,或利用"外文搜索"查找外文图书。

图 6-24　读秀学术搜索——图书搜索界面

（1）分类导航检索

系统参照中图法列出相应的图书类目。点击"分类导航"，用户可以通过学科列表逐级浏览系统收录的所有图书（见图 6-25）。

图 6-25　读秀学术搜索——图书分类导航界面

（2）高级检索

高级检索界面提供了更加精准的检索方式。系统列出了常用的检索项字段，如书名、作者、主题词、出版社、ISBN 等，读者可对所需要的字段进行逻辑组配检索，以便更加准确地检索到所需要的图书。用户也可利用分类字段限制检索年代和搜索结果的显示条数。

（3）读秀学术检索结果处理

图书检索结果页面（见图 6-26），提供三栏式设计，中间一栏就是检索到的图书列表。

图 6-26　读秀学术搜索——检索结果页面

结果页面的左侧提供了结果的多种聚类方式，如："类型""年代""学科"，通过点击特定的某种聚类,可得到精准的图书信息。在搜索结果过多的情况下,读者可借助筛选功能,得到更精准的图书列表。类型聚类提供了"本馆馆藏纸书""本馆电子全文"及"在线试读"三个选项。

结果页面的右上方提供了排序功能,读者可以选择将图书按照书名、作者、时间降序、时间升序、访问量、收藏量、引用量、点评量、电子馆藏等进行排序。

如果在检索结果页面找到想要的图书,读者可点击图书封面或书名链接,进入图书详细信息页面(见图 6-27),如没有找到需要的图书亦可以对检索结果进行二次检索。

图书标题后如有"馆藏纸本"按钮,或在图书的详细信息页面中有"本馆馆藏纸书"链接,均可点击该链接直接进入本馆的馆藏书目系统,了解该书在本单位图书馆的具体收藏情况,进而依据图书详细信息去本馆借阅此图书。

图 6-27　读秀学术搜索——图书详细信息页面

在检索结果标题后有"电子全文"按钮,或者信息页面中有"电子全文"标记的,表明图书馆已经购买了该本图书的电子版,读者可点击该链接直接在线阅读电子全文或下载相应的图书信息。

读秀学术搜索的电子图书检索平台和传统意义的电子图书有所不同,文献获取方式比较特别,虽然不能提供其收录的所有图书的在线全文逐页浏览,但读者可阅读图书的目录页、版权页,并试读部分原文。

当本馆没有该书相关的电子全文时,用户还可以利用馆际互借方式(见图 6-28),填写有效的 E-mail 信箱及相应的申请表单,每次获得该图书的任意 50 页的全文。读者打开提交的 E-mail 信箱,将会收到读秀发送的邮件,打开邮件中的链接即可在咨询的有效期内依据有效次数阅读所需文献的全文。读者可通过多次提交申请表,进而阅读整本图书。

提示: 读者填写咨询申请表,将发送到 图书馆参考咨询服务平台,咨询馆员将及时把咨询结果免费发送到读者email邮箱。

* 请读者仔细地填写以下咨询申请表单

咨询标题: 信息检索与信息素养 *

咨询类型: 图书

咨询范围: (提示: 本书共有正文页324,为保护版权本书咨询不超过50页)

正文页 `1` 页至 `50` 页*

☐ 如需辅助页(版权页、前言页、目录页), 请勾选

电子邮箱: [_____]

请填写有效的邮箱地址,如填写有误,您将无法查收到所申请的内容!

验证码: [_____]   [UR-ING]   看不清楚? 换一张 (不区分大小写)

[确认提交]

图 6-28　读秀学术搜索——馆际互借页面

三、博看数据库

(一)博看书苑

1.博看书苑资源概要

该数据库资源作为中文报刊网,收录 4 000 多种畅销期刊及学术边缘期刊和 55 000 多册热门畅销图书。期刊包括时政、民生、党政、军事、文学、文艺、时尚、娱乐、医药、健康、财经、管理、农村、农业、科技、科普、家庭、生活、教学、研究、教育、教学、体育、运动等多个专辑,日更新量达 80～100 种,与纸刊同步面世,过刊可回溯到 2006 年;图书多为读者喜爱和关注的畅销热门图书,包括新书推荐、经典名著、党政军事、经济职场、人文社科、文学艺术、少儿幼教、情感家庭、时尚娱乐、教学科技等专辑。

博看书苑提供电脑版、手机 APP、微信端、多媒体触摸屏、瀑布流展示屏等多种方式。

2.博看书苑电脑版

登录 http://zq.bookan.com.cn/? t＝index&id＝21169,即可访问博看期刊数据库电脑版。系统除提供了标题、内容、作者的搜索方式检索期刊、图书外,还提供了首字母、中图法两种导航方式,读者可以通过点击项目对应的导航浏览此类目下的图书和期刊信息。同时期刊、

图书也可以从专辑角度进行了分类,并提供了"今日新刊""新书推荐""热门图书""热门期刊"
等栏目,以帮助读者从多个角度发现所需要的期刊和图书(见图6-29、图6-30)。

图 6-29　博看书苑电脑版主页面

阅读电子刊原文时无需下载任何阅读器,直接点击图书期刊图标即可进入文献首页,点击
相应内容链接即可进行在线阅读。期刊、图书均提供原貌版、文本版两种阅读形式,原貌版保
持与纸质出版物同样的页面(包含图片),读者阅读文献时如同翻阅一本纸质资源一样,满足了
阅读的感官享受;文本版提供复制、粘贴、编辑等功能,满足读者写作的需求。原貌版与文本版
可以方便地互相转换。

3.博看书苑微信端

读者通过关注学校图书馆的官微,可以便捷地利用手机来阅读博看书苑的文献。以大连

图 6-30　博看书苑电脑版单本期刊主页面

海事大学图书馆为例,用户可在大连海事大学图书馆官微中选择"资源"栏目进入"博看专区"。专区中提供了书苑小程序、有声小程序、朗读小程序、博看书苑、博看有声等栏目,读者可根据个人喜好,选择微信端或小程序通过手机使用博看书苑以及博看有声等。其收录的资源与检索方法与电脑版基本一致。

(二)博看有声数据库

博看有声数据库利用真人配音,原声录制,拥有强大播放功能,提供下载、收藏、分享、互动等功能,真正做到了随心听书、听刊的强大功能。该数据库包括图书和期刊两大类,其中有声图书资源 20 万集 4 万小时,涉及 20 个分类,如文学文艺、个人提升、经典必读、心理哲学、历史小说、国学经典、商业财经、科技科普、外语学习、社会观察、音乐戏曲、相声评书等,收录了诺贝尔文学奖、茅盾文学奖、鲁迅文学奖等奖项获得者的作品。

有声期刊精选大刊名刊的优质文章,已收录 40 万篇 6 万小时,包括文学、文摘、时政、新闻、党政、财经、商业、管理、科技、科普、人文、地理等多种重要刊物。

博看有声数据库提供了电脑版、手机 APP、微信端三种访问方式。

第四节　中文专业数据库资源

中文专业数据库资源是中国数据商开发的针对某一学科领域做的专业性数据库资源。本节分别选取经济类的国研网、交通运输类的交通运输专题知识库、法学类的北大法宝等 3 个数据库资源进行详细介绍。

一、国研网

(一)国研网资源概要

国研网教育版是国研网针对高校用户设计的专版,以"专业性、权威性、前瞻性、指导性和包容性"为原则,全面汇集、整合国内外经济、金融和教育等领域权威、实用、及时的资讯信息和研究报告,旨在为高校管理者、师生及相关研究机构提供高端的管理决策和教学研究参考信息。独家收录了国务院直属政策研究和咨询机构国务院发展研究中心1985年以来的全部研究成果,全面汇集了国研网资深研究团队自主研发的周评、月报、季报、年报产品,精心整合了国内财经领域主流报纸资讯信息、期刊学术成果、政府部门政策法规信息及权威机构发布的统计数据。覆盖经济、金融、产业、教育等多个领域的政策动态、发展热点、高层观点、专家分析、理论研究及海外借鉴等信息。

国研网资源主要由专题文献数据库、研究报告数据库、统计数据库三大数据库集群组成。

1.专题文献数据库

专题文献数据库汇集国务院发展研究中心百余位国家级经济学专家的文章或观点,全面展示国务院发展研究中心专家对经济、金融、产业、社会改革等领域里重要问题的见解。以经济运行分析和经济政策解读为切入点,长期跟踪中国经济发展的运行轨迹,深入分析影响中国经济发展的内外部环境变化及其发展趋势,力求全方位、多视角、深层次地记录国内外宏观经济运行态势,长期关注并深入分析国内外金融市场发展动态及国内金融政策变化趋势,帮助用户全面及时地把握整个金融市场变化以及热点问题。包括多个专题的文献资源,如国研视点、宏观经济、区域经济、金融中国、区域经济、行业经济、企业胜经、高校参考、世经评论、财政税收、经济形势分析报告、发展规划报告、政府工作报告、政府统计公报等。

2.研究报告数据库

研究报告数据库包括宏观报告、金融报告、行业报告等。形式有周评、月报、季报、年报,内容涉及宏观、金融、行业等领域,既有政策和动态点评、数据展示和描述,也有对重点、热点问题的深入剖析、对相关理论的深入探讨,可谓"理论与实践兼备,广度和深度相容"。旨在通过持续跟踪、分析国内外宏观经济、金融和重点行业基本运行态势、发展趋势,准确解读相关政策趋势和影响,及时研究各领域热点、重点问题,为客户提供研究和战略决策需要的高端信息产品。

3.统计数据库

统计数据库广泛采集国内外政府、权威机构发布的各类经济和社会发展统计数据,通过专业化加工处理,按照科学的指标统计结构体系组织而成的大型数据库集群,是国内最为全面、系统、科学、权威的统计数据库之一,也是投资、决策和学术研究的有力助手。该部分资源由宏观专题数据库、重点行业数据库、区域经济数据库、世界经济数据库、其他辅助数据库五大系列组成,内容涵盖宏观经济、工业经济、产品产量、区域经济、重点行业、人口就业、居民生活、价格统计、教育统计、资源环境、金融统计、固定资产、财政税收、国有资产、世界经济等各个领域。

(二)国研网检索方式

登录网址 *edu.drcnet.com.cn*,进入数据库主页面(见图6-31),可通过选择栏目,进入各子数据库,浏览各专题的相关文献。

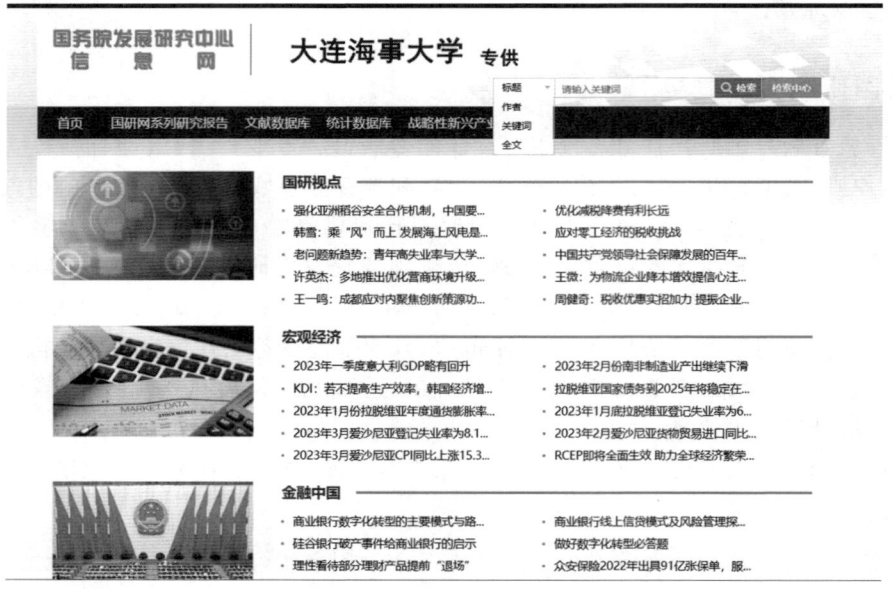

图 6-31 国研网数据库主页面

首页右上方提供了"快速检索"界面,可在检索框内输入关键词,选择标题、关键词、来源、全文中的任意一个检索途径进行检索。

点击首页面的"检索中心",可进入高级检索界面(见图 6-32)。左侧的导航系统提供了子数据库的选择,提供了标题、关键词、来源、全文四个检索途径,并可进行多个途径的逻辑组配检索,进行检索的时间范围限定。搜索结果会显示目标文献总数,文章以条目显示,关键词红色字体突出显示。点击文章标题,即可查看文章内容。已订阅栏目均可查看全文,并支持复制、粘贴、分享等功能。

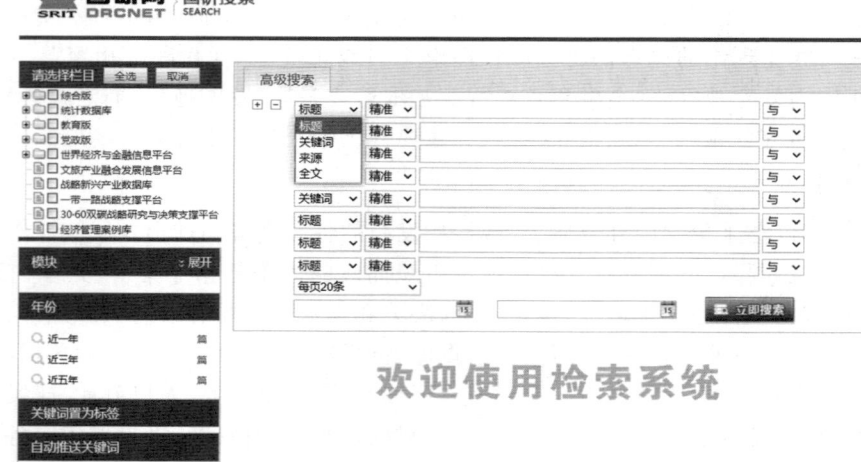

图 6-32 国研网高级检索界面

(三)统计数据库的可视化功能

国研网数据库全面整合我国及国外权威统计职能部门提供的经济运行数据,对国民经济的发展以及运行态势进行了立体、连续、深度展示,提供了强大的表格操作功能、特色的可视化作图、应用场景广泛的计算模块,集查询、分析、计算、可视化于一体。

统计数据库支持单库检索与跨库检索,统计数据提供多维度的查询页面,查询到的数据支持自动生成 Excel 表格导出,结果可直接转化为图形。读者可以根据自己的需要对图形样式、维度等进行转换,设置图形名称等,利用"计算"功能提供数据的各项数值、增长、函数等计算。

二、交通运输专题知识库

(一)交通运输专题知识库资源概要

该库囊括交通行业相关图书、词条、论文、课件、视频、音频、动画、图片、标准规范、工法、法规、文章等 12 种资源类型,覆盖了水运、公路(大土木)、汽车、轨道交通、物流及综合交通等与交通相关的全部专业。共有图书超过 10 000 种(2023 年预计新增 800 种),交通百科条目 208 万条,视频动画超过 2 000 个,工法 1 500 余种,标准规范 1 300 余个,图片 8 万余幅。资源总容量超过 5TB。

该库整合交通运输知识专题资源(出版社资源、外购资源)和上传自建专题数据库(馆有资源及其他资源),运用数字化导入工具、碎片化加工工具、深度标注标引工具、专用转换程序等进行资源管理及应用。数据库提供了在线访问和手机 APP 两种访问方式。

(二)交通运输专题知识库使用方法

登录网址:zt.yuetong.cn,进入交通运输专题知识库在线服务主页面(见图 6-33)。

图 6-33　交通运输专题知识库主页面

首次使用数据库需要利用机构码进行注册,登录后即可进行在线检索和全文阅读。数据库主页面提供了专业分类和文献类型分类,提供了"资源检索"(文献的题名)和"全文检索"(文献的正文)两种途径,支持智能搜索语法,检索结果支持"专业分类""资源类型"两种聚类方式,全文检索结果增加了排序功能,提供了便于进一步精确检索结果。根据图书的不同,提供PDF、EPUB、文本文字三种阅读方式,在线阅读支持调整字体大小、字体格式、背景颜色、行间距,支持用户偏好设置的记忆保存和一键还原、用户读书笔记。

三、北大法宝

(一)北大法宝资源概要

该数据库是由北京大学法律人工智能实验室与北京北大英华科技有限公司联合推出的一款智能型法律信息检索系统,数据内容涵盖法律信息的方方面面,目前包含法律法规库、司法案例库、法学期刊库、专题参考库、英文译本库、法宝视频库、律所实务库、法考系统库、检察文书库、行政处罚库、党内法规库等子库。

1.法律法规库

法律法规库收录自1949年起至今的全部法律、中央法规、地方法规、立法资料、中外条约、外国法规、香港法规、澳门法规、台湾法规、法律动态、合同范本、法律文书等,读者可以利用此库及时了解最新的法律法规动态。

2.司法案例库

司法案例库收录大量的裁判文书,包括案例与裁判文书、案例报道、仲裁案例等子库,除对案例精细整理外,汇集指导性案例、公报案例、典型案例等重要案例及司法解释文件中蕴含的裁判规则,同时提供北大法宝专业团队精心挑选并提炼的有较高参考价值案例的裁判规则,为法律专业人士的理论研究与实务工作提供有效参考。

3.法学期刊库

法学期刊库收录国内法学类核心期刊、优秀的非核心期刊和集刊的全文及目录,各刊内容覆盖创刊号至今发行的所有文献,同时根据文章内容对其进行细致整理,满足用户一站式查询需求。

4.专题参考库

专题参考库含有众多专题资源,目前开设物权、合同、担保、侵权、交通事故、婚姻家庭、知识产权、公司、房地产、金融保险(银行、证券、保险、期货、票据)、海事海商、劳动与社会保障、诉讼制度(民事诉讼、刑事诉讼、行政诉讼、仲裁、证据、执行)等十余个专题。

5.英文译本库

英文译本库集中国法律法规、司法案例、法学期刊、国际条约、法律新闻等重要信息于一体,检索英文法律信息的工具。

6.法宝视频库

法宝视频库汇集了北京大学等国内外顶尖法学院校的著名学者及法律界实务专家的专题讲座、法律实务课程、释法解读,并加入经管、人文等综合素能课程。按照法学学科、法律部门、企业法律顾问、律师业务、法院业务、检察业务、职业素能等方式进行分类,并支持断点续播、音频播放、分段播放。

（二）北大法宝检索方式

登录网址：www.pkulaw.cn，即可进入北大法宝主页面（见图6-34）。

图 6-34　北大法宝主页面

北大法宝注重法律信息数据的深度挖掘和知识发现，独创以"法条联想 clink"为代表的一系列智能检索功能。

1.全库检索

系统除支持各子数据库单库检索外，还支持全库检索，一次关键词输入，可获所有子数据库内相对应的数据，点击子数据库名称即可跳转至该车，全库目前支持标题和全文检索。支持检索词的同义词匹配、精确与模糊，多个检索词之间支持逻辑运算符号；在全文检索条件下，支持同段、同句、同篇检索。

选择特定子数据库后，即可将检索需求限定在该子数据库中。针对子数据库的文献资源特点，提供相应的检索途径，如司法案例库（见图6-35），提供了标题、全文、案号、案件要素等途径，法律法规库提供了标题、全文、发文文号途径。

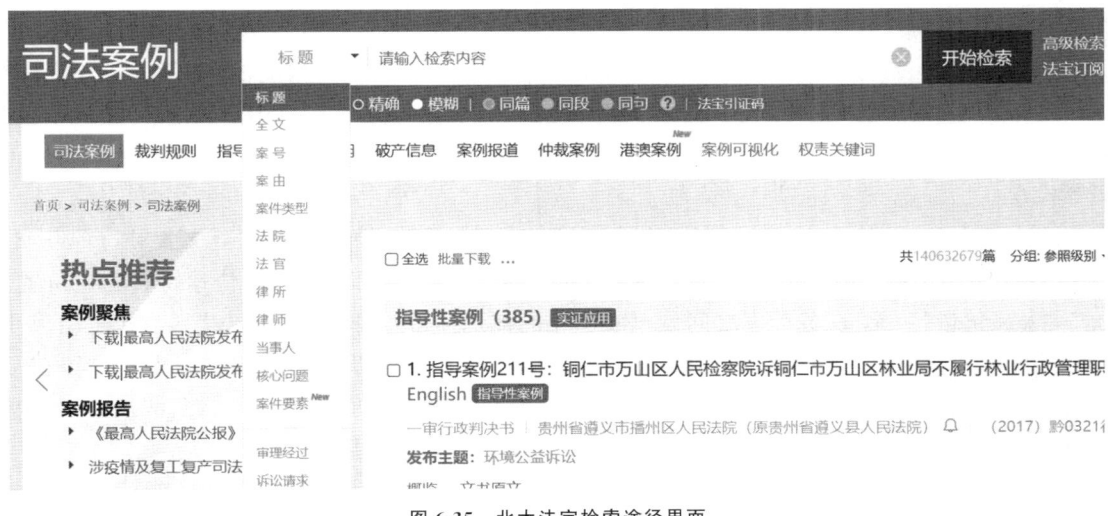

图 6-35　北大法宝检索途径界面

2.高级检索

"高级检索"有 5 个默认检索项,可在功能区选择增加其他检索项,同时可自由选择条件组,点击编辑框后的"＋/－"按钮可添加或删除条件组,支持"并且、或者、不含"三种逻辑。

3.辅助检索功能

利用"检索结果中再检索"可对检索结果进行筛选;指定全文位置,在锁定位置范围内进行"定位检索";"智能发现"提供相似法条的智能推荐。

(三)北大法宝检索结果处理

针对子库的特点可对检索结果排列顺序进行调整,如法规库按照发布日期、实施日期和相关度进行排序,也可以按照效力级别、时效性进行分组。页面左侧设置聚类分组,可根据不同标准对数据进行分类(见图 6-36)。

图 6-36　北大法宝检索结果 1

检索结果列表(见图 6-37)中,根据子库的不同提供对应数据的相关信息,例如法规库,除显示发布日期、实施日期、时效性、发文字号等之外,有英文译本、背景资料、本法变迁,以及法规时效性颜色标亮显示。点击本法变迁会有相关的编注与对照版、历年文本、修改决定与修正案等检索信息。

全文页面内,对检索关键词标亮显示,支持页面内检索、条款跳转;全文提供了 Word、PDF、纯文本等下载格式。全文页面左侧显示目录导航,辅助页面内定位,快速跳转锁定位置。

"法宝联想"功能,在各子库之间创建立体化的知识体系,一次检索可以获得与检索结果相关的其他的法律信息。法规库除了整篇关联之外,还支持具体条款的关联。当光标停留在被引用的法规或者法条时,法宝之窗即可显示。显示法规标题、发布部门、时效性、法规类别等基本信息,或者显示法条的详细内容,以及法条相关联的其他法律信息。

北大法宝数据库内数据有自己独一无二的编码,用于引证注释和检索。目前已经有:《北大法宝法律人高级助手书系》《中国利用外资法律法规文件汇编(2010—2011 年)》《中国利用外资法律法规文件汇编(2011—2012)》《中国利用外资法律法规文件汇编(2012—2013)》《经验

图 6-37 北大法宝检索结果 2

法则——自由心证的尺度(民事证据丛书)》《常用刑事案件辩护要点》《北大法律信息网文萃》引证了此编码体系,凡此书引用过的编码,通过法宝引证码查询系统可免费查看全文。

第五节　中文多媒体数据库资源

数据库资源中还包含一定数量的多媒体资源,中文多媒体数据库资源是以中国国内数据商开发的提供视频资源服务为主的数据库。本节选取了万方视频、创新树、新东方多媒体学习库做概要介绍。

一、万方视频

(一)万方视频资源概要

万方视频是以科技、教育、文化为主要内容的学术视频知识服务系统,是万方数据股份有限公司与中央广播电视总台、教育部、中国科技信息研究所、中华医学会、中国科学院、北大光华、天幕传媒等国内外著名专业制作机构进行的广泛战略合作。现已推出高校课程、学术讲座、学术会议报告、资格考试辅导、医学实践、管理讲座、科普视频、高清纪录片等适合各层次人群观看的精品视频,共有资源100万分钟。

(二)万方视频检索方法

登录网址:video.wanfangdata.com.cn,即可进入万方视频主页面。系统提供了导航浏览与检索两种方式供读者进行视频的选择。

检索提供了"快速检索"和"高级检索"两个检索界面。输入搜索词后,默认是按照全部分类进行检索,读者也可以选择标题、名师、机构、关键词缩小检索范围进行检索,提供了搜索词联想功能以便让搜索更智能。高级检索除可以选择检索途径外,还提供了类型、录制年代、清晰度、字幕、讲义等限制条件,并提供了点播量和年代的排序。如需更进一步的检索,可以在输入关键词或选择筛选方式后,勾选"在结果中查询"。视频总导航分为学科导航及频道导航,便于读者在不知道视频名称或视频具体信息时进行总的预览。视频除提供了在线观看的功能外,对于注册用户还提供了讲义下载、学习笔记、收藏等功能。

二、创新树——全球创新知识平台

(一)创新树资源概要

创新树——全球创新知识平台是中创思潮科技集团推出的"创新"类大型数据库平台,全平台以"创新"为核心内容,汇聚了世界上顶级的创新案例、创新视频、创新思维、创新研究报告、创新成果、创新工具等全球创新资源,从最初"引发创新兴趣"到最终"保护创新成果",资源体系完整贯穿了创新全过程。

1.全球创新视界

聚焦全球科技创新前沿,人工智能和机器人、物联网和无人技术、大数据和区块链、生命科学和前沿医学、数字创意和艺术创意、智能制造和新材料和新能源、混合现实和元宇宙和量子计算众多高新技术领域的创新资源,资源能有效引领读者利用前沿科学,开展学科创新及多学科间交叉融合创新。

2.全球创新案例

遴选世界顶尖创新强国的突破性创新案例,案例涉及创新过程、创新成果、创新实践等内容,开阔读者全球创新视野。平台会根据案例的创新指数、科技指数、热度指数综合评分并排名,每月按排名动态更新。

3.全球创新思维

内容涵盖高校众多学科领域,具体包括工学创新思维、医学创新思维、农学创新思维、艺术学创新思维、管理学创新思维和理学创新思维内容。

4.全球创新领袖

汇聚全球顶尖科学家,深度解码最高奖得主们的创新基因,包括计算机界的图灵奖得主、医学界的诺贝尔生理学奖或医学奖得主、化学界的诺贝尔化学奖得主、物理学界的诺贝尔物理学奖得主、经济学界的诺贝尔经济学奖得主。

5.全球创新工具

全球创新工具包括商标百科、国内商标注册程序、马德里国际商标注册程序、商标法律法规、专利百科、国内专利申请程序、专利法律法规等内容。

6.全球创新热点

聚焦世界最新最前沿的研究重点,掌握各学科创新实时动向。

(二)创新树使用方法

登录网址 www.innovationtree.cn,即可进入创新树——全球创新知识平台主页面(见图6-38)。

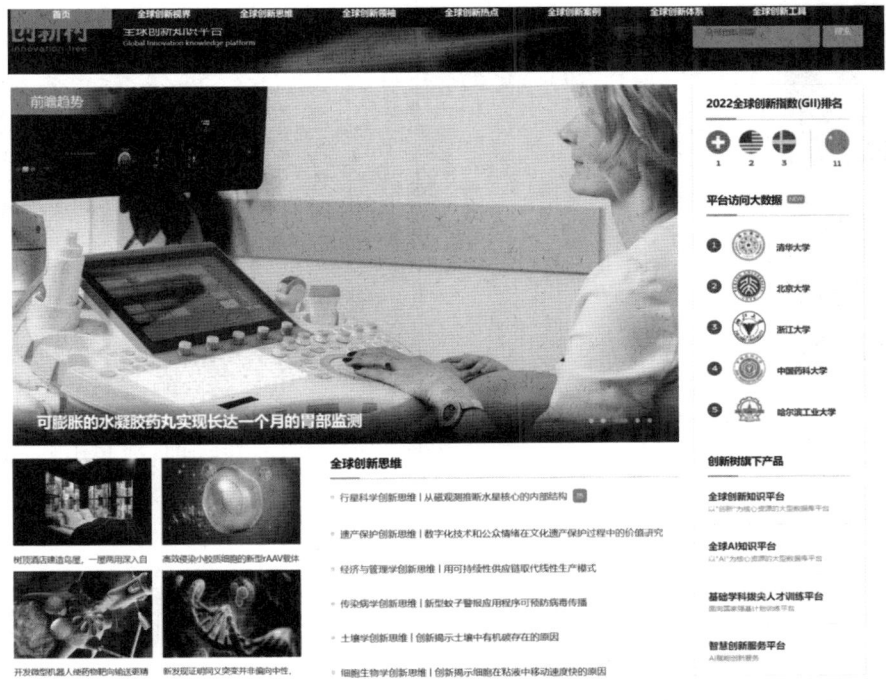

图 6-38 创新树——全球创新知识平台主页面

主页面提供了不同板块的栏目列表,读者可以直接访问板块,点击板块提供相应专辑浏览相关内容,亦可直接输入检索词搜索感兴趣的内容,检索到的内容均可直接在线浏览和播放。

三、新东方多媒体学习库

(一)新东方多媒体学习库资源概要

新东方多媒体学习库为新东方在线推出的集在线测评、网络课堂、在线考试、多媒体互动平台为一体的"一站式"综合学习平台,包含四六级、考研、出国留学、应用外语、实用技能、求职指导、职业认证和公务员等八大类别课程,全部都是由新东方名师倾力讲解并经过后期多媒体技术制作而成的,具有互动性的音频、视频形式的教学课程。除丰富的网络课程外,新东方多媒体学习库还提供大量学习服务,读者还可以在线参与大量的课程学习,并利用考试服务功能参与各类相关英语试题的考试。系统还提供包括听力晨读训练、英语音频下载等的实时英语服务及新东方在线精品课程资料汇总(包括课堂讲义、笔记、习题集、真题讲解)。

(二)新东方多媒体学习库检索方法

登录网址:library.koolearn.com,即可进入新东方多媒体学习库主页面(见图 6-39)。校园IP 内可以直接打开学习,在校园 IP 注册个人用户后可在校外任何地点登录个人账户进行学习。

图 6-39　新东方多媒体学习库主页面

点击主页面上的功能标签,可以进入系统提供的多个功能模块,即:课程中心、考试中心、直播课、专项(互动英语、四六级实训)、爱学励志、爱学资料、爱学讲师等。主页面还提供了国内考试资讯、热门课程、考试达人、全球视野、出国工具、职业准备等栏目。

1.课程中心

新东方多媒体学习库提供英语学习类为主的课程,其所有课程均可以利用此功能模块进行在线收听。课程中心提供了按课程的关键字搜索和按课程分类浏览两种课程检索方式。选择好课程后,读者只需点击"开始学习",即可播放课程。课程提供了课程详情、课程表、讲师介绍,可以点击课程表中任何一节进行学习。注册个人用户还可以使用"个人中心"的所有功能,如课程管理、考试管理、收藏课程和考试、记录听课进度等。

2.考试中心

考试中心提供全真模拟试题、历年真题、预测试卷等,点击"进入题库",读者可以根据分类选择相应的试题,并选择具体的试题进行在线考试答题,也可以进行试卷收藏。通过在线答题,读者还可以检测自己的学习成果。

3.爱学励志

此模块包含大师讲堂、名师课堂板块,通过视频方式提供有关励志演讲、名师讲解考试要点、考试复习技巧、高分学员学习经验谈、过来人的备考方法论等。

4.爱学资料

爱学资料提供资料下载服务,内容包括课堂讲义、笔记、习题集、真题讲解、电子期刊,读者可以直接下载喜欢的资料。

第六节　中文其他数据库资源

一、VIPExam 考试学习资源数据库

(一)VIPExam 考试学习资源数据库资源概要

VIPExam 考试学习资源数据库(简称 VIPExam)是以精品视频课程为核心资源的,集在线学习、同步自测、复习备考、职业技能鉴定于一体的新一代职业教育数据库,收录外语、计算机、考研、公务员、职业资格、财经、工程、司法、医学、专升本、自考、实用职业技能等 12 大专辑 2 200 余个考试科目,现已收录视频课程 70 000 课时、试卷 30 万套。在全面且权威的视频课程及试卷等学习资源的基础之上,还提供了课程学练、答卷自测、学习进展、错题记录、错题组卷、专项练习等自主学习功能。系统提供电脑端和手机端(微信版、APP 版)两种使用方法。

(二)VIPExam 考试学习资源数据库电脑端检索方法

登录网址:www.vipexam.cn,进入 VIPExam 考试学习资源数据库主页面(见图 6-40)。

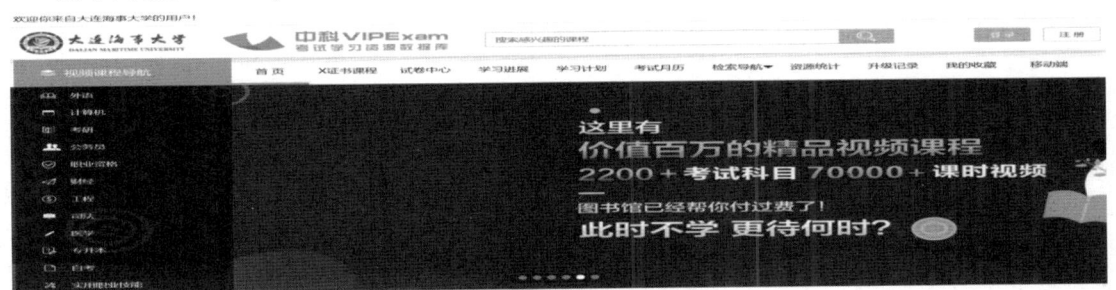

图 6-40　VIPExam 考试学习资源数据库主页面

读者可直接点击"进入数据库"来使用该数据库资源。但在第一次使用 VIPExam 时,最

好先注册一个属于自己的账号,以便于使用 VIPExam 中的个性化学习功能。

1.课程学练

数据库通过"知识元链接"来引导和鼓励读者的"双向学习"模式,读者在学习视频课程之后及时作答同步练习题,对于不懂不会或答错试题可以随时查看相应的视频课程辅导,以加强对知识点的理解与掌握,读者在学与练的过程中可以牢固掌握知识点、提高学习成效。

2.错题记录

错题记录是 VIPExam 数据库一项非常实用且独有的学习功能。读者在答卷练习的过程中,凡是答错的试题(指单个"试题",并非整套"试卷")都将被自动保存到"错题记录"中,便于随时进行分析总结和强化记忆,找出自己学习中的薄弱环节,使学习重点更加突出、学习更加有针对性,进而巩固知识基础。

3.错题组卷

错题组卷是"错题记录"功能的扩展和延伸。通过错题组卷功能,读者可以抽选某一科目下的任意题型、任意数量的错题,将其重新组成一套试卷供自己再次练习。因为该试卷内的试题均为自己以往做错的试题,因此对于检验知识点的掌握程度、验证学习效果将会有极大的帮助。

4.学习进展

学习进展包括课程学习进展统计、学习时间分配统计、答题自测成绩曲线、视频课程学习记录、答卷自测记录、学习进展总体分析等子功能。通过统计分析读者的学习行为、学习进展、时间分配、成绩曲线等数据,进行智能化推荐视频课程、习题以及相关知识点;同时通过对读者学习模式的分析与直观展示,帮助读者查缺补漏、量化了解自身学习进展,并最终掌握系统化的知识体系。

5.检索系统

VIPExam 数据库为读者提供了多种检索途径及界面,包括快速检索、标准检索、高级检索、学科导航检索、名师导航检索等,并提供了专辑、资源类型、发布时间、课程名称、课程类型、章节名称、主讲教师等十余项检索字段。

二、中文社会科学引文索引 CSSCI

(一)中文社会科学引文索引资源概要

中文社会科学引文索引(Chinese Social Sciences Citation Index),简称 CSSCI,是由南京大学中国社会科学研究评价中心开发研制的引文数据库,用来检索中文社会科学领域的论文收录和文献被引用情况。数据库收录了(1998—2022 年)25 年的数据,来源文献 200 余万篇,引文文献 2 300 余万篇。

CSSCI 从来源文献和被引文献两个方面向研究人员提供相关研究领域的前沿信息和各学科学术研究发展的脉搏,通过不同学科、领域的相关逻辑组配检索,挖掘学科新的生长点,展示实现知识创新的途径;面向社会科学管理者 CSSCI 提供地区、机构、学科、学者等多种类型的统计分析数据,从而为制定科学研究发展规划、科研政策提供科学合理的决策参考。

（二）中国社会科学引文检索方法

登录 http://cssci.nju.edu.cn，即可进入中文社会科学引文索引主页面（见图 6-41）。

图 6-41　中文社会科学引文索引主页面

CSSCI 分为："来源文献检索""被引文献检索"。

利用"来源文献检索"读者可以检索到包括普通论文、综述、评论、传记资料、报告等类型的文章；"来源文献检索"字段包括：篇名、作者、作者所在地区机构、刊名、关键词、文献分类号、学科类别、学位类别、基金类别及项目、期刊年代、卷期等。

利用 CSSCI 的"被引文献检索"，读者可以检索到论文（含学位论文）、专著、报纸等文献被他人引用的情况。"被引文献检索"字段包括：被引文献、作者、篇名、刊名、出版年代、被引文献细节等。

读者利用精确检索、模糊检索、逻辑检索、二次检索等可以进一步优化检索。检索结果按不同检索途径进行发文信息或被引信息分析统计，并支持文本信息下载。

三、EPS 全球统计数据/分析平台

（一）EPS 全球统计数据/分析平台资源概要

该平台是由北京福卡斯特信息技术有限公司提供的数值型数据资源和经济计量系统为一体的数据服务平台。通过对各类统计数据的整理和归纳，形成一系列以国际类、区域类、财经类及行业类数据为主的专业数据库集群。平台拥有九大研究系列，包含 93 个数据库，15 亿多条时间序列，数据总量超过 80 亿条。平台集成了数据处理、建模分析、可视化展现等强大系统功能，是做数据支持的一个重要检索工具。大连海事大学选购的子库包括世界贸易数据库、世界经济类数据库若干、世界能源数据库、世界教育数据库、中国各行业领域数据库若干、中国经济类数据库若干、北京社会发展数据库、辽宁县市统计数据库等。

(二)EPS 全球统计数据/分析平台检索方法

登录网址 www.epsnet.com.cn,即可进入 EPS 全球统计数据/分析平台检索主页面(见图 6-42)。该平台提供跨库检索和库内检索。

图 6-42　EPS 全球统计数据/分析平台主页面

1.跨库检索

读者可以在主页面直接输入需要查询的时间+地区/国家/行业+指标,在所有数据库中搜索包含相关输入内容的指标并显示查询结果,读者也可以利用高级检索根据需要选择要检索的字段,在全部数据库或者部分数据库中检索指标。

2.库内检索

读者可以进入相应的数据库进行指标检索。"指标"维度下拉框内即会显示含有该关键词的所有指标高亮显示,并提供了指标的数据表格;维度下拉框指标处右键会出现指标选择(如同级、选择子项等)的便捷功能,方便读者对指标进行筛选。同时,在数据区域展示的指标中,每条指标后都有一个 icon 图标,当鼠标放在该图标上时,便会出现该指标所对应的基本信息,包含指标隶属关系、指标频度、指标时间范围、数据来源以及所属数据库。部分指标的指标信息中还包括指标批注信息。

3.数据的处理与分析

数据查询页面提供 Excel、csv、txt 三种下载格式,图表和地图功能提供了图片、Excel、PDF 三种下载格式。

平台在处理数据时提供了多项数据处理分析功能,如表格转置、数据筛选、高亮显示、条件样式、合并计算、增长率、自定义函数、80/20 分析等(见图 6-43)。

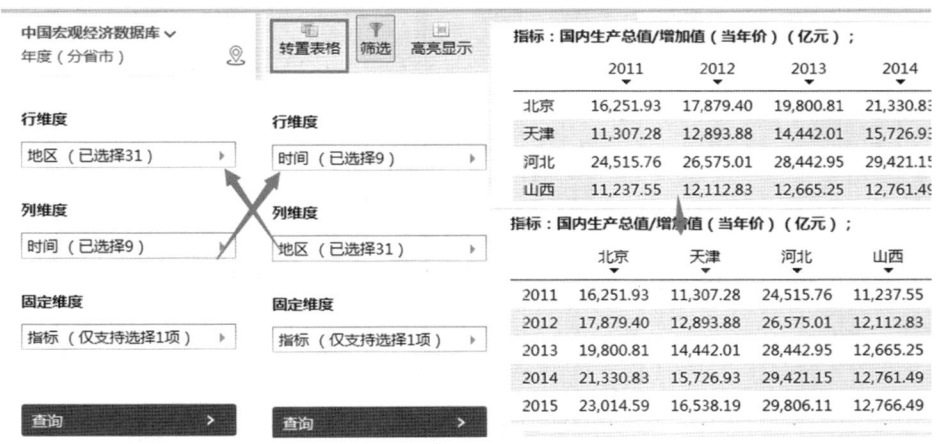

图 6-43　EPS 数据处理与分析样例图 1

　　EPS 数据平台提供了 11 种图表展示,用户可以根据自己的需求选取合适的图表。选择图表显示功能时,系统默认以柱形图显示表格所有的区域。读者也可以点击表格中的年份或者地区,单独展示某年或某地区的数据,甚至可以只选取某个数据点,展示该点的数据;还可以自行选择是否添加数据值标签和图例;亦可根据具体需求,通过点击"自定义图表"按钮,实现图表属性的个性化设定(见图 6-44)。读者只需点击"下载图片"即可下载相应的图标,并可以点击"图表"栏,只显示图表不显示表格数据,便于更清晰地观察图表的细节。

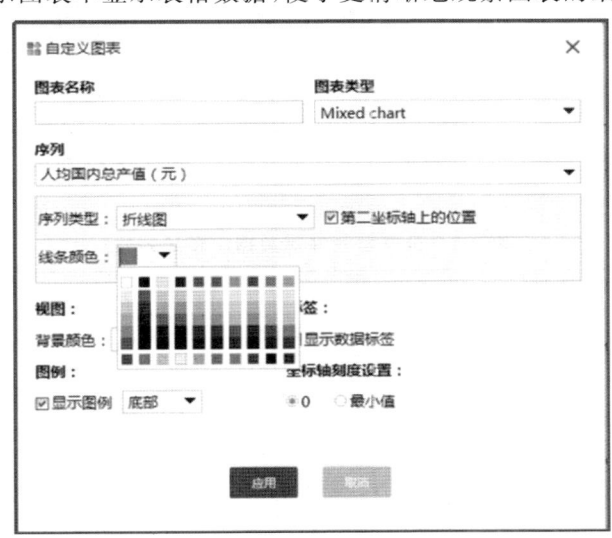

图 6-44　EPS 数据处理与分析样例图 2

　　读者还可以利用地图可视化功能,通过对地图上不同区域颜色的深浅变化,以直观的形式展现中国各省或者世界各国的数据变化情况。

　　EPS 数据平台采用 SaaS(软件即服务)模式,通过云分析为用户提供高质量、高效率、低成本的数据处理、可视化展现、分析预测等软件服务。读者可以进入"云分析平台",利用添加的序列集,完成图表、数据预处理、相关性分析、回归以及时间序列分析等功能。

第七章
外文文献数据库资源

外文文献数据库是指收集和整理了各国科技、文化、经济、教育、医学等方面的文献资料的数据库,包含多种文献类型,如学术论文、研究报告、专利等。外文文献数据库报道了国际重要研究成果和科研动向,是获得学术信息的重要来源。本章将通过四节内容从外文综合数据库资源、外文书刊数据库资源、外文专业数据库资源及外文其他数据库资源分别对一些著名的常用外文文献数据库资源进行介绍,学习如何更好地利用它们进行文献检索。

第一节　外文数据库概览

与中文数据库资源类似,外文数据库资源也是种类繁多,同样选取了大学生常用的外文数据库资源进行汇总(见表 7-1),以方便大家在日常学习中根据学科需要、文献类型需要等途径选择数据库进行检索。

表 7-1　外文常用文献数据库资源列表

序号	数据库名称	概要(学科、文献类型)	网址	学科	类型	全文
1	Web of Science	Web of Science 平台是获取全球学术信息的重要数据库资源,也是具有强大功能的组合检索平台。在内容方面,平台收录了 256 个学科 23 000 多种世界权威的、高影响力的学术期刊,超过 12 万种国际会议录以及书籍、丛书、报告及其他出版物信息,内容涵盖自然科学、工程技术、生物医学、社会科学、艺术与人文等领域,最早回溯至 1900 年。Web of Science 平台以"Web of Science 核心合集"为基础核心内容,包含传统的三大引文数据库 SCI、SSCI、A&HCI,以及著名的会议引文数据库 CPCI-S 和 CPCP-SSH	Web of science.com	综合	多种	无

（续表）

序号	数据库名称	概要(学科、文献类型)	网址	学科	类型	全文
2	Engineering Village(Ei Village)文摘库	Ei 是由 Elsevier Engineering Information Inc. 出版,数据始于 1969 年,涵盖了一系列工程、应用科学领域高品质的文献资源,涉及机械工程、土木工程、环境工程、电气工程、结构工程、材料科学、固体物理、超导体、生物工程、能源、化学和工艺工程、照明和光学技术、空气和水污染、固体废弃物的处理、道路交通、运输安全、控制工程、工程管理、农业工程和食品技术、计算机和数据处理、电子和通信、石油、宇航、汽车工程以及这些领域的子科学和其他主要的工程领域	www.engineeringvillage.com	综合	期刊	无
3	Science Direct	Science Direct 收录接近 3 000 种同行评议期刊,超过 30 000 多种系列丛书、手册及参考书等,全文文章总数已超过 1 300 万篇,资源分为四大研究领域:物理学与工程、生命科学、健康科学、社会科学与人文科学,共涵盖 24 个学科,这些文献包含各种来自核心科学的权威书籍,以及最具影响力的期刊,提供索引、摘要和全文信息	www.sciencedirect.com	综合	多种	有
4	Springer Link	Springer 出版公司是世界著名的德国出版公司,每年出版期刊超过 2 000 种,涵盖了自然科学、技术、工程、医学、法律、行为科学、经济学、生物学和医学等 11 个学科。该平台上包括电子期刊、电子图书、回溯电子图书等资源	link.springer.com	综合	图书、期刊	有
5	Emerald	Emerald 一直致力于管理学、图书馆学、工程学专家评审期刊,以及人文社会科学图书的出版。该平台包括管理学全文期刊库、工程学全文期刊库、电子书系列丛书数据库、全文期刊回溯库、平台辅助资源等多种资源	www.emerald.com/insight	综合	多种	有

（续表）

序号	数据库名称	概要（学科、文献类型）	网址	学科	类型	全文
6	EBSCO	EBSCO 开发了近 100 多个在线文献数据库，涉及自然科学、社会科学、人文和艺术等多种学术领域。其中两个主要全文数据库是：学术期刊集成全文数据库（Academic Search Premier，ASP）和商业资源电子文献全文数据库（Business Source Premier，BSP）	search.ebscohost.com	综合	多种	有
7	IELIEEE Electronic Library	IELIEEE Electronic Library 是 IEEE 旗下最完整的在线数据资源，它提供了当今世界在电气工程、通信工程和计算机科学领域中近 1/3 的文献，并在多个学科领域引用量名列前茅。IEEE Xplore 平台根据出版物类型将其产品分为五大类：电子书（Books & eBooks）、会议录（Conference Publications）、电子学习课件（Courses）、期刊与杂志（Journals & Magazines）和 IEEE 标准（Standards）	ieeexplore.ieee.org/Xplore/home.jsp	专业-信息科学	多种	有
8	Shipping Intelligence Network（SIN）	Shipping Intelligence Network 是 Clarkson Research Services Limited 公司开发的以航运市场行情为主要内容的资讯平台，包含了 Clarkson Research 搜集发布的综合范围数据，包括最新的航运市场信息、方便下载的各类出版物、船队及订单列表，以及主要商业情报的数千条时间序列数据和图表	www.clarksons.net.cn/n/#/portal	专业-交通运输	多种	无
9	Lexis Advance 全球法律信息数据库	Lexis Advance 是 Lexis Nexis 的旗舰产品 Lexis.com 的最新升级平台，共有 60 亿个可查文件，支持全面检索美国基础法律信息及二次文献，便捷查询全球 160 多个国家和地区的法律资源	advance.lexis.com/?identityprofileid=S8BRM655816	专业-法学	多种	有

（续表）

序号	数据库名称	概要（学科、文献类型）	网址	学科	类型	全文
10	Essential Science Indicators^{SM}（基本科学指标）	Essential Science Indicators^{SM}（基本科学指标，简称 ESI）是一个基于 Web of Science™ 数据库的深度分析型研究工具，基于科学引文索引 SCI 和社会科学引文索引 SSCI 所收录的全球 10 000 多种学术期刊的文献记录（文献类型为 Article 和 Review）的发表数量和引文数据，ESI 提供对 22 个学科研究领域中的国家、机构和期刊的科研绩效统计和科研实力排名	esi.clarivate.com	综合	数据/事实	无
11	In Cites 数据库（In Cites Benchmarking & Analytics）	In Cites 数据库是基于 Web of Science 核心合集七大索引数据库（SCIE/SSCI/A&HCI/CPCI-S/CPCI-SSH/BKCI-S/BKCI-SSH）30 多年客观、权威的数据进行出版物计数和指标计算从而建立起来的科研评价工具。七大索引数据库涵盖了超过 12 000 种期刊、超 160 000 种会议录以及 53 000 本学术典籍，收录了自然科学、社会科学与人文艺术等领域中最具全球影响力的内容	incites.clarivate.com	综合	数据/事实	无
12	ProQuest 学位论文全文检索平台	ProQuest 学位论文全文检索平台实现了 PQDT 文摘索引和全文检索服务的融合，并进行系统相关功能的优化和扩展，使最终用户可以一站式获得检索文摘索引、订购论文、浏览全文等服务。截至目前，收录 1743 年至今全球超过 3 000 余所高校、科研机构逾 448 万篇博硕士论文信息，其中，博硕士论文全文文献逾 218 万篇，涵盖了从 1861 年获得通过的美国第一篇博士论文，回溯至 17 世纪的欧洲培养单位的博士论文，到本年度本学期获得通过的博硕士论文信息	www.pqdtcn.com	综合	学位论文	有

（续表）

序号	数据库名称	概要（学科、文献类型）	网址	学科	类型	全文
13	ASCE	ASCE 是"美国土木工程师学会出版物，包含 35 种土木工程期刊、16 种过刊、700 多卷会议录、600 多个会议视频、430 多种电子图书。文献总数超过 15.5 万篇，每年新增 5 000 多篇。现行期刊（1983—2022），其中 34 种期刊被 SCI 收录，22 种期刊影响因子超过 2。学科范围为：土木工程、结构工程、地质工程、材料科学、城乡规划学、管理科学与工程、环境科学与工程、交通运输工程、水利工程、海洋工程等	ascelibrary.org	专业-工程技术	期刊、会议	有
14	ASME	ASME 是美国机械工程师协会出版物。ASME 期刊现刊包含 35 种机械工程核心期刊、27 种过刊、1 800 多卷会议录、40 多个会议、1 100 种视频、270 多种电子图书。学科范围：力学、热力学、机械工程、海洋工程、能源和燃料、管理科学与工程、生物医学工程、材料科学和工程、自动化和控制系统、声学、数学等	asmedigitalcollection.asme.org	专业-工程技术	期刊、会议	有
15	i-law M&C Channel License	i-law M&C Channel License 是英国 Informa Intellience（英富曼集团）电子出版物的在线访问平台，包含案例报告、案例分析、法律条约、实时通信等。提供劳氏法律报告在内的海事商贸法律类刊物和图书，以及海运安全、海运货物、船舶买卖等条例、实施细则及相关法律文件；收集了自 1919 年以来的 18 000 多件案例，是劳氏海运法律文库的重要书籍	www.i-law.com	专业-法学	数据/事实	有
16	寻知学术文献数据检索平台	寻知学术文献数据检索平台提供包括外文期刊论文、国际会议文献、学位论文、外文图书、国内外专利数据和标准文献在内的海量学术文献检索。可检索到的文献类型包括期刊、国际会议、电子图书、专利、学位论文、标准等	www.kingbook.com.cn/xz.htm	综合	多种	全文链接

（续表）

序号	数据库名称	概要(学科、文献类型)	网址	学科	类型	全文
17	BIMCO (波罗的海国际航运公会)	提供最新航运市场分析报告、BIMCO 反复推敲的合同订立指南和备忘录,包括海盗和毒品走私在内的最新安全预警和战争风险提醒,针对 BIMCO 标准合同、条款的术语解释,全球 1 800 多个港口信息,包括当地港口节假日安排、贸易限制与制裁信息	www.bimco.org	专业-交通运输	数据/事实	无
18	剑桥期刊在线数据库	剑桥大学出版社的 400 多种在线期刊,其中 226 种期刊被 SCI/SSCI 收录,涵盖自然科学、人文科学、社会科学等各个学科领域	www.cambridge.org/core	综合	期刊	有
19	Wiley 电子期刊	Wiley 出版社的 1 300 多种在线期刊,包括科学与技术、社会与人文科学、医学与护理学、专业技术学科等专辑	onlinelibrary.wiley.com	综合	期刊	有
20	GSP 电子期刊	全球科学出版社(Global Science Press)出版的数学物理领域的期刊,涵盖了整个数学领域,既有基础理论研究,也有应用研究,内容丰富而全面。期刊涉及与数学、物理相关的领域,专注于数学衍生领域的应用与发展	www.global-sci.org	专业-数学	期刊	有
21	JSTOR 过刊数据库	Journal Storage 是一个对过期期刊进行数字化的非营利性机构,有计划地建立核心学术性过期期刊的数字化存档。JSTOR 过刊数据库完整收录学术期刊,不收录现刊,从刊物的第一卷第一期制作电子版本,平均有 3～5 年的时间间隔,分成四大类三十余个专业主题。以政治学、经济学、哲学、历史等人文社会学科主题为中心,兼有一般科学性主题共十几个领域的代表性学术期刊的全文库	www.jstor.org	专业-人文社科	期刊	有
22	牛津期刊现刊	牛津期刊现刊数据库涵盖社会科学、艺术、文学、法律、医学、生命科学、数学、科学技术以及人文等领域,2023 年牛津期刊现刊数据库由 374 种期刊组成	academic.oup.com/journals	综合	期刊	有

（续表）

序号	数据库名称	概要（学科、文献类型）	网址	学科	类型	全文
23	威科国际期刊全文数据库 Kluwer Law Online Journals	Kluwer Law International 出版社的旗舰产品，该数据库包含 30 种全文法律学术期刊（Journals）的全文信息，其中包含数 10 万篇期刊全文，涉及商法、经济法、欧共体法、国际（贸易）法、竞争法（反垄断法）、交通运输法、环境法、税法、商业仲裁等各个领域	www.kluwerlawonline.com	专业-法学	期刊	有
24	威科国际商事仲裁在线 Kluwer Arbitration	威科国际商事仲裁在线是国际上唯一一个收录了仲裁裁决案例的数据库，收录超过 13 500 条典型的法庭决议（Court decisions）以及 6 000 余项典型的仲裁裁决案例，收录超过 3 500 条双边投资协原文以及 400 多本书籍、20 种仲裁专业期刊	www.kluwerArbitration. com	专业-法学	案例	有
25	全球法律信息数据库 Lexis Advance	全球法律数据库 Lexis Advance 已收录 600 亿个可查文件、超 400 万个联邦机构文件、超 110 万个判决结果、超 190 万条审判法律命令、超 1.8 亿个联邦和州法院摘要和文件，具有超过 6 万个值得信赖的数据源，文件数以每周 950 万的速度递增。同时提供有注解的联邦和州成文法、平均 72~96 小时进行新案例更新的全面的案例法、权威的法学出版社资源、顶级法律新闻媒体资源	advance.lexis.com/ ？identityprofileid＝ S8BRM655816	专业-法学	法规、期刊、图书	有
26	ACM 数据库	美国计算机协会出版物，计算机科学与技术学科领域的专业期刊、会议录和新闻快报	dl.acm.org	专业-信息科学	期刊、会议	有
27	IMechE 数据库	英国机械工程师学会出版的学术期，专注机械工程及相关领域，涵盖汽车、铁路、航空航天、医学、电力和建筑行业等	sage.cnpereading.com	专业-机械工程	期刊	有
28	科学文摘 INSPEC	科学文摘 INSPEC 是英国工程技术学会（IET）出版的文摘和索引数据库，覆盖物理、电子与电气工程、计算机与控制工程、生产和制造工程等领域，包括科技期刊、会议论文集所涵盖的大量专著和非专利文献	Web of Science（WOS 平台）：www.webofscience.com/ wos/inspec/basic-searchEngineering Village（EV 平台）：www.engineeringvillage. com/search/quick.url	专业-工理科综合	期刊、会议	无

（续表）

序号	数据库名称	概要(学科、文献类型)	网址	学科	类型	全文
29	Science 科学周刊	Science 科学周刊是国际学术界享有盛誉的综合性科学期刊。Science 是《科学》杂志的网络数据库,涉及生命科学及医学、各基础自然科学、工程学以及部分人文社会科学	www.sciencemag.org	综合	期刊	有
30	IWA 数据库	国际水协会是一个全球水资源专业人员网站,主要从事水资源研究、处理以及水循环工作,实现全球水资源的可持续利用,以解决水供应问题。其研究范围包括饮用水、废水和雪水等几个方面,包含 10 种在线全文期刊	iwaponline.com	专业-工程技术	期刊	有
31	Begell Digital Library (BDL)	Begell Digital Library (BDL)覆盖的学科领域包括动力工程和热物理、核科学、航空航天、纳米、生物医学研究等,收录期刊、热物理电子书、国际传热传质中心会议录论文集等	www.dl.begellhouse.com	专业-动力工程	期刊	有
32	ACS	ACS(美国化学会)数据库资源,包含 60 余种电子期刊、1 700 多本电子图书、参考手册、写作指南等文献涵盖 20 多个与化学相关的研究领域	pubs.acs.org	专业-化学	期刊	有
33	Nature 电子期刊	Nature 电子期刊是全球最知名的科学期刊之一,涵盖各学科领域,已连续十几年名列多学科领域影响因子排名第一。自然系列期刊分为自然系列研究期刊和自然综述系列期刊	www.nature.com	专业-自然科学综合	期刊	有
34	Scopus	Scopus 是爱思唯尔公司的同行评议摘要引文数据库。收录来自全球 220 多个国家,7 000 多家出版商的科技出版内容,覆盖自然科学与工程、社会与人文科学、健康科学和生命科学各个领域	www.scopus.com	综合	期刊	有

（续表）

序号	数据库名称	概要（学科、文献类型）	网址	学科	类型	全文
35	World Bank	世界银行在线图书馆（简称 World Bank）面向全球提供世界银行所拥有的财经类学术资源访问服务，收录了世界银行所有经过严格同行评审后发表的正式出版物和学术文章。收录了 8 631 本图书，8 583 篇政策研究报告、世界银行研讨报告以及世界银行工作报告等	elibrary.worldbank.org	专业-经济	图书、报告	有
36	Westlaw Classic	Westlaw Classic 是以全文的英美法国家原始法律资料，包括：判例法、法律法规（收录的各国的法律条文主要包括英国成文法、美国联邦和州法、欧盟法规、中国香港地区、加拿大和韩国的法律法规）、法学期刊、布莱克法学词典、法学专著、远程讲座	www.westlaw.com	专业-法学	案例、期刊、图书	有
37	World Library	原 WEL 数据库（全称 World eBook Library），电子图书数据库产品，其收录的资源最早可追溯至 11 世纪，收录了人类文明史上 1 000 年来历史上最伟大的思想家的作品。文献资源主要来自美洲、亚洲、非洲和欧洲，语种以英语为主	database.worldlibrary.org	综合	图书	有
38	EBSCO-LRC（全称 Literary Reference Center）	EBSCO-LRC（全称 Literary Reference Center）是外国文学全文数据库，能够为读者在不同的文学主题下，或是特定的时代里，提供广泛的信息，涵盖所有类型和时间段。它包括许多重要的剧情简介、数千篇概要、书籍概述、评论文章、书评、文学期刊和作者传记、全文经典小说、短篇小说和诗歌，以及全文期刊、作者访谈等	search.ebscohost.com	专业-语言文学	图书	有

（续表）

序号	数据库名称	概要(学科、文献类型)	网址	学科	类型	全文
39	EBSCO-CMMC (全称 Communication & Mass Media Complete)	EBSCO-CMMC(全称 Communication & Mass Media Complete)是大众传播暨应用外语全文数据库,结合了 Communication Search(之前由美国传播协会制作)和 Mass Media Articles Index(之前由美国宾夕法尼亚州立大学制作)数据库的资源,并收录大量传播学、大众媒体、语言学、话语分析、修辞学、社会语言学、传播学理论、语言、逻辑、组织传播学和其他相关领域研究的期刊资源	search.ebscohost.com	专业-语言文学	图书	有
40	Explora	Explora 是英语学习中心数据库,包括 Middle Search Plus 和 Ultra Online Package 两个英语学习资源。主题涉及自然科学、人文历史、社会科学、艺术等各个方面,包含了已经标识了全美最具公信力的阅读分级系统——蓝思(Lexile)分级的 800 多万篇文献	search.ebscohost.com	专业-语言文学	图书	有
41	EMIS 数据库(Emerging Markets Information Service/全球新兴市场商业资讯)	EMIS 数据库(Emerging Markets Information Service/全球新兴市场商业资讯)提供包括亚太地区、欧洲、中东、北非和南北美洲的超过 190 个新兴市场国家和地区的市场动态和商务信息。内容包括:实时新闻、所有上市公司和部分非上市公司的分析报告、行业深度分析报告和统计数据、金融证券市场分析、宏观经济统计数据及法律法规等	www.emis.com/php/dashboard/index	专业-经济	数据/事实	无
42	IOP 电子期刊	IOP 电子期刊是英国物理学会出版社(IOP Publishing)的学术性期刊全文数据库。出版学科十分广泛,包括:应用物理、计算机科学、凝聚态和材料科学、物理总论、高能和核能物理、数学物理、原子和分子物理、物理教育学、等离子物理等	www.iopscience.org	专业-物理	期刊	有
43	Project MUSE 电子书	Project MUSE 电子书均为同行评审内容,收录来自普林斯顿大学出版社、康奈尔大学出版社、纽约州立大学出版社、约翰斯·霍普金斯大学出版社等 140 多家主要大学及学术出版社电子书	muse.jhu.edu	专业-文科综合	图书	有

（续表）

序号	数据库名称	概要（学科、文献类型）	网址	学科	类型	全文
44	Janes 系列数据库	Janes 系列数据库向用户滚动提供最近 5 年全球各个国家和地区的最新资料,覆盖学科领域:政治学、公安学、电子科学与技术、信息与通信工程、交通运输工程、船舶与海洋工程、航空宇航科学与技术、兵器科学与技术、军事学等	www.cinfo.net.cn	专业-交通运输	数据/事实	有
45	APS	APS 是美国物理学会出版的期刊,主要内容为物理学及相关学科	journals.aps.org	专业-物理学	期刊	有
46	H.W.Wilson 数据库	H.W.Wilson 数据库是威尔逊（H.W.Wilson）公司的电子出版物,收录全文期刊及相关的报告、会议录、电子书、书评及图片等资源。收录的期刊涵盖了广泛的学科范围,包括艺术、教育、工程、人文、社会科学等	search.ebscohost.com	专业-文科综合	期刊、图书、会议	有
47	Taylor & Francis 期刊数据库	Taylor & Francis 期刊数据库是 Taylor & Francis 出版集团出版的期刊,包括科技、人文与社会科学、医学及 Taylor & Francis Expert Opinion 专家见解四个专辑	www.tandfonline.com	综合	期刊	有
48	Annual Reviews	Annual Reviews 致力于向全球科学家提供高度概括、实用信息的非营利性组织,专注于出版权威综述期刊。期刊涉及生物医学、自然科学、农学、社会科学及经济学领域 46 个不同学科	www.annualreviews.org	综合	期刊	有
49	Journal Citation Reports（JCR,期刊引证报告）	Journal Citation Reports（JCR,期刊引让报告）数据库是一个独特的多学科期刊评价工具。JCR 是唯一提供基于引文数据的统计信息的期刊评价资源。通过对参考文献的标引和统计,JCR 可以在期刊层面衡量某项研究的影响力,显示出引用和被引期刊之间的相互关系。在 In-Cites 平台上的 JCR 开发并加强了数据及其呈现方式,使其更加全面易用。JCR 与 Web of Science 核心合集的数据无缝链接、自由切换,并采用更加清晰、准确的可视化方式来呈现数据,用户可以更加轻松地创建、存储并导出报告	Web of science.com	综合	多种	无

（续表）

序号	数据库名称	概要(学科、文献类型)	网址	学科	类型	全文
50	AIP(美国物理联合会)电子期刊及会议录数据库	AIP(美国物理联合会)电子期刊及会议录数据库收录 27 种期刊和 1 种会议录,绝大多数期刊被 SCI 收录,文献量超过 4 100万篇,涵盖应用物理、生物科学、化学物理、能源、材料科学、纳米科学、光子学七大学科领域。AIP 出版的旗舰期刊有:Applied Physics Letters、Journal of Applied Physics 和 The Journal of Chemical Physics,分别是各专业领域排名领先、被引用次数最多的科技期刊之一	https://pubs.aip.org/	理学	期刊、会议	有

第二节　外文综合性数据库资源

一、Web of Science

（一）Web of Science 平台概述

Web of Science 平台是获取全球学术信息的重要数据库资源,也是具有强大功能的组合检索平台。在内容方面,平台收录了 256 个学科 23 000 多种世界权威的、高影响力的学术期刊,超过 12 万种国际会议录以及书籍、丛书、报告及其他出版物信息,内容涵盖自然科学、工程技术、生物医学、社会科学、艺术与人文等领域,最早回溯至 1900 年。Web of Science 平台以"Web of Science 核心合集"为基础核心内容,包含传统的三大引文数据库 SCI、SSCI、A&HCI,以及著名的会议引文数据库 CPCI-S 和 CPCP-SSH。这些引文数据库中收录了优秀的论文内容,还包括了论文中所引用的参考文献,并按照被引作者、出处和出版年代编制成独特的引文索引网络。在功能方面,Web of Science 平台具备强大的知识发现功能,通过对检索结果的分析和精炼,以及对分析工具的运用,可以发现课题发展趋势,确定某领域的高产出研究人员、研究机构,发现相关的学术期刊。

1.主要资源介绍

（1）Web of Science 核心合集:核心合集(Core Collection)由 7 个数据库组成,包括 3 个期刊引文索引、2 个会议引文索引、1 个图书索引和 1 个化学索引。

（2）Derwent Innovations Index/德温特专利索引:由 DWPI 和 Patents Citation Index(专利引文索引,PCI)两个部分组成。收录来自全球超过 50 个专利授予机构的超过 3 600 万条基本发明专利与专利情报;数据回溯到 1963 年。提供全球收录最全面的专利引文信息,除 US

之外,PCI 还包括 WO、EP、JP、DE、GB 的专利引文数据。

(3)Journal Citation Reports(期刊引证报告):基于引文数据进行信息统计的多学科期刊评价工具。通过对参考文献的标引和统计,JCR 可以在期刊层面衡量某项研究的影响力,显示出引用和被引期刊之间的相互关系。JCR 包括自然科学(Science Edition)和社会科学(Social Sciences Edition)两个版本。其中,JCR-Science 涵盖来自 83 个国家或地区,约 2 000 家出版机构的 8 500 多种期刊,覆盖 176 个学科领域。JCR-Social Sciences 涵盖来自 52 个国家或地区 713 家出版机构 3 000 多种期刊,覆盖 56 个学科领域。

此外,Web of Science 还提供功能强大且具有广泛影响力的分析工具,包括 Essential Science Indicators(基本科学指标,简称 ESI)、InCites(科研绩效分析平台),并且提供在线个人文献管理工具 EndNote Online。

2.主页介绍

Web of Science 于 2022 年全面升级更新为新版运行,平台新版主页面(http://Web of science.com)如图 7-1 所示,检索页面更加简洁,提供简体中文、繁体中文、英语、日语、韩语等 8 种语言界面,读者可以在首页右上角进行自由切换。在产品选择区域,读者可以根据需要进行产品的选择,在产品下拉列表中包含:主期刊列表(Master Journal List)、Incites 数据库(In-Cites Benchmarking & Analytics)、期刊引证报告(Journal Citation Reports)、基本科学指标(Essential Science Indicators)、文献管理软件及插件(EndNote & EndNote Click)。在检索区域,读者可以根据需求,进行子数据库及检索方式的选择,进行检索字段选择、高级检索等检索方式的切换。此外,在首页的左侧隐藏有菜单栏,里面包含读者的个人信息、检索结果列表、检索历史及保存的检索式和跟踪等个性化信息。

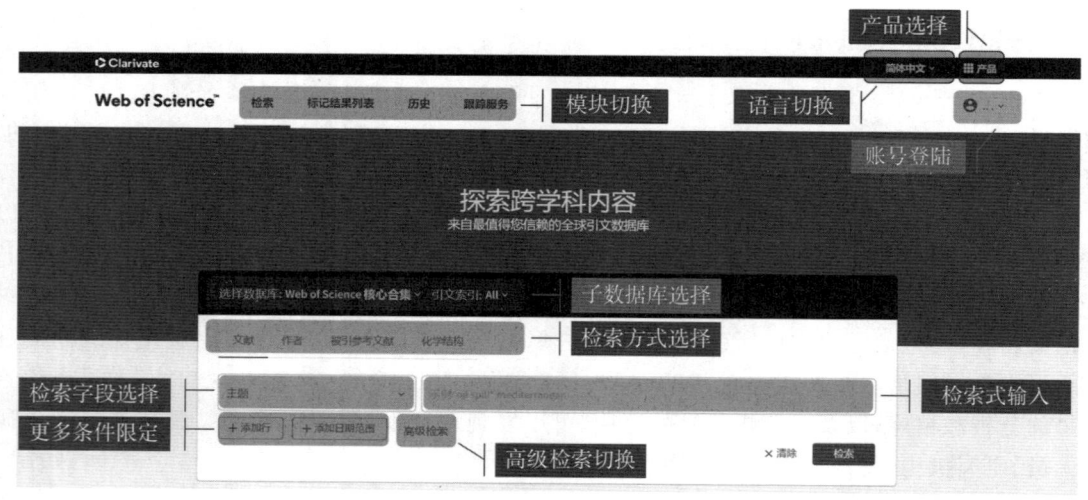

图 7-1　Web of Science 平台主页面

(二) Web of Science 平台检索方式

Web of Science 平台主要提供基本检索、高级检索、被引参考文献检索、作者检索、化学结构检索等检索方式。此外,在 Web of Science 核心合集中,还提供化学结构检索方式。

1.基本检索

平台首页默认的检索方式即为基本检索,可同时进行多个字段的检索,各字段内可用"＊"进行截词检索,各个检索字段间可以利用布尔逻辑运算符"AND、OR、NOT"进行组配。平台可检索字段包括主题、标题、作者、机构扩展、出版日期、入藏号等25个字段,在新版平台中支持一串DOI、入藏号、PubMed ID智能检索,无需布尔运算符连接;所属机构字段具有联想功能,系统根据读者输入内容推荐提示归并后的机构。

2.高级检索

点击平台首页中的高级检索即可切换至高级检索页面,高级检索适用于对数据库熟悉并且有较丰富使用经验的读者,在高级检索页面中,读者可以自动创建检索式,并且在新版平台中增加了"精确检索"选项,在页面下方可以浏览检索历史。进而根据需要进行组配检索式(见图7-2)。

图7-2　Web of Science平台高级检索页面

3.被引参考文献检索

被引参考文献检索支持全库检索,以一篇文章、一个作者、一本期刊或一本书作为检索词,进行被引参考文献检索,在不了解关键词或者难于限定关键词的时候,读者可以从一篇高质量的文献出发,了解课题的全貌。未被Web of Science平台收录的文献同样支持被引参考文献检索。可检索字段包括被引作者、被引著作、被引标题、引用的DOI、被引年份、被引卷、被引期、被引页等,各字段间可用布尔逻辑运算符相组配(见图7-3)。

4.作者(研究人员)检索

在平台首页,从文献选项卡切换至研究人员选项卡即可通过作者相关信息进行检索,作者检索界面支持姓名与Authors Identifiers检索,可添加作者姓名的不同拼写方式(见图7-4)。

5.化学结构检索

化学结构检索适用于检索CCR和IC两个数据库,查看和绘制化学结构时,需要下载并安

图 7-3　Web of Science 平台被引参考文献检索页面

图 7-4　Web of Science 平台作者检索结果页面

装免费化学插件,读者可从 Web of Science 平台下载并安装免费化学插件,具体操作遵从系统的页面提示即可。

(三) Web of Science 平台检索结果显示与处理

1.检索结果列表

Web of Science 平台检索结果以列表形式呈现,读者可以根据偏好,选择每页显示的命中文献数量是 10、25 或 50 条。每条记录均会显示文献的基本外部信息、参考文献及引用情况、相关记录,并提供相应跳转链接。

2.排序

平台提供按照相关性、引文类别（背景、基础、支持、差异、讨论）、日期、被引频次、使用次数、会议标题、第一作者姓名、出版物标题等不同的排序方式，默认为按照相关性进行排序。

3.精炼

在检索结果页面左侧，读者可以根据需要，从引文主题、作者、出版年、文献类型、Web of Science 类别、所属机构、出版物标题、出版商、基金资助机构等 20 个维度对检索结果进行二次精炼，并且读者可以从高被引论文、热点论文、综述论文、在线发表、开放获取、被引参考文献深度分析等维度对检索结果进行快速过滤。

4.导出

读者可通过勾选文献前方的选项框，选择需要的文献进行导出或者分析。平台提供了纯文本文件、RefWorks、RIS（其他参考文献软件）、BibTeX、Excel、制表符分隔文件、可打印的 HTML 文件、电子邮件等多种导出格式。读者也可将选中文献导入 InCites 分析工具、EndNote 文献参考软件或者添加到我的研究人员个人信息，方便对文献进行管理。

5.个性化推荐

新版平台新增了个性化推荐功能，自动推荐更多相关的文献。

（四）Web of Science 平台文献分析与管理

1.文献分析

（1）文献详情查看

文献详情页面（见图 7-5）为读者展示了文章信息、作者信息、期刊信息、引文网络信息、相关文献推荐、文章全文的获取方式等信息，在文献详情页上方有检索导航标签，可直接返回整个检索过程的任意一个步骤。

图 7-5　Web of Science 平台文献详情页面

（2）分析检索结果

读者可从文献类型、Web of Science 类别、作者、所属机构、出版商、基金资助机构等多维度对检索结果进行分析（见图 7-6）。

图 7-6　Web of Science 平台分析检索结果页面

（3）创建引文报告

一体化总览研究成果，查看研究成果的引用情况，分析出版物总数、hindex（h 指数，用于评价作者的论文影响力）、被引频次、施引文献、按年份的被引频次等情况（见图 7-7）。

图 7-7　Web of Science 平台引文分析报告

2.文献管理

（1）与团队共享检索结果

可在检索结果页面通过点击"复制检索式链接"，将检索结果链接进行共享（见图 7-8）。

图 7-8　Web of Science 平台共享检索结果功能

（2）创建跟踪服务

根据需要创建针对课题、作者、期刊的跟踪服务，同时同步 Web of Science Classic 的跟踪记录，见图 7-9。

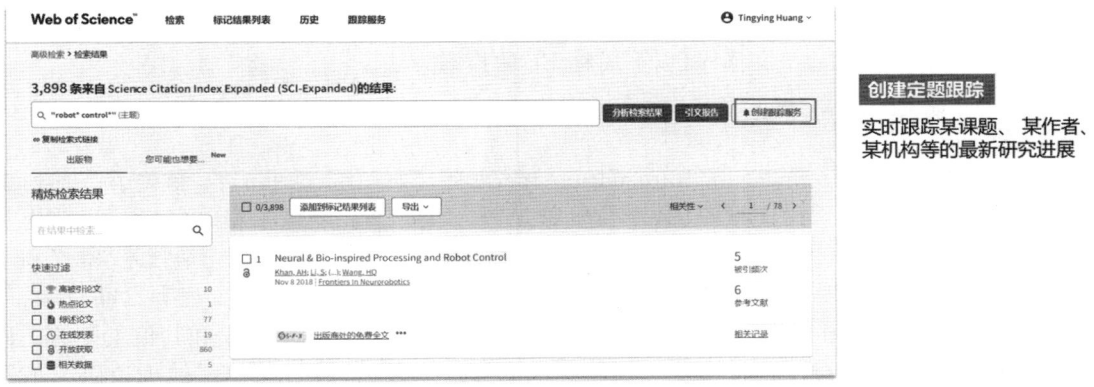

图 7-9　Web of Science 平台创建定题跟踪

（3）参考文献管理软件 Endnote

Endnote 是 Clarivate Analytics（科睿唯安）发行的一款流行的参考文献管理软件，可以帮助读者：①建立个人文献数据库，从在线数据库检索文献并快速导入、将已有 PDF 文献导入、手工编写等，并帮助寻找文献全文；②管理文献数据库，去重、排序、库内文献快速检索、文献分组、阅读笔记、更新文献信息、与他人分享文献库等；③协助论文写作编辑，安装后自动在 Word 添加 EndNote 工具条，可以一键实现参考文献插入、参考文献序号智能调整、参考文献格式更换等操作。读者从 Web of Science 首页的产品下拉菜单中选择 Endnote 即可体验在线版本（见图 7-10）。

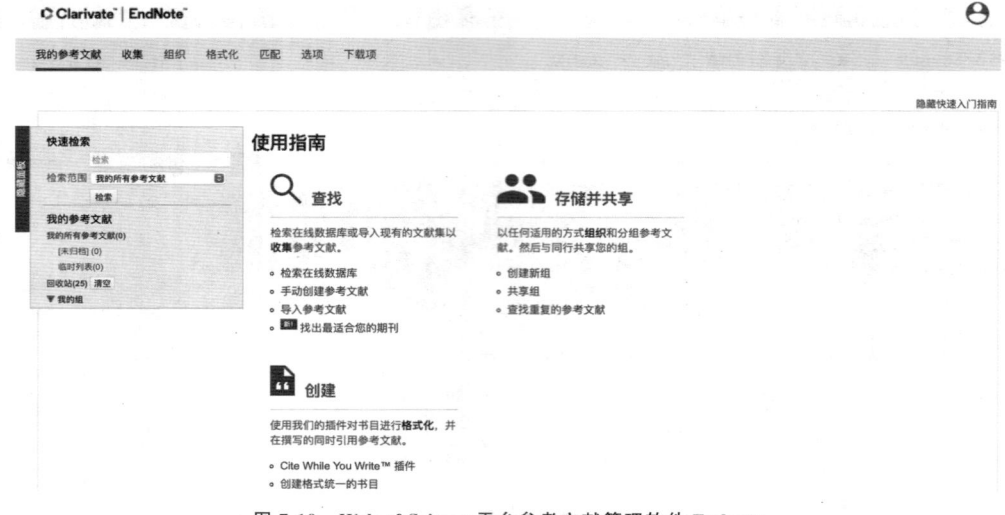

图 7-10　Web of Science 平台参考文献管理软件 Endnote

二、Engineering Village(Ei Village)文摘库

工程索引(Ei)是由美国工程师学会联合会于 1884 年创办的历史上最悠久的一部大型综合性检索工具。20 世纪 80 年代后,Ei 工程索引先后推出了光盘版、Engineering Village 平台,目前,Ei 的网络版数据库即 Engineering Village(Ei Village)文摘库。本书主要介绍 Engineering Village(Ei Village)文摘库(以下简称 Ei)的检索方法。

(一)Ei 概述

Ei 是由 Elsevier Engineering Information Inc.出版,数据始于 1969 年,涵盖了一系列工程、应用科学领域高品质的文献资源,涉及机械工程、土木工程、环境工程、电气工程、结构工程、材料科学、固体物理、超导体、生物工程、能源、化学和工艺工程、照明和光学技术、空气和水污染、固体废弃物的处理、道路交通、运输安全、控制工程、工程管理、农业工程和食品技术、计算机和数据处理、电子和通信、石油、宇航、汽车工程以及这些领域的子科学和其他主要的工程领域。Ei 并不是整刊收录的,其收录内容侧重于工程技术领域和应用科学,纯理论研究不予收录。优先收录原文是英文的期刊,从 1992 年起开始收录中国的期刊。

(二)Ei 检索方式及结果处理

Ei 提供多种检索方式,包括快速检索(Quick search)、专家检索(Expert search)及主题词检索(Thesaurus search),满足了读者不同的检索需求,可对文献类型、文献语种、文献时限等进行限制检索。

1.快速检索

在首页 Engineering Village(Ei Village)文摘库默认的为快速检索方式,读者可以根据需求,选定检索项,在检索狂中输入检索词或检索式,再选定"AND、OR、NOT"逻辑算符组配进行检索(见图 7-11)。Ei 快速检索提供的检索字段包括:全部字段(all fields)、主题词/标题/摘要(subject/title/abstract)、摘要(abract)、作者(author)、作者机构(author afliation)、Ei 分类代码(Ei classification * ode)、期刊代码(CODEN)、会议信息(conference information)、会议代码(conferenee code)、国际标准连续出版物编号(ISSN)、Ei 主标题词(Ei main heading)、出版者(publisher)、来源出版物名称(source title)、Ei 受控词(Ei controlled term)、原始国家(country of origin)等。

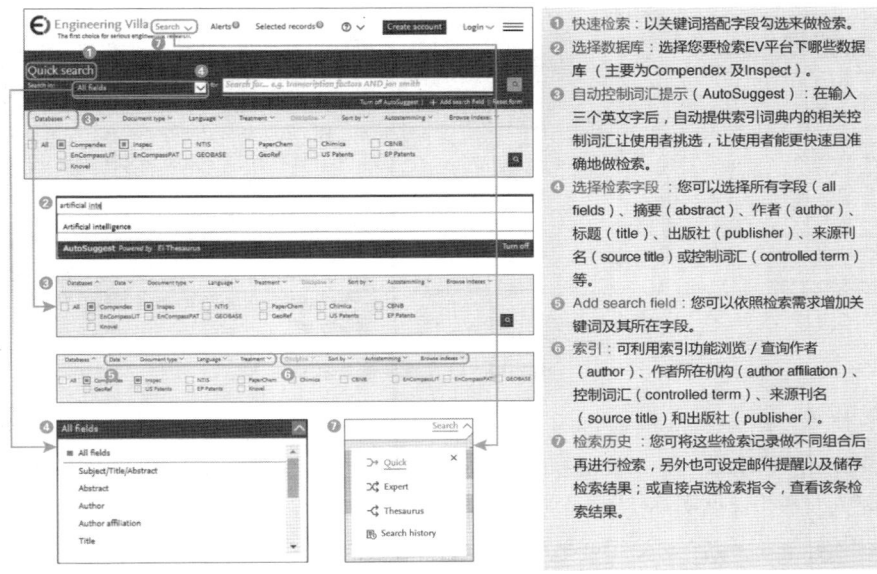

图 7-11　Ei 快速检索页面

　　检索结果页面(见图 7-12),在检索结果页面,Ei 提供了去除重复文献、精炼、排序、文献管理等功能。

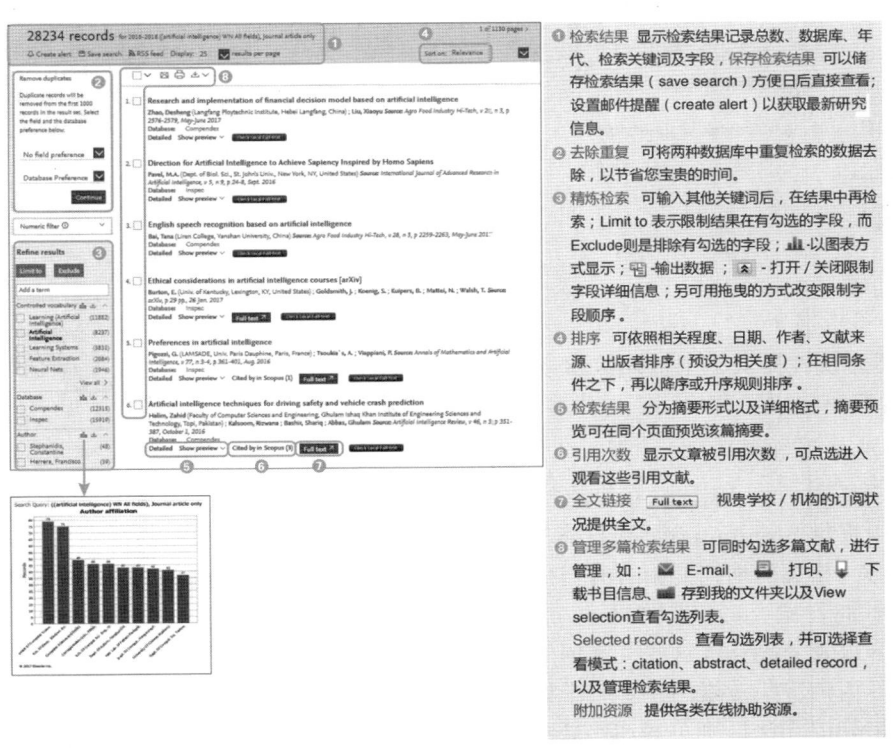

图 7-12　Ei 检索结果页面

在文章详情页面,会为读者提供文章摘要、文章引用信息以及全文链接等信息(见图7-13)。

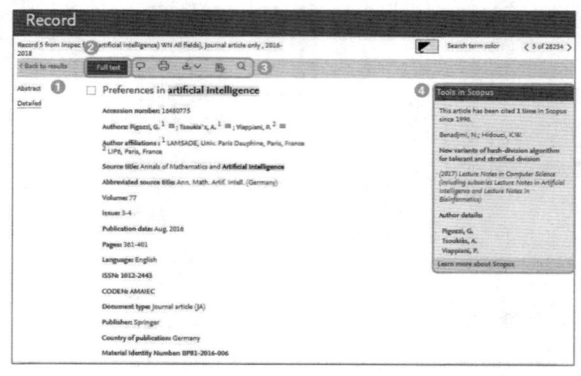

❶摘要或详情:两种形式显示记录。

❷全文链接 Full text 视贵学校/机构的订阅状况提供全文。

❸管理单篇检索结果 可对此篇文献,进行管理,如:✉ E-mail、🖨打印 ⬇下载(详见第5点)📁存到我的文件夹 以及View selection查看勾选列表。下载(Download)提供书目数据、摘要及详细信息的下载,更提供多种输出格式,如:EndNote、RefWorks、CSV、Excel、PDF...等。

❹引用文章详细信息 列出此篇文献的被引用次数,以及最新两篇引用该文献的详细书目资料;另外点选作者可连至Scopus的作者简历。

附注:Scopus为全球最大索引摘要数据库,收录经同行审查的20 500种期刊、会议论文、专利资料等相关学术资源;主要提供文献引用信息、作者/机构辨识系统、期刊分析系统等功能。

图 7-13　Ei 文章详情页面

2.专家检索

Engineering Village(Ei Village)文摘库提供专业的专家检索模式,主要供习惯使用检索指令的研究人员使用(见图7-14)。

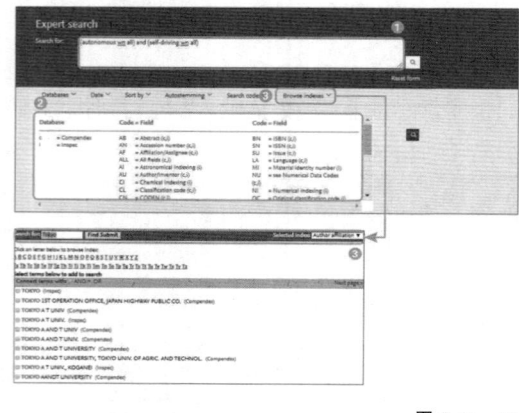

❶专家检索 使用者在Search for字段中,输入字段代码以进行检索。

❷字段代码 这里列出各种检索字段相对应的字段代码,以方便使用者使用。

❸索引 可利用索引功能浏览/查询作者(author)、作者所在机构(author affiliation)、控制词汇(controlled term)、语言(language)、期刊名称(source title)、文件类型(document type)、出版社(publisher)和学科领域(discipline)等。

图 7-14　Ei 专家检索页面

3.主题词检索

Ei 还为读者提供了主题词检索方式,读者可利用主题词表,自动生成工程专用同义词汇,可让读者避免检索到有该词汇但内容却无关的文献(见图7-15)。

4.特殊规则相关说明

(1)Engineering Village 在快速检索(Quick search,预设)以及专家检索(Expert search,非默认)中提供 Stemming(词根检索)功能:Stemming 能将所有和输入的关键词相关的词汇一起做检索(相关的词汇是指含有与关键词相同的字尾、字根、名词/动词/形容词等形式变化的字),例如若输入关键词 controllers,将会得到包含 controllers、control、controlling、controlled 以及 controls 这些关键词的检索结果;Stemming search 提供更大范围的相关检索结果,就不用将这些检索词一个一个做检索。

Stemming 无法区别英式或美式英文的拼法,当输入 color(美式拼法)做 Stemming 检索,

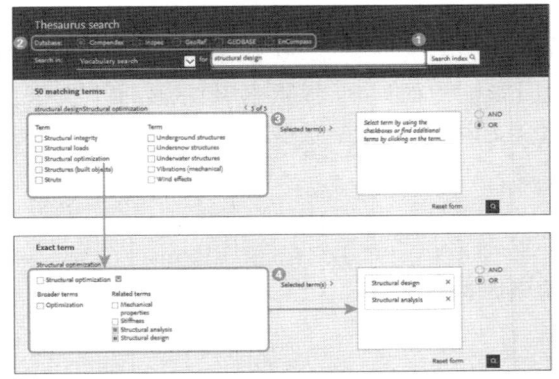

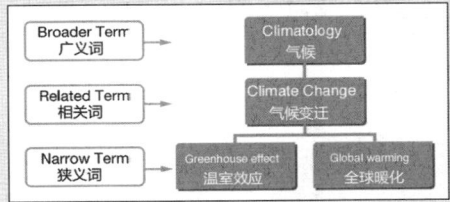

❶ 词表检索　可利用主题词表，自动生成工程专用同义词汇，可让您避免检索到有该词汇但内容却无关的文献！

❷ 数据库选择　词表检索可用于 Inspect、Compendex、GeoRef 以及 GEOBASE 四种数据库。

❸ 选择检索方式
- Search 查询：查询功能会显示所有在意义上相似的控制词汇。
- Exact Term 精确词汇：会显示您输入词汇的广义词、狭义词或相关词，也就是该词汇的等级关系（如左图）。
  附注：Broader Term 广义词、Related Term 相关词、Narrow Term 狭义词。
- Browse 浏览：可浏览您输入的词汇在主题词表中依字母顺序排列的位置（上下词汇在意义上不一定相关，仅只是依照字母做排列）。

❹ 找寻意思相近的控制词汇　输入一般关键词后，利用 Search 功能可找到意义上相似的控制词汇，点选 Climate change 后即出现该词汇的等级关系。

选择控制词汇　透过 Climate change 这个控制词汇的等级关系图，选择在学科领域和其领域大小范围都更适合您论文的控制词汇；勾选多／单个有兴趣的控制词汇后，会出现在下方的 Search Bcx，并进行检索。

命中记录数一致　在检索结果中，两个控制词汇所包含的文章数和检索结果是一致的！

图 7-15　Ei 主题词检索页面

就会找不到 colour 或 coloured 的相关检索结果（colour & coloured 为英式拼法），要输入 colour 才找得到，若要同时找到包含以上检索结果，应输入：color or colour。

（2）短语检索：若输入两个或两个以上的关键词，只要用 AND 连接即可；若关键词是由两个或两个以上的单词组成的短语（如：Solar cell），请在前后加上双引号，如"Solar cell"，即可执行与您输入的关键词串完全相同的检索。

第三节　外文书刊数据库资源

一、Science Direct

（一）Science Direct 概述

Science Direct（简称 SD）数据库是荷兰爱思唯尔所出版的全文期刊数据库，提供了优质学术研究文章。全球研究人员、教师、学生、医疗和信息工作者均可利用 SD 数据库来增进其检索、发现、阅读、理解和分享学术研究的方法。Science Direct 收录接近 3 000 种同行评议期刊，超过 3 万多种系列丛书、手册及参考书等，全文文章总数已超过 1 300 万篇，资源分为四大研究领域：物理学与工程、生命科学、健康科学、社会科学与人文科学，共涵盖 24 个学科，这些文献包含各种来自核心科学的权威书籍，以及最具影响力的期刊，提供索引、摘要和全文信息。读者根据学校购买权限可以查看和下载对应的全文内容，浏览题录摘要信息以及部分免费的 Open Access 资源。

（二）Science Direct 检索方式

Science Direct 提供浏览、快速检索、高级检索 3 种检索方式。

1.浏览

通过 www.sciencedirect.com 进入 SD 数据库首页后，可以通过 3 种检索方式浏览所有资源：

（1）按照文献类型浏览，分为 Jourals & Books（见图 7-16）。

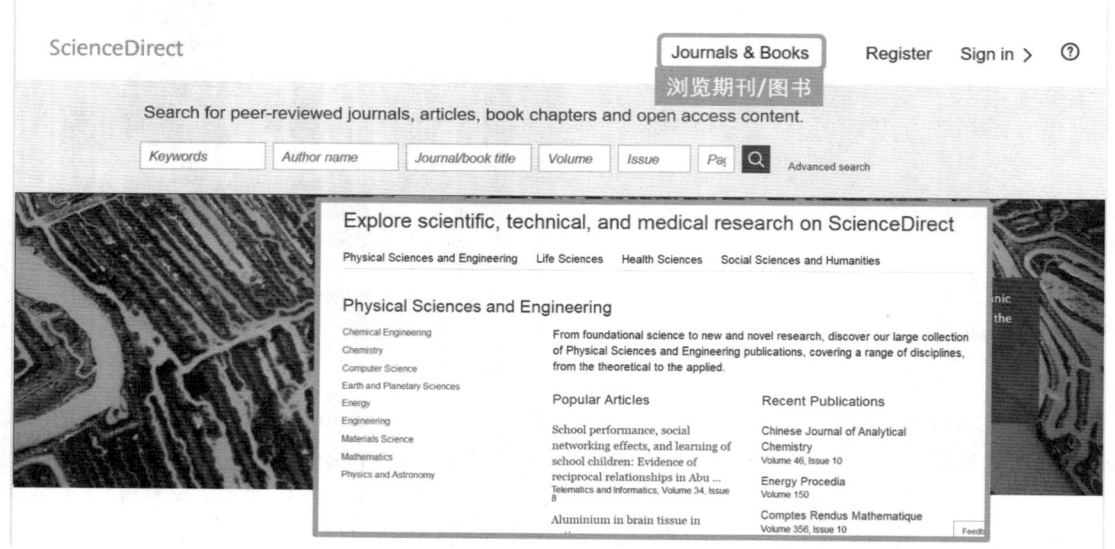

图 7-16　Science Direct 首页浏览方式

（2）按学科分类浏览（Browse publication by subject）。

（3）按出版物题名字顺浏览（Browse publication by title）。读者通过浏览列表选择要浏览的某一出版物，进入该出版物的详情页了解它的详细信息以及出版物中的文章信息。期刊详细页面可查看所有出版卷期内容、投稿信息及作者指南等内容（见图 7-17）。图书页面可以分章节浏览和下载全文内容。

2.快速检索

快速检索是 Science Direct 首页默认的检索方式，可检索项包括关键词、作者、期刊/书、卷、期、页 6 项，在对应检索框中输入检索词即可进行检索（见图 7-18）。

3.高级检索

在首页点击"Adcanced search"即可进入高级检索界面（见图 7-19），可检字段和检索功能比简单检索多。值得注意的是，（1）当读者在检索框中输入检索词时，在两个词之间输入"空

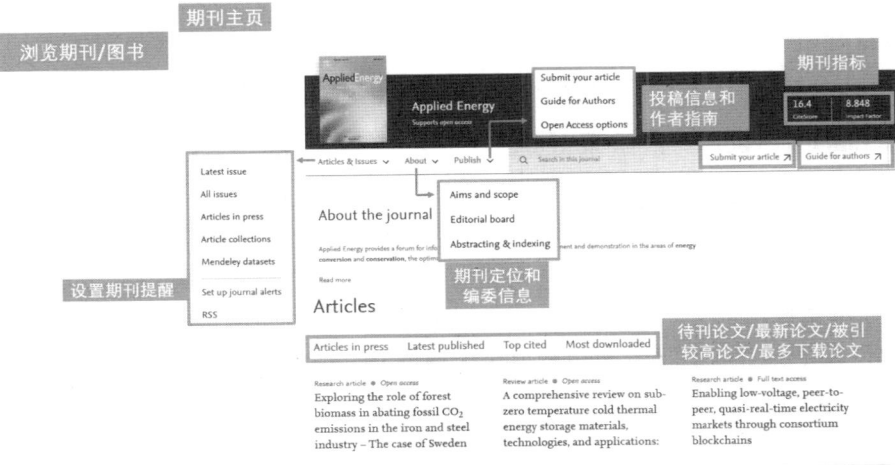

图 7-17 Science Direct 期刊主页

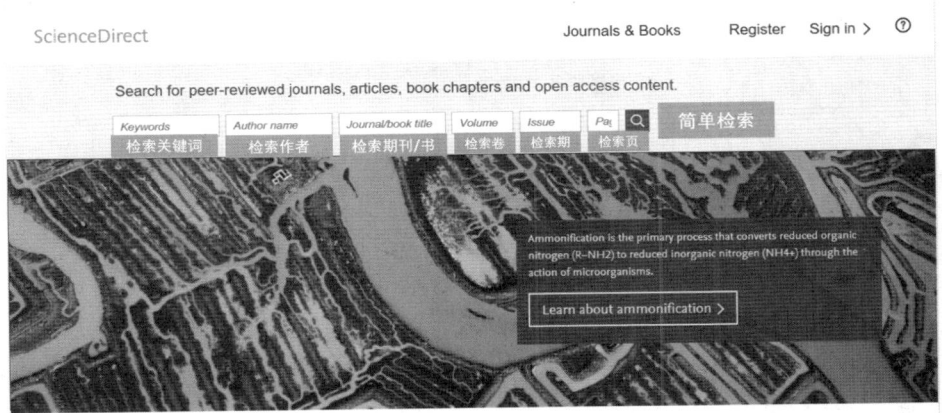

图 7-18 Science Direct 快速检索

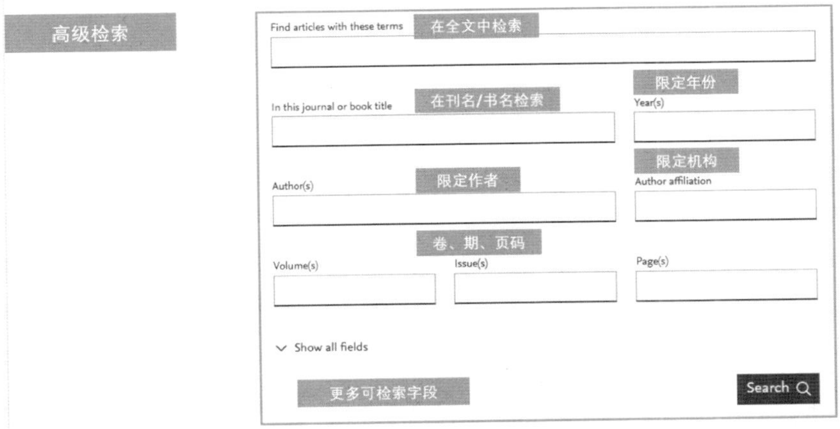

图 7-19 Science Direct 高级检索

格",即默认这两个词语之间为"AND"关系,需要同时出现在检索项中;(2)在检索框中输入布尔逻辑运算符时,必须大写,并且前后均须空格;(3)Science Direct 高级检索不支持通配符;(4)不可使用连字符"—",该字符会被默认为减号、不含有后面检索词的含义。

(三)Science Direct 检索结果处理

采用简单检索方式检索文献,得到检索结果页面(见图 7-20),页面左侧为结果筛选区域、读者可以根据需求从出版年份、文献类型、获取方式等维度对检索到的文献进行精炼。检索结果可以按照相关度或者时间进行排序,还可筛选开放获取文章。针对每一条检索结果,读者可以在题录格式下快速预览文章摘要(Abstract)即研究重点(Research highlights),并了解该文献的获取权限,绿色横格图标表示可以获取全文内容,可以点击 PDF 单篇或多篇下载。

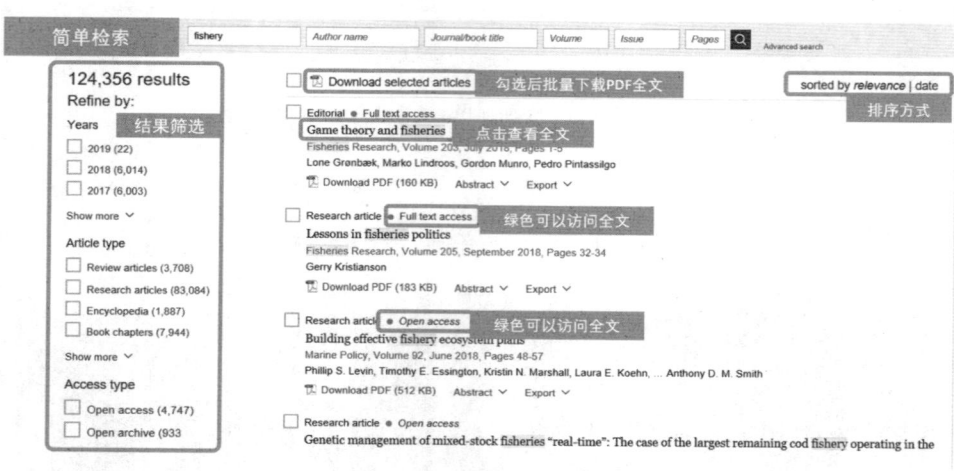

图 7-20　Science Direct 简单检索——检索结果页面

点击文献标题进入文献详情页面(见图 7-21),在该界面,展示了文献的题名、作者、摘要等基本信息,并在左侧展现了文章概览,可以帮助读者快速了解文献大纲。读者可以下载 PDF 全文或者导出题录信息,还可以在页面后侧查看同一主题的其他文章及同一期刊的其他文章。

图 7-21　Science Direct 简单检索——文献详情页面

二、Springer Link

德国施普林格(Springer-Verlag)出版社于 1842 年始建于柏林,是全球最大的科学技术和医学类图书出版商和顶尖的学术期刊出版商,也是最早将纸本期刊做成电子版发行的出版商。下面要介绍的 Springer Link 就是它的电子出版物平台。

(一)Springer Link 概述

1.Springer Link 资源介绍

(1) Springer 电子期刊:Springer 每年出版 2 000 余种期刊,涵盖行为科学、生物医学和生命科学、商学和经济学、化学和材料科学、计算机科学、地球和环境科学、工程学、人文社科和法律、数学和统计学、医学、物理学和天文学等 11 个学科领域。Springer 出版的期刊 60% 以上被 SCI 和 SSCI 收录,一些期刊在相关学科拥有较高的排名。

(2)Springer Nature 电子图书:包含回溯图书在内的 30 万种图书;这些电子图书涵盖所有主题领域,构成了 21 个学科合集。针对各个层次的学习和研究,Springer Nature 提供面向学生、教师、研究人员和专业人士等所有用户群体的图书类型,包括专著、手册、图集、参考工具书、丛书和会议论文集等。其中包括 8 500 余种教科书。此外,平台能够通过围绕图书的一系列计量指标来评估图书的影响力。

(3)Springer 电子回溯图书:包括自 1840 年代以来至 2004 年 Springer 出版的约 11 万种高质量图书,是全球较大的科学、技术及医学(STM)图书数据库。Springer 电子回溯图书将过去、现在和未来的学术研究连接起来,并且可以随时随地地获取。通过 Springer Link 平台,研究人员将能够阅览以前无法在线获得的一些著名科学家的顶级出版物。

2.Springer Link 主页介绍

图 7-22 为 Springer Link 数据库主页面(http://link.springer.com/),页面的最上方为检索区,包括快速检索条框和高级检索链接(齿轮图标)。页面左侧为按学科浏览资源设置的学

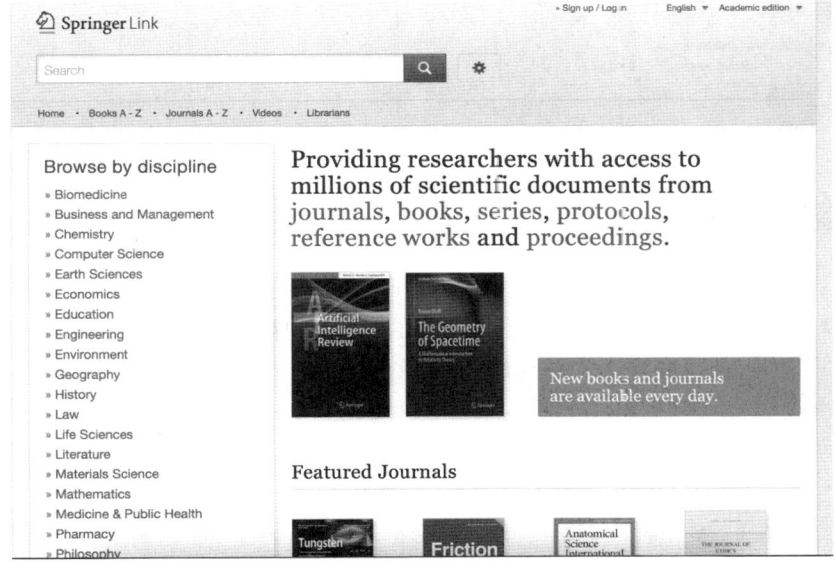

图 7-22　Springer Link 数据库主页面

科资源导航,右侧为按照出版物类型浏览的入口,分为期刊、图书、丛书、实验室指南和参考工具书。主页面还包括机构最新阅读情况及最受欢迎的期刊和图书介绍。

(二)Springer Link 检索方式及结果处理

Springer Link 数据库主要有 3 种检索方式,分别为快速检索、高级检索和浏览。其中,高级检索(见图 7-23)是限制性的表单形式,共有 6 个条框,可以对检索词、题名、作者、时间范围

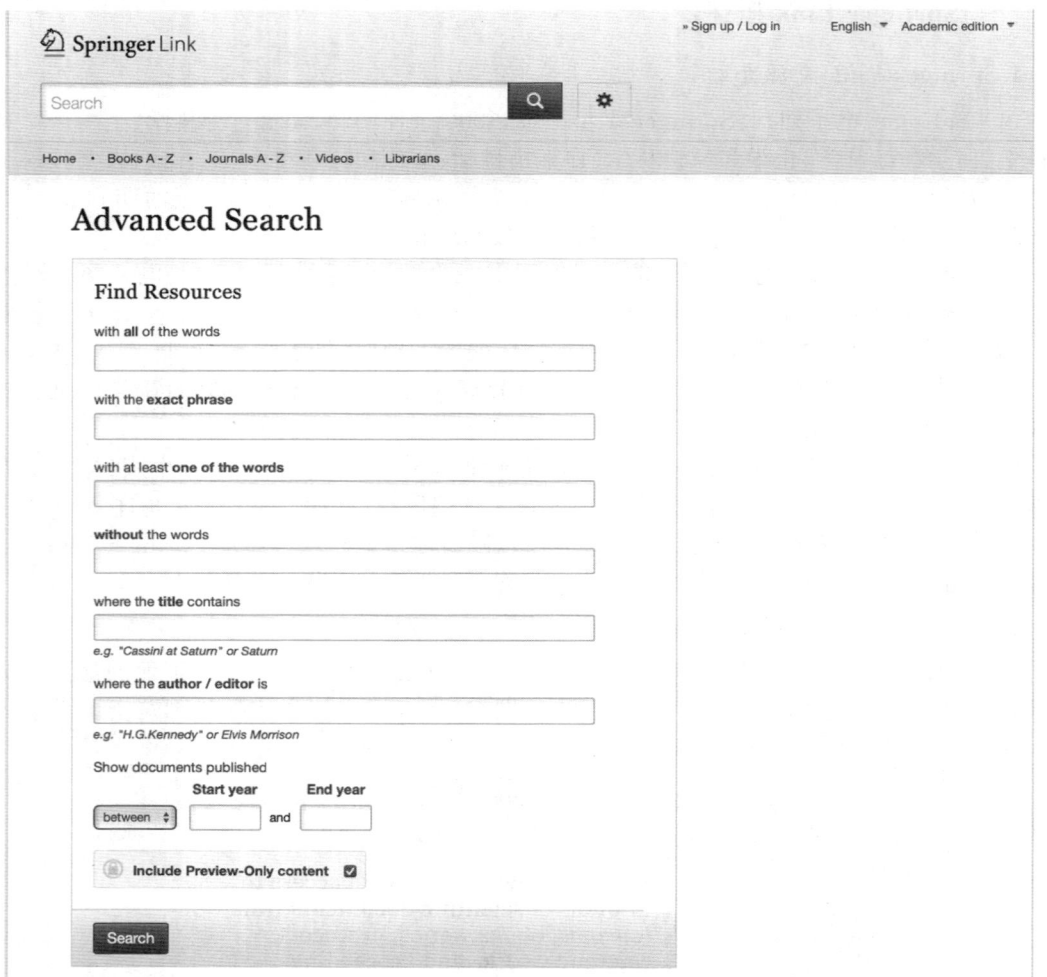

图 7-23　Springer Link 高级检索页面

和用户权限进行限定,并且每个条框对可输入的内容和检索范围都做了明确的限定(见表7-2),值得注意的是,如果在多个检索栏输入内容,那么输出的结果会用 AND 将它们相连,例如,在第一栏输入 Big Data,第二栏输 Analysis,那么输出的结果就是 Big AND Data AND "Analysis",如果在太多检索栏输入内容,可能会影响检索结果。

表 7-2　Springer Link 高级检索限定条件释义

限定条件	释义
with all of the words	在这一栏输的单词都会被 AND 相连,比如输 Big Data,那么输出的结果就是 Big AND Data
with the exact phrase	在这一栏输入的单词都会被打上双引号,比如输入 Data,输出的结果就是"Data"
with at least one of the words	在这一栏输入的单词在输出时都会被整体打上括号,然后用 OR 相连,比如输入 Big Data Analysis,输出的结果就是(Big Or Data Or Analysis)
without the words	在这一栏输入的单词会被打上 NOT(单词)的检索式
where the title contains	在这一栏输入的检索内容会使检索结果的标题都必须包含这一检索内容,比如输入 Data,那么检索结果的标题中就都会有 Data
where the author /editor is	在这一栏输入的是文献页面中作者栏下面的内容,可能包含人名与地名等信息,可以用来查找某一作者或者某一机构的发表文献

在检索结果浏览页面(见图 7-24)左侧显示有检索结果聚类功能,读者可以通过内容类型(图书章节、期刊文章、工具书条目、期刊、从书、指南、参考工具书)、学科、子学科、作者、语种五个方面对已检索到的文献进行聚类,还可以查看有全文权限的内容,检索结果可以进行 RSS 订阅和 CSV 格式输出。

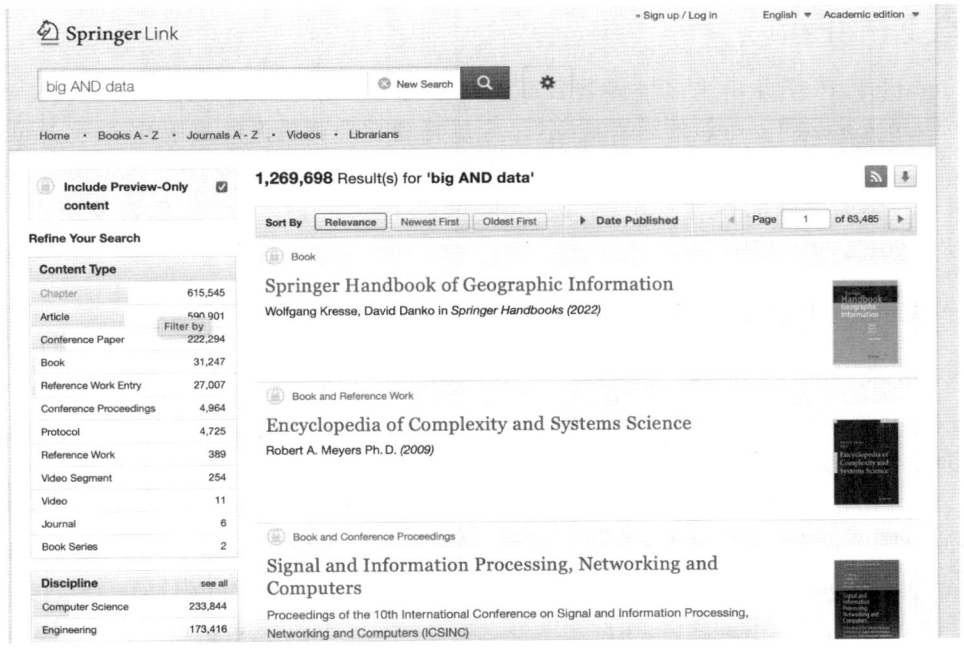

图 7-24　Springer Link 检索结果浏览页面

点击文章题名进入文章详情页,依据来源文献类型不同,显示的信息也略有不同。期刊的详细信息页面(见图 7-25),显示了包含文章出版信息、文章标题、作者等外部信息、摘要等内容,在该页面点击期刊名称可对期刊内容进行检索,也可浏览各卷期内容和最新文章。图书详细页面提供该书所有章节列表,还可检索书中内容,根据权限可整本书或按章节下载该书的 PDF 全文。

Abstract

We establish *n*-th-order Fréchet differentiability with respect to the initial datum of mild solutions to a class of jump diffusions in Hilbert spaces. In particular, the coefficients are Lipschitz-continuous, but their derivatives of order higher than one can grow polynomially, and the (multiplicative) noise sources are a cylindrical Wiener process and a quasi-left-continuous integer-valued random measure. As preliminary steps, we prove well-posedness in the mild sense for this class of equations, as well as first-order Gâteaux differentiability of their solutions with respect to the initial datum, extending previous results by Marinelli, Prévôt, and Röckner in several ways. The differentiability results obtained here are a fundamental step to construct classical solutions to non-local Kolmogorov equations with sufficiently regular coefficients by probabilistic means.

图 7-25　Springer Link 期刊文献详细信息页面

三、Emerald

Emerald 于 1967 年由来自世界著名百强商学院之一的布拉德福商学院（Bradford University Management Center）的学者建立，是全球管理学期刊最大的出版社之一，Emerald 一直致力于管理学、图书馆学、工程学专家评审期刊，以及人文社会科学图书的出版。拥有来自 100％世界百强商学院的作者及用户，100％世界 200 强综合性大学的作者及用户，以及近 60％世界 500 强的企业用户。

（一）Emerald 数据库概述

1.Emerald 管理学全文期刊库

Emerald 管理学全文期刊库包含 2000 年至今的 268 种专家评审的管理学术期刊，提供最新的管理学研究和学术思想。涉及学科：会计金融与经济学、商业管理与战略、公共政策与环境管理、市场营销、信息与知识管理、教育管理、人力资源与组织研究、图书馆研究、旅游管理、运营物流与质量管理、房地产管理与建筑环境、健康与社会关怀。其中包含知名期刊，如《欧洲营销杂志》（European Journal of Marketing）、《管理决策》（Management Decision）、《全面质量管理》（The TQM Management）、《供应链管理》（Supply Chain Management：An International Journal）、《人事评论》（Personnel Review）。

2.Emerald 工程学全文期刊库

Emerald 工程学全文期刊库收录 2000 年至今的 23 种高品质的同行评审工程学期刊，几乎全被 SCI、EI 收录，涵盖先进自动化、工程计算、电子制造与封装、材料科学与工程。

3.Emerald 电子书系列丛书数据库

Emerald 电子书系列丛书数据库出版超过 2 000 多册人文社会科学图书，其中 1 000 多卷丛书包含电子版本，其中约 50％被 BKCI（Book Citation Index）收录，85％被 Scopus 收录。可通过 Emerald 平台对每个章节进行方便快捷的检索和浏览。Emerald 电子系列丛书分为《工商管理与经济学》和《社会科学》两个专集,涉及 150 多个主题领域。《工商管理与经济学》专集涵盖经济学、国际商务、管理学、领导科学、市场营销学、战略、组织行为学、健康管理等领域内容。《社会科学》专集涵盖社会学、政治学、心理学、教育学、残障研究、图书馆科学、健康护理等领域。

4.Emerald 全文期刊回溯库

Emerald 全文期刊回溯库包含第一期第一卷至 2 000 年的 178 种全文期刊,超过 11 万篇的全文内容,涉及会计、金融与法律,人力资源,管理科学与政策,图书馆情报学,工程学等领域。所有期刊均回溯至第一期第一卷,最早可以回溯到 1898 年。

5.平台辅助资源

①学习案例集(Case Study Collection):2 000 多个精选案例研究,来自 Coca-Cola、IBM、Toyota、Glaxo Smith Kline、Hilton Group 等知名企业。

②学术评论集(Literature Review Collection):来自领域内权威学术出版物 700 多篇学术评论文章。

③访谈集(Interview Collection):500 多个全球商业和管理大师的思想库,提供生动有趣的"商界风云人物"的访谈记录。

④管理学书评(Book Review Collection):2 600 多篇特别为学生、教师和研究学者撰写的深度书评。

(二)Emerald 数据库检索方式及结果处理

Emerald 提供快速检索(Quick Search)、高级检索(Advanced Search)、浏览(Browse)等检索方式。

1.快速检索(Quick Search)

在 Emerald 数据库主页可直接进行快速检索,也可进入 Quick Search 检索界面,可选择在以下不同类型资源中检索:All content,Journals,Books, Bibliographic Databases,Site Pages。

2.高级检索(Advanced Search)

高级检索方式对多个检索条件限定不同的检索范围(见图 7-26),通过下拉菜单来限定检索词出现的字段,如 All fields (excluding full text)、Abstract、Publication title、Content item title、Author、ISBN、Reference number、Volume、Issue、Page、Keywords 等。两组检索词之间可选择下拉式布尔逻辑算符"and、or、not"进行组配,也可在检索框中直接输入布尔逻辑运算符进行组配。

3.浏览(Browse)

读者可在主页直接浏览期刊、电子系列丛书,提供两种浏览方式:按书刊名称字顺(by title)浏览;按学科主题(by subject)浏览;除了对期刊、系列丛书进行浏览,还可以选择对评论集/文摘进行按学科的浏览。

检索结果页面(见图 7-27)包括了命中的期刊论文、图书章节以及案例结果,可以对检索结果按照相关性、发表时间进行排序,也可以对检索结果从发表年份、文献类型及是否能获取

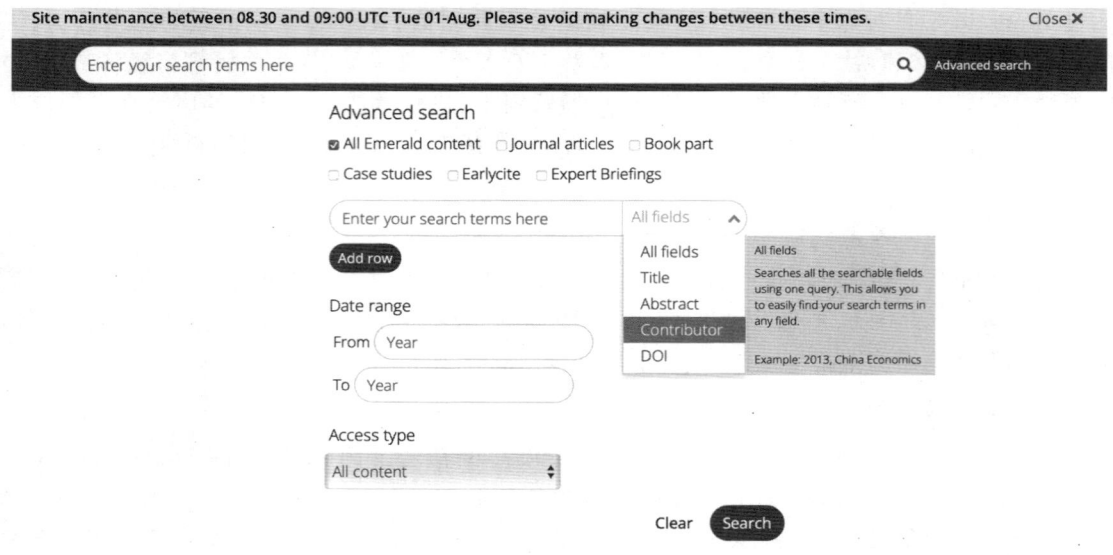

图 7-26　Emerald 数据库高级检索页面

全文进行精炼。每个检索结果都标注了获取权限,也可进行查看摘要信息页面、HTML 格式全文、下载 PDF 全文、查看参考文献等操作。

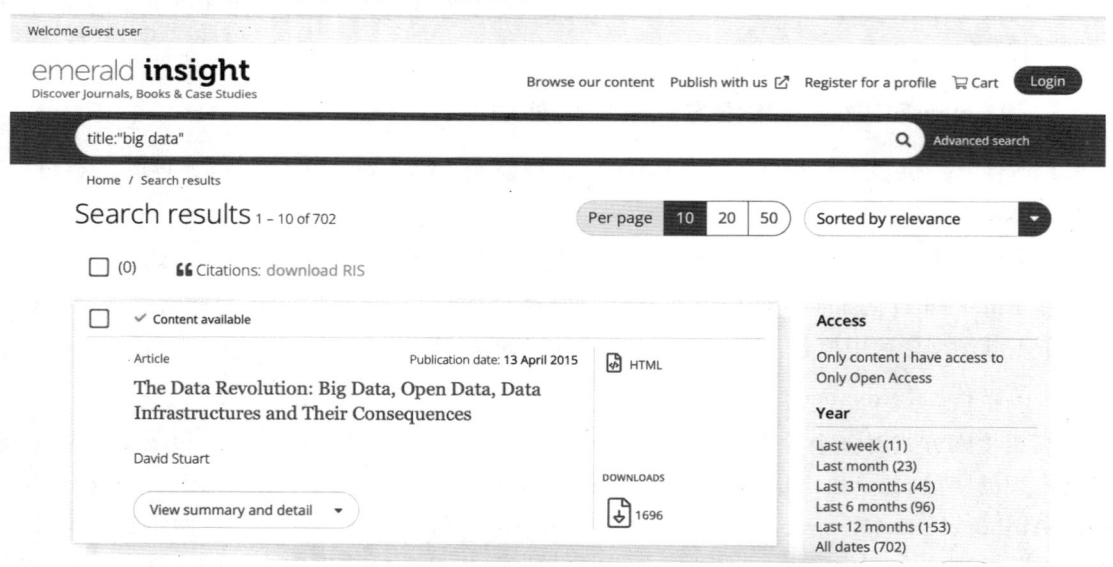

图 7-27　Emerald 数据库检索结果页面

　　文献详情页面,根据文献类型的不同所显示的信息会略有不同。例如,期刊文章的文献详情页面(见图 7-28)包含了文章作者、发表卷期等基本信息;该文章所在期刊信息,读者可通过点击期刊名称进入期刊详情页面,并可进行刊内检索,还可查看该文章摘要内容、引文情况链接和相关文献链接。此外,Emerald 数据库中近几年出版的期刊文章和案例都拥有结构性摘要,包含目的、方法论、结果、原创性、研究局限性和实用价值等 6 个部分。

图 7-28　Emerald 数据库期刊文献详情页面

四、EBSCO

EBSCO 是由 Elton B.Stephens 于 1944 年建立的大型文献服务专业公司,提供期刊、文献订购及出版等服务,总部在美国,19 个国家设有分部。

(一)EBSCO 数据库概述

EBSCO 开发了近 100 多个在线文献数据库,涉及自然科学、社会科学、人文和艺术等多种学术领域。其中两个主要全文数据库是:学术期刊集成全文数据库(Academic Search Premier,ASP)和商业资源电子文献全文数据库(Business Source Premier,BSP)。

学术期刊集成全文数据库:综合学科参考类全文数据库,涵盖多元化的学术研究领域,包括物理、化学、航空、天文、工程技术、教育、法律、医学、语言学、农学、人文、信息科技、通信传播、生物科学、公共管理、社会科学、历史学、计算机、军事、健康卫生医疗、艺术、心理学、哲学、国际关系、各国文学等。ASP 收录 17 100 多种刊物的索摘,4 700 多种全文期刊,其中近 4 000 种为专家评审(peer-reviewed)及 370 多种非期刊类全文出版物,如书籍、专著、报告和会议论文等。特别是 ASP 有近 2 100 种全文期刊同时收录在 Web of Science,2 900 多种全文期刊同时收录在 SCOPUS。

商业资源电子文献全文数据库:商管财经类全文数据库,涵盖商业相关领域的议题,如金融、银行、国际贸易、商业管理、市场行销、投资报告、房地产、产业报道、经济评论、经济学、企业经营、财务金融、能源管理、信息管理、知识管理、工业工程管理、保险、法律、税收、电信通信等。BSP 约收录 6 300 多种期刊索引及摘要,其中逾 2 100 种全文期刊(近 1 100 种专家评审期刊)及 25 400 多种的非刊全文出版物(如案例分析、专著、国家及产业报告等),其中 460 多种全文期刊收录在 Web of Science。

（二）EBSCO 检索方式及结果处理

EBSCO host 平台（http://search.ebscohost.com）主要提供基本检索和高级检索两种检索方式，选择 EBSCO 学术全文期刊"ASP ＋ BSP"，默认进入高级检索界面。高级检索条框允许设定多组检索条件，提供所有文本、作者、标题、主题语、来源、摘要和 ISSN 共 7 个检索字段。在"检索选项"区域可以限定检索模式和检索结果类型。在检索条框下方可以切换至基本检索方式，并可搜索检索历史记录。

在高级检索界面上方提供了科目、出版物、图像、公司概况、更多等选项。其中，"科目"检索可以选择学科范围进行主题词辅助检索查找规范化的检索语言。"出版物"检索可以查找数据库中的特定出版物。"图像"检索中，"Image Collection"是图片数据库，可供下载收录期刊文章中的照片地图旗帜等图片；"ISCTRC Image Collection"可提供国际安全及反恐怖主义资源中心（ISCTRC）图片数据库的图片；而"Literary lmage Collection"是文学图片数据库。"更多"选项中，包含电子图书、索引、辞典等内容。

检索结果以列表形式显示（见图 7-29），可对检索结果进行排序和精炼，可对文章进行保存、导出、打印和下载全文，还可以引用、添加注释、永久链接或进行共享，读者可以根据需要，将需求文献添加到自己建立的个性化文件夹中，也可将检索结果页面链接分享给他人。

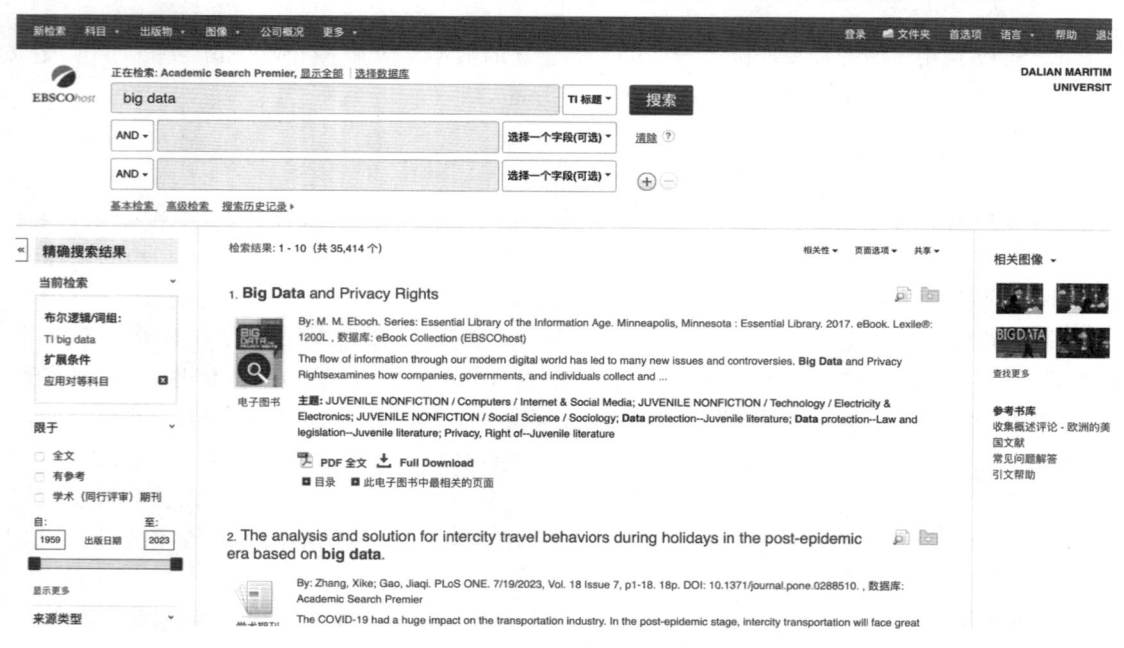

图 7-29　EBSCO 检索结果页面

第四节　外文专业数据库资源

一、IEEE Xplore 平台

IEEE(Institute of Electrical and Electronics Engineers)是全球最大的技术行业协会,成立于 1884 年,在 160 多个国家拥有超过 42 万会员的非营利组织。IEEE 出版的 IEL 数据库在电气电子工程、计算机科学、人工智能、机器人、自动化控制、遥感和核工程领域的期刊影响因子和被引用量都名列前茅。IEEE 每年在全球举办超过 1 500 场的学术会议,会议涉及领域广,不仅在电气电子、通信和计算机等领域有重大影响,更在诸多新兴热点领域如纳米、生物医学工程、能源、自动化控制等方向具有权威性。

(一) IEEE Xplore 平台概述

IEEE Xplore 平台根据出版物类型将其产品分为五大类:电子书(Books & eBooks)、会议录(Conference Publications)、电子学习课件(Courses)、期刊与杂志(Journals & Magazines)和 IEEE 标准(IEEE Standards)。除了根据出版物类型分类,IEEE Xplore 还根据不同学科分类。IEL 数据库(IEEE/IET Electronic Library)是 IEEE 旗下最完整的在线数据资源,它提供了当今世界在电气工程、通信工程和计算机科学领域中近 1/3 的文献,并在多个学科领域引用量名列前茅。

(二) IEEE Xplore 平台检索方式

IEEE Xplore 平台首页(https://ieeexplore.ieee.org)包括浏览、个人设置、帮助等内容(见图 7-30)。点击浏览(BROWSE)标签后,可对电子书(Books)、会议录(Conferences Publications)、电子学习课件(Courses)、期刊与杂志(Journals & Magazines)和 IEEE 标准(IEEE Standards)五大类资源进行分类浏览。首页可以进行一框式检索,同时提供高级检索的链接。

图 7-30　IEEE Xplore 平台首页

1.一框式检索

在首页检索框内输入关键词或检索式即可进行检索。IEEE Xplore 平台默认的检索范围是元数据,用户也可以构建复杂的布尔逻辑检索式来限定检索位置,例,"Abstract":ofdm AND,"Publication Title":communications。关键词检索时,具有 type-ahead 功能,会提示在题名、刊物名、主题和检索词中有使用价值的关键词和词组。检索中可自动匹配同一词汇的英式拼写与美式拼写。同时具有词根自动关联功能,可自动匹配名词的单复数形式与动词的不同时态。

2.高级检索

点击首页一框式检索框下方的"Advanced Search"即可进入高级检索界面(见图 7-31),在文本框输入关键词、词组、作者名或查询词条,选择检索字段和运算符,点击"Search"即可,在高级检索界面,还可切换至命令检索(Command Search)等其他检索方式。

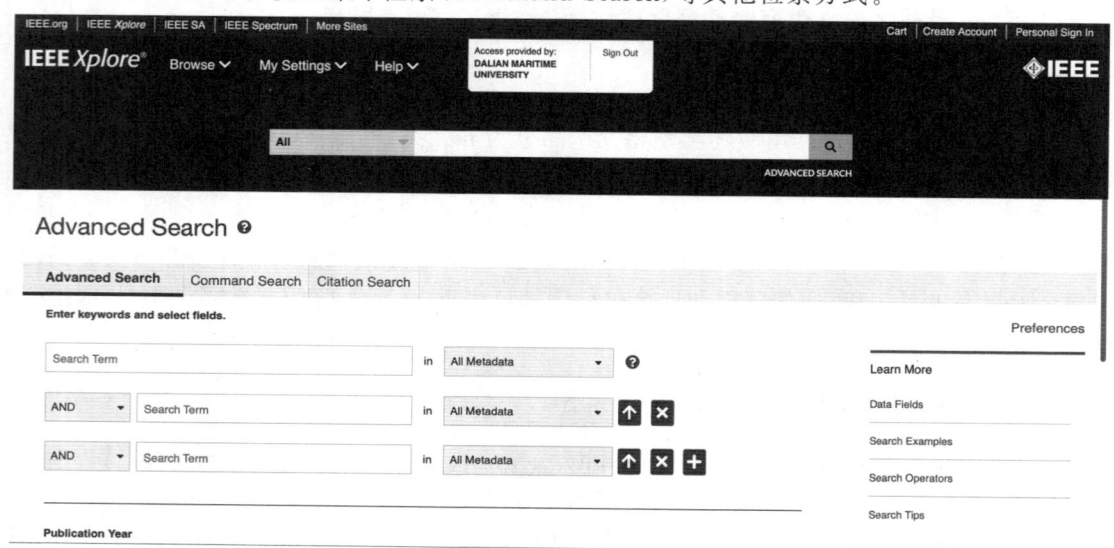

图 7-31　IEEE Xplore 平台高级检索页面

二、Clarksons SIN

Clarksons 是全球最大的船舶经纪商,Shipping Intelligence Network(SIN)是 Clarkson Research Services 公司开发的以航运市场行情为主要内容的数据库平台。

(一)Clarksons SIN 平台概述

Shipping Intelligence Network(SIN)是 Clarksons Research 的主导性航运市场信息在线数据服务平台,它包含了 Clarksons Research 搜集发布的综合范围数据,包括最新的航运市场信息,方便下载的各类出版物,船队及订单列表,以及主要商业情报的数千条时间序列数据和图表,主要包含以下四类资源。

1.航运市场

20 余个细分航运市场报告(包括油船、散货船、集装箱船、液化气船、化学品船、近海、新造船、二手船、拆船和燃油市场)、特辑、船队新闻及船舶名录。还可下载液化天然气贸易与运输、汽车船贸易与运输、全球海运贸易、资本市场、环保规范等报告。

2.船队、造船市场以及租船市场

市场上每条船的数据,船东数据,船厂数据。

3.历史数据和图表

拥有数千条的历史数据,并可以以 EXCEL 文件格式下载。每一个历史数据还可以生成相应图表,可以放入文档或者演讲稿中。

4.出版物

出版物包括 Shipping Intelligence Weekly、Ship Owner Orderbook Monitor、Shipping Intelligence Weekly Sources Methods、Shipping Review and Outlook、Market Outlook、Oil and Tanker Trades Outlook、World Fleet Monitor(Selected Pages)等。

(二)Clarksons SIN 平台检索方式

使用 Clarksons SIN 平台需要读者自行前往数据库网站进行注册、登录,注册账号时使用的邮箱应为学校后缀的邮箱,不接受.qq、.163 等后缀的公共邮箱。Clarksons SIN 平台首页(https://www.clarksons.net.cn/n/#/portal),进入首页后,先进行登录。登录后,点击"portal"下拉菜单中的"Shipping Intelligence Network"即可进入 SIN 数据库(见图 7-32)。

图 7-32　Clarksons SIN 平台进入 SIN 数据库入口

Clarksons SIN 平台中的信息多为报告、数据和表格等,因此检索方式主要是浏览。主页面左侧是平台包含的主要内容列表,通过逐个、逐层点击就可以浏览到相关内容(见图 7-33)。其中的出版(Publications)和地图(Maps)两部分需要登录才能浏览和下载全文内容。页面的主体部分展示了最新的航运市场信息、最新的研究及分析推荐。例如点击"Owners"标签(见图 7-34),页面主体部分会显示全球船东数据,并可按船队、著名船东、上市船东分别浏览,读者选择感兴趣的船东点击得到船队的所有信息,并可将这些数据导入 Excel 表中。

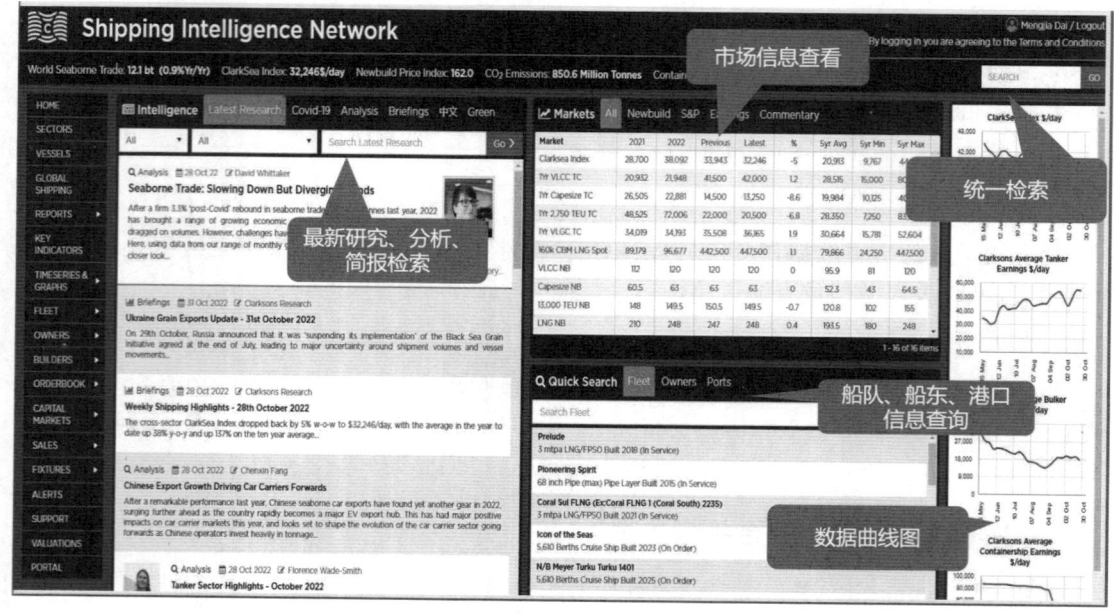

图 7-33　SIN 数据库主页面

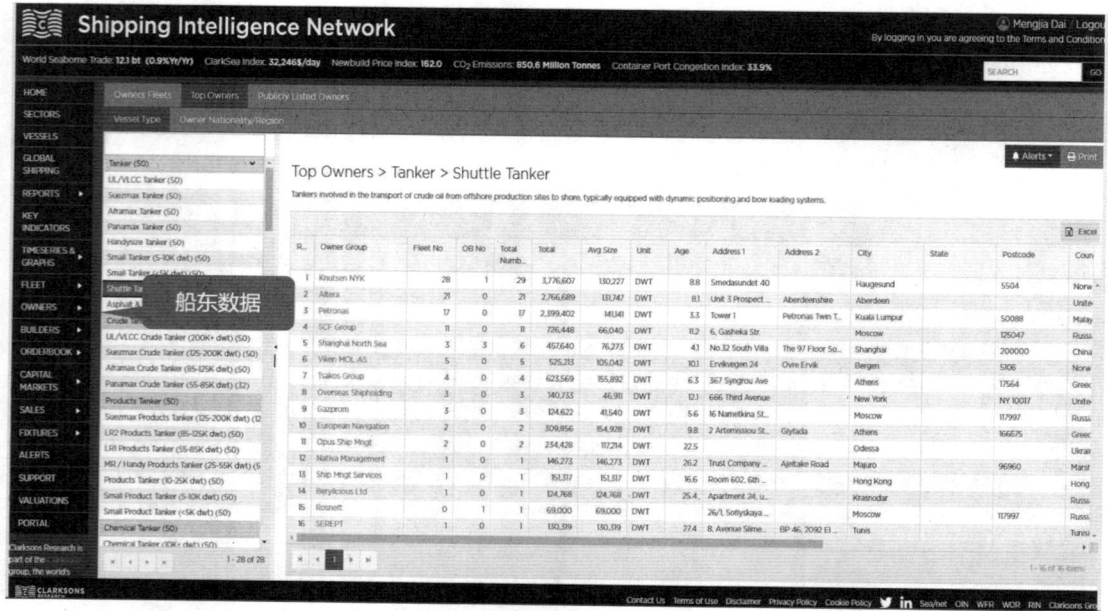

图 7-34　SIN 数据库"Owners"信息界面

三、Lexis Advance 全球法律信息数据库

（一）Lexis Advance 全球法律信息数据库平台概述

Lexis Advance 是 Lexis Nexis 的旗舰产品 Lexis.com 的最新升级平台，总共 60 亿个可查文件，支持全面检索美国基础法律信息及二次文献，便捷查询全球 160 多个国家和地区的法律

资源,它包括的资源如下。

1.原始法律文献信息(Primary Sources)

①美国联邦和各州的判例、法律法规以及英美立法和政治制度材料;

②全球近 20 个国家的立法和判例;

③国际公约及多个国际组织的条约和相关判例,比如欧盟和国际法院的立法与判例。

2.全球性二次法律文献信息(Secondary Sources)

①法律期刊、评论、杂志:约 1 000 种法律期刊、评论和报告,大多可追溯至 1980 年;

②法律专业书籍:来自 Matthew Bender、Mealey 等知名法律出版社出版的各类法学专著;

③法律重述资料(Restatements):覆盖多种法律领域的各类重述资料,由行业权威法律职业人士参与编撰;

④美国律师协会、法律继续教育相关资料(ABA CLE courses);

⑤法律新闻:收录全球范围内财务法、海事法、反托拉斯法、银行法、破产和商业法、宪法、建筑法、合同法、家庭法、证券法、税法等各个领域的法律新闻。

3.全球 27 个国家法律资源

包括全球法律资源、国际公约和来自阿根廷、印度、爱尔兰、意大利、澳大利亚、马来西亚、文莱、墨西哥、加拿大、新西兰、中国、俄罗斯、英国、苏格兰、欧盟、法国、德国、匈牙利、新加坡、南非和英国等其他国家的法律资源。

(二)Lexis Advance 全球法律信息数据库检索方式

Lexis Advance 全球法律信息数据库首页见图 7-35,主要的检索方式有主检索框检索和浏览。主检索框检索适合对所需资源有较明确需求的读者,比如做课题、写论文或者关注某些具体问题的情况;而 Find a Source 和 Find a Topic 两种浏览方式,则适用于想要对特定的法律大主题有更深入了解或者只想寻找某个特定资源的读者。

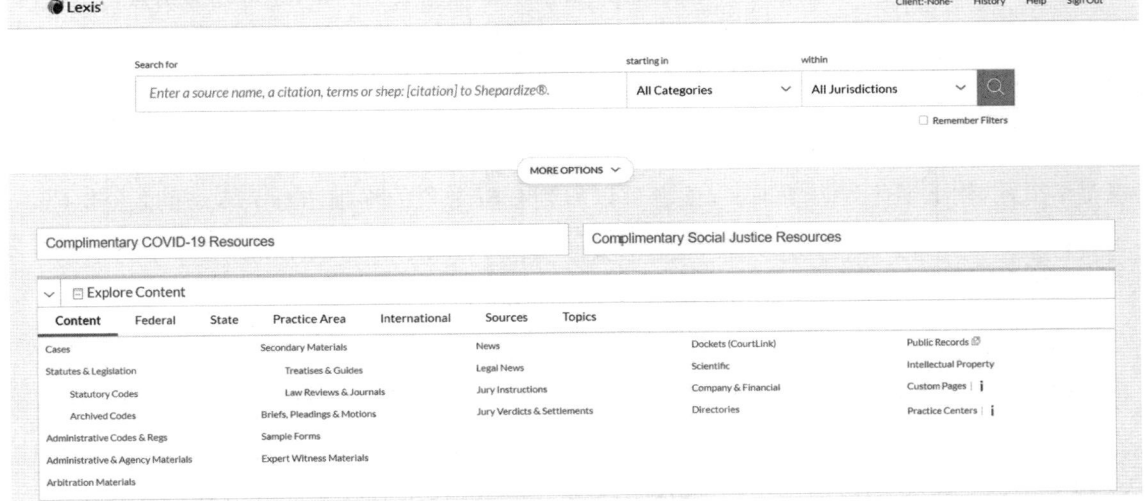

图 7-35　Lexis Advance 全球法律信息数据库首页

第五节　外文其他数据库资源

一、Essential Science Indicators^{SM}（基本科学指标）

（一）Essential Science Indicators^{SM}概述

Essential Science Indicators^{SM}（基本科学指标，简称 ESI）是一个基于 Web of Science™ 数据库的深度分析型研究工具，基于科学引文索引 SCI 和社会科学引文索引 SSCI 所收录的全球 10 000 多种学术期刊的文献记录（文献类型为 Article 和 Review）的发表数量和引文数据，ESI 提供对 22 个学科研究领域中的国家、机构和期刊的科研绩效统计和科研实力排名。ESI 设置的 22 个学科分别为：生物学与生物化学、化学、计算机科学、经济与商业、工程学、地球科学、材料科学、数学、综合交叉学科、物理学、社会科学总论、空间科学、农业科学、临床医学、分子生物学与遗传学、神经系统学与行为学、免疫学、精神病学与心理学、微生物学、环境科学与生态学、植物学与动物学、药理学与毒理学等。ESI 提供的数据为滚动式数据，每 2 个月更新一次，更新后前期的数据将被覆盖，除了提供基础数据外，ESI 还会提供客观的科研绩效基准值。利用 ESI，读者可以对科研绩效和发展趋势进行长期的定量分析；可以确定在某个研究领域有影响力的国家、机构、论文和出版物以及研究前沿；可以发现自然科学和社会科学中的发展趋势。

（二）Essential Science Indicators 检索方法

登录 https://esi.clarivate.com 即可访问 ESI 平台，ESI 主界面分为两部分。上半部分为数据类型与下载导出区域，读者可以选择 ESI 各学科所有机构的数据指标（Indicators）、基准值（Field Baseline）或 ESI 阈值（Citation Thresholds）等不同数据类型，还可以分别点击三个按钮来下载 PDF、CSV 或 XLS 格式的数据文件，将结果发送到电子信箱，或保存在本地的文件夹中。下半部分为数据筛选与分析解读区，左侧下半部分的筛选区，读者可以根据多个选项来筛选数据集，包括研究领域、作者、机构、期刊、国家/地区、研究前沿，也可以选择不同的文献类型，包括高水平论文、高被引论文、热点论文；右侧上半部分的图示区，读者可以查看数据的可视化结果，右侧下半部分为结果区，读者可以看到分析对象的详细指标表现，通过点击 Customize 自定义结果区中显示的指标。

二、InCites 数据库（InCites Benchmarking ＆ Analytics）

（一）InCites 数据库（InCites Benchmarking ＆ Analytics）概述

InCites 数据库是基于 Web of Science 核心合集七大索引数据库（SCIE/SSCI/A＆HCI/CPCI-S/CPCI-SSH/BKCI-S/BKCI-SSH）三十多年客观、权威的数据进行出版物计数和指标计算从而建立起来的科研评价工具。七大索引数据库涵盖了超过 12 000 种期刊、超 16 万种会议录以及 53 000 本学术典籍,收录了自然科学、社会科学与人文艺术等领域中最具全球影响力的内容。利用 InCites 数据库可以进行如下分析:

(1)分析机构学科表现,制定机构学科发展战略,优化学科布局,加强学科建设(可以按照 ESI 学科分类、教育部和国务院学位委员会学科分类等多种模式进行分析);

(2)跟踪机构的研究产出和影响力,进行科研绩效对标分析,明确机构全球定位;

(3)建立全面、透明的评价基准,科学合理地分配科研资源;

(4)分析机构的科研合作情况,识别高效的合作伙伴,寻求潜在的科研合作机会;

(5)分析研究队伍的科研表现,发现高影响力和高潜力的研究人员,吸引外部优秀人才;

(6)识别优势和有潜力的研究主题。

(二)InCites 数据库(InCites Benchmarking & Analytics)检索方法

访问:https://incites.clarivate.com,输入 InCites 的账号和密码进行登录,首次访问需要用邮箱注册后才能登录。

登录完成后即可进入 InCites 数据库主界面功能模块(见图 7-36)。

图 7-36　InCites 数据库主界面功能模块

(1)主界面功能模块包括研究人员、机构、区域、研究方向、出版物、基金资助机构六大分析维度。

①研究人员:分析各机构研究人员和科研团体的产出力和表现力等。

②机构:分析全球各机构的科研表现,进行同行对标。

③区域:分析各机构的国际合作区域分布。

④研究方向:分析机构在不同学科分类体系中的学科布局。

⑤出版物:分析文献所发表的期刊、图书和会议录分布。

⑥基金资助机构:分析不同基金资助机构的论文资助情况。

(2)通过"分析"模块快速启动模板化分析功能。

(3)通过"报告"模块快速创建数据库内置的报告模板,展现机构、人员、部门、出版商的科研表现、期刊利用率、合作等情况,同时支持创建自定义分析报告。

（4）通过"组织"模块管理和使用已保存的工作。

（5）点击"我的机构"进入全新模块 My Organization，实现院系、个人科研数据的精确度量和精准追踪。

分析模块界面如图 7-37 所示，以"机构"模块为例，页面主要分为 4 个区域，读者可以根据需求，在筛选条件区域设置检索条件，选择筛选条件、指标、基准值，系统会根据筛选条件输出检索结果，检索结果有数据表和可视化结果两种呈现方式。

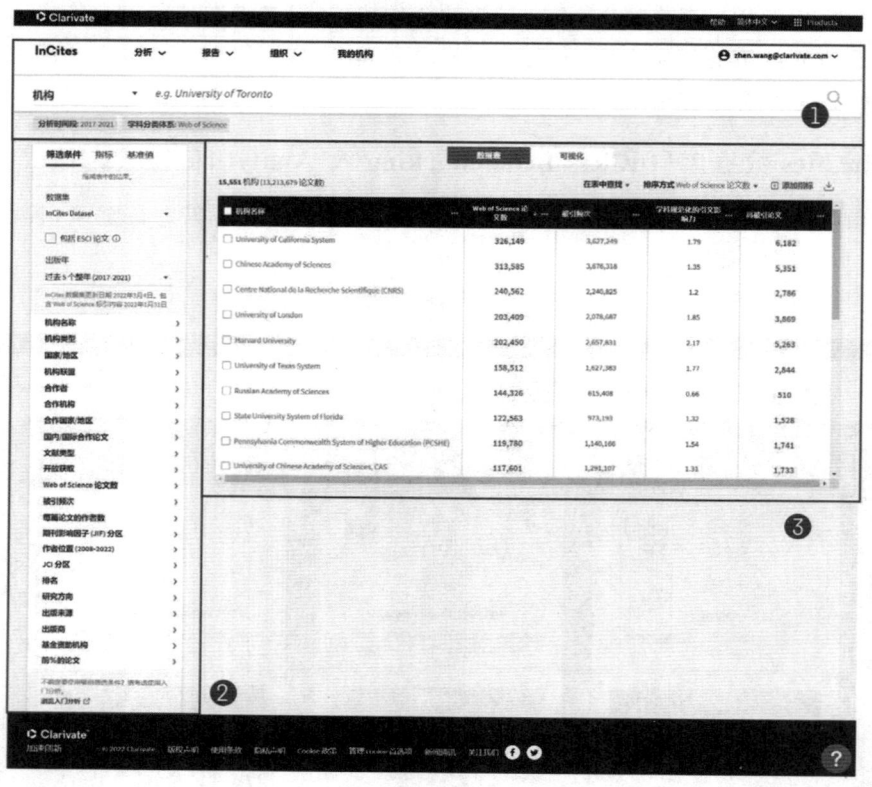

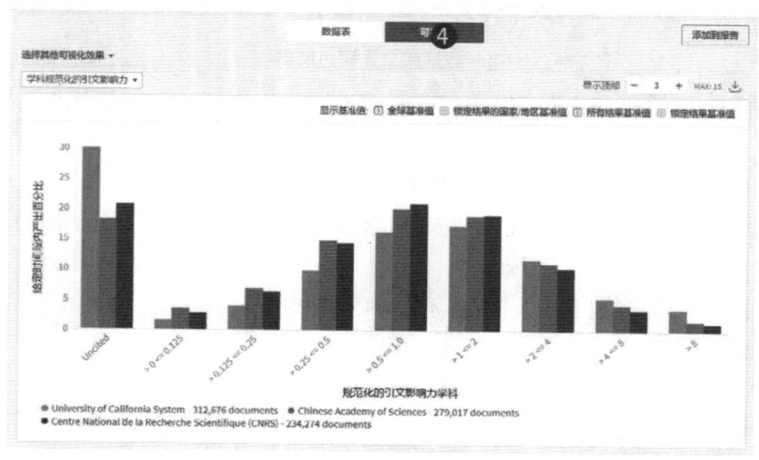

图 7-37 InCites 数据库分析模块界面

三、ProQuest 学位论文全文检索平台

（一）ProQuest 学位论文全文检索平台概述

ProQuest 学位论文全文检索平台实现 PQDT 文摘索引和全文检索服务的融合，并进行系统相关功能的优化和扩展，可以一站式获得检索文摘索引、订购论文、浏览全文等服务。普通读者系统提供论文检索、查看及下载功能。注册读者除提供论文检索、查看、下载功能以外，还提供其他个性化功能，如论文荐购、检索历史保存、论文收藏等功能。截至目前，收录 1743年至今全球超过 3 000 余所高校、科研机构逾 448 万篇博硕士论文信息，其中硕博学位论文全文文献逾 218 万篇，涵盖了从 1861 年获得通过的美国第一篇博士论文，回溯至 17 世纪的欧洲培养单位的博士论文，到本年度本学期获得通过的博硕士论文信息。PQDT GLOBAL 内容覆盖科学、工程学、经济与管理科学、健康与医学、历史学、人文及社会科学等各个领域。

（二）ProQuest 学位论文全文检索平台检索方式

ProQuest 学位论文全文检索平台首页（http://www.pqdtcn.com）显示三种搜索方式：基本检索、高级检索、分类导航。平台首页还有相关热门词提示，热门词表示用户近期内经常检索的词汇。将鼠标放在热门词上可看出热门词出现的次数，点击热门词即可将热门词作为搜索的关键词，可查看到热门词的相关论文。

1.基本检索

系统平台默认的检索方式为基本检索。用户在输入框输入关键词时，实时动态提示相关词，输入的关键词加亮，检索条件为论文目次和摘要，主要包括论文名称、摘要、学校、学科、作者、指导老师、学位、论文卷期次、时间范围、关键词、语种、论文号、ISBN 书号、其他论文数据等。基本检索还支持分类搜索过滤，以及搜索结果分类统计；实时记录注册用户的检索历史；支持短语、单词、数字和符号查询；支持中英文等多语言文字混合查询。点击"检索"按钮，即可进入检索结果页面。在检索结果页面，读者可以对检索结果进行精炼和排序，除了能查看命中文献的基本信息外，还可以进行引文导出、添加收藏、荐购等操作，也可以通过勾选检索框下面的选项，对检索结果进行二次检索。

2.高级检索

高级检索除了拥有基本检索的相应功能外，还支持多关键词组合查询（与、或）及多条件筛选。读者可以自己组织复合型检索条件，查询出符合条件的论文列表。可在平台首页点击"高级检索"，也可在检索结果统计的页面中点击"高级检索"进入高级检索的页面。在高级检索中提供两种方式：

第一种为用户自己定义关键词组合，默认有两行组合（见图 7-38），读者自定义多个检索项组合查询，数量不限制，可以指定检索字段，也可检索所有字段。关键字之间有与、或的关系。点击出版日期的输入框可选择论文的出版年份。点击"检索"完成相关的检索，点击"清空"可将输入框里的内容全部清除。

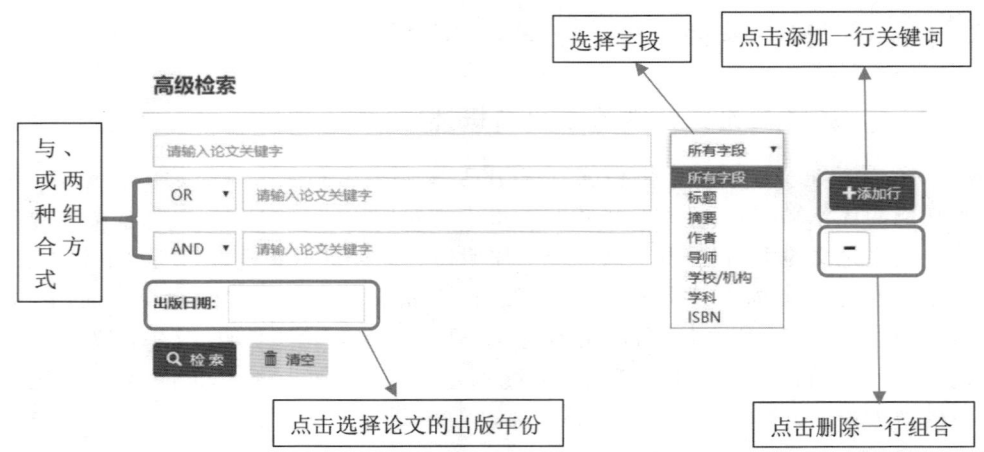

图 7-38　ProQuest 学位论文全文检索平台高级检索第一种方式

第二种为使用我们提供的默认关键词组合（如图 7-39 所示），系统提供字段，填写关键词即可，关键词间为"AND"逻辑关系，在搜索时可以设定论文的类型、论文全文所在的平台、对搜索结果进行排序和每页显示的条数，点击"检索"完成相关的检索，点击"清空"可将输入框里的内容全部清除。其中，平台有全文是指论文在整个 ProQuest 学位论文全文检索平台有全文，机构有全文是指用户所在的集团机构拥有全文。

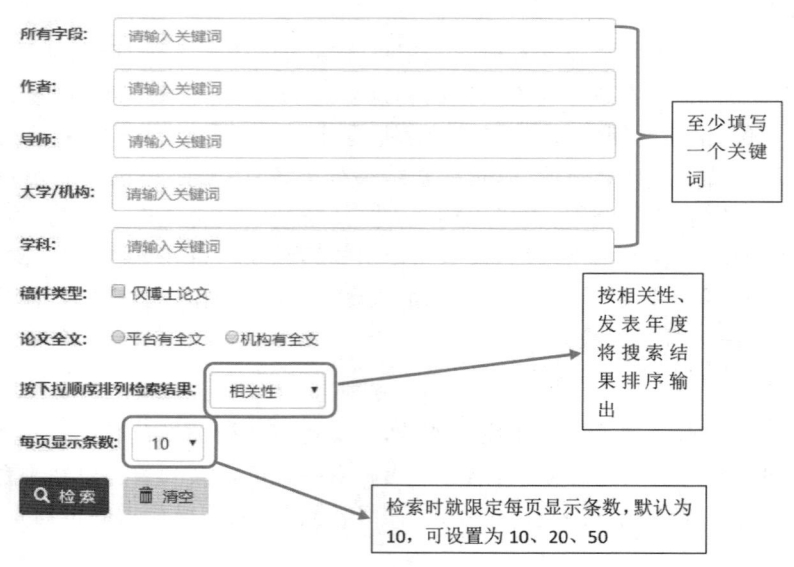

图 7-39　ProQuest 学位论文全文检索平台高级检索第二种方式

3.分类导航

读者可在平台首页点击"分类导航"，也可在检索结果统计的页面中点击"分类导航"进入分类导航的页面。分类导航分为按主题分类和按学校分类两种方式，默认为按主题分类，主题分类中提供按照主题首字母查找，点击相应的首字母即可，默认"All"，点击"＋"即可展开主题查看到更详细的主题,点击选中主题,主题个数不受限制,点击"检索"(见图 7-40)。点击"按学校分类"可按学校名字首字母查找。

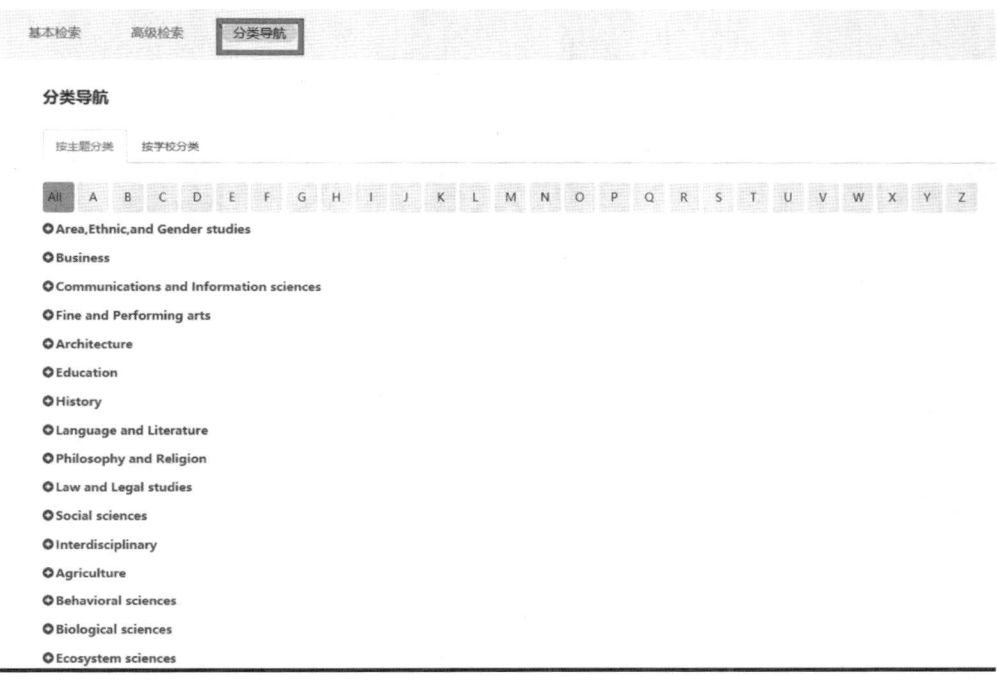

图 7-40　ProQuest 学位论文全文检索平台主题分类

第八章
文献信息资源发现系统和文献管理工具

本章介绍了文献信息资源发现系统和文献管理工具,这两者对于读者来说都是提升检索效率的重要工具。文献信息资源发现系统的出现方便人们更便捷地检索文献信息资源,而文献管理工具使文献信息资源检索变得更加有序化。

第一节 文献信息资源发现系统

在每天有大量信息充斥的时代,人们在检索和获取文献信息资源时有了更多的选择,同时也面临着一些困难,简单方便、快速有效地获取文献信息资源是新的需要,文献信息资源发现系统就是在这种情况下应运而生的。目前图书馆应用较多的文献资源发现系统有 Summon、EDS、Primo 等,更多文献信息资源发现系统详见明细见表 8-1。接下来,以 Primo、超星发现以及百链学术搜索为例详细介绍文献资源发现系统的功能和使用方法。

表 8-1 常用文献信息资源发现系统明细表

名称	简介
Summon	Summon 是由美国 ProQuest 公司旗下的以色列艾利贝斯、公司 EXLibris 研发、推出的,覆盖了来自 10 000 多个内容供应商的超过 40 亿笔元数据、20 亿条单一记录,100 多种内容类型。它可以整合包括图书馆订购的电子资源、图书馆馆藏资源、自建库以及免费开放获取资源、其他 Summon 用户授权使用的特藏资源等在内的各类型资源并提供统一检索的平台
EDS	EDS 是由美国 EBSCO 公司研发、推出的,通过元数据和联邦检索结合的混合检索技术,可以一站式发现全球海量学术资源信息,并获取有版权的全文资源。EDS 发现系统覆盖全球 9 万多家期刊和图书出版社的资源总量已达到 10 亿多条,覆盖的学术期刊超过 20 万种,包含学科期刊、会议报告、学术论文、传记、音视频、评论、电子资源、新闻等几十种类型的学术资源。学术资源的语言种类有近 200 种,非英语的出版社资源超过 3 000 家。中文资源总量也达到近 2 亿条,期刊论文篇目数据达到 8 000 万,书目信息资源 800 万,电子书资源 300 万,图书超过 1 200 万种,同时平台也扩展了期刊导航、学科导航、数据库期刊浏览、期刊检索、参考引文检索等功能
Primo	Primo 是由美国 ProQuest 公司旗下的以色列艾利贝斯公司 EXLibris 公司研发、推出的,可一站式检索的内容不仅包括图书馆的纸本馆藏、数字馆藏,而且还包括图书馆订购的各类电子资源,以及开放获取资源。其中,Primo 学术资源发现系统的后端中央发现索引仓储(Central Discovery Index-CDI)包含 5 000 余家内容提供商或数据来源方提供的元数据,总规模超过 47 亿条记录

（续表）

名称	简介
Find＋	Find＋是由美国 EBSCO 公司和南京大学数图实验室联合研发,利用 EDS 平台授权提供的国外出版商合法元数据的外文多语种搜索技术,结合本地化服务功能,搭建的资源发现系统,是 EDS 平台的中国本土化产品。Find＋系统覆盖全球 9 万多家期刊和图书出版社的资源总量达到 14 亿条,学术期刊超过 17.7 万,全文资源近 7 千万,元数据和全文通过由国外数据库商直接提供,更新及时。Find＋系统包含外文发现、中文发现、全文导航三大模块,为用户提供单一的检索入口,可实现简单检索、高级检索、原文/文摘获取等服务
Worldcat Local	Worldcat Local 是由 OCLC 运用云计算技术提供给图书馆的一站式检索解决方案,可以检索到本馆的、联盟馆的和全球 WorldCat 成员馆的所有馆藏信息
维普智立方	维普智立方是由重庆维普资讯有限公司研发、推出的,它既是一个文献类型全覆盖的资源发现平台,也是一个情报分析视角的知识服务平台,更兼具知识管理的功能,为图书馆、科研单位和个人用户提供全方位、基于云平台架构的一体化解决方案。智立方系统整合了期刊、学位论文、会议论文、专利、专著、标准、科技成果、产品样本、科技报告、政策法规等中外文文献元数据 3 亿余条,资源覆盖了近 20 年来国内产出中外文文献资源的 95%。支持对用户特色资源的个性化整合,云服务周更新
超星发现	超星发现是由超星集团有限公司研发、推出的,整合了图书馆内外的图书、期刊、报纸、学位论文、标准、专利等各类文献,实现了图书馆电子资源的目录级管理,通过引文分析、分面筛选、可视化图谱等手段,为读者从整体上掌握学术发展趋势,发现高价值学术文献提供便捷、高效而权威的学习、研究工具
百链	百链是由超星集团有限公司研发、推出的,实现了 400 多个中外文数据库系统集成,利用"百链云"服务几乎可以获取 1 000 多家图书馆所有的文献资料。其中,中文资源的文献传递满足率可达到 96%,外文资源的文献传递满足率可达到 90%。无论是学习、写论文、做课题还是拓展阅读,百链都能为读者提供一站式、精准的学术资料
e 读	e 读是由中国高等教育文献保障系统(CALIS)发布的一个学术搜索引擎,能在海量信息中实现高质量的检索。它集成了高校所有资源,整合图书馆纸本馆藏、电子馆藏和相关网络资源,使读者在海量的图书馆资源中通过一站式检索,查找所需文献

一、Primo 学术资源发现系统

（一）Primo 学术资源发现系统简介

Primo 学术资源发现系统提供了图书馆的馆藏资源、图书馆订购的电子资源以及免费开放获取资源等全部类型的中外文资源的统一发现与获取服务,为读者提供集成的、单一入口的资源发现与获取服务用户环境。

Primo 学术资源发现系统可以支持 OpenURL、XML、OAI、RSS 等多种标准与协议,能够支持图书馆各种类型数据库需要的各种体系结构,还可以进行系统功能扩展,实现二次开发,图书馆常用的用户登录认证、移动图书馆的借阅功能等都可以通过 Primo 学术资源发现系统进行配置。图书馆购买的大部分的文献信息资源都可以被 Primo 学术资源发现系统覆盖。Primo 学术资源发现系统可以实现图书馆的个性化,因为采用了模块化的组件设计,能够根据图书馆的情况进行修改和定制,来满足图书馆的自身需求,因此很多图书馆基于 Primo 建立了有学校特色的一站式发现平台,如大连理工大学图书馆的"百川搜索"、北京师范大学图书馆的"木铎搜索"、上海外国语大学图书馆的"西索学术资源发现"等。大连海事大学图书馆基于 Primo 建立了"鲲鹏发现"系统,接下来以"鲲鹏发现"系统为例介绍 Primo 学术资源发现系统的功能。

Primo 学术资源发现系统有丰富的功能，包括资源发现和获取、检索、个性化服务、后台管理、统计等功能，下面选择几个跟读者息息相关的主要功能进行详细介绍。

1.统一资源发现功能

Primo 学术资源发现系统可以统一对图书馆的各种馆藏进行发现，包括图书馆的纸本馆藏、特色馆藏、图书馆订购的各种电子资源，还有开放获取的资源。在 Primo 学术资源发现系统的检索框输入某个检索词后，可以将各种来源和类型的文献信息资源统一检索出来，帮助读者发现更多相关的资源。例如利用大连海事大学图书馆的"鲲鹏发现"系统时，在检索框输入"计算机"后，检索出的结果中有本馆收藏的资源，也有在线全文、同行评议期刊以及开放访问资源，纸本资源还可以看到馆藏地，文献类型包括文章、图书、期刊等（见图 8-1）。对于不是很熟悉图书馆各类型文献信息资源的读者，这样的资源发现系统可以帮助他们更好地熟悉，更便捷地发现和使用图书馆的各种文献信息资源。

图 8-1　利用 Primo 检索"计算机"

2.统一资源获取功能

Primo 学术资源发现系统能为不同的检索结果提供相应的获取途径。对于图书馆的纸本馆藏，Primo 可以实现单册馆借阅状态、馆藏位置等查询。图书馆的电子资源在检索后可以看到来源数据库和在线查看、全文获取的链接，读者可以点击"查看全文"或者"详细信息"等直接跳转到相应的数据库阅览、下载的界面。例如在"鲲鹏发现"系统检索"信息检索"，检索结果中的文章信息下方会有"在线全文"的字样，点击后可以看到获取全文的数据库链接有万方学术期刊和中国学术期刊网络出版总库（CNKI-中国知网），读者可以选择其中一个链接获取全文（见图 8-2）。

3.系统检索功能

Primo 学术资源发现系统的检索既有一站式检索方式，也有本馆馆藏和电子馆藏单独检索的方式。系统可以使用中文简繁体或者外文检索，读者能够自己选择检索词和字段。检索的结果可以通过相关度算法控制实现相关度排序，相关度与检索结果的重要性、读者的背景、

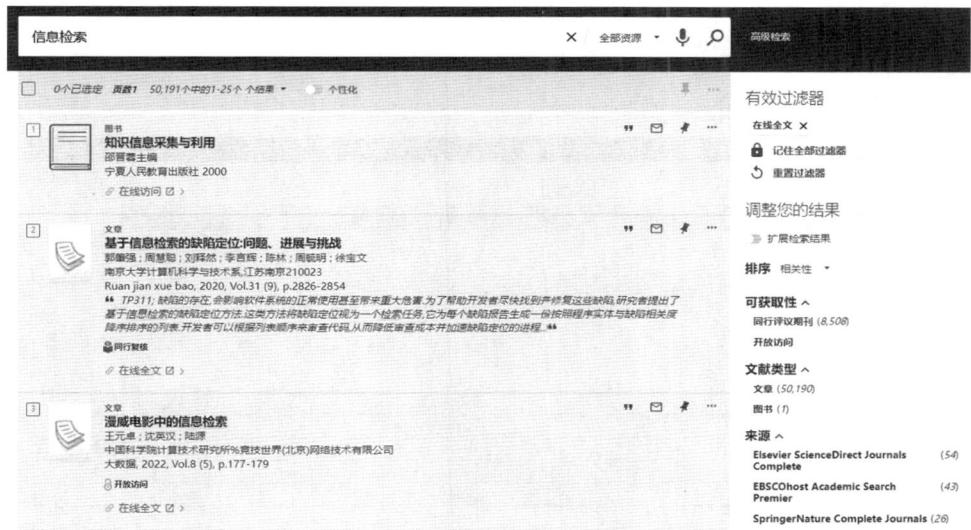

图 8-2　利用 Primo 获取全文

馆藏内容有关，检索结果中比较重要的文献或者图书馆本地馆藏都会优先显示。使用过的检索式可以保存，检索历史可以查看，如果觉得检索结果不够多，可以选择扩展检索结果。在检索的过程中可以设置个性化结果，选择偏好学科后，检索的结果就会跟设定的学科更为相关。例如检索"社会化媒体"时，如果选择个性化偏好学科为"图书馆与信息科学"，那么检索出的结果则是图书馆与信息科学领域对社会化媒体的研究（见图 8-3）。

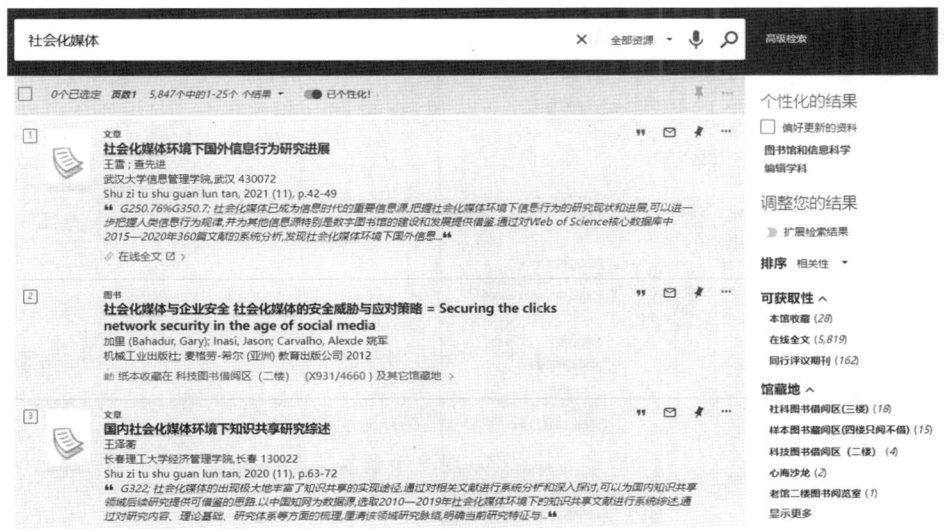

图 8-3　利用 Primo 检索"社会化媒体"

4.电子期刊导航功能

电子期刊导航服务可以帮助读者看到图书馆订购的数据库以及期刊信息。导航内提供检索功能，读者可以通过期刊名称或者 ISSN 号进行检索，可以实现中文以及外文期刊刊名的首字母缩写检索，可以选择模糊查询、精确匹配、前方一致，限定期刊范围是全部期刊还是中文刊、外文刊、免费刊。期刊可以按照字顺浏览，系统提供中文刊、外文刊、免费刊字顺浏览，也可按照学科分类、数据库平台进行浏览。浏览期刊,可以获取期刊刊名、期刊链接、起止日期、ISSN、学科分类、收录情况、详情等(见图 8-4)。

图 8-4 Primo 的电子期刊导航页面

除此之外,还能够按核心期刊索引以及学科范围查询浏览核心期刊或者是 OA 期刊、NSTL 订购期刊。例如可以利用中外文核心期刊查询系统查询被 SCIE 收录的工程学期刊。期刊的浏览区域可以看到每本期刊的名称、ISSN 号、被各个核心索引收录的情况、影响影子、学科分类、全文获取途径、投稿指南以及馆藏拥有这些期刊的单位。在中外文核心期刊查询系统同样可以通过刊名或者 ISSN 号检索某一个期刊,查看期刊相关的信息(见图 8-5)。

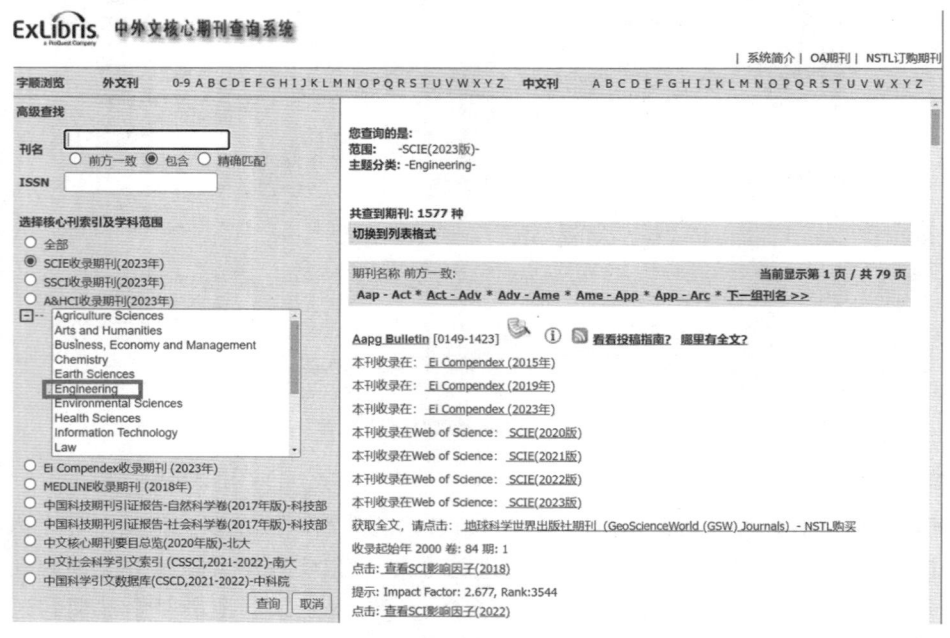

图 8-5 Primo 中外文核心期刊查询系统

二、超星发现

(一)超星发现简介

超星发现在将近 12 亿元海量数据的基础上,利用了数据仓储、资源整合、知识挖掘、数据分析、文献计量学模型等相关技术,最终形成了高效、精准、统一的学术资源搜索。超星发现是大数据分析挖掘平台,可以把图书馆购买的数据库进行整合,实现统一检索,基于元数据做资料的分析挖掘功能。超星发现拥有多维分面聚类、智能辅助检索、立体引文分析、考镜学术源流、展示知识关联、揭示学术趋势等功能,下面具体介绍这些功能。

(二)超星发现的功能

1.多维分面聚类

进入超星发现的首页,界面非常简洁大方,提供了基本检索、高级检索、检索历史等功能。例如我们想要了解一下"数字人"相关的研究,可以直接在检索框输入"数字人"进行检索。在检索结果界面,可以看到各种文献类型的结果导航,包括期刊、图书、报纸、学位论文、会议论文等,每一种类型名称下面显示了检索出的文献数量。

检索结果列表的左侧提供了各种结果筛选的选项,包括精炼检索、语言、内容类型、年份、重要收录、学科分类等。读者可以根据自己的需要选择合适的检索结果筛选方式,找到需要的文献。例如我们想要看一看近 5 年发表在中文核心期刊上的跟"数字人"相关的期刊论文,可以在文献类型中选择"期刊",在筛选选项中勾选 2019—2023 年的年份,并勾选"重要收录"中的"中文核心期刊",检索结果如图 8-6 所示。

图 8-6　超星发现检索结果筛选

2.智能辅助检索

智能辅助检索指的是超星发现可以根据读者的检索数据发现读者的检索需求和习惯,从而将读者比较关心的相关内容和可能会感兴趣的内容进行优先推送。

超星发现的检索功能也比较智能和完善,例如用高级检索来完成上述的例子,进入高级检索界面,选择关键词作为检索途径,在检索框分别输入"人工智能"和"数字人",文献类型选择"期刊",年份选择"2019年至2023年"(见图8-7)。检索后再勾选"中文核心期刊"进行筛选,这样就完成了检索。如果想对检索进行保存,可以点击"保存检索式",方便下一次检索,保存后的检索式可以在个人学习空间查看。

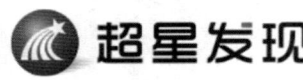

高级检索	专业检索						
语种:	☑全部 □中文 □外文						
文献类型:	□全部 □图书 ☑期刊 □报纸 □学位论文 □会议论文 □标准 □专利 □音视频 □科技成果 □图片						

关键词 ∨ 人工智能 并且 ∨ 模糊 ∨ +

与 ∨ 关键词 ∨ 数字人 并且 ∨ 模糊 ∨ − +

与 ∨ 全部字段 ∨ 并且 ∨ 模糊 ∨ − +

ISBN: ISSN:

期号: 至

年份: 2019年 ∨ 至 2023年 ∨

每页显示: ◉15条 ○30条

只显示: □馆藏目录中的条目(印刷和实物资料) □馆藏电子资源

检索

图 8-7 超星发现高级检索

3.立体引文分析

超星发现可以对图书与图书、期刊与期刊、图书与期刊以及其他类型的文献进行引证分析。通过引证分析,对某一文献、某个学科、某位作者、某个机构的学术影响力进行测定和评价,还能够对学术研究的背景渊源和发展过程有一定的了解。

选择一篇期刊论文《虚拟化背景下的"数字人"》,在这篇文章的详情页面上,有文章的详细信息,还有"全国馆藏""相关文献""相同作者的文献""相同单位的文献""编辑部相关信息"等内容(见图8-8)。每一项内容都可以展开查看,例如点击"全国馆藏",可以看到所有拥有这篇期刊论文馆藏的图书馆数据,包括地区分布图、单位类型分布图、收藏单位按地区分布、单位类型分布浏览(见图8-9)。

图 8-8　超星发现期刊论文的详情页面

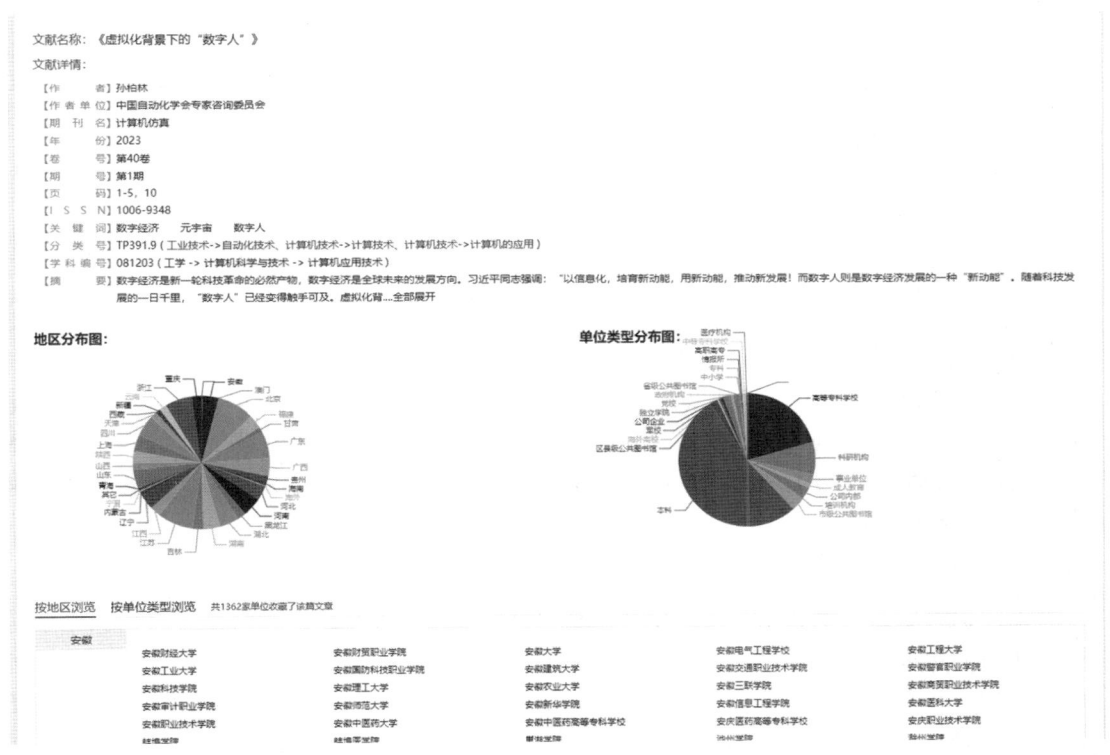

图 8-9　超星发现期刊文献馆藏分布

检索图书《论语》,打开其中一个检索结果,在这个图书详情页面上,可以看到"参考文献与引证文献"模块,其中包括了这本《论语》的引证关系图和引证趋势。可以发现一些其他信息,例如这本书参考的图书较多,而引用它更多的却是期刊;从引证趋势上看,这本书从 2019 年到 2021 年的引用量呈上升趋势,到 2021 年引用量达到最高值,之后就开始下降(见图 8-10)。

▌参考文献与引证文献

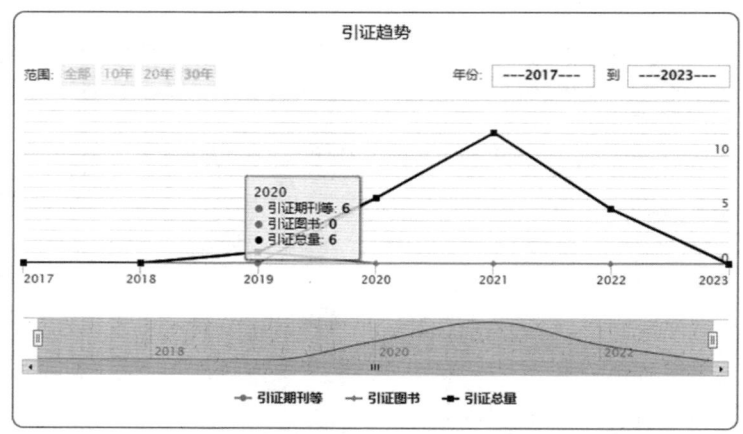

图 8-10　超星发现的参考文献与引证文献分析图

4.考镜学术源流

通过查看文献的参考文献，可以对学术的渊源进行回溯，例如上述的《论语》，在参考文献分析图中，点击"参考期刊"或者是"参考图书"可以跳转到相应的结果上（见图 8-11）。通过查看参考的图书和期刊，再进一步地查看这些图书和期刊引用的参考文献，这样就可以一直追溯下去，了解研究的学术背景和发展。

5.展示知识关联

展示知识关联指的是将单一的文献扩展到知识关联中，从主题、学科、作者、机构、地区等角度构建出知识关联图谱，反映了学术研究之间的关系。还以上述论语为例，在图书详情页的右侧，可以看到知识关联图，这个关联图中能够看到关键词、作者、机构三个角度，分别按照不同的颜色区分（见图 8-12）。把鼠标放置在图片上，可以显示不同的信息，例如将鼠标放在关键词上，可以看到相应的数字，圆形越大，数字也就越大，可以发现"儒家""译文"是高频关键词。同样，把鼠标放到作者和机构的圆形时可以看出哪些机构和作者的相关研究数量比较多，不但如此，如果将鼠标放在连接的线上，可以看到对比结果，例如美学＞戏曲艺术，山东工艺美术学院＞山东大学，李红贞＞潘鲁生等。

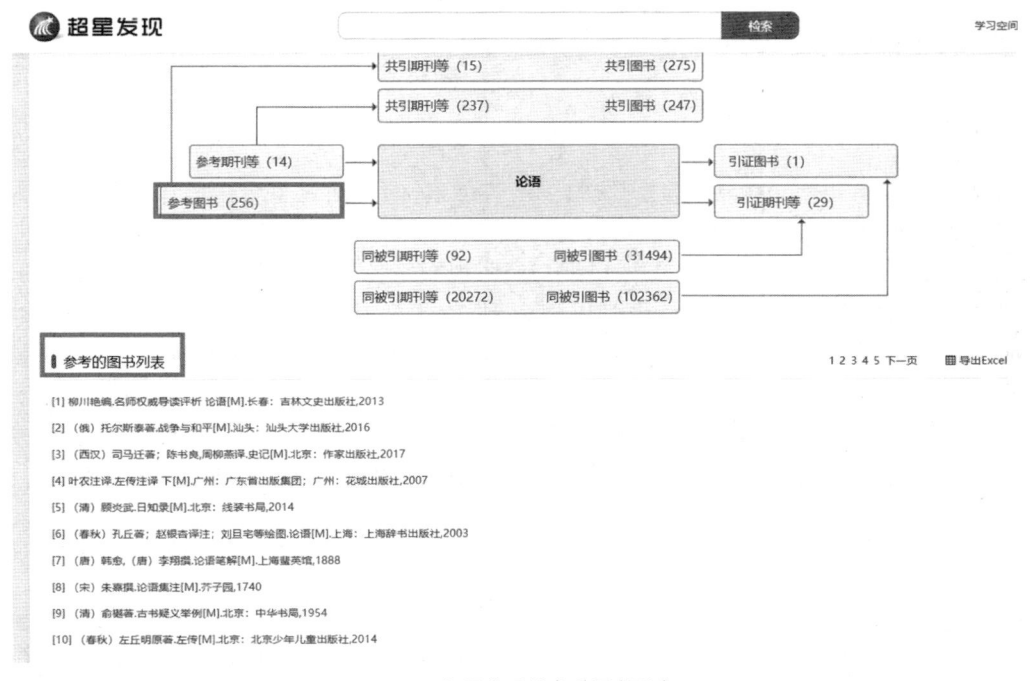

图 8-11　超星发现的参考图书列表

6.揭示学术趋势

超星发现可以利用结果分析、引证关系图等来揭示学术趋势。例如对"数字人"的检索结果按照时间范围查看分布图,可以查看 10 年、20 年、30 年各种类型文献在不同年份的数据以及趋势图(见图 8-13)。由此图可以看出"数字人"相关的文献中,期刊论文是最多的,而且呈现上升趋势,其他类型的文献近几年虽然数量上也有增加,但是幅度并不大。

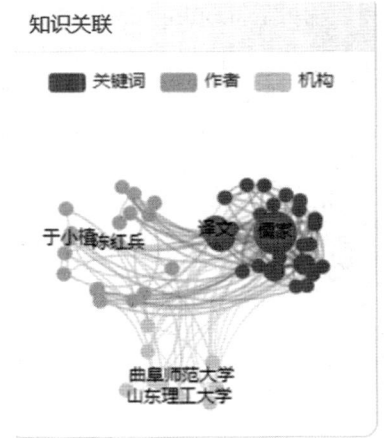

图 8-12　超星发现的知识关联图

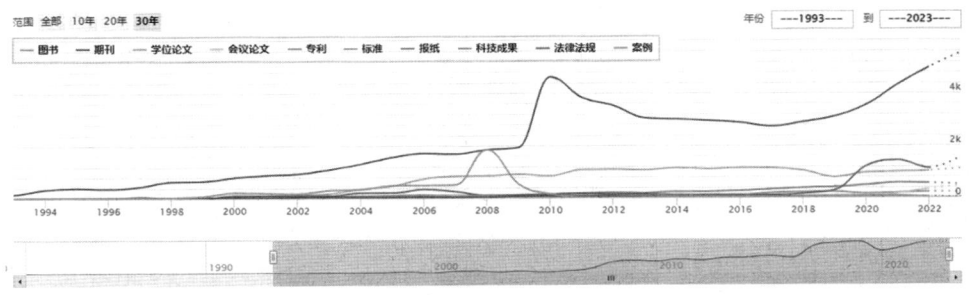

图 8-13　超星发现检索结果年份趋势图

207

三、百链学术搜索

(一)百链学术搜索简介

百链学术搜索是超星公司自主研发的一站式检索平台,通过整合全国1 800多家图书馆的各种资源,500多个中外文数据库,通过整合使其资源得到充分利用。百链为读者提供资源补缺服务,包含:期刊、论文、外文图书、报纸、专利、视频等各类资源的补缺,以超链接的方式帮助读者找寻获取资源,目前在百链中可以搜索到:学术文献资源8.7亿篇元数据,中文期刊13 000万篇元数据,外文期刊31 500万篇元数据,中文报纸21 000万篇元数据,中文学位论文800万篇元数据,外文学位论文1 000万篇元数据,中文会议论文717万篇元数据,外文会议论文2 300万篇元数据,开放学术资源5 400万篇元数据,平均每天以10万条索引的速度更新。不论是学习、研究、写论文、做课题、拓展阅读,百链都能提供较全面、精准的学术资源。

(二)百链学术搜索的功能

1.一站式检索功能

百链学术搜索提供一站式检索功能,有中文搜索和外文搜索两种方式,只需要在检索框输入检索词就可以检索出相关的图书、期刊、报纸、学位论文等多种类型的文献信息资源。

例如输入"Shipping management"进行外文搜索,可以得到外文图书、期刊、学位论文、会议论文的结果,每种类型的结果都显示了数量,并可以按文献类型查看和筛选检索结果(见图8-14)。以期刊文献为例,在期刊文献的检索结果页面提供了二次检索功能,即"在结果中搜

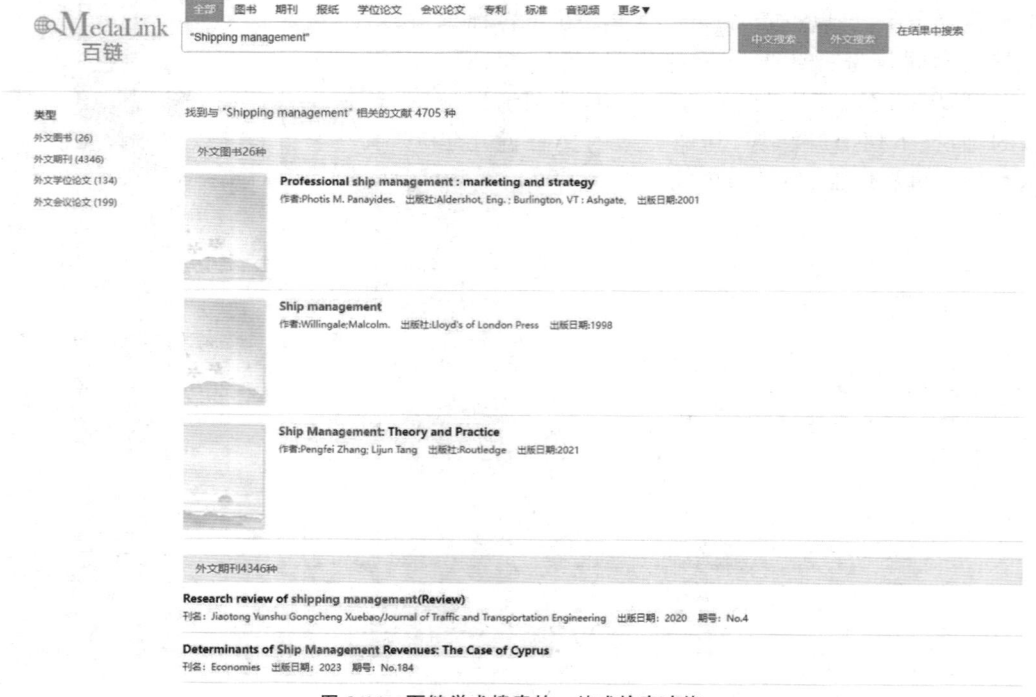

图8-14　百链学术搜索的一站式检索功能

索",可以筛选本馆电子资源、学科类型、数据库来源、期刊种类,同时,相关的其他类型的文献结果也精炼显示在页面上(见图 8-15)。

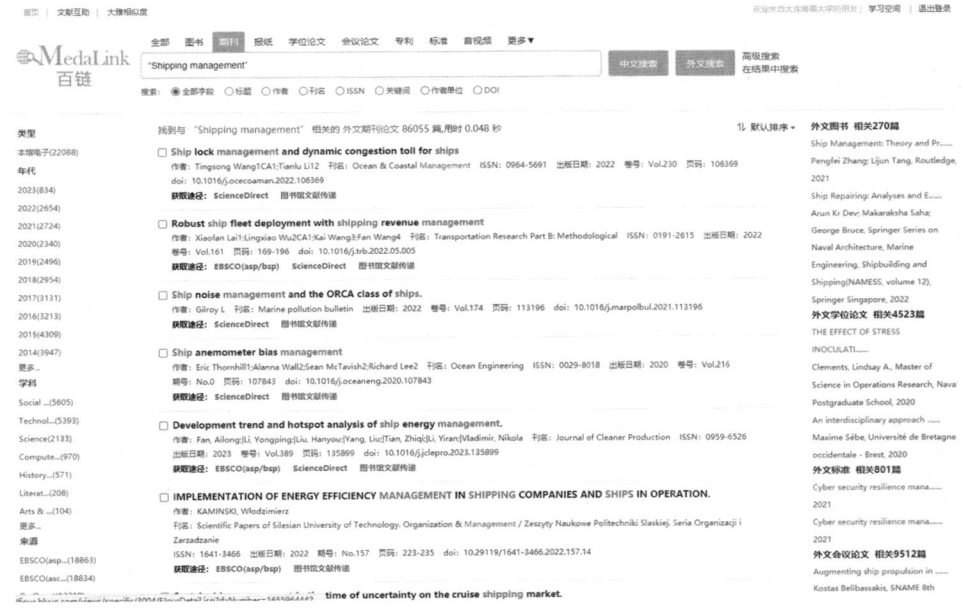

图 8-15　百链学术搜索检索的外文期刊结果页

2.分类检索功能

百链学术搜索可以按照文献信息资源的类型单独检索,检索时可以选择相应的检索途径,切换高级检索,部分类型的文献信息资源没有高级检索,如标准、视频、法律等。

以学位论文为例,检索大连海事大学的学位论文,可以选择"授予单位"作为检索途径(见图 8-16)。

图 8-16　利用百链学术检索大连海事大学的学位论文

再以"关键词"作为检索途径,在结果中检索"海上保险"相关的学位论文,可以进一步检索到大连海事大学关于"海上保险"的学位论文(见图 8-17)。除了这种方法,还可以利用高级搜索,同时限定两个检索途径后输入检索词进行检索,两个检索词之间的逻辑关系为"与"。

图 8-17　百链学术搜索二次检索

3.文献获取功能

通过百链学术搜索检索出的文献如果是图书馆购买的资源可以通过数据库链接获取,反之可以通过"文献传递"或者"文献互助"的方式获取。

(1)通过数据库链接获取文献

百链学术搜索的检索结果页面或者是文献的详情页面可以看到文献获取的方式,例如检索"Ocean virtual simulation technology"相关的外文期刊论文,可以选择期刊模块进行检索(见图 8-18)。

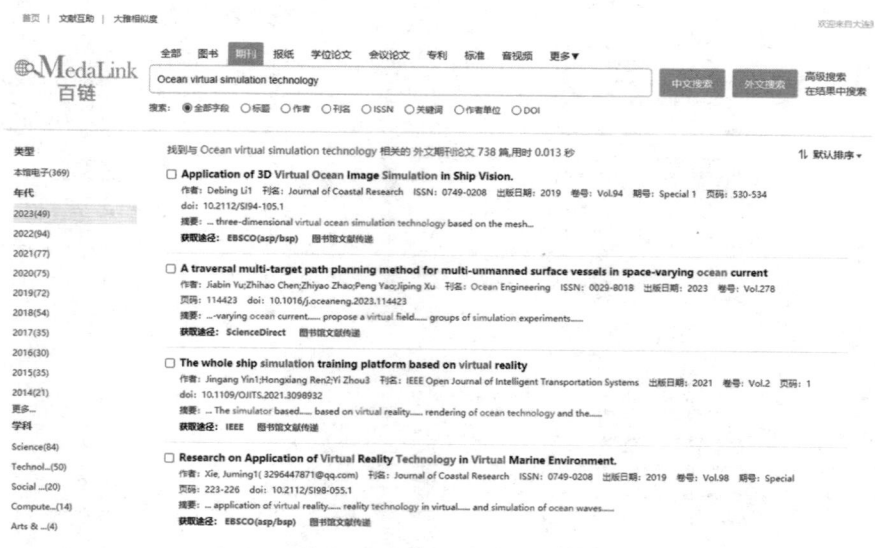

图 8-18　百链学术搜索的期刊文献检索

检索结果中的期刊论文可以从 EBSCO（asp/bsp）、ScienceDirect、IEEE 等多种数据库获取全文，只需点击数据库的链接即可跳转到相应数据库的期刊论文详情页，以获取有权限全文。

（2）通过"文献传递"获取文献

"文献传递"功能可以方便读者获取图书馆以外的文献信息资源。例如国外专利、标准等文献并没有提供全文获取途径，这种情况可以点击"图书馆文献传递"跳转到"全国图书馆参考咨询服务平台"提交文献传递申请（见图 8-19）。

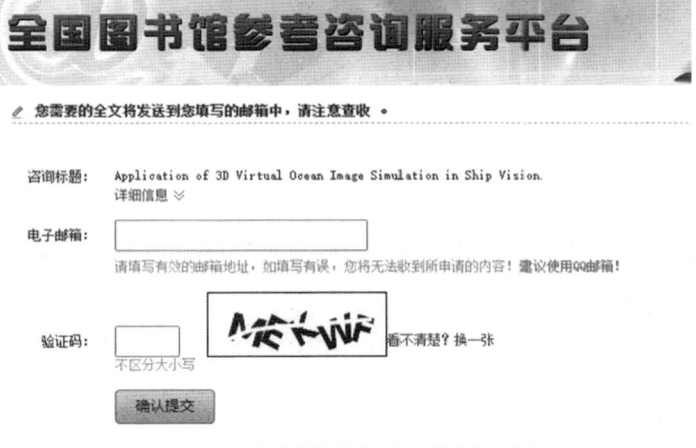

图 8-19　百链学术搜索的"文献传递"功能

（3）通过"文献互助"获取文献

在百链学术搜索的左上角有一个"文献互助"功能，可用于发布文献请求，当管理员看到请求后会予以处理。这种方式对于不熟悉检索方法的读者来说是个便捷的方法，也是自己检索不到想要的文献时理想的解决途径，读者可以通过"新建话题"提交文献申请单，说明文献标题、类型、作者等信息，如果管理员检索到这篇文献会在评论区回复，文献可以直接下载（见图 8-20）。

图 8-20　百链学术搜索的"文献互助"功能

4.学习空间功能

在百链学术搜索首页的右上角有"学习空间"功能,读者注册个人账号之后可以进行更多个性化的操作,形成独特的学习空间,除了收藏文献、记笔记等功能,还可以进行课程、专题创作。

(1)个人账号注册登录:如果曾经注册过学习通账号,可以直接用该账号登录或者用学习通 APP 扫码登录,没有账号可以自行用手机号注册登录。

(2)文献收藏管理功能:利用百链学术搜索检索出的文献可以收藏,文献右侧有收藏图标(见图 8-21),读者通过自己建立收藏文件夹能够实现文献的分类管理,收藏的文献可以在学习空间的"云盘"中查看,见图 8-22。

☐ 私有信息检索技术分析对比研究 　　　　　　　　　　　　　　　　　　　　　　　　　　　　收藏
作者:张小青,张舒骏,雷术梅,彭夕茜 刊名:通信技术 ISSN:1002-0802 出版日期:2023 期号:第2期 作者单位:中电科网络安全科技股份有限公司
关键词:私有信息检索; 安全多方计算; 隐私计算; 同态加密
获取途径: 超星期刊 图书馆文献传递

☐ 学术信息检索存在的问题及对策研究 　　　　　　　　　　　　　　　　　　　　　　　　　　收藏
作者:郑燕 刊名:河南图书馆学刊 ISSN:1003-1588 出版日期:2023 期号:第2期 页码:99-100, 103 作者单位:河南科技学院图书馆
获取途径: 超星期刊 万方(包库) 维普 CNKI(包库) 图书馆文献传递

☐ 档案量子信息检索技术应用探究 　　　　　　　　　　　　　　　　　　　　　　　　　　　　收藏
作者:张倩 刊名:山东档案 ISSN:1672-5204 出版日期:2023 期号:第1期 页码:14-17 作者单位:南京艺术学院档案馆
获取途径: 维普 图书馆文献传递

☐ 漫威电影中的信息检索 　　　　　　　　　　　　　　　　　　　　　　　　　　　　　　　　收藏
作者:王元卓[1], 沈英汉[1], 陆源[2] 刊名:大数据 ISSN:2096-0271 出版日期:2022 期号:第5期 页码:177-179
作者单位:中国科学院计算技术研究所; 竞技世界(北京)网络技术有限公司
获取途径: 超星期刊 万方(包库) 维普 CNKI(包库) 图书馆文献传递

☐ 课程思政融入信息检索课程的探索 　　　　　　　　　　　　　　　　　　　　　　　　　　　收藏
外文题名:Exploration of Integrating Curriculum Ideology and Politics into Information Retrieval Curriculum 作者:朱黎 刊名:四川工商学院学术新视野
出版日期:2022 期号:第2期 页码:50-52 作者单位:四川工商学院图书馆
获取途径: 超星期刊 维普 图书馆文献传递

图 8-21　百链学术搜索的文献收藏管理功能

图 8-22　在"云盘"查看在百链学术搜索收藏的文献

（3）其他个性化功能

在学习空间的首页可以看到各种个性化功能，"专题创作"可以实现各种主题专题的创作，无论是作为读者的学习资料整理还是内容分享，都是很好的选择；"笔记"可以实现学习记录；"小组"可用于查看和新建各种学习或者兴趣小组等。

总的来看，百链学术搜索提供了丰富的检索和文献获取功能，还给读者个性化的学习记录的空间，一站式的操作节省了读者的时间，不需要频繁地切换各个数据库或者记录文档，有利于提升学习效率。

第二节　文献管理工具

一、文献管理工具概述

文献管理工具是一种可以提供文献的管理、利用、分析、写作辅助等功能，帮助读者更加高效地利用文献进行学术研究的工具。在学习和科研过程中，研究选题的确定、研究背景和进展的分析、文献综述的撰写等工作都需要对大量的文献进行阅读和调研，文献的管理尤为重要，读者可以借助一些文献管理工具来对文献进行统一的管理。早在1991年，国外就出现了文献管理软件EndNote，国内最早的文献管理软件是由北京爱琴海软件公司推出的NoteExpress，这两种文献管理软件至今都广泛被使用着，除此之外也有很多文献管理软件被推出，如国外的Reference Manager、ProCite、RefWorks等，国内的知网研学、NoteFirst等，详见表8-2。

表8-2　常用文献管理工具明细表

名称	简介	费用
EndNote	EndNote是汤森路透（Thomson Reuters）公司研发、推出的文献管理软件，是SCI官方软件，也是世界上最好的文献管理软件之一，目前有单机版和网络版。EndNote涵盖多领域各学科，可以连接1 500多个数据库，有600多种过滤器，提供超过3 300种重要期刊的引用和参考文献著录格式	收费
Reference Manager	Reference Manager是美国ISI ResearchSoft公司研发、推出的，比较适合科学以及医学领域的研究人员使用，不能处理中文文献	收费
ProCite	ProCite是个人书目管理软件，也是管理索引的工具，可用于检索互联网数据库、建立个人参考文献库，支持中文，可以导入中文文献	收费
NoteExpress	NoteExpress是北京爱琴海软件公司开发的一款专业级别的文献检索与管理系统，其核心功能涵盖"知识采集、管理、应用、挖掘"的知识管理的所有环节，是学术研究、知识管理的必备工具，也是发表论文的好帮手	收费
NoteFirst	NoteFirst是由西安知先信息技术公司开发的，在分析国内外文献管理、知识管理、协同工作、科学社区等软件功能的基础上，结合中国科研人员的文化特点、使用习惯，实现了团队科研协作和个人知识管理的统一，为科研人员提供文献、笔记、知识卡片、实验记录等资源的便捷管理，文献订阅，参考文献自动形成，电子书自动形成等功能；在此基础上，科研人员把个人资源一键分享给团队，实现团队资源的积累，达到科研协作的目的	免费

（续表）

名称	简介	费用
Mendeley	Mendeley 最早由德国博士开发,后来被 Elsvier 公司收购,可以搜索世界各地的学术文献,进行文献交流,可以一键抓取网页文本添加到个人图书馆,安装插件后可以编辑文本	免费
RefWorks	RefWorks 是由 CSA 公司研发、推出的基于网络的文献管理插件	收费
Papers	Papers 是一款针对 Mac 用户的文献管理软件,使用 pubmed 搜索文献,可以直接检索和保存 pdf 格式的文件	收费
Zotero	Zotero 是由安德鲁·w·梅隆基金会,斯隆基金会以及美国博物馆和图书馆服务协会资助开发的文献管理插件,可以对文献数据库网页中的文献题录直接抓取,协助收集、管理以及引用研究资源	免费
知网研学	知网研学是由中国知网研发、推出的,它的前身是 E-Study,目前有网页版和电脑客户端以及移动版。知网研学集文献检索、管理、笔记、翻译、写作、投稿于一体,是为学习和科研提供全过程支持的工具	收费

二、文献管理工具举例

(一)NoteExpress

1.NoteExpress 简介

NoteExpress 是目前使用比较多的一种文献管理软件,它的主要功能是帮助读者在整个科研过程中高效率地利用电子资源,它可以实现文献的检索和全文获取,对文献题录和全文进行分类整理,可以用于做笔记、做注释以及添加引文等,下面就从 NoteExpress 的几大核心功能详细介绍。

2.NoteExpress 的主要功能

(1)检索功能

NoteExpress 提供在线检索的功能,支持全球的图书馆书库数据库,如常用的中国知网、万方、维普、ScienceDirect、EI、美国国会图书馆,等等。检索得到的结果可以获取、保存题录,如果是图书馆购买的全文数据库,还能够在线获取全文。检索时可以使用高级检索功能,选择数据库子库、更新时间、主题、被引频次等字段,可以增加或删除检索项,选择精确、相关或者模糊检索(见图 8-23)。

(2)管理功能

对于在线检索获取的题录或者是从数据库、其他网站导出的题录,可以利用 NoteExpress 的管理功能进行分类整理。读者可以自己建立 NoteExpress 中的数据库列表,名称和细分类目都可以自己安排,比如读者可以根据数据库的来源分类和管理题录,也可以按照文献类型、语种、是否有全文等,一切都能够根据自己的需要来设置,形成属于自己的数据库列表,数据库中可以建立虚拟文件夹,分门别类地管理各种文献。此外,对于文献的可以进行标记,如加上星标、设定优先级等,并且所有对文献的操作,如记笔记、全文附件等都可以显示在题录中。每一条题录都可以自己编辑,也可以新建或者删除一个题录(见图 8-24)。

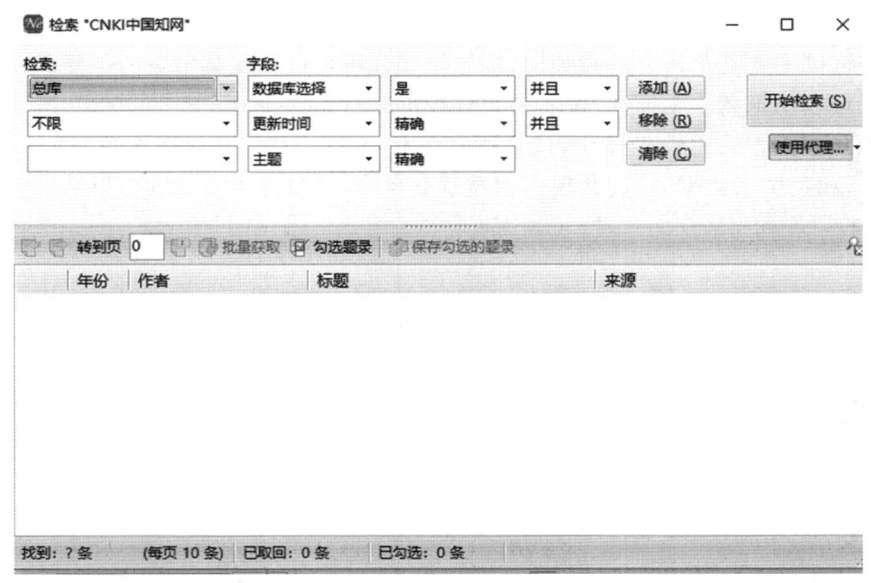

图 8-23　NoteExpress 的检索功能

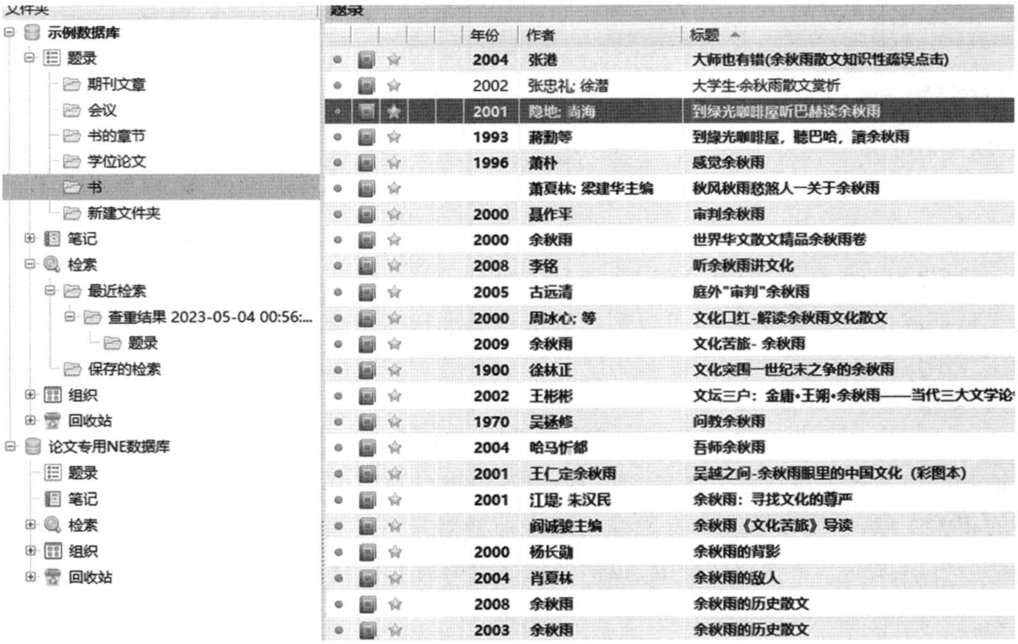

图 8-24　NoteExpress 的管理功能

（3）分析功能

对检索结果进行多种统计分析，包括数据分析、文件夹统计分析等，可以使研究者更快速地了解某领域里的重要专家、研究机构、研究热点等。NoteExpress 的数据分析功能可以用于在题录列表中选定的题录，在数据分析中，可以按照分析字段查看分析情况，包括文献类型、年份、标题、作者、关键词、来源（见图 8-25）。分析可以按照全部题录进行，也可以按照自己设定的频次倒序排名后显示的数量进行。按照"文献类型"分析可以了解某项研究大多采用的文献类型,按照"年份"分析可以清晰地看到那些年份研究较多,从而可以知道研究的大概趋势,按照标题分析可以了解某项研究的高频词、按照作者分析可以发现某主题的主要研究人员、按照关键词分析可以明确高频关键词、按照来源分析可以对某项研究发表的文献有所了解,以作为投稿的参考。分析方法比较多样化,包括词频统计、词频云图、词共现次数矩阵、词共现关系图、词共现-相关关系数据阵、词共现-相异系数矩阵,可以提供不同的分析结果样式。

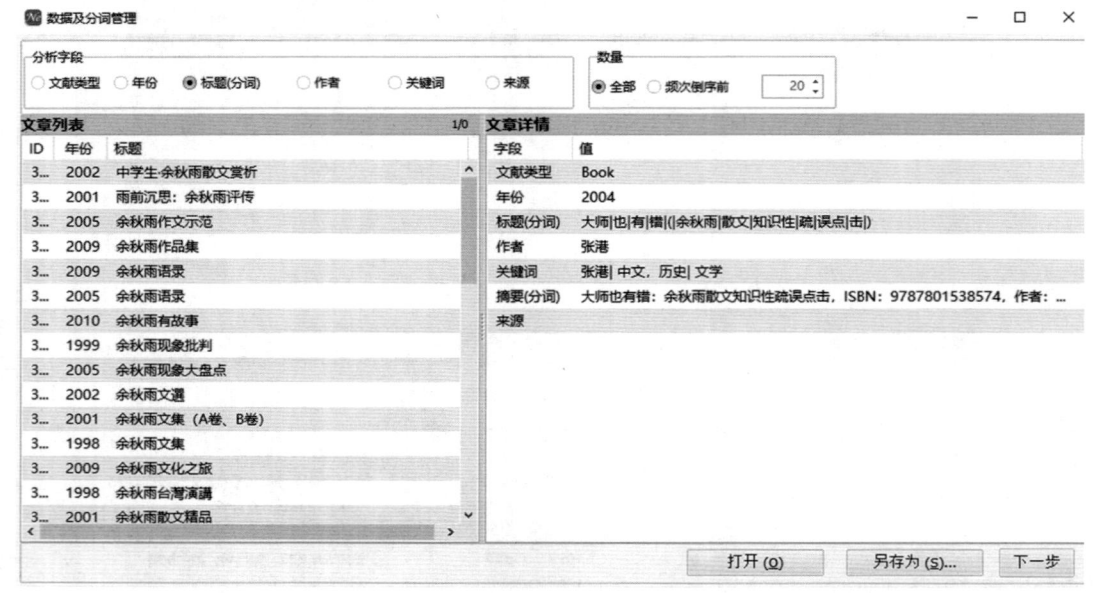

图 8-25　NoteExpress 的分析功能

　　文件夹统计信息功能则是对文件夹内题录的统计,字段可以自己选择,其中涉及方方面面,如题录类型、作者、年份、优先级等,方便了解文件夹内题录的情况,如果将某一研究主题相关的文献都放在一个文件夹中,可以利用这个功能进行一个全面的统计,为了解研究概况、写作综述提供帮助。

　　(4)发现功能

　　发现功能指的是读者可以借助 NoteExpress 对文献进行标注、灵感记录、做笔记等,为后续阅读和引用文献提供依据。除此之外,检索结果可以长期保存,系统可以自动推送符合特定条件的相关文献,方便在后续一直跟踪某一专业或者某一研究主题的研究动态。在 NoteExpress 中,可以查看一条题录的细节,包括题录涉及的所有信息,包括关键词、摘要等,可以方便读者了解文献概况,这些信息在"综述"模块里也可以获取到,只不过"综述"模块的信息更为集中。对于题录的引文样式可以预览,如果题录有全文等内容,则可以在"附件"模块中看到,如果想对一个题录做笔记,就可以使用"笔记"模块,这一模块功能非常丰富,文档编辑的各种功能都有。对读者来说,非常方便随时记录自己的阅读感受以及写作思路或者灵感(见图 8-26)。

　　(5)写作功能

　　NoteExpress 可以支持 Word 和 WPS,通过在这两款软件中安装插件,可以在写作时方便地引用文献,并且根据不同期刊的参考文献模板自动生成符合要求的参考文献格式,模板不光拥有中文期刊模板,还覆盖了外文期刊。NoteExpress 的写作插件有多种功能,包括论文查重、插入引文、插入笔记、插入注释等功能。在前面我们提到的记笔记功能可以方便地通过插

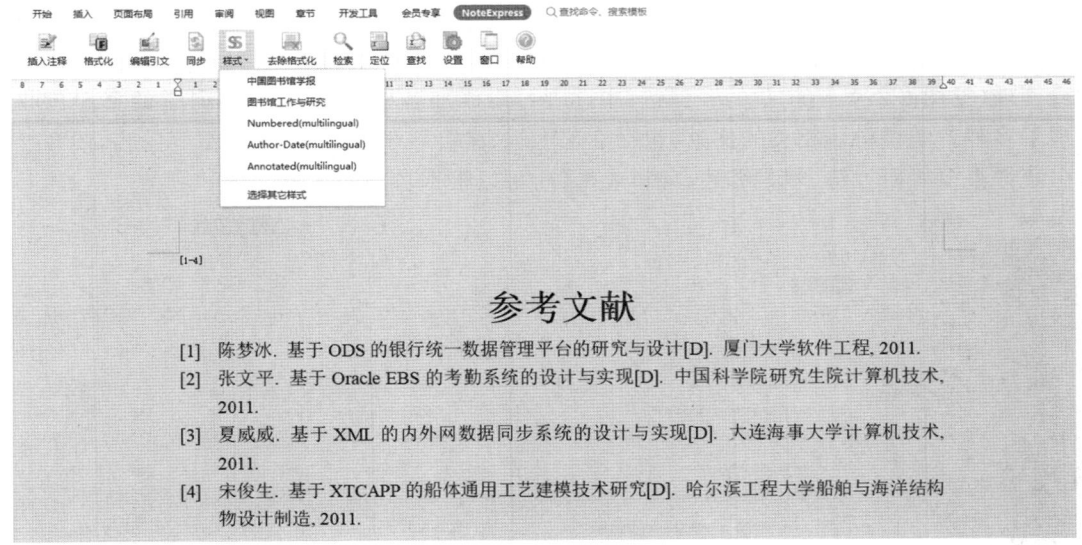

图 8-26　NoteExpress 的发现功能

件应用到写作中，读者可以把阅读文献时写作的片段插入正在写作的论文中进行修改编辑。读者如果想要插入引文，可以在 NoteExpress 客户端中选择要插入的文献题录，再切换到 Word 和 WPS 文档中，选择合适的位置插入引文，至于引文的格式，可以通过"样式"来选择、设置，参考文献的格式会自动发生变化（见图 8-27）。

参考文献

[1] 陈梦冰. 基于 ODS 的银行统一数据管理平台的研究与设计[D]. 厦门大学软件工程, 2011.

[2] 张文平. 基于 Oracle EBS 的考勤系统的设计与实现[D]. 中国科学院研究生院计算机技术, 2011.

[3] 夏威威. 基于 XML 的内外网数据同步系统的设计与实现[D]. 大连海事大学计算机技术, 2011.

[4] 宋俊生. 基于 XTCAPP 的船体通用工艺建模技术研究[D]. 哈尔滨工程大学船舶与海洋结构物设计制造, 2011.

图 8-27　NoteExpress 的写作功能

2. 知网研学

知网研学是中国知网数据库公司推出的一款文献管理软件，有电脑端，也有移动端，可以实现文献的检索、管理、创作投稿、笔记等功能。

（1）检索功能

知网研学可以利用关键词在线检索期刊、博硕士论文、会议论文、报纸、年鉴、图书，同时也提供结果中检索、高级检索、专业检索、作者发文检索、句子检索等多种检索方式,读者可以自己限定文献分类、检索途径、时间范围、更新时间等。对检索结果可以按照主题、发表年度、学科、作者等进行筛选,也可以按照相关度、发表时间、被引或下载量排序(见图8-28)。

图 8-28　知网研学的检索功能

(2)管理功能

　　与 NoteExpress 相似,知网研学也提供了个性化的文献管理功能,在知网研学的"研读学习"模块中有"我的专题"和"我的资源包"。在"我的专题"中读者可以建立各种专题,每个专题还能分成多个小专题,对于文献的管理来说十分方便,检索得到的文献可以直接添加到专题中进行管理(见图8-29)。在"我的资源包"中读者可以添加各种资源包,知网研学的资源包收集整理了多种各学科科研相关的文献,包括专家汇编、融合科学解读、名师讲堂等内容,读者能够从中获得很多科研方法、学科综述、项目成果等,可以根据自己的需要阅读学习。

图 8-29　知网研学的管理功能

(3)创作投稿功能

　　在知网研学的"创作投稿"模块中,读者可以自己创建文档进行写作并集中管理,也可以利用文档模版或导图大纲模板进行创作,文档大纲可以自己创建生成。写作的文章可以直接通过"投稿通道"获得各学科各种期刊的信息,还可以根据核心、官方、CBPT 进行筛选,期刊下方可以看到官方网址等信息,方便读者直接点击链接跳转到期刊的官方网站,进一步地了解期刊的详细信息,已经发表的各期文献以及投稿指南等。如果对投稿比较迷茫,可以借助"投稿分析"功能来对期刊的选择进行分析,输入文章的题目、摘要、关键词信息,选择研究领域,限定核心评价指标、知网复合影响因子和知网综合影响因子,可以分析查找出适合文章投稿的期刊。另外,"学术规范知识库"提供了很多学术规范相关的文献(见图 8-30)。

图 8-30　知网研学的创作投稿功能

（4）笔记功能

知网研学提供了多种笔记类型,如划词笔记、高亮、划线、批注等,读者可以根据自己的阅读习惯对文献进行笔记操作,如对笔记添加标签有利于笔记的分类,方便后续查找。学习笔记还分为"原文笔记"和"汇编笔记",前者是读者在阅读文献时记录的每一条笔记,后者则是对一篇文献所有笔记的汇编。除了学习笔记的管理,笔记、文献和摘录的标签也可以统一汇总管理(见图 8-31)。

图 8-31　知网研学的笔记功能

219

第九章
文献信息资源检索技巧

高效的文献信息资源检索除了需要有清晰的思路,对各种检索工具的资源和功能有全面的了解,明确检索的方法和步骤,还要在实际操作中摸索、总结方法和规律。面对不同的问题,使用不同的检索工具时要灵活地对检索进行调整,逐渐熟练地、有条不紊地掌握各类文献信息资源的检索和获取方法,融会贯通。本章从读者常见的检索需求出发,以各种电子资源数据库为例,用实际操作的方式来解决不同的检索问题。

第一节　利用数据库检索学科相关文献信息资源

一、问题的分析

数据库中的电子资源非常丰富,数量也比较庞大,在检索和利用的时候往往要有所侧重,不同学科专业的读者对文献信息资源的需求会有所不同,往往会倾向于检索学科相关的文献信息资源。检索学科相关的文献信息资源,一般分为两种情况:第一种情况是以某一主题进行检索时需要查看某学科相关文献信息资源;第二种情况是需要浏览某学科相关各种文献信息资源。这两种情况都需要用到数据库中与学科相关功能,例如学科筛选、学科导航、分类号检索等。

二、问题的解决

在数据库的选择上,我们可以选择综合类型的数据库,同时也可以利用跟学科相关专业类型的数据库进行检索;利用综合类型的数据库时,在检索的方式上,可以先通过分类号检索、学科导航等功能选择学科再进行检索,也可以在检索后按学科类型对检索结果进行分类筛选,从而获得学科相关文献信息资源。下面我们就以"船舶工程"学科为例,从不同的角度介绍如何利用数据库获取学科相关文献信息资源。

（一）利用数据库的学科分类导航功能获取学科相关文献信息资源

为了方便数据库用户检索到需要的文献信息资源，很多数据库都提供了学科分类导航的功能，通过学科分类导航可以按照学科便捷地检索、浏览、筛选文献信息资源，对于有了解学科相关文献信息资源、检索阅读专业文献、筛选优质专业期刊等需求的读者很有帮助。接下来，以中国知网和 ScienceDirect 两个数据库为例，详细介绍如何检索"船舶工程"学科相关文献信息资源。

1.利用中国知网的学科分类导航功能获取学科相关文献信息资源

中国知网的学科分类导航是帮助读者获取学科相关文献信息资源的重要方式，接下来我们通过文献检索和出版物检索两种检索方式来介绍如何利用数据库的学科分类导航功能获取学科相关的文献信息资源。

（1）［方式一］文献检索的学科分类导航

很多研究都存在跨学科研究的情况，想了解某一学科领域一些主题的研究情况，为避免因检索结果太多而出现干扰，可以把某一个主题的研究限定在特定的学科范围内。在中国知网的高级检索的页面上，检索框左侧有隐藏的"文献分类"导航，可以查看不同的学科类型，每一个学科类目下还有细分学科，读者可以根据自己的需要查找相应的学科（见图 9-1）。

图 9-1　中国知网的学科分类导航

在检索时，可以勾选一个学科分类，然后点击检索，这样可以检索出所有跟该学科相关的文献，读者对检索结果进行浏览、阅读、导出题录等，也可以进行排序、筛选等结果处理操作。以"船舶工程"学科为例，相关学科可以在文献分类的"工程科技Ⅱ辑"的子类目下找到，最相关的是"船舶工业"。如果想检索"船舶工业"中某个研究主题，可以在勾选"船舶工业"后，在右侧的检索框输入检索词以及时间范围、中英文扩展等检索限定。例如检索无人艇路径规划相关文献，可以选择主题作为检索途径，分别输入"无人艇"和"路径规划"，逻辑关系为"AND"，见图 9-2，这样可以检索出船舶工业学科范围内对无人艇路径规划的研究文献。中国知网不同子库的文献分类导航会有所不同，方便读者从不同角度找到需要的文献信息资源。例如学位论文库有"专辑专题导航"和"学科专业导航"两种导航，年鉴库有"专辑导航"、"地域导航"和

"行业导航"三种导航等,不同类型的导航可以给读者更多的选择,更精准地找到需要的文献信息资源。

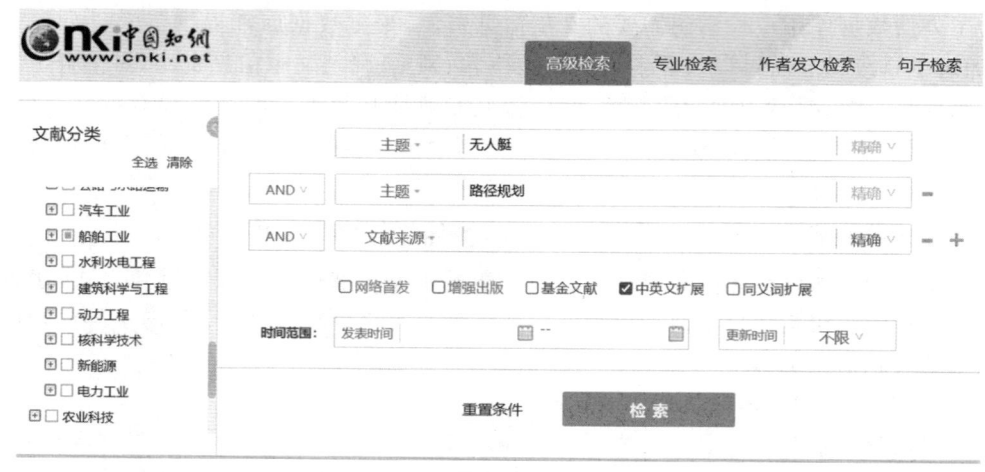

图 9-2　利用中国知网高级检索文献

（2）[方式二]出版物检索的学科分类导航

中国知网的出版物检索中有出版物导航功能,可以从出版物类型的角度进行检索。出版物导航又可以细分为期刊导航、学位授予单位导航、会议导航等,每一种导航方式又可以通过学科分类导航来筛选出版物。

以期刊导航为例,想查找船舶工程学科相关期刊,可以在学科导航的"工程科技Ⅱ辑"中找到"船舶工业",在学科分类名称右侧还有期刊数,能帮助读者了解不同学科的专业期刊数量。点击"船舶工业"可以看到船舶工业相关期刊(见图 9-3)。这种方式可以方便读者阅读自己学科专业相关期刊。通过出版物类型的导航还可以获得学科相关学位论文及学位授予单位信息、会议论文集及会议信息等文献信息资源。

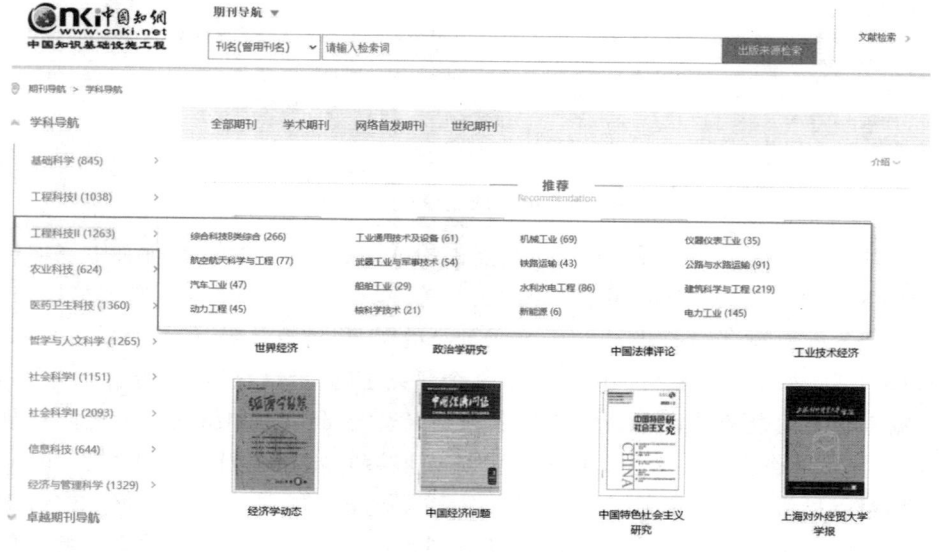

图 9-3　中国知网的期刊导航

2.利用 ScienceDirect 的学科分类导航功能获取学科相关文献信息资源

ScienceDirect 作为多学科的综合型数据库,也提供了很多按照学科浏览或者查找文献信息资源的途径。在 ScienceDirect 数据库的首页,按不同的学科类型进行了文章和出版物的推荐。用 Physical Sciences and Engineering,Life Sciences,Health Sciences,Sciences Social Sciences and Humanities 四个学科类型作为总导航,点击其中任何一个都可以跳转到子导航,进一步选择学科大类下的小类(见图 9-4)。想要查找"船舶工程"相关的文章或出版物就可以点击"Physical Sciences and Engineering"进行跳转,然后选择 Engineering,接下来会跳转到期刊和图书导航页面,在这里我们可以进一步选择 Engineering 类型下更多的学科分类,找到跟"船舶工程"学科相干学科类目进行查看(见图 9-5)。

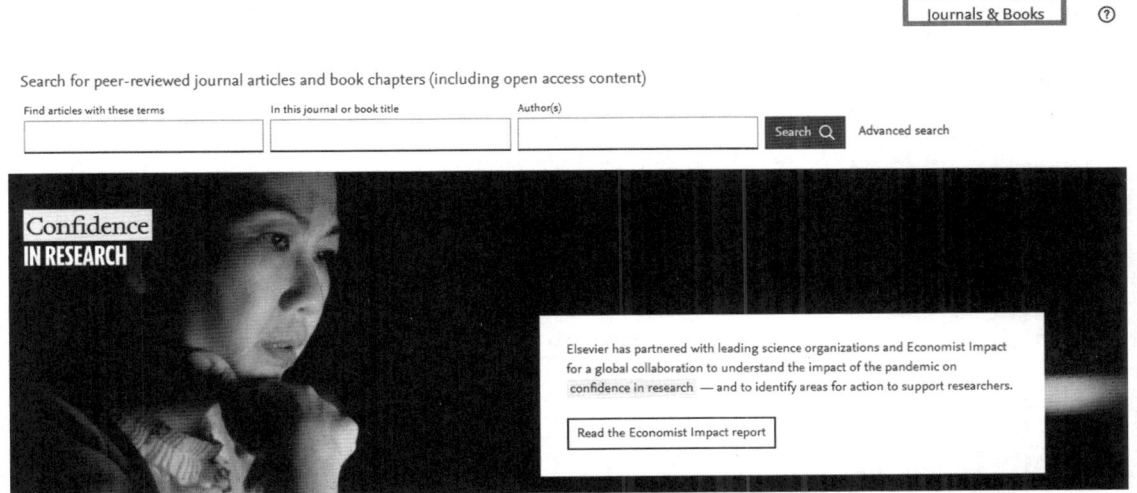

图 9-4　ScienceDirect 数据库首页学科分类和期刊/图书入口

想要按照更加细致的学科分类查找文献信息资源,也可以直接利用 Science Direct 数据库期刊和图书导航。在数据库首页的右上角,点击"Journals & Books"即可进入导航(见图 9-4)。在期刊和图书导航页面,利用出版物列表左侧的学科分类筛选功能可以选择需要的学科类型,也可以在选择学科类型的同时,通过其他的筛选方式增加更多的限定,比如出版物类型想要选择期刊,勾选"Journals"即可(见图 9-6),页面会自动跳转到筛选后的结果页面。

数据库的学科分类导航功能应用非常广泛,除了上述两个数据库之外,还有很多数据库可以利用学科分类导航来获取文献信息资源,例如超星数字图书馆的图书分类导航,万方视频数

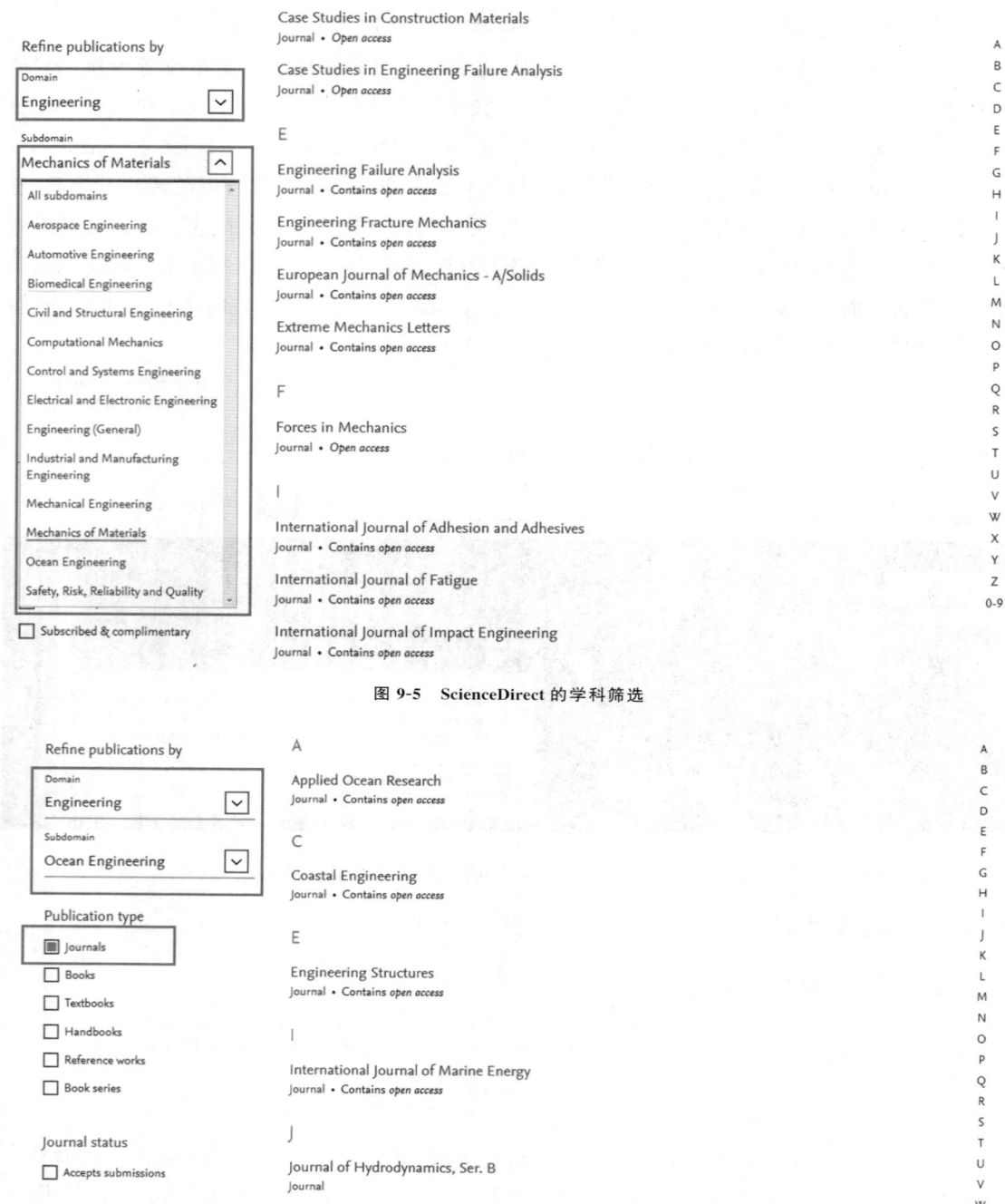

图 9-5　ScienceDirect 的学科筛选

图 9-6　ScienceDirect 的学科导航

据库的视频学科导航等。充分利用数据库的学科分类导航可以让查找学科专业相关的学习资料变得方便快捷,减少检索结果筛选的时间。

(二)利用分类号检索获取学科相关文献信息资源

除了上述的学科分类导航,一些数据库还提供了分类号检索的方式,把《中国图书馆图书分类法》的分类号作为检索途径,同样可以方便快捷地获取学科相关文献信息资源。下面以中国知网和畅想之星数据库的分类号检索为例,详细介绍如何利用分类号作为检索途径来获取"船舶工程"学科相关文献信息资源。

1.利用中国知网的分类号检索途径获取学科相关文献信息资源

中国知网文献检索的检索途径中有"分类号"这一检索途径,根据《中国法》可以查到"船舶工程"的分类号是U66,细分又包括了U661船舶原理、U662船舶设计等。例如"船舶驾驶"相关内容可以检索分类号U675。输入分类号时,数据库会自动推荐相关细分分类号的主题,帮助我们进一步选择分类号,缩小检索范围(见图9-7)。当我们选择U675.4/航道测量时,要记得只留下分类号进行检索,不要分类号后面的文字,否则会检索不出结果。经过这样的检索,就可以准确获得与航道测量相关的文献。

图 9-7　中国知网的分类号检索

如果有特定的检索主题,可以利用高级检索进行主题和分类号同时限定检索。例如检索无人艇路径规划相关文献信息资源,可以选择关键词"无人艇"和"路径规划",分类号"U664.82"(见图9-8),这样可以检索出船舶操纵控制系统研究中与无人艇路径规划相关文献信息资源。

2.利用畅想之星电子书数据库的分类号检索获取学科相关文献信息资源

分类号作为检索途径在图书检索中比较常见,在畅想之星电子书数据库中,高级检索界面有"学科分类"检索(见图9-9),提供"学科导航"和"中图法导航"两个选项,"学科导航"检索方法与前面介绍内容相近,而选择"中图法导航"后,点击检索框右侧的"选择",在展开的"中图法

图 9-8　中国知网的分类号检索

导航"界面中找到"U66 船舶工程",点击"确定"进行检索(见图 9-10),这样就可以检索到船舶工程学科相关的电子图书。

图 9-9　畅想之星电子书数据库的学科分类检索

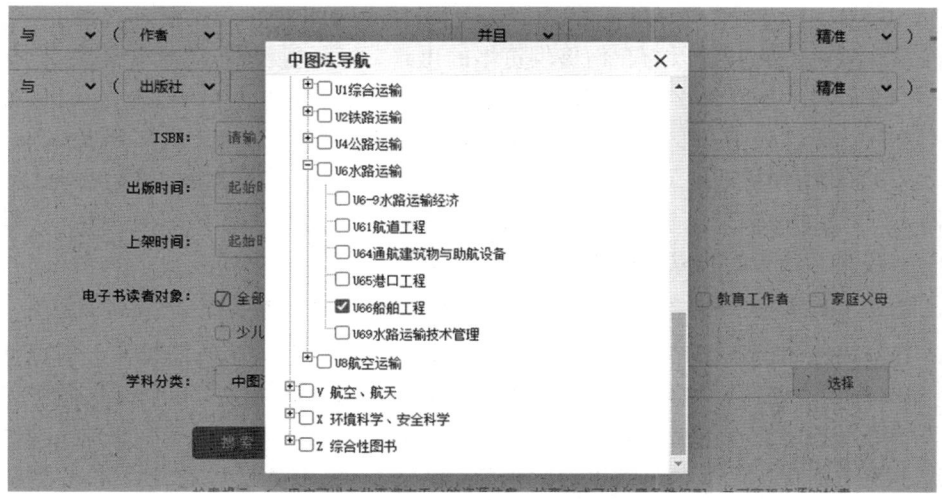

图 9-10　畅想之星"中图法导航"界面中选择分类号检索电子图书

(三)利用研究方向检索获取学科相关文献信息资源

一些数据库也提供以学科研究方向作为检索途径的功能,这里以 Web of Science 数据库为例,检索计算机科学相关的文献信息资源。

在 Web of Science 数据库的高级检索中,可以通过字段标识"SU"检索某个研究方向相关的文献(见图 9-11)。进入 Web of Science 数据库后,选择高级检索界面,在专业检索框内输入"SU＝computer science"后进行检索,可以检索到计算机科学相关的文献。在检索结果左侧的筛选方式中有"研究方向",可用于查看其他学科方向的文献,精简检索结果。关于利用数据库的结果筛选功能获取学科相关的文献在接下来会详细介绍。

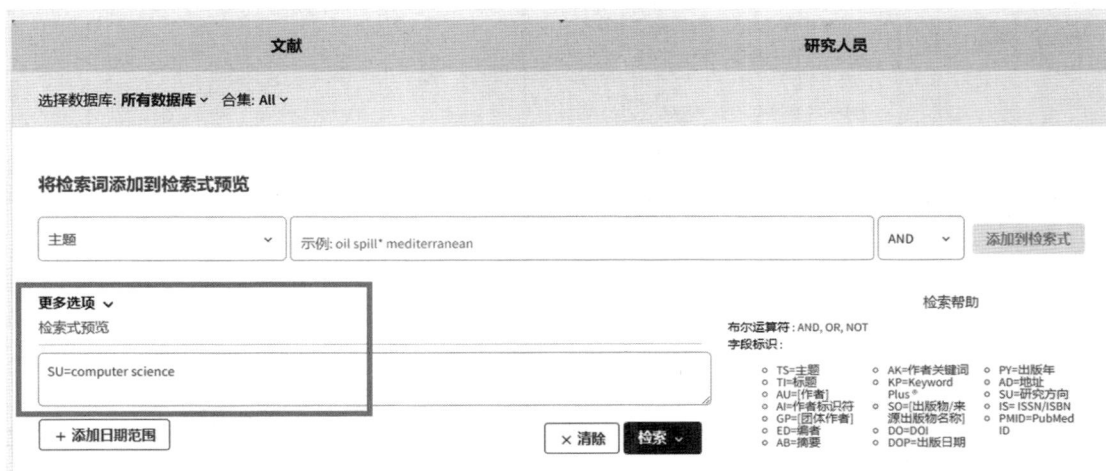

图 9-11　Web of Science 数据库的学科方向检索

(四)利用数据库的结果筛选功能获取学科相关文献信息资源

在前面几种方法中,都是采用了学科限定的方式来检索文献信息资源,其实在检索的过程中,也许不需要一开始就限定学科范围,如果一个研究主题相关的文献信息资源并不是很多,那么或许多个学科的研究可以为我们提供更多的思路,并不需要进行筛选和剔除,但是如果当我们发现一个研究主题有很多学科在研究,文献信息资源的数量也十分庞大,这时候就可以根据检索结果的情况进行筛选和剔除,留下我们需要的学科中最为相关的一些文献信息资源。接下来,以万方数据知识服务平台和 ProQuest PQDT 学位论文全文数据库为例,检索"人工智能机器人"相关的文献信息资源,并找到计算机领域关于这个主题的研究文献,介绍如何利用数据库的结果筛选功能获取学科相关的文献信息资源。

1.利用万方数据知识服务平台的结果筛选功能获取学科相关文献信息资源

进入万方数据知识服务平台,在数据库首页的检索框输入"人工智能机器人",选择文献类型为"全部",选择检索途径为默认,检索后得到 2 万条左右的结果,数量庞大且各类学科混杂。这时候我们可以利用检索结果左侧的"学科分类"来查看有哪些学科在研究人工智能机器人,也可以点击"＋"查看各个学科分类下面的子类,如在工业技术类目下,找到"自动化技术、计算机技术",再找到"计算技术、计算机技术"这个学科分支,点击后会自动跳转到该学科相关的检索结果(见图 9-12),这样就可以获得计算机技术领域人工智能机器人相关研究的文献信息资源。

图 9-12　万方数据知识服务平台的学科分类筛选结果

2.利用 ProQuest PQDT 学位论文全文数据库的结果筛选功能获取学科相关文献信息资源

在 ProQuest PQDT 学位论文全文数据库首页检索框输入检索词"Artificial Intelligence Robot"进行检索。在检索结果左侧的筛选项目中有"学科"一项,可以查看有哪些学科在研究人工智能机器人,点击更多选项可以查看所有相关学科,选择"Management",点击"提交",便可查看管理学领域内研究人工智能机器人的文献(见图 9-13)。

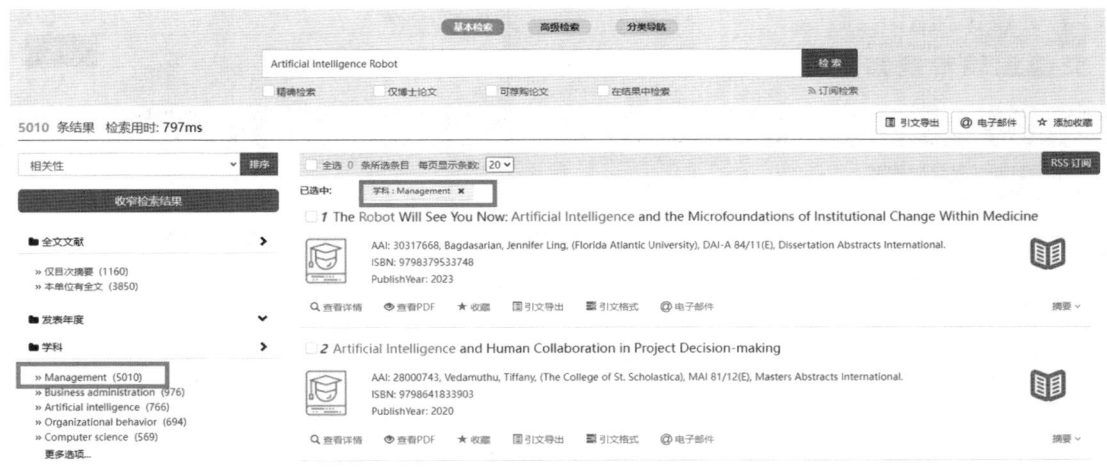

图 9-13　ProQuest PQDT 学位论文全文数据库的学科导航与结果筛选

(五)利用专业类数据库获取学科相关文献信息资源

除了在综合类型的数据库中检索学科相关文献外,专业类型的数据库也是获取学科相关文献信息资源的重要方式。专业类型的数据库往往会提供更多学科或者行业相关的最新情况,也会提供更加精准的书刊文献、学习资料、学科数据等。下面以交通运输专题知识库为例,介绍如何利用专业类数据库获取学科相关的文献信息资源。

交通运输专题知识库是专门面向交通运输行业的数据库,资源类型包括图书、词条、论文、课件、视频等十多种类型,覆盖了水运、公路(大土木)、汽车、轨道交通、物流及综合交通等与交通相关的全部专业。进入交通运输专辑知识库,可以看到各种资源类型的导航栏,也有专业分类,从更加细致的角度来划分交通运输行业相关的各个学科,见图 9-14。"路、桥、隧工程类"下的"公路施工系列"可以获得相关的文献信息资源,在资源分类处可以看到相关资源的数量,"公路施工系列"相关的资源有图书和图片,图片相对较多(见图 9-15)。

图 9-14　交通运输专题知识库的专业分类

图 9-15　交通运输专题知识库的专业分类结果分文献类型查看

在专业类型的数据库中,同样可以进行检索。在交通运输专题知识库中,利用"资源搜索"可以检索与检索词相关的资源,例如图书、图片、视频等,而利用"全文检索"可以在各类型的资源中检索某个检索词,从而获得很多来自教材、图书、词典等各类型资源的检索结果。

类似的专业类型的数据库还有很多,不同学科专业的读者都可以充分利用与自己专业相关的数据库,从而获得更多学科专业相关文献信息资源。

第二节　利用数据库检索课题研究相关文献信息资源

一、问题的分析

在大学的学习和科研过程中,经常会需要对某些课题进行研究,而课题研究的基础就是文献信息资源,在进行课题研究之前,为了了解一个课题的背景,找到要研究的问题和研究的切入点,我们往往需要检索和获取大量各种类型的文献信息资源,然后以一定的文献为基础和参考开始进一步的课题研究,精准、全面地查找课题相关文献信息资源关系到课题研究的质量,假设没有对课题研究的背景做足够的调查和了解,选题上就可能保证不了创新性,研究的问题没有实际意义,也可能会出现重复研究的现象,最后耗费大量的精力研究了并不是很有价值的内容,因此在课题研究时,文献信息资源的检索和获取非常重要。

二、问题的解决

为了使检索的目标更明确、步骤更清晰,首先需要对研究课题进行细致、全面的分析,包括课题涉及的学科范围,课题包含哪些研究主题,应该制定什么样的检索策略,需要什么类型的文献信息资源,可以利用哪些数据库来检索。下面以课题"基于固定时间扰动观测器的水面无人艇精确编队控制"为例。

(一)确定课题研究涉及的学科范围

一个研究课题可能涉及多种学科,各个学科领域研究的着眼点和侧重点可能会有所差异,有时可能学科跨度非常大,为了确定课题研究的方向,还需要确定从哪个学科角度去进行。例如"信息检索"相关课题,计算机科学领域的研究可能侧重技术层面,图书馆领域的研究可能更侧重信息检索方法和读者教育方面,而有的时候一个课题也可以进行交叉研究,或许发现一个新交叉点也就是一个新的研究角度,不同学科领域的研究思路会碰撞出不一样的火花。所以在检索课题相关文献信息资源,可以锁定在某个学科范围内,也可以选择几个感兴趣的学科。在前面我们讲过了如何查找某一学科范围的文献信息资源,在检索多个学科相关文献信息资源时无论是检索前利用学科导航还是检索后利用分类筛选,都可以勾选多个学科来获取一个课题相关多种研究角度的文献信息资源。无人艇研究涉及的学科领域主要有船舶工业与自动化技术等,可以在这两个学科范围检索文献。

(二)分析课题的主题并提炼关键词

在确定了课题的研究内容和涉及的学科范围之后,需要分析课题包含哪些具体的研究主题,一个研究课题可能包含一个,也可能包含多个研究主题,课题分析的透彻才能确定合适的检索词。在"基于固定时间扰动观测器的水面无人艇精确编队控制"这个课题中,可以明显看到包含了无人艇编队控制、扰动观测器等内容,而具体分析后可以发掘出无人艇需要控制的原因,也就是未知的扰动,而解决办法需要一种基于固定时间的滑模控制,无人艇的编队可以实现智能化。由此可以提炼出课题的关键词:无人艇(unmanned surface vehicle)、多智能体编队(multi-agent formation)、固定时间控制(fixed-time control)、滑模控制(sliding mode control)、未知扰动(unknown disturbance)、固定时间扰动观测器(fixed-time disturbance observer)等。

(三)制定课题的检索策略

为了检索到课题相关的文献信息资源,需要对检索词进行组配,利用各种运算符制定检索式,确定检索词或检索式之间的逻辑关系,对检索的精确性进行调节,选择合适的检索途径,根据检索需求对检索的时间、学科范围等进行限定,最终形成课题的检索策略。检索策略不是一成不变的,可以多次制定的,根据检索的情况和课题的需求不断地调整和完善,保证检索的查全率和查准率。

接下来可以尝试用提炼出来的关键词进行组配,根据这些检索词可以编写两个中文的检索式:"无人艇 * (编队控制＋固定时间控制)""扰动检测器＋滑膜控制",相应的英文检索式为:"unmanned surface vehicle" * ("multi-agent formation"＋"fixed-time control"),"disturbance observer"＋"sliding mode control"。不同电子资源数据库的检索规则会有差异,因此具体制定检索式的时候需要以具体的数据库为准。

(四)确定需要检索的文献信息资源类型

在课题的不同研究阶段,需要的文献资源类型有所差异。在课题准备阶段,为了全面了解课题的背景和研究概况,需要大量的文献信息资源,包括期刊论文、会议论文、博硕士论文、专利文献、视频、数据等。这个阶段需要做到查全,不仅要检索有全文的文献,二次文献的检索也尤为重要。在文献调研的基础之上,可以对课题研究的起源和进展有一定了解,发现主要的研究机构和作者,了解已有的研究成果和仍然存在的问题,从而对课题的研究方向有了更清晰的认识。

明确了想要研究和解决的问题之后,可以进入正式的课题研究阶段。这个阶段需要筛选出重点参考的文献,例如高被引、高热度的文献,综述性文献,主要研究机构和作者的文献等。由于要重点参考,所以文献一般以全文为主,文献的检索更具有侧重性和针对性。同时,对于课题相关的最新研究可以利用检索式保存、相关文献订阅等方式持续追踪关注。

在课题研究的后期,为了鉴定、评估研究的创新性,需要进行文献查新检索,这时候需要对相关的一次文献、二次文献进行检索和分析,确保课题研究没有重复。

(五)根据课题研究阶段选择合适的数据库进行检索

在课题准备阶段,可以综合利用各种类型的数据库进行检索,并借助文献管理软件进行查重和管理;在课题研究阶段,可以重点利用全文类型数据库检索和阅读文献;课题研究后期,可以通过综合检索一次文献、二次文献数据库来考察研究的新颖性。接下来从不同的课题研究阶段出发,以各种数据库为例详细介绍如何选择合适的数据库进行检索。

1.课题准备阶段的文献信息资源检索

在文献调研阶段,检索词可以不用太精细,课题与"无人艇"有关,可以利用各类型的数据库检索主题为"无人艇"的相关文献信息资源。利用检索结果筛选、分析、排序等功能可以对相关研究的概况有所了解。以中国知网为例进行检索:

在中国知网检索"无人艇"主题相关的文献,并对检索结果进行可视化分析(见图 9-16)。通过发文量的年度趋势可以看出近几年这个研究主题的关注度越来越高;相关的主题有水面无人艇、路径规划、无人水面艇、路径跟踪等;学科分布上主要集中在船舶工业、自动化技术领域;主要的研究机构有哈尔滨工业大学、大连海事大学等。通过分析,对无人艇的研究概况有一定的了解。为了查全,可以继续检索"无人艇"相关的主题,扩大检索范围,用检索式组配近义词或者同义词,例如:无人艇+水面无人艇+无人水面艇。

2.课题研究阶段的文献信息资源检索

在文献调研的基础上,可以基本确定课题的具体研究内容,课题研究阶段的检索词需要凸显主题、更加精确,这样可以检索出跟课题研究更为相关的文献信息资源。以中国知网、万方知识服务平台、超星期刊数据库、ScienceDirect 为例进行检索:

【数据库选择】中国知网

【功能选择】高级检索

根据前面提炼的关键词和检索式,可以选择中国知网的高级检索界面。选择检索途径为"关键词",然后在检索框输入检索式:"无人艇 * (编队控制+固定时间控制)",经检索后发现

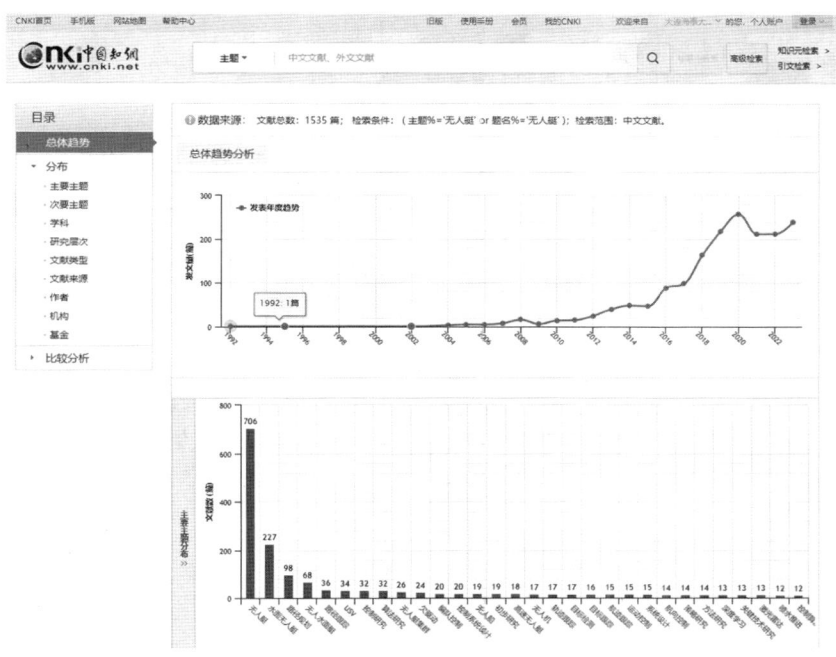

图 9-16 中国知网的检索结果可视化分析

得到的结果比较少,那么可以增加一个检索式:"扰动检测器＋滑膜控制",逻辑关系为"或",在从左侧的"文献分类"中勾选"船舶工业"和"自动化技术"(见图 9-17)。当检索的结果中的文献跟需要研究的课题相关度较高、数量适中的时候就说明检索策略是合理的。

图 9-17 利用中国知网高级检索界面检索课题相关文献

在检索结果中,优先选择被引量、下载量比较高的文献,并通过筛选功能选择综述类文献类型,相关的研究作者主要有上海海事大学的王建华、武汉理工大学的董早鹏等。通过作者知网节可以获得这些研究作者的相关信息,包括作者关注的领域、合作作者、获得的基金等,和这些作者建立联系进行交流有助于课题的研究。同样的方式可以了解主要研究机构的情况(见

图 9-18)。

图 9-18 利用中国知网筛选检索结果

【数据库选择】万方知识服务平台

【功能选择】高级检索

进入万方知识服务平台后,选择高级检索,在"文献类型"中勾选期刊论文、学位论文、会议论文、专利、科技成果,并在检索框依次输入检索词,由于各个数据库的检索规则略有差异,检索式需要重新编写,把"+"调整为"or",用同样的方法检索(见图 9-19)。再用另外一个检索式检索,发现用"关键词"作为检索途径得到的结果太多,因此可以把检索途径调整为"题名"(见图 9-20)。

图 9-19 利用万方知识服务平台检索文献

图 9-20　利用万方知识服务平台检索文献

得到的检索结果同样可以进行筛选分析，找到重点参考的文献，也可以查看每篇文献题名右侧的"M"型小图标，点击图标可以显示出文献的相关指数，包括文献阅读、下载、导出题录、被引的数量，可以作为文献的价值参考（见图 9-21）。

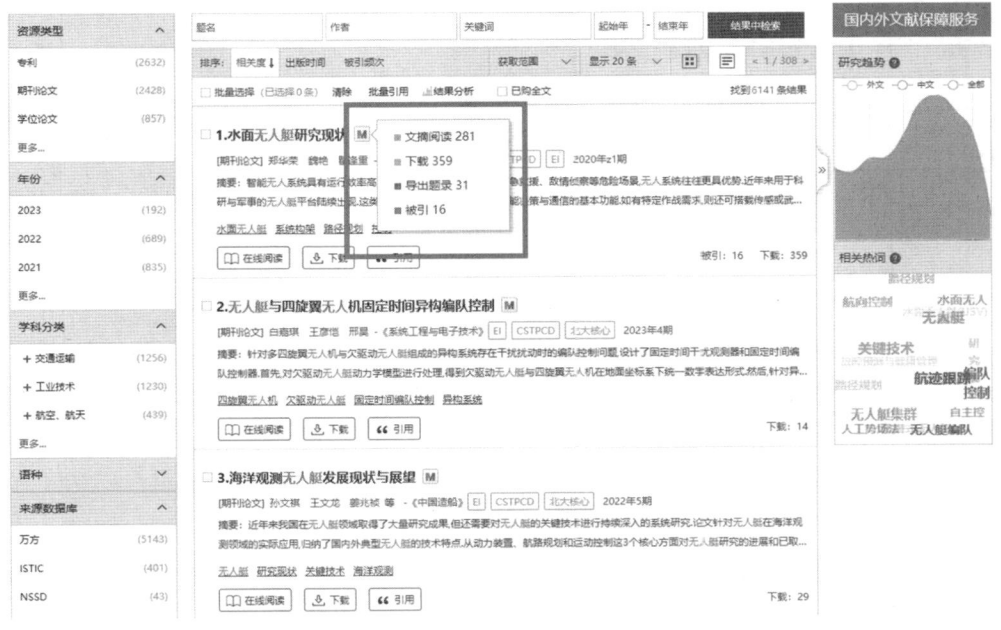

图 9-21　万方知识服务平台文献的相关指数

【数据库选择】超星期刊数据库

【功能选择】高级检索

超星期刊数据库中的文献资源主要是期刊论文,检索方法与中国知网和万方知识服务平台相似(见图 9-22)。两次检索后可以得到相关结果。

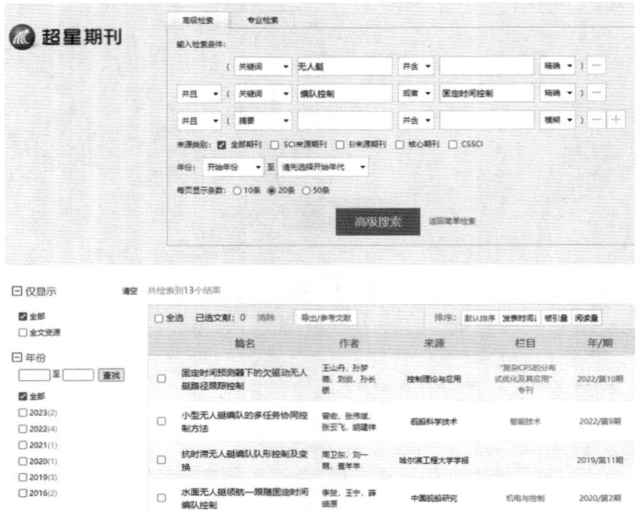

图 9-22　利用超星期刊数据库检索文献

与中国知网和万方知识服务平台相比,超星期刊数据库的结果筛选功能中除了刊名、作者机构、作者等筛选方式可以用于挑选出重点参考文献外,还多了一个"重要期刊"筛选,可以筛选核心期刊(见图 9-23)。这个功能非常实用,可以减少读者人为挑选"重要期刊"文献的时间,极大地提升检索效率。

图 9-23　超星期刊的"重要期刊"筛选功能

【数据库选择】ScienceDirect

【功能选择】高级检索

根据 ScienceDirect 全文数据库运算符的规则调整检索式,然后选择高级检索界面分别用 "unmanned surface vehicle" AND (formation OR "fixed-time control") 和 "unmanned surface vehicle" AND ("disturbance observer" OR "sliding mode control") 两个检索式进行检索(见图 9-24)。

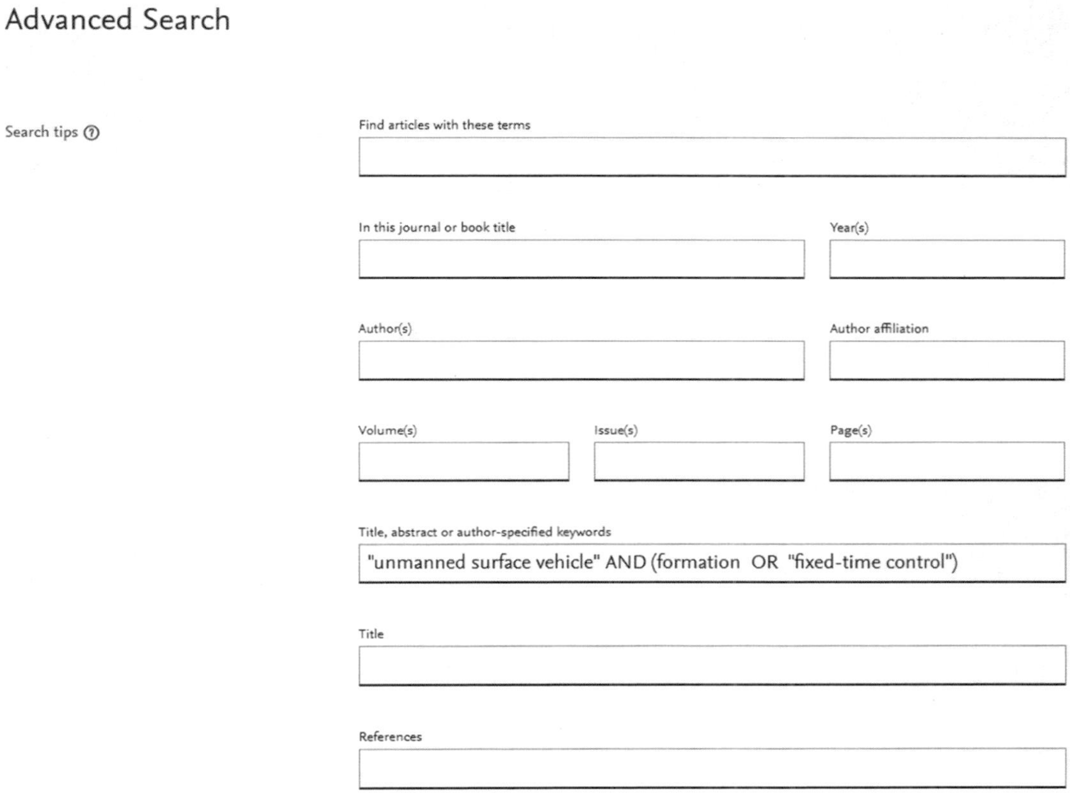

Advanced Search

Search tips ⑦

Find articles with these terms

In this journal or book title   Year(s)

Author(s)   Author affiliation

Volume(s)   Issue(s)   Page(s)

Title, abstract or author-specified keywords

"unmanned surface vehicle" AND (formation OR "fixed-time control")

Title

References

图 9-24　利用 ScienceDirect 全文数据库检索文献

注册并登录个人账号可以使用 ScienceDirect 的个性化功能,包括检索历史、检索推荐、订阅管理等,通过这些功能可以对检索进行后续追踪,及时了解相关研究的进展,节省检索时间,例如可以管理订阅课题研究相关的期刊,期刊有新的文献时会收到提醒(见图 9-25)。

3.课题研究后期的文献信息资源检索

课题研究的查新需要综合检索中外文数据库,包括中国知网、万方知识服务平台、Engineering Village、Web of Science-SCI 等,检索的文献信息资源类型包括专利、期刊论文、博硕士论文、会议论文、科技成果等。以 Engineering Village 和 Web of Science 数据库为例。

【数据库选择】Engineering Village 数据库

【功能选择】快速检索

进入 Engineering Village 数据库,可以直接在首页检索框输入检索式 "unmanned surface vehicle" AND (formation OR "fixed-time control"),再点击 "＋Add search field" 增加一条检

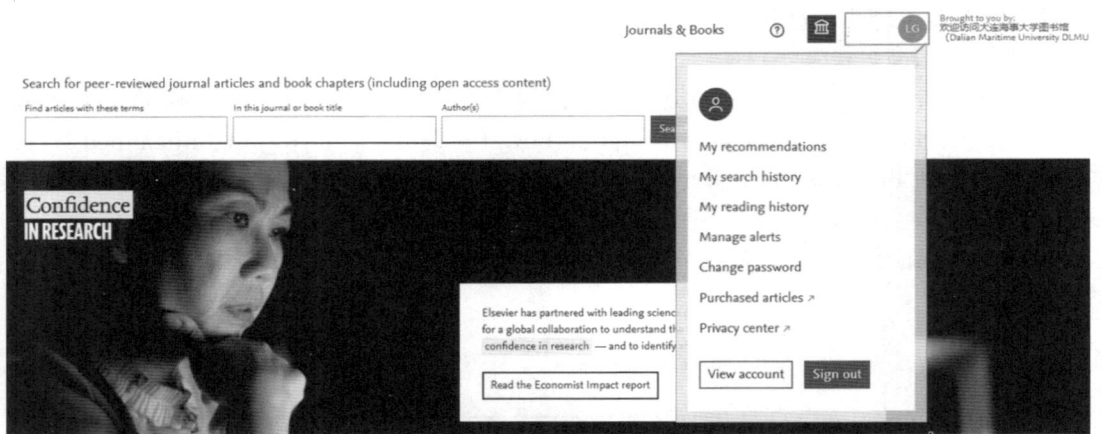

图 9-25　ScienceDirect 的个性化功能

索框，再输入第二个检索式"unmanned surface vehicle" AND（"disturbance observer" OR "sliding mode control"），逻辑关系为"OR"，检索途径选择"Abstract"（见图 9-26）。

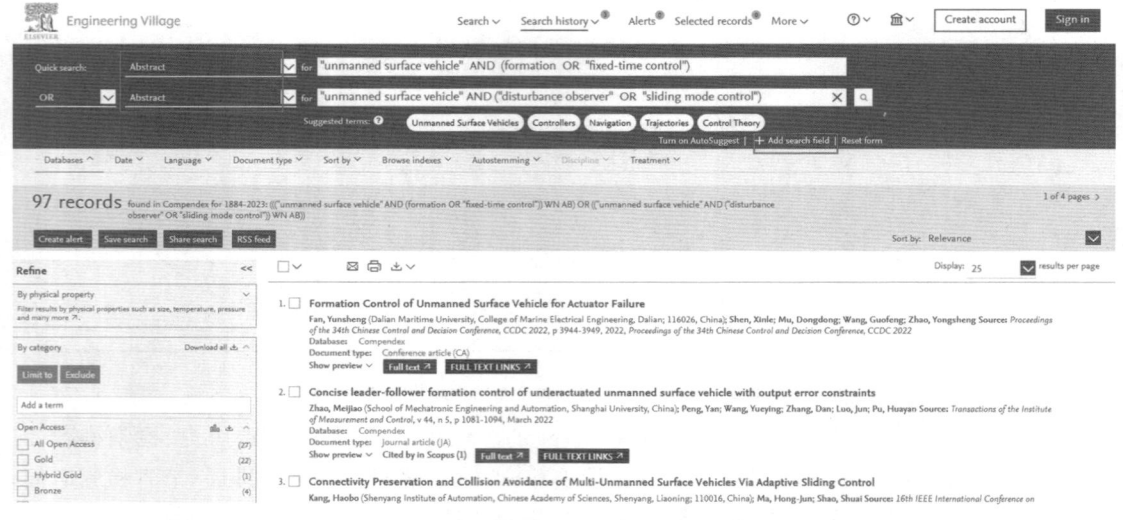

图 9-26　利用 Engineering Village 数据库检索文献

【数据库选择】Web of Science 数据库

【功能选择】文献检索

在"Web of Science 核心合集"中选择 SCI 和 CPCI 子数据库进行检索，"关键词"检索途径检索的结果较少，因此选择"摘要"扩大检索范围，分别在两个检索框输入检索式"unmanned surface vehicle" AND（formation OR "fixed-time control"）和"unmanned surface vehicle" AND（"disturbance observer" OR "sliding mode control"）（见图 9-27）。

检索的过程与研究阶段相似，但是需要对检索出的文献信息资源筛选出最为相关的结果，并跟研究的课题进行比较，包括研究内容、研究方法、研究成果等，确保课题研究的新颖性。

图 9-27　利用 Web of Science 数据库检索文献

第三节　利用数据库获取学术会议文献信息资源

一、问题的分析

学术会议信息一般可以通过一些学术会议信息网站、学术期刊或者公众号等途径来获取，如果想要通过数据库来获取学术会议信息，可以利用数据库的会议导航、会议信息入口等方式，想要获取相应的会议文献，可以利用数据库的会议导航以及数据库的会议文献检索功能。

二、问题的解决

(一)利用中国知网的会议信息网站获取学术会议信息

在中国知网的"出版平台 & 评价"板块中有一个"中国学术会议信息"的链接，点击链接可以进入中国学术会议网，在这个网站上可以获取各种各样的会议信息，包括即将召开的会议信息、热门会议信息、会议直播、会议回访、精选主题、学术资讯以及推荐会议信息。网站还提供了会议检索的功能，方便读者检索某个会议或者是某个主题相关会议。

1.会议预告

通过点击"即将召开"的"更多"或者在菜单栏选择"会议预告"，都可以进入"会议预告"页面，在这个页面上展示了即将召开的会议信息，包括会议名称、会议时间、会议形式、会议地点和主办单位(见图 9-28)。会议列表有两种显示方式，读者可以自己切换。在会议列表的上方有学科导航，按照这个导航可以筛选某个学科领域相关的即将召开的会议。例如选择"生命科学"，可以得到相关结果，这些会议有的是线上会议，有的是线下会议，会议召开的时间基本都在 2023 年下半年,会议地点在国内,主办单位都是学科相关的学会或者联盟,有很多会议已经举办过很多届。

图 9-28 中国学术会议信息网

想了解某一个会议,可以直接点击会议名称查看详细信息。例如点击"中国生物化学与分子生物学会第十三次会员代表大会暨 2023 年全国学术大会",可以进入该会议的详情页面,在这个页面上可以看到会议倒计时、会议介绍、资料下载、往届会议,可以全面地了解这个会议的各项内容。在"会议介绍"中,会介绍会议背景、会议开始和结束时间、主办单位、联系方式,点击官网的链接可以跳转到"中国生物化学与分子生物学会"的网站,关于"全国生化大会"会有更加详细的信息。如果会议有相关的资料,如会议通知、会议流程、参会回执等文件,可以在"资料下载"中查看和下载。点击"往届会议"可以查看往届会议的信息(见图 9-29)。

2.会议直播及回放

点击"中国学术会议网"首页上方的"直播"标签页,可以查看提供在线直播的学术会议,有"今日直播"和"即将开播"选择。点击会议直播链接可以跳转到会议网站,或提供详细会议信息以及电脑端的直播入口和手机观看的二维码。如不能够准时观看会议直播,网站还提供回放功能,点击首页的"回放"标签页可以看到近期会议回放的视频列表,还可以按照学科进行筛选(见图 9-30)。

3.精选主题

在"中国学术会议"网首页底部,有"精选主题",这些主题包括"地球科技""空间科技""清洁能源""智能建造""材料科学"等,每一个主题下方会有相应的会议文献(见图 9-31)。点击文献标题可以跳转到文献的详情页面并直接在线阅读。通过"精选主题"这个功能,读者可以了解比较热门的主题以及相关的会议文献,全方位获取学术研究热点。

图 9-29　中国学术会议信息网会议详情页

图 9-30　中国学术会议信息网会议直播/回放

精选主题　地球科技 · 空间科技 · 清洁能源 · **智能建造** · 材料科学 · 生命科学 · 基础科学 · 信息科技 · 人工智能 · 健康科技 · 高端制造 ·
习近平新时代中国特色社会主义思想 · 乡村振兴 · 共同富裕 · **国际国内双循环** · 数字经济 · 碳达峰碳中和 · 国有企业改革

"双循环"视角下区域发展战略研究——以云南曲靖为例
在国内外形势发生深刻复杂变化的背景下,以国内大循环为主体,国内国际双循环相互促进的新发展格局逐渐成为国家来一段时间内的主体战略。本文基于对我国经济发展格局演进历程的溯源及对区域格局的战略研判,提出"双循环"视角下的城市区域发展战略重点。
张赛; 张楠; 王乙涵; 任玥　天津市城市规...
2020/2021中国城市规划年会暨2021中国城...

"双循环"下区域协调发展新态势与空间响应
区域协调发展与双循环新发展格局源于不充分不平衡的矛盾问题,区域协调发展是实现高质量内循环的重要空间响应策略。研究从城乡规划实践的角度,探讨了双循环新发展格局下区域协调发展的新态势与对应的空间规划响应。研究采用了资料查阅、案例归纳法,认为双循环...
刘涛琪　同济大学
2020/2021中国城市规划年会暨2021中国城...

"双循环"新发展格局下我国冰雪体育旅游产业高质量发展路径研究
研究目的:新发展格局是新时代中国特色社会主义经济思想的重要成果,是根据我国当前内外发展情况做出的主动选择,成为"十四五"时期以及未来较长一段时期我国经济高质量发展的战略导向。北京作为冬奥会大背景下冰雪体育旅游产业如何融合"双循环"新发展格...
崔倩琴; 王文龙; 邢金明　东北师范大学体...
第十二届全国体育科学大会

双循环背景下健身服务业的发展:趋向、挑战与策略——基于Keep健身...
《中共中央关于制定国民经济和社会发展第十四个五年规划和二〇三五年远景目标的建议》指出我国经济以推动高质量发展为主题,以深化供给侧结构性改革为主线,以改革创新为根本动力,以满足人民日益增长的美好生活需要为根本目的。《健康中国2030规划纲要》...
尹廷珏　湖南工业大学
第十二届全国体育科学大会

新消费之城:内外双循环背景下的城市规划转型
构建以国内大循环为主体,国内国际双循环相互促进的新发展格局是未来一段时期内我国经济发展的重要战略选择。消费作为经济循环的关键一环,是推动国内大循环、协调双循环良性发展的重要的着眼点。本文通过对历史上经历了"国内单循环下的生产城市"与"国际大循环...
朱俊峰; 薹双全　中国城市规划设计研究院
2020/2021中国城市规划年会暨2021中国城...

新消费之城:内外双循环背景下的城市规划转型
构建以国内大循环为主体,国内国际双循环相互促进的新发展格局是未来一段时期内我国经济发展的重要战略选择。消费作为经济循环的关键一环,是推动国内大循环、协调双循环良性发展的重要的着眼点。本文通过对历史上经历了"国内单循环下的生产城市"与"国际大循环...
朱俊峰; 薹双全　中国城市规划设计研究院
2020/2021中国城市规划年会暨2021中国城...

"双循环"新发展格局下体育产业高质量发展的现实困境与应对策略
研究目的:基于"双循环"新发展格局对"双循环"新发展背景下体育产业高质量发展的现实困境及应对力行探讨,探讨在新发展格局以"国内大循环为主体带动国外大循环"的"双循环"下体育产业新发展格局,促进我国体育产业高质量发展。研究方法:运用文献资料法、实...
吴香芝; 刘家毅　江苏师范大学; 中国矿业...
第十二届全国体育科学大会

双循环格局下我国体育用品制造业高质量发展研究——基于生产、流通、分...
改革开放以来,我国利用自身的人口红利和资源优势,主动嵌入由发达国家主导的全球价值链中,极大地推动了我国体育用品制造业的快速发展,成为体育产业占比最高的一环。随着自主创新替代效应与发达国家制造业回流战略的影响,我国体育用品制造业面临遭遇到严...
刘娜; 黄晶; 罗亮　华南师范大学体育科学...
第十二届全国体育科学大会

图 9-31　中国学术会议信息网"精选主题"

4.学术资讯

在中国学术会议网首页最底部的"学术资讯"中可以看到"学术新闻""学术观点""学术会议"等信息,点击"更多"可以跳转到"学术资讯"页面,进一步查看各种学术资讯以及热点资讯(见图 9-32)。"学术新闻"中的内容来自中国社会科学网、光明网——《光明日报》等网站,可以了解国际国内方方面面的学术新闻;"学术观点"中的内容来自光明学术网、中国教育报等,可以了解各个领域的学术观点;"学术会议"中的内容来自光明网,提供了一些关于会议的报道文献,可以便捷地了解某个会议的研讨成果。

图 9-32　中国学术会议信息网"学术资讯"界面

5.会议检索

中国学会会议网页面上方的检索框可检索会议,例如输入"中国自动化大会",直接获得"2022中国自动化大会"这一结果,虽然该会议已举办过,但是依然可看该会议的相关信息。也可以输入一个相关的检索词,检索某个主题相关的学术会议。

6.会议论文集

为了方便读者获取会议信息后进一步获取会议文献,网站菜单栏设置了"论文集"入口,点击之后可以跳转到中国知网的会议论文库。

利用中国知网的"会议导航"可获取学术信息和文献。中国知网"出版物检索"中的"会议导航"对会议信息和会议文献进行了汇总,读者可以通过"论文集""会议""主办单位"三种角度以及"学科导航""行业导航""党政导航"等导航来筛选会议信息和文献。

例如要查找国内关于机械工业方面的会议论文集,可以选择"论文集",再通过"学科导航"找到"工程科技Ⅱ"下的"机械工业",再选择"国内"(见图9-33),这样就可以找到国内机械工业相关会议论文集了。

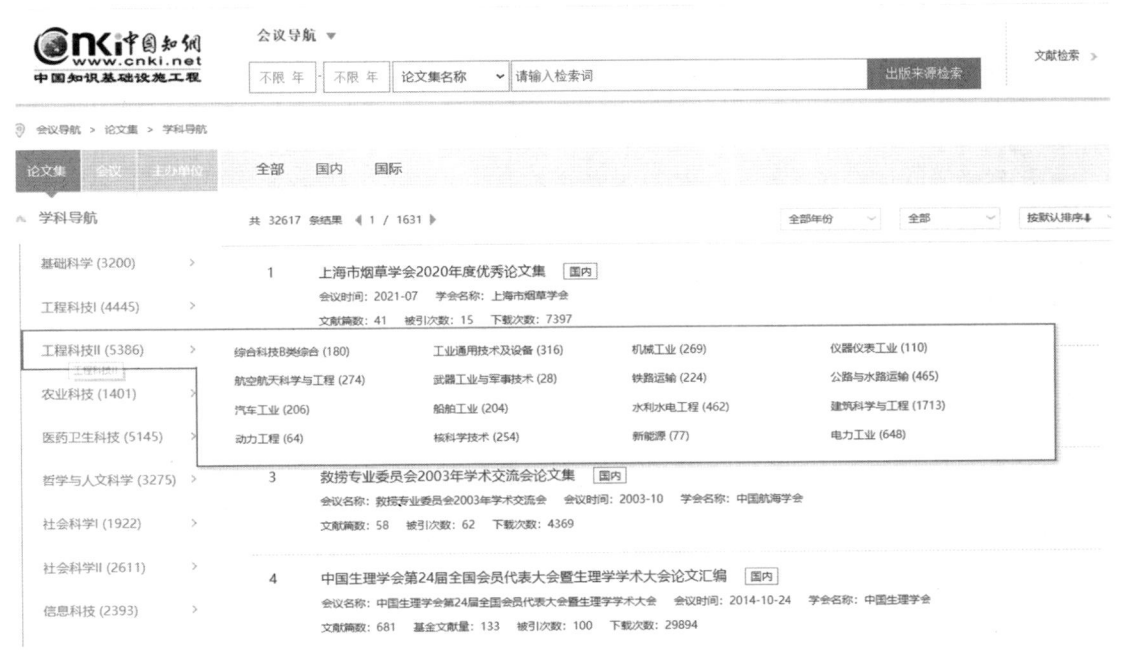

图 9-33　中国知网的"会议导航"论文集筛选

在前面介绍了通过中国知网的学术会议信息网站获取会议信息,在中国知网的"会议导航"中也可以查找和获取会议信息。例如我们想要查找水上运输行业有哪些会议,可以选择"会议"下的"行业导航",找到"交通运输、仓储和邮政业"中的"水上运输业"(见图9-34),就能找到需要的会议信息,点击会议名称同样会跳转到会议论文集页面。

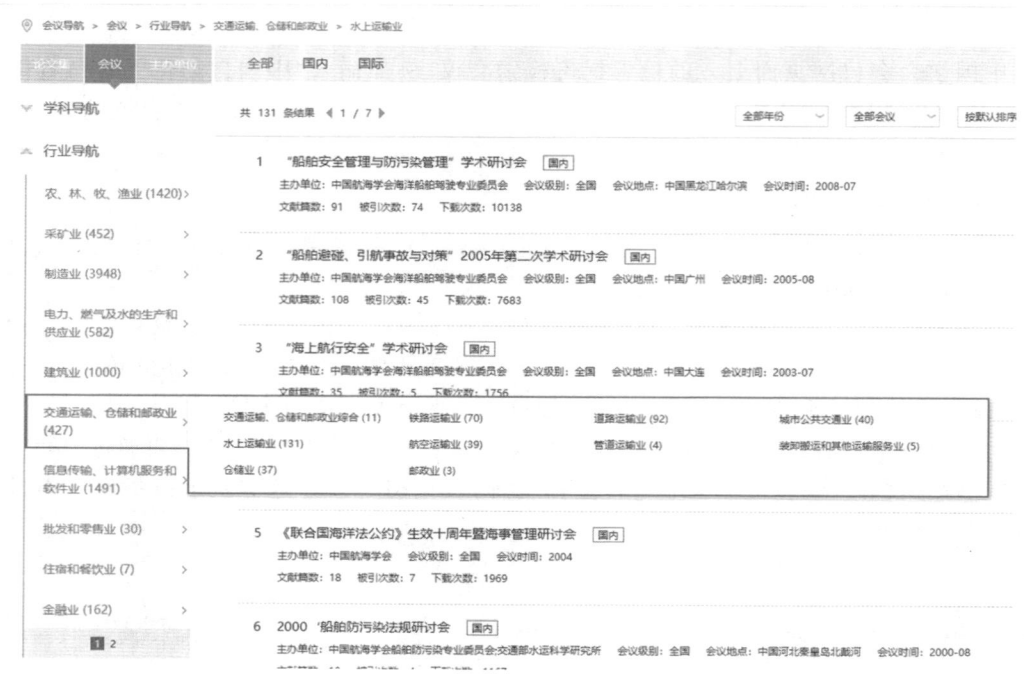

图 9-34 中国知网"会议导航"会议筛选

想了解学术会议有哪些主办单位,这些单位都召开了哪些会议,这些会议又有哪些论文集等信息,可以选择"主办单位",然后按照"行业组织""单位性质""党政组织"进行查看,主办单位的详情页面召开过的所有会议信息和相关单位、论文集等(见图 9-35)。

图 9-35　中国学术会议信息网"主办单位"筛选

例如点击"学会"可以看到所有召开过会议的学会的信息,包括主办单位名称、省份、召开会议次数、文献篇数、基金文献数、被引次数和下载次数。点击"学会名称"可以进入这个学会的详情页面,可以看到这个学会的"会议系列""论文集系列""相关分会/地方分会"等信息(见图 9-36)。

图 9-36 中国知网"会议导航"会议详情页

会议导航页面提供了四种检索途径,包括"论文集名称""会议名称""主办单位""网络出版投稿人"。如果知道想要检索的会议名称,可以直接把会议名称输入检索框中,除了"主办单位"这个检索途径外,其他三个检索途径都可以限定时间范围。例如想检索大连海事大学举办的会议,则可以选择检索途径"主办单位",在检索框输入"大连海事大学"(见图 9-37)。

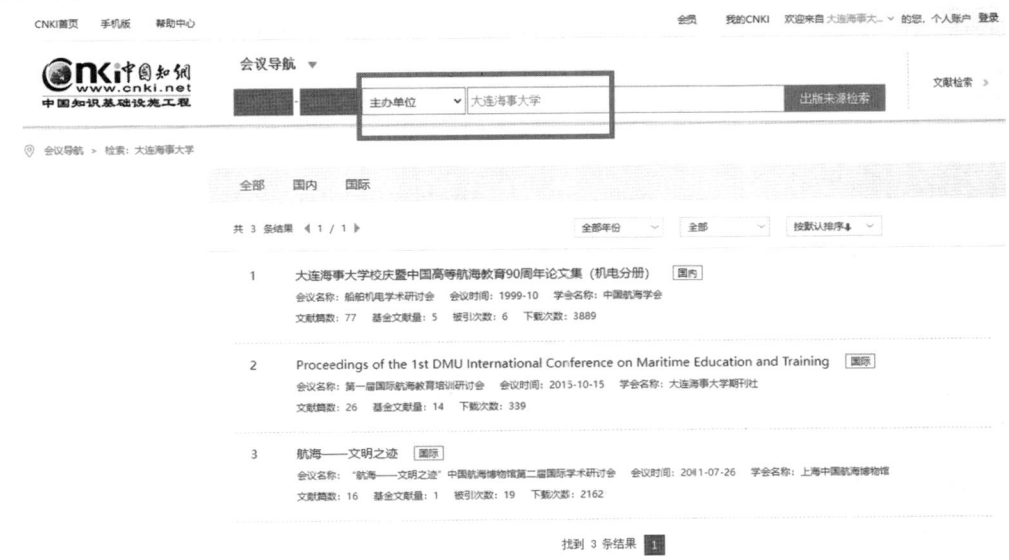

图 9-37 利用中国知网"会议导航"检索

（二）利用会议数据库检索学术会议信息和文献

除了学术会议信息网站和导航，还可以利用会议论文数据库检索获取已召开学术会议的信息和文献，例如中国知网、万方知识服务平台的会议论文库、Engineering Village 数据库、Web of Science 数据库中的科学会议录引文索引（CPCI-S，Conference Proceedings Citation Index－Science）等。下面以中国知网的会议论文库和 Engineering Village 数据库为例详细介绍。

1.利用中国知网的会议论文库检索学术会议信息和文献

进入中国知网的会议论文库，可以通过主题、关键词、会议名称、主办单位等检索会议文献，例如检索交通运输工程相关的学术会议文献，可以选择会议名称作为检索途径检索"交通运输"，可以获得来自交通运输会议的文献（见图 9-38）。在检索结果中，可以获取相关的会议信息，点击文献篇名可以进入详情页面，查看更多文献以及会议信息。点击会议名称，可以进入会议论文集的详情页面，可以查看本次会议论文集以及系列论文集。本次会议论文集中又细分为交通运输工程相关的具体分类，包括公路工程篇、桥梁工程与隧道工程篇、交通工程与航空运输篇等。通过系列论文集可以了解查看其他年份的世界交通运输大会论文集和相关信息，包括会议时间、论文集名称、文献篇数、基金文献数等（见图 9-39）。

图 9-38　中国知网会议文献检索

2.利用 CPCI 数据库检索学术会议信息和文献

进入 Web of Science 数据库，在 Web of Science 核心合集中勾选"CPCI 数据库"，仍以交通运输工程为例，用"会议"作为检索途径检索"transportation"，可以获得交通运输工程相关会议的会议文献。与中国知网相似，点击文献篇名或者会议名称可以查看更多详情（见图 9-40）。

【功能选择】被引参考文献检索

除了文献和会议信息，在 CPCI 数据库还可以检索会议文献被引用的情况和相关的会议

2022世界交通运输大会(WTC2022)论文集（运输规划与交叉学科篇）

基本信息

会议名称：2022世界交通运输大会(WTC2022)

会议时间：2022-11-04

会议地点：中国湖北武汉

学会名称：中国公路学会

出版单位：人民交通出版社股份有限公司

更多介绍 ≈

出版概况

文献篇数：141 篇

总下载次数：17981 次

总被引次数：3 次

专题名称：公路与水路运输；工程科技II

本次会议论文集　系列论文集　　　　　　　主题　　　　本论文集中检索

世界交通运输大会：

会议时间	论文集名称	文献篇数	基金文献数	被引次数	下载次数
2022-11-04	2022世界交通运输大会(WTC2022)论文集（公路工程篇）	81	35	4	5228
2022-11-04	2022世界交通运输大会(WTC2022)论文集（桥梁工程与隧道工程篇）	97	29	1	5686
2022-11-04	2022世界交通运输大会(WTC2022)论文集（交通工程与航空运输篇）	105	54	5	16360
2022-11-04	2022世界交通运输大会(WTC2022)论文集（运输规划与交叉学科篇）	141	58	3	17981
2022-11-04	2022世界交通运输大会(WTC2022)论文集（轨道交通与水上运输篇）	67	27		4802
2019-06-13	2019世界交通运输大会论文集（上）	166	50	190	18992
2019-06-13	2019世界交通运输大会论文集（下）	101	28	128	9842
2018-06-18	2018世界交通运输大会论文集	280	91	264	21758
2017-06-03	2017世界交通运输大会论文集（上册）	24	8	14	1699
2017-06-03	2017世界交通运输大会论文集（下册）	37	18	10	1981

图 9-39　中国知网会议论文集详情页面

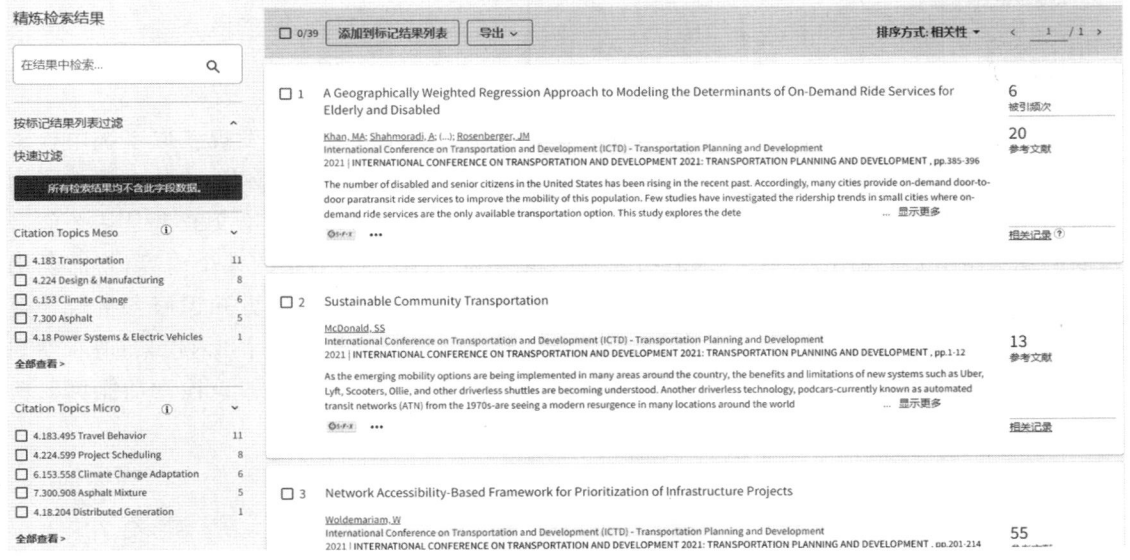

图 9-40　CPCI 数据库会议文献详情页面

文献。选择被引参考文献检索页面，以"被引标题"为检索途径检索一篇会议文献，可以检索到施引文献 6 篇，说明在 CPCI 数据库中，有 6 篇文献引用了这篇会议文献，查看施引文献可以看到部分施引文献提供"被引参考文献深度分析"，查看文献详情时可以跳转到分析页面，分析图能够查看每篇参考文献出现在文中的位置，并且按照文章结构对参考文献进行了聚类，见图 9-41。

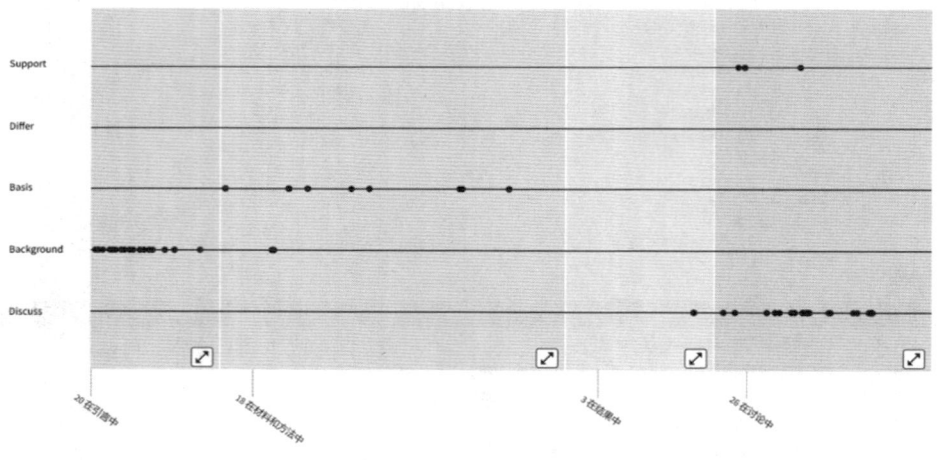

图 9-41　CPCI 被引参考文献深度分析

第四节　利用数据库在出版物中检索文献

一、问题的分析

一般来说,读者使用的比较多的检索方式是通过在数据库或者文献发现获取系统中检索某个主题从而获取文献信息资源,但是有的时候,读者也需要进一步地检索,从某一种出版物中获取文献信息资源,例如想要检索某一本期刊中关于某个主题的研究论文或者是某个作者发表的论文等,就需要用到刊内检索的功能,再如想要检索某一本书中的某个内容,就需要用到内容检索的功能,不同数据库的相关功能略有差异,例如中国知网、万方知识服务平台等数据库可以利用高级检索来检索出版物中的文献,也可以在期刊详情页进行刊内检索;博看期刊数据库可以利用内容检索功能获取某个内容相关文献;读秀学术搜索的知识检索功能可以获取图书中的知识片段等,接下来通过几个例子详细介绍。

二、问题的解决

(一)利用数据库中与出版物相关检索途径检索文献

数据库的高级检索功能给了读者更大的检索空间,除了直接检索某个研究主题,也可以以某种出版物为检索途径,然后结合主题、作者等检索途径进行检索,这样可以实现在出版物中检索文献。

以中国知网为例,出版物相关的检索途径有很多,例如文献来源、参考文献、年鉴名称等,如果读者想要检索某一期刊关中于某个研究主题的内容,就可以选择高级检索界面,在一个检索框中输入期刊名称,检索途径为"文献来源",另一个检索框可以输入研究主题,同样的道理,如果想要检索某个作者发表在某本期刊上的文献,就可以选择检索途径为"文献来源"和"作者"。在这里,以《大连海事大学学报》为例,想要检索该刊中有关"无人船"的研究,就可以选择"文献来源"作为检索途径,检索框中输入"大连海事大学学报",再选择"关键词"作为检索途径,在检索框中输入"无人船",匹配方式为模糊匹配(见图 9-42),经过检索可以发现 7 条结果。如果想要检索某个时间范围内的结果,可以在检索时对时间范围进行设定。

图 9-42　利用中国知网检索期刊内的文献

(二)利用数据库的"刊内检索"功能检索文献

刊内检索的功能一般在期刊详情页面,读者可以很方便地从期刊中检索某个主题的文献。以中国知网的一本期刊《电工技术学报》为例,在期刊的详情页面上,可以在文献列表的上方找到"刊内检索"的检索框,还能够选择检索途径。例如我们想要检索这个期刊中被"国家高技术研究发展计划"支持的文献,就可以选择检索途径为"基金",在检索框中输入"国家高技术研究发展计划",这样就能检索出相应的文献(见图 9-43)。

再举个例子,如果想知道大连海事大学的作者在《电工技术学报》发表的文献有哪些,可以选择检索途径为"单位",然后输入"大连海事大学",发现有 14 条结果。其实借助这种检索方式,我们可以对期刊文献有更多的了解,同时为自己学习科研以及投稿都提供了参考。当我们发现某一个研究主题在一种期刊中发表的数量非常多的时候,说明这种期刊比较重视和需要这个研究主题的文献,或许可以考虑将这个研究主题的论文投稿到这种期刊,发表的概率会更大些。

不同数据库的刊内检索功能会有差异,例如万方知识服务平台的"刊内检索"功能可以输入题名和作者,超星期刊数据库的"刊内检索"功能可以输入刊名、主办单位、ISSN、CN。在外

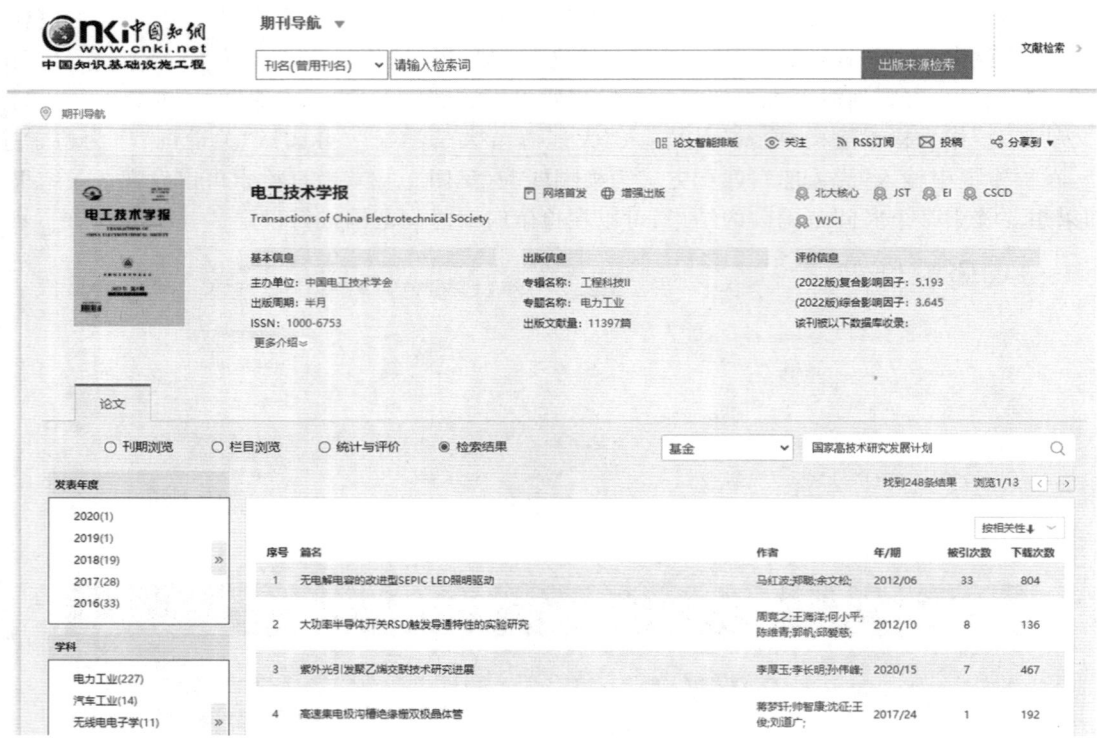

图 9-43   中国知网期刊导航中的"刊内检索"

文数据库中也有"刊内检索"的功能，以 Springer Link 数据库为例，在 Marine Systems & Ocean Technology 某一期的期刊详情页面可以看到检索框，上方备注着"Search within journal"（见图 9-44）。例如想要检索波浪能源相关文献，可以在检索框输入"wave energy"来检索，经检索发现这本期刊中关于波浪能源的研究文献有 40 篇。

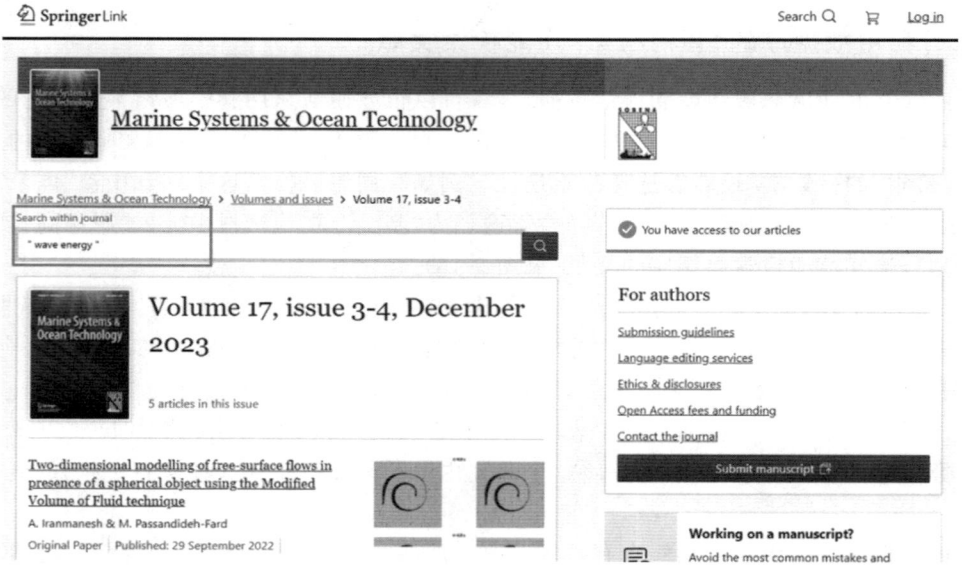

图 9-44   Springer Link 数据库的刊内检索

（三）利用数据库的"内容检索"功能检索文献

除了利用出版物相关检索途径、"刊内检索"功能检索出版物中的文献外，一些数据库还提供了"内容检索"功能，可以从内容的角度在出版物中检索文献，以博看期刊数据库为例。

博看期刊数据库可以从内容的角度在期刊和图书中找到具体论文或章节。例如读者看了电视剧《猎罪图鉴》后，对模拟画像师这个职业产生了兴趣，想要看一看期刊和图书中有关模拟画像师的内容，就可以利用博看期刊数据库的"内容检索"来检索相关的文献。选择"期刊"作为检索途径，同时选择"内容"，在检索框中输入"模拟画像师"进行检索（见图9-45），这样可以检索出内容中有"模拟画像师"的期刊，同时还可以看到有关"模拟画像师"的文章标题，点击标题链接可以直接跳转到这篇文章的阅读界面，点击期刊则可以跳转到期刊详情页，可以阅读更多其他的文章。接下来用同样的方法在图书中查找"模拟画像师"的内容，发现没有检索出结果，那可以尝试换一种表达方式，把检索词改成"画像师"或者"犯罪画像"等，可以检索出一些相关内容。

图 9-45　博看期刊数据库的"内容检索"

利用博看期刊数据库的移动端"博看书苑"APP 也可以利用"内容检索"，在"博看书苑"界面点击右上角的搜索框，可以直接搜索内容，但是直接输入"模拟画像师"是没有结果的，一般来说输入某本期刊的刊名或者是某本书的书名，作者可以检索到相关的结果，但是检索内容还是需要选择"图书""期刊"中的"内容"才可以检索到跟"模拟画像师"相关的内容（见图9-46）。

（四）利用数据库的"找资料"功能检索文献

"学习通"APP中的"找资料"功能跟博看期刊数据库的"内容检索"有异曲同工之处，但是功能更加丰富，实际上有一站式检索的功能，不光可以检索期刊和图书中的内容，还可以同时在文献、文档、视频中检索各种资料，读者可以在检索框输入书名、刊名等，也可以输入自己想要检索的内容关键词。进入"学习通"APP的首页，在检索框中输入"模拟画像师"，可以发现检索出的内容有期刊文章、报纸文章、图书内容、学位论文、报告、专利等来自各种不同类型文献的结果，有的可以获取全文，有的可以通过文献传递来获取（见图9-47）。

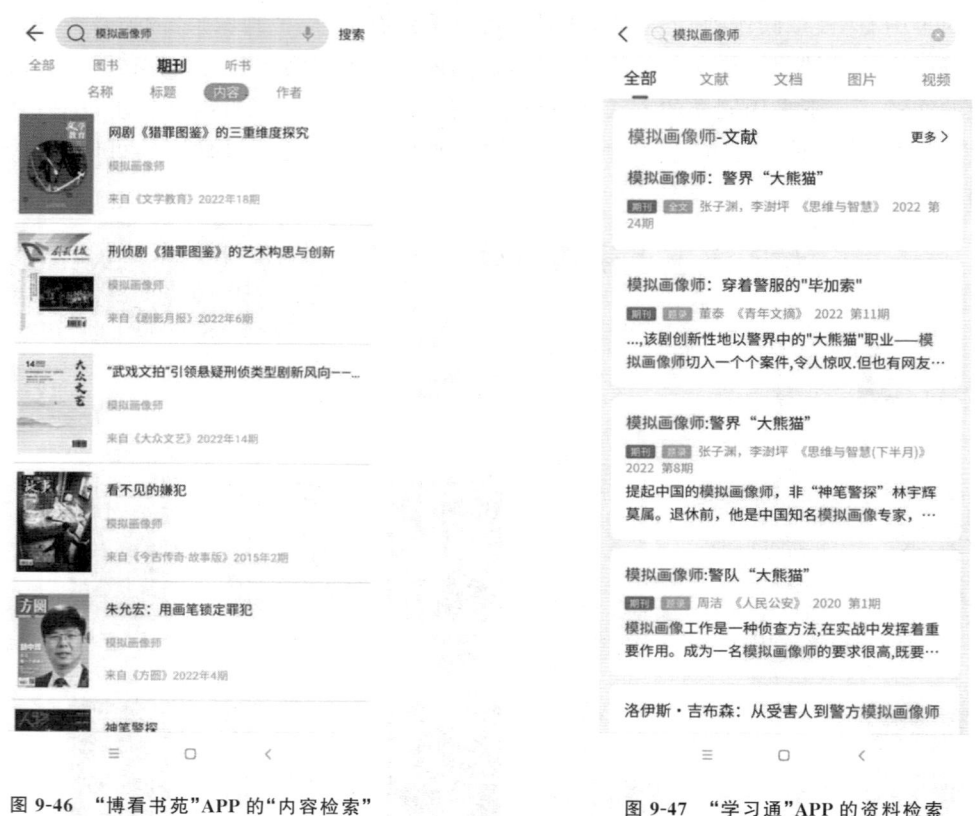

图9-46 "博看书苑"APP的"内容检索"　　　　图9-47 "学习通"APP的资料检索

（五）利用数据库的"知识检索"功能检索文献

读秀学术搜索平台对图书进行了碎片化处理，提供了独特的"知识检索"功能，检索出的结果都是来自图书的片段，读者可以对这些片段进行阅读，获取需要的知识。想要检索"模拟画像师"相关知识就可以在读秀学术搜索平台的检索框上方选择"知识"作为检索项，然后输入"模拟画像师"，可以检索出相关图书片段，见图9-48。查看这些图书片段会发现小说类型的文献居多，读者对感兴趣的小说可以尝试获取全文来阅读。除了来自图书片段的结果，相关图书、期刊、报纸、学位论文、专利也可以被推送到结果页面的右侧，读者可以根据自己的需要进行选择阅读。

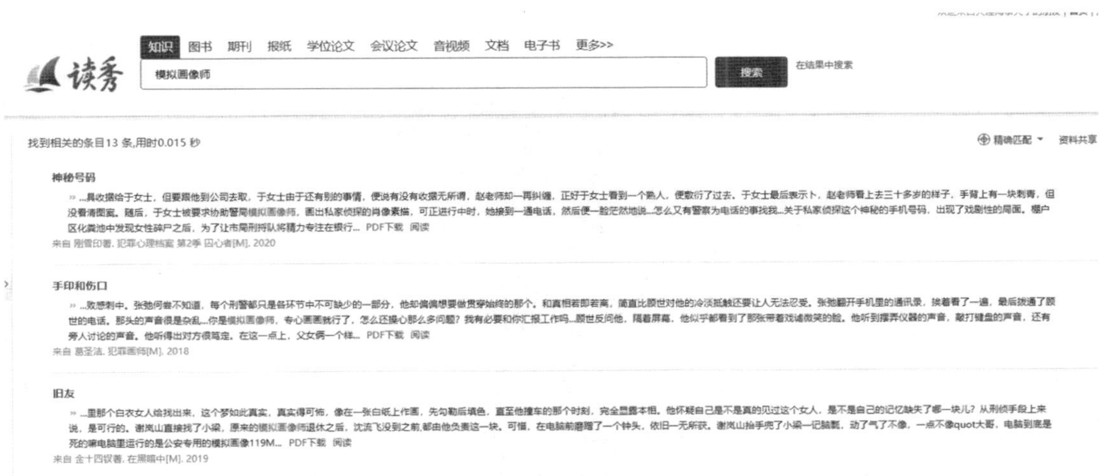

图 9-48 读秀搜索平台的"知识检索"

第五节 利用数据库资源发展兴趣爱好

一、问题的分析

大学生读者除了学习和科研的需求外,实际上还有娱乐、开阔视野、兴趣爱好培养等需求。网络资源鱼龙混杂,检索和获取比较浪费时间,而且一些优质的资源还需要付费才能获取,对大学生读者来说是有一定压力的,他们需要更加专业化、规范化,没有广告、虚假信息等干扰,又不会耗费太多精力和财力的资源。

二、问题的解决

图书馆的数据库除了为读者的学习和科研提供文献信息资源,同时也有丰富的书刊、音频、视频等资源,可以满足读者娱乐、开阔视野、培养兴趣爱好等需求。接下来以摄影爱好为例,从书刊类数据库和视频类数据库资源两个方面详细介绍怎样利用数据库资源发展兴趣爱好。

(一)利用书刊类数据库资源发展兴趣爱好

1.利用博看期刊数据库的书刊资源发展兴趣爱好

进入博看期刊数据库,在检索框选择"全部",输入关键词"摄影",可以找到跟摄影有关的期刊和图书(见图 9-49)。打开其中一本期刊,能够阅读期刊中原版原貌的各种摄影图片和文字,打开这本期刊的目录,可以看到不同的栏目并切换阅读。在"捕光逐影"中可以阅读很多摄影师们的故事,在"拍摄技术"中可以学习摄影的技术和经验……从一本期刊中,读者就可以了解摄影相关内容,包括摄影学习、摄影故事和摄影行业等。期刊可以放大、保存图片、订阅、收藏、分享、查看往期内容,还可以扫描二维码在移动端阅读。想系统了解摄影历史、理论知识,学习摄影技术等,可以选择图书来阅读。

图 9-49　博看期刊数据库的期刊阅读页

　　读者可以通过首字母以及中图法分类号来查找书刊,摄影类是属于艺术类,所以选择 J 大类,在"艺术"类目下找到"摄影艺术";利用期刊的分类导航,在"时尚娱乐"类目下找到"数码摄影";利用图书的分类导航,在"文学艺术"类目下找到"摄影绘画"。此外。如果注册登录了个人账号,还可以在"发现"模块中获得实时推荐、个性化推送和达人书单,如果经常检索、阅读某一类型的书刊,这里会推荐相似的内容,减少读者自己查找书刊的时间,提高阅读效率。

　　博看期刊数据库中这些丰富的资源不但可以在电脑上获取,还可以通过移动设备随时随地阅读,这就要用到博看的移动版,包括微信版的"博看书苑",以及移动客户端。例如大连海事大学的图书馆官方微信公众号上,微信版的"博看书苑"就在"资源"菜单里,关注公众号后点击"资源",找到"博看专区",就可以看到博看相关的产品,包括"博看书苑""博看有声""我的朗读"和"博看党建",每个产品都有微信版本和相应的小程序。进入"博看书苑",检索和使用的方法和电脑版的博看期刊数据库相似,同样可以自己检索与摄影相关的书刊,也可以通过书刊的分类找到想要的书刊,但是多了一个"数字人"的功能,它是依托于 AI 技术的虚拟助手,可以帮助读者搜索图书和期刊,甚至可以查询天气、百科问答以及聊天互动等,读者启动"数字人"之后,需要开启麦克风用语音和"数字人"表达服务需求,例如对"数字人"说"摄影图书",跟摄影相关的图书就会被推送,如果不满意结果可以选择"换一批"。"博看书苑"的小程序在功能上略有差异,但是书刊资源是一样的(见图 9-50)。

　　"博看有声"对书刊资源进行了有声化,很大程度上方便了读者在休息眼睛、行走或者坐车、手头有事情忙碌时充分利用时间来学习和娱乐。除了有声书刊,其还整合了其他有声专辑、广播、朗读等声音资源在一起,读者能够自由选择感兴趣的内容来收听,收听的时候还可以进行收藏管理、调整语速、查看播放列表、查看原文、分享等操作。在检索框检索"摄影",不但可以获取相关的期刊、图书、专辑,还可以匹配标题含有"摄影"的单条音频内容(见图 9-51)。

图 9-50 博看期刊数据库的"数字人"资源推荐　　　图 9-51 利用"博看书苑"小程序检索"摄影"

2.利用畅想之星电子书数据库的书刊资源发展兴趣爱好

畅想之星电子书拥有多学科正版电子图书资源,还提供读者自己采购电子书及向图书馆荐购功能。进入畅想之星电子书数据库,可以直接在检索框输入"摄影",输入的时候就会发现数据库推荐了相关的内容,如"摄影的灵感:风光,风光""摄影基础"等,在检索结果界面左侧有多种筛选选项,可选择出版社、出版时间、学科分类、作者,也可以对检索结果按照综合、出版时间、阅读次数、上架时间进行排序,对感兴趣的图书可以勾选收藏。在这里获得的图书有的是图书馆已经购买的,有的是没有购买的。如果想要只看图书馆已经购买的内容,可以切换到"本馆资源"模块来查看。如果对检索结果不满意可以更换检索词,或者选择高级检索,增加更多的限定条件,除了作者、出版社限定之外,还能选择电子书的读者对象,或利用学科导航限定学科范围。例如想要找到最近 5 年跟摄影有关、由中国摄影出版社出版、适合大学生阅读的电子书,就需要选择出版社作为检索途径,输入"中国摄影出版社",同时选择主题作为检索途径,输入"摄影",选择逻辑"与"关系,出版时间限定为 2018 年 5 月到 2023 年 5 月(见图 9-52)。

以《改变摄影的摄影师》这本书为例,可以看到作者、主题词、出版社、出版时间、ISBN 号等图书信息,点击图书之后可以看到更多的信息,包括分类号、阅读次数、下载次数、图书目录等。这本书可以在线试读,说明图书馆还没有这本书的纸质本。点击"在线试读"进入图书的阅读界面,试读部分内容。为了更好地了解这本图书,还可以在"评论"中查看其他人的阅读感受,如果喜欢这本书想要进行荐购就可以点击"在线试读"旁边的"荐购",输入读者信息和荐购理由并提交。在"相关推荐"中也可能找到有完整电子版的图书,可以直接点击"在线阅读"全文,也可以安装阅读终端后下载阅读。

图 9-52　利用畅想之星电子书数据库检索"摄影"

移动端的畅想之星电子书数据库可以搜索微信小程序"畅想之星数字阅读",或者安装移动 APP"畅想阅读",使用方法与电脑端相似。以分类导航为例,可以利用"中图法导航"树或者学科导航来查找图书,选择 J 艺术类,便能在"J4 摄影艺术"子类下找到摄影相关的图书,可以进行在线试读、在线阅读、荐购以及 PDA 采购等操作。喜欢的书可以添加到个人书架中,阅读的时候可以添加书签、调整进度、设置背景颜色等。

3.利用超星"学习通"发展兴趣爱好

超星"学习通"里融合了大量的书刊、视频资源以及各种专题资源,能够一站式发现和获取各种类型的资源,可以实现读者之间的学习互动。以期刊为例,在"学习通"期刊页面检索"摄影",可以获得摄影有关的电子期刊以及与摄影有关的文献,图书的检索方式和期刊一样,检索到的图书可以在线阅读、保存,还能查看评论以及相似图书推荐。

除了书刊、视频之外,"学习通"还有很多特色学习资源,例如"云舟专题""课程广场""小组广场"等。"云舟专题"是知识获取、创造、互动空间,进入"云舟专题"可以看到检索框、分类导航和内容列表,检索"摄影"可以获得大量相关专题。读者可以看到专题的名称、作者以及收藏量,可以优先选择收藏量高的专题来查看。专题支持保存、分享、记笔记、文本复制、阅读设置、点赞评论等操作。

"课程广场"页面有优质免费的课程资源,通过检索,可以找到摄影相关的课程,查看课程可以获得课程详情、课程目录、同学说等内容。例如《数字摄影技法与创作》这门课中,在课程详情中介绍了课程内容、课程特色、考核方式、学习可收获什么、适合什么人学习、授课教师团队等信息,课程目录中则是详细展示了这门课程的整体框架和具体内容(见图 9-54)。同学说其中可以看到老师和同学的答疑互动。通过浏览这些内容,读者可以很好地了解课程的情况,直接报名学习。

章节序号	章节标题	核心问题
第一章	摄影概述	构架规划
第二章	镜头	设备原理

图 9-53　"学习通"的课程页面图　　　图 9-54　"学习通"的小组广场——兴趣馆

　　"小组广场"是读者们自己创建的综合类知识学习社区,用于知识分享和兴趣交流,非常适合作为兴趣爱好学习的基地。"小组广场"有公告栏、学习吧、考试宝、技能堂等模块,每一个模块中都有多种多样的小组。摄影属于兴趣爱好和技能,那么我们可以在"技能堂"或者"兴趣馆"中寻找合适的小组,见图 9-55。

图 9-55　"超星名师讲坛"视频页

(二)利用视频类数据库发展兴趣爱好

视频类数据库中有丰富的视频资源,不但有学术报告、精品课堂、会议视频等学术型内容,还有很多娱乐性的、兴趣学习性的视频资源。

以超星名师讲坛为例,检索"摄影"可以获得摄影相关视频,视频可以按照"最新""最热"以及讲座类型进行排序筛选。视频播放页面能看到分集、主讲人、主讲人单位、讲座简介等视频信息。视频播放有屏幕放大以及画中画功能,可点击"下载视频"进行视频下载和保存。在移动设备上观看,可以点击"手机扫码观看"获得移动观看二维码(见图9-55)。除此之外,也可以安装"学习通"APP观看视频,视频不但可以在线播放,还可以切换成音频模式,并且有记笔记、分享等功能,比电脑端的功能更加丰富。

第六节　利用数据库资源洞察研究热点及研究趋势

一、问题的分析

对于科研人员来说,怎样保持自己的研究方向是当下的研究热点似乎是一个令人头痛的难题,怎么样才能在短时间内找到科研热点和前沿方向呢? 首先,我们来看一下研究热点的大致分类。

1.政策主导型热点

由国家政府或某个大型国际组织推动的科研热点,比如目前大热的碳中和,这些往往都是先有对应的政策引导,然后科研界再介入从事相关研究,我们可以多关注时事热点和相应政策法规的发布。

2.事件主导型热点

因其急迫性和高关注度往往能够迅速成为短时间内的科研热点,如新冠疫情等公共卫生事件等。

3.科研界自发推动热点

一般是由于某项困扰科研界多年的难题得以解决,或者学科交叉带来的创新性研究方向,和其他两类热点不同的是,科研界重点关注的热点研究通常也是该领域的前沿方向,同时,三类热点并不孤立,很有可能彼此相互促进、相互引导。无论是哪一种研究热点,都离不开对前人研究的梳理与分析。下面我们将重点介绍一下如何利用数据库,洞察科研界自发推动的研究热点和研究趋势。

二、问题的解决

(一)通过文献排序、精炼、分析功能定位重点文献,发现已有研究中的线索

为了方便读者快速定位所需的文献,大多数数据库都提供了文献排序以及精炼的功能,读

者可以利用排序功能定位最新发表的文献快速发现最新的研究热点；读者也可以通过筛选文献类型的方式，快速定位目标文献，发现已有研究中的线索。如想了解某一研究领域的全貌，可以筛选出综述类文献，或者优秀的学位论文进行阅读，快速了解你感兴趣的研究领域；也可筛选出高被引论文、热点论文，了解研究热点及趋势。接下来，将介绍如何通过文献排序和精炼功能，定位文献，快速洞察"人工智能算法"领域的研究热点及研究趋势。

【选择数据库】

中国知网、Web of Science

【检索思路】

利用中外文最常用的综合类数据库中国知网、Web of Sciecne 分别检索"人工智能算法"领域的相关文献，通过排序功能快速锁定被引频次较高的论文和最新发表的论文。再利用数据库的精炼功能，分别筛选出综述类文献或优秀学位论文或者高被引论文，以便读者通过阅读，快速了解整体研究现状及现阶段的研究热点。此外，利用数据库的分析功能，直观分析"人工智能算法"领域近年来的总体发展趋势及热点主题。

【检索参考方法与步骤】

1.中国知网检索方法与步骤

进入中国知网平台在跨库检索的方式下，选择"高级检索"页面，选择"篇名"检索字段，在检索栏中输入检索词"人工智能算法"，时间跨度选择所有年份，检索结果见图 9-56，共检索到相关文献 347 篇。页面默认排序方式为按相关度排序，可点击切换至按"发表时间"排序，浏览最新发表的相关文献，了解最新的研究成果。在上方的子库选择中，可通过点击"学位论文"，进入"学位论文"子库，查看与"人工智能算法"相关的博硕士论文，快速了解相关研究领域的理论基础及系统的研究过程。在页面左侧的"精炼检索结果"区域，可以从不同角度对检索结果进行精炼，选择文献类型进行精炼，得到综述类（Review）文献共 4 篇，可以快速掌握"人工智能算法"领域整体研究现状和主要观点。

点击导出与分析中的可视化分析，选择全部检索结果分析，从总体趋势分析可以发现，自 2018 年后，有关"人工智能算法"的研究数量快速增长，到 2020 年达到高点，2021、2022 年两年发文量虽有少量下滑，但整体呈现向上的趋势，说明"人工智能算法"仍是一个研究热点。通过查看"人工智能算法"领域的主要研究主题分布和次要研究主题分布，可以发现，有关遗传算法、神经网络、机器学习、深度学习等方向是"人工智能算法"领域受关注度较高的主题方向（见图 9-57）。

2. Web of Science 检索方法与步骤

进入 Web of Science 首页，为了筛选出更多的文献，选择所有数据库，选择"标题"字段，输入检索词"artificial intelligence algorith＊"，时间跨度选择全部年份，检索结果见图 9-58，共检索到相关文献 1 235 篇。与中国知网类似，在 Web of Science 的检索结果页面，同样可以根据需求进行按日期降序排序，精炼综述类文章，同时，在 Web of Science 中具有筛选高被引论文的精炼功能，帮助读者筛选"人工智能算法"领域，近十年来的高被引文献，共 12 篇，读者通过阅读高被引文献，可以在一定程度上探析该领域的理论基础、知识构成及研究趋势。

Web of Science 同样为读者提供了分析检索结果的功能，读者可以从出版年、文献类型、研究方向等方面对检索到的文献进行可视化分析，通过图 9-59，我们可以发现"人工智能算

图 9-56　中国知网(Cnki)检索结果界面——排序、精炼功能

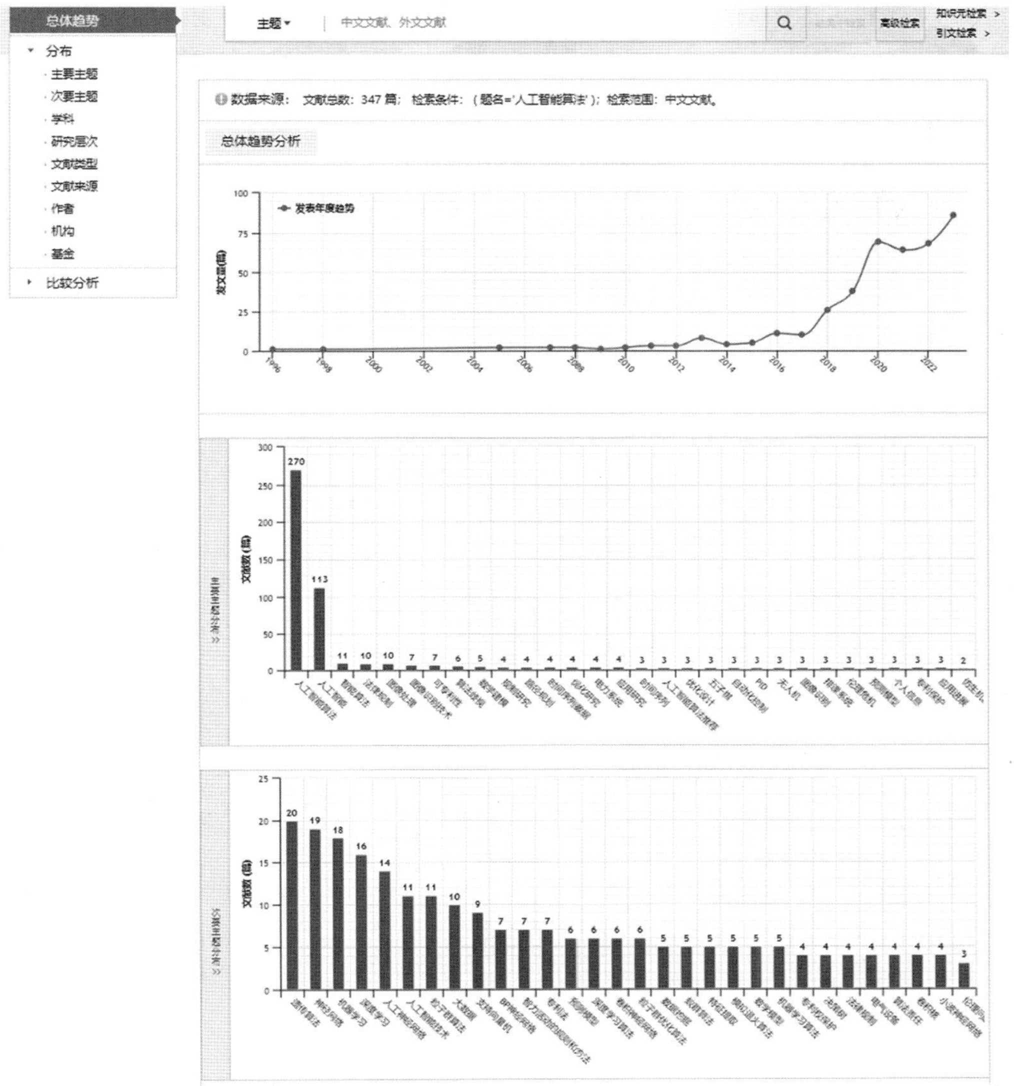

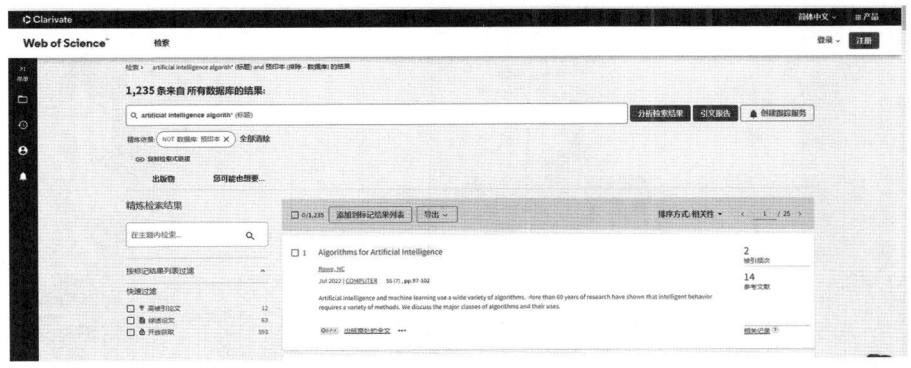

图 9-57 中国知网(Cnki)可视化分析页面

图 9-58 Web of Science 检索结果页面

法"这一研究领域外文文献的发文趋势与中文文献趋同，自 2018 年后，发文量呈上升趋势，是目前值得关注的研究热点。从主题词分析也可以看出，深度学习、神经网络等方向是该领域关注度较高的主题方向（见图 9-60）。

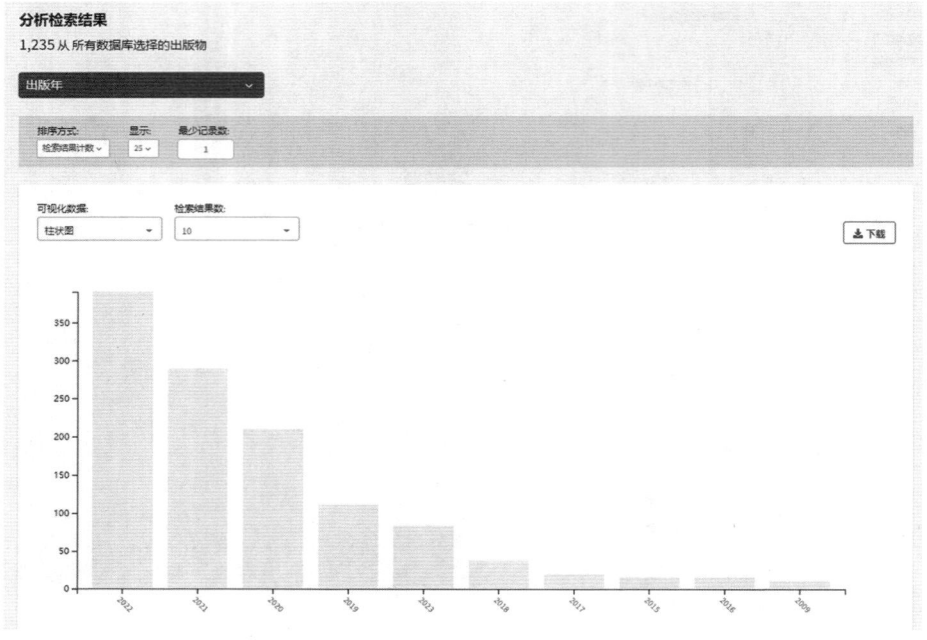

图 9-59　Web of Science 分析检索结果页面——出版年

图 9-60　Web of Science 分析检索结果页面——主题词

(二)利用数据库追踪功能获取最新文献,追踪研究热点

数据库中的数据都按其更新周期不断更新,那如何快速追踪最新的研究成果呢? 为了方便读者快速了解研究新进展,众多数据库提供了个性化的文献跟踪功能,以 Web of Science 为例,介绍一下具体操作。

1.注册个人账号

数据库的个性化服务功能一般都需要注册个人账号,读者点 Web of Science 首页右上角的注册,按照页面提示,完成相应操作既可,注册成功后在首页登录个人账户。

2.在检索结果页面

点击"创建跟踪服务",按提示"创建检索跟踪"后,当数据库更新后,有和设定的检索条件"标题"=artificial intelligence algorith * 相匹配的命中文献,数据库就会将相关文献推送至我们注册个人账号时填写的电子邮箱,让读者及时、快速了解到所关注研究领域的最新研究进展(见图 9-61、图 9-62)。

图 9-61　Web of Science 检索结果页面——创建跟踪服务

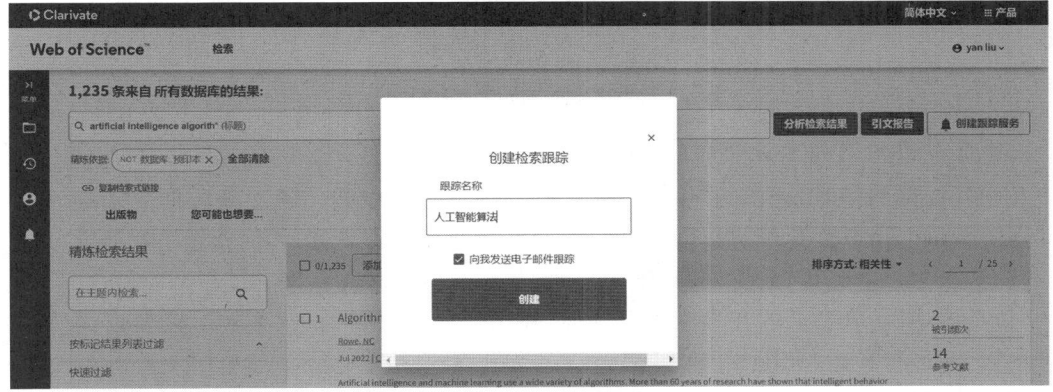

图 9-62　Web of Science 创建检索跟踪

(三)利用数据库的科研发现功能,洞察研究热点及趋势

除了上述对已有研究成果的梳理和追踪外,很多数据库也为读者专门提供了科研热点发现功能,如中国知网的学术热点搜索、指数搜索等功能,万方知识平台提供的万方选题功能等,下面逐一来介绍这些辅助选题功能的具体使用方法。

1.中国知网"学术热点"搜索

进入中国知网首页后,在帮助的隐藏菜单中,进入网站地图,在研究学习平台的大数据研究平台版块,点击"学术热点"链接,进入"学术热点"首页(见图9-63),读者可以根据需求选择"热点主题"或者"主要知识点"检索项,在检索框中搜索感兴趣的研究主题,如选择"学术热点"检索项,在检索框中输入"人工智能",检索人工智能相关的研究热点(见图9-64),学术热点以关键词组合的形式呈现,在主要知识点中会呈现出该热点包含的核心概念,还会给读者展示该热点所属的学科领域、热度值及相关文献、课题、研究机构、研究人员等信息,读者也可以进一步通过"学科领域""热度值""主要文献数""相关国家课题数""主要研究人员数""主要研究机构数"进行细化搜索,获得所需的系统化搜索结果。点击某一条"热点主题"链接,会进入该热点主题的详细分析页面,系统以可视化图谱的方式为读者展示该"学术热点"的知识点、所属学科,相关文献的发文、被引、下载情况;相关机构研究机构、研究人员、国家科研项目情况,并在下面附有具体的列表及跳转链接。

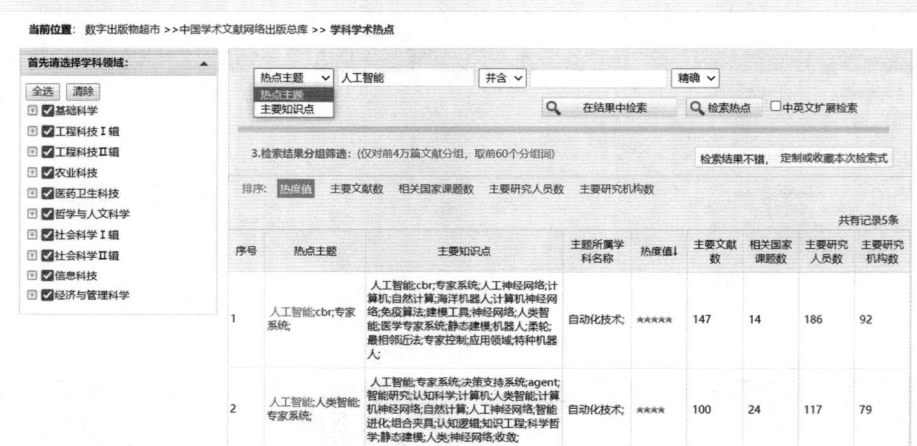

图 9-63　中国知网(Cnki)"学术热点"检索

2.利用中国知网指数分析挖掘学术热点

在中国知网的"知识元检索"中有"指数分析"功能。它以庞大的文献数据为基础,将一定时间内检索词的研究变化趋势以图表形式生动直观地呈现给读者,方便读者了解研究概况,发现、追踪学术热点。具体操作步骤如下:

(1)登录中国知网官网,在检索维度选择"知识元检索",并勾选"指数",以检索词"人工智能算法"为例进行检索(见图9-65)。

(2)进入"指数检索数据库"后,我们会看到四个维度的年度发文趋势。学术关注度:篇名包含此检索词的文献发文量趋势;媒体关注度:篇名包含此检索词的报纸文献发文量趋势;学术传播度:篇名包含此检索词的文献被引量趋势统计;用户关注度:篇名包含此检索词的文献下载量趋势统计,鼠标点击维度即可切换查看对应趋势图,将鼠标放置在时间轴上拖动可缩小/放大统计时间段;若想了解详细年份情况,将鼠标放在该年份上即可显示该年份的文献详情(见图9-66)。通过学术关注度的趋势图,我们可以发现"人工智能算法"在近几年的学术关注度还是比较高的。

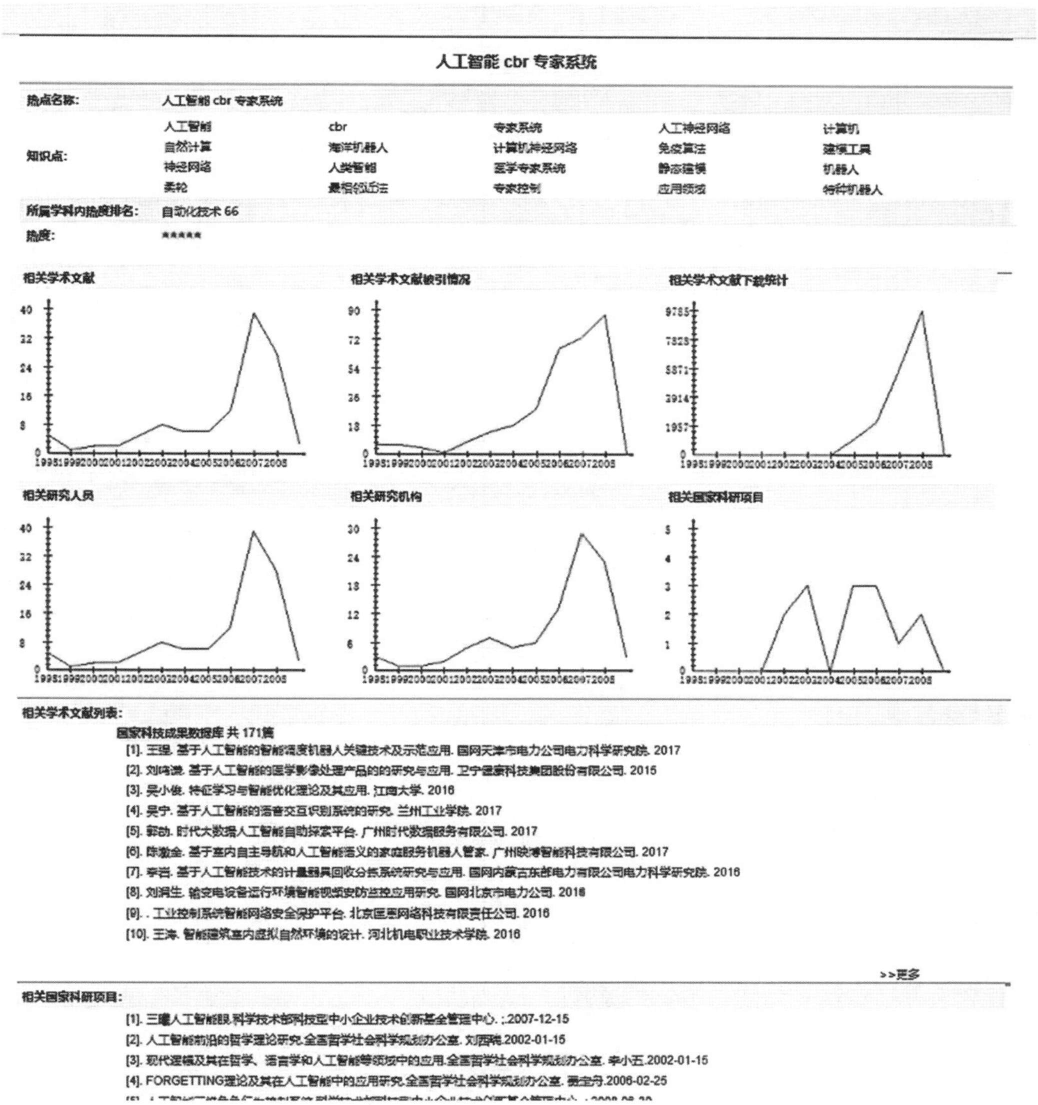

图 9-64　中国知网(Cnki)"学术热点"检索——热点详情页面

图 9-65　中国知网(Cnki)指数分析——检索页面

(3)页面左下角"对比关键词",输入需要对比的关键词(这里输入"云计算",了解人工智能

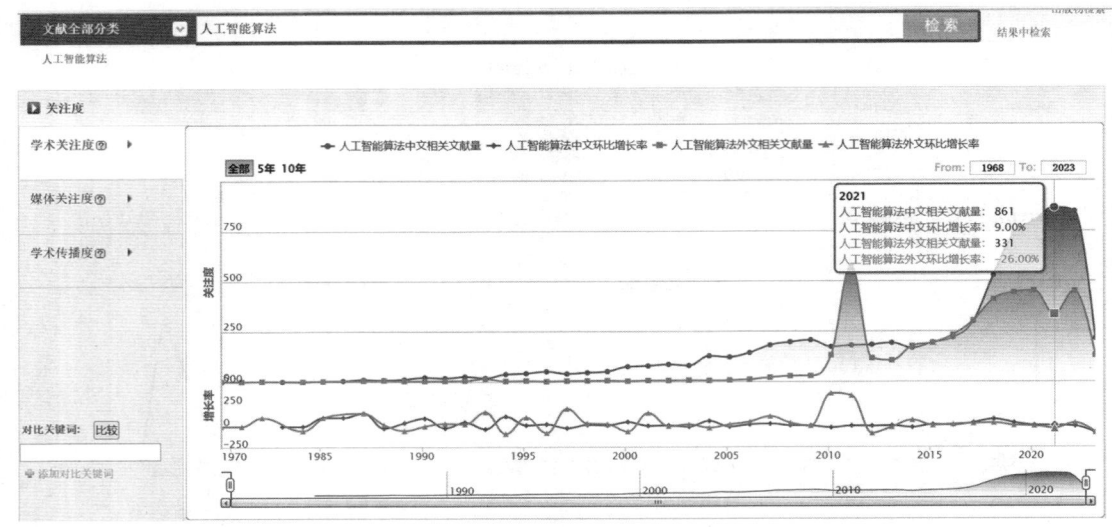

图 9-66　中国知网(Cnki)指数分析——检索结果页面

算法与云计算领域的对比情况),点击"对比",即可得到两个关键词的研究趋势变化图(见图 9-67),最近 10 年间,"云计算"的学术关注度远高于"人工智能算法",可为读者识别研究热点,选择研究主题提供一些参考。

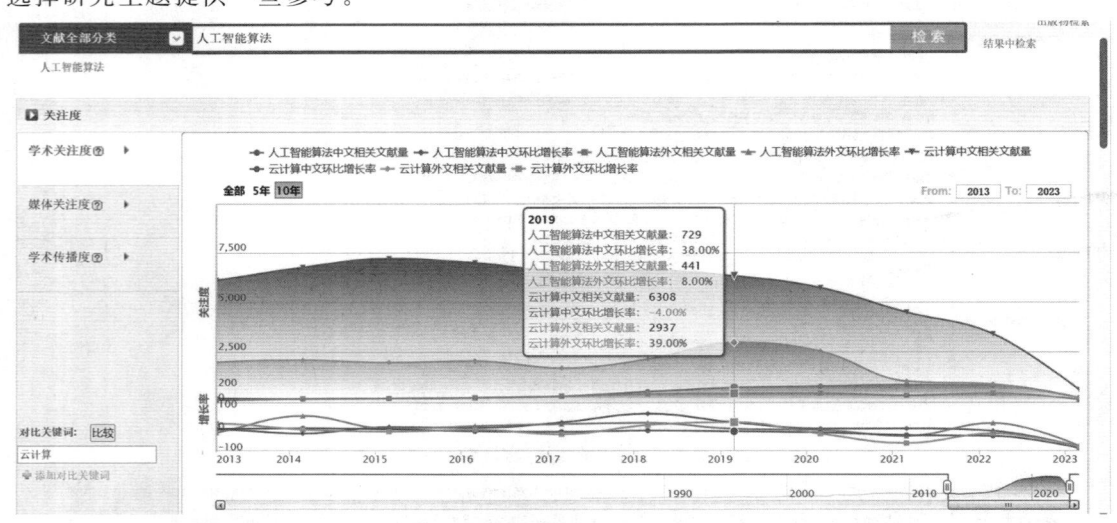

图 9-67　中国知网(Cnki)指数分析——关键词对比分析结果页面

(4)页面往下拉,可以看到"关注文献、学科分布、研究进展、机构分布"等相关信息。

关注文献:会显示"人工智能算法"领域的热点文献,点击上述关注图中的点可以查看在相应年份"人工智能算法"的相关热点文献(见图 9-68)。

学科分布:展示了检索词"人工智能算法"在不同学科中的分布,点击学科查看相关词语及文献,如点击"自动化技术领域",在右侧会显示应用、自动化、电气自动化、电气工程等关键词,帮助读者定位研究热点的学科领域(见图 9-69)。

研究进展:从"最早、最新、经典"三个角度展示研究成果,全面拓展研究进展(见图 9-70)。

机构分布:查看研究"人工智能算法"的机构分布情况(见图 9-71),清华大学、上海交通大

题名	作者	来源	年/期	下载	被引
遗传算法综述	席裕庚，柴天佑，恽为民	控制理论与应用	1996/06	31890	1540
深度卷积神经网络在计算机视觉中的应用研究综述	卢宏涛;张秦川;	数据采集与处理	2016/01	46258	1502
遗传算法理论及其应用研究进展	边霞;米良;	计算机应用研究	2010/07	14285	729
图像物体分类与检测算法综述	黄凯奇;任伟强;谭铁牛;	计算机学报	2014/06	13201	660
基于随机森林的特征选择算法	姚登举;杨静;詹晓娟;	吉林大学学报(工学版)	2014/01	8259	558
人工免疫系统:原理、模型、分析及展望	肖人彬;王磊	计算机学报	2002/12	3394	541
含风电场电力系统经济调度的模糊建模及优化算法	陈海焱;陈金富;段献忠;	电力系统自动化	2006/02	5169	535
人工智能与法律的未来	郑戈;	探索与争鸣	2017/10	12034	445
目标检测算法研究综述	方路平;何杭江;周国民;	计算机工程与应用	2018/13	7931	367
构筑"人工智能+教育"的生态系统	吴永和;刘博文;马晓玲;	远程教育杂志	2017/05	21626	334

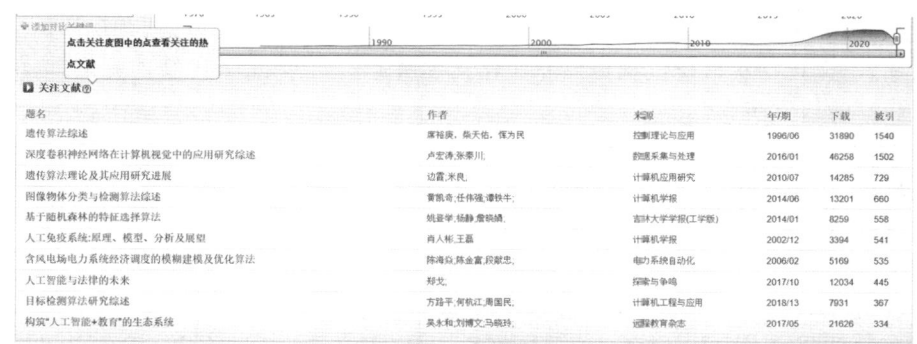

图 9-68　中国知网(Cnki)指数分析——关注文献

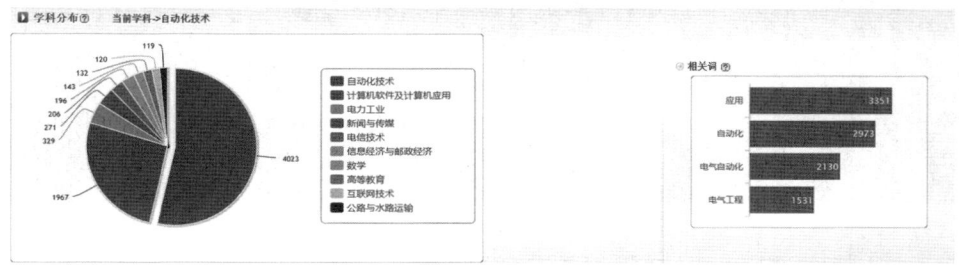

图 9-69　中国知网(Cnki)指数分析——学科分布

题名	作者	来源	年/期	下载	被引
定理证明中的三个速算法	李卫华;	武汉大学学报(自然科学版)	1981/01	27	2
象棋程序与人工智能	朱世(从);王庆人;	炼油化工自动化	1984/04	129	
中国象棋和计算机	朱世(从);王庆人	自然杂志	1985/08	100	
一场"人工智能"的竞赛	郑锐	福建论坛(经济社会版)	1985/08	25	1
人机对奕与启发式搜索	舒忠正	南京航空航天大学学报	1986/03	70	
运输调度专家系统	石纯一;王家廒;宋星;万方;	自动化学报	1986/03	44	4
降阈搜索法求代数方程的根	林俊伯	南方冶金学院学报	1986/02	16	1
基于知识的推理系统	边德英	气象	1986/08	46	
解析图象匹配系统	Cooperman S.E. ,Hovey S.T. ,薛顺贵	测绘科技动态	1987/03	17	
能自动选择算法的布线系统	邱玉春;费珊;	计算机工程与应用	1987/02	18	

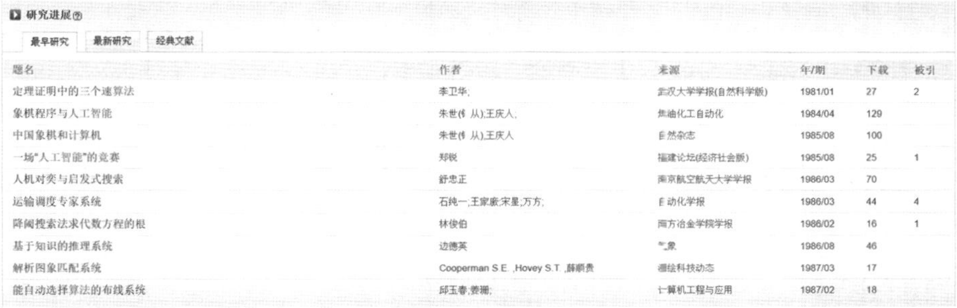

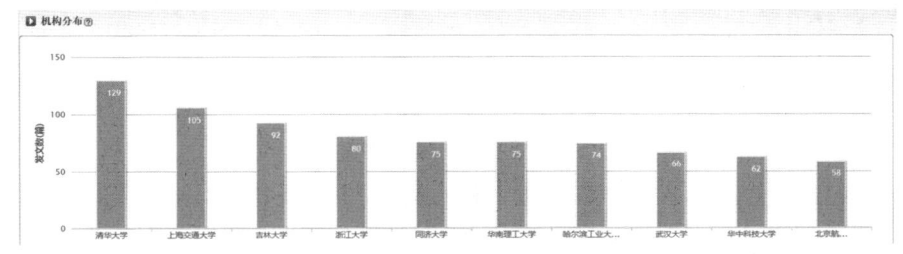

图 9-70　中国知网(Cnki)指数分析——研究进展

学、吉林大学、浙江大学等是该领域主要的研究机构，读者可以根据需求，去相关机构的官网，查询有关"人工智能算法"的主要研究团队、研究人员及具体的研究主题和进展情况，帮助读者进一步了解该领域的研究现状及趋势。

图 9-71　中国知网(Cnki)指数分析——机构分布

3.利用万方选题发掘新兴主题

万方选题(WFTopic)是利用数据挖掘算法、知识关联技术深度挖掘中外文海量学术资源,揭示学科研究热点与新兴研究前沿,帮助科研人员快速把握选题方向、客观评估选题价值,为科研立项、论文选题等科研过程提供专业化支撑服务。同样以"人工智能算法"为例,介绍应用"万方选题"的检索步骤。

(1)进入万方数据知识服务平台首页,点击"万方选题",进入"万方选题"的首页,在首页上方,系统提供了文献精读、选题发现、定题测评等功能模块;点击"选题发现"后(见图9-72),读者可从关键词或者学科两个维度搜索选题方向,页面的下面也为读者提供了不同学科当前的热门主题词。

图9-72 "万方选题"首页

(2)选择关键词检索项,在检索框中输入检索词"人工智能算法",点击发现高价值选题,系统可为读者提供回溯学术脉络、追踪研究重点、拓展研究边界、发掘新兴主题等不同模块的服务。

①回溯学术脉络模块:揭示了一个学科领域在不同时间的知识结构,揭示了研究主题随时间变化的演化关系及学科领域整体发展趋势(见图9-73)。"人工智能算法"领域的关键词是

机器学习,在页面的右侧还可以查看该关键词相关的最新论文、高被引论文、博士学位论文、综述类文献,帮助读者快速了解该领域的研究全貌。

图 9-73　万方选题检索结果页面——回溯学术脉络

②追踪研究重点模块:研究重点是指具有重大影响、能够引领学科领域往前发展的研究主题,追踪研究重点,有助于及时跟进领域核心前沿发展趋势。在该页面,提供了"人工智能算法"领域的重点研究关键词有人工智能、法律规制、算法规制、算法解释、自动化决策,也为读者提供了相应的前沿论文(见图 9-74)。

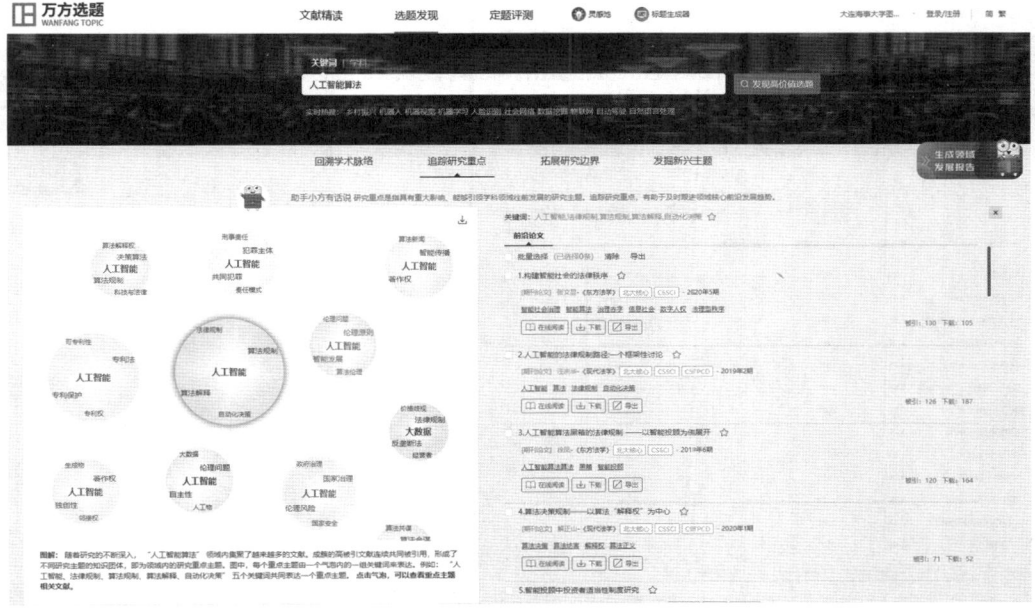

图 9-74　万方选题检索结果页面——追踪研究重点

③拓展研究边界模块：从学科交叉角度，为研究者提供更多的新课题选择（见图9-75）。

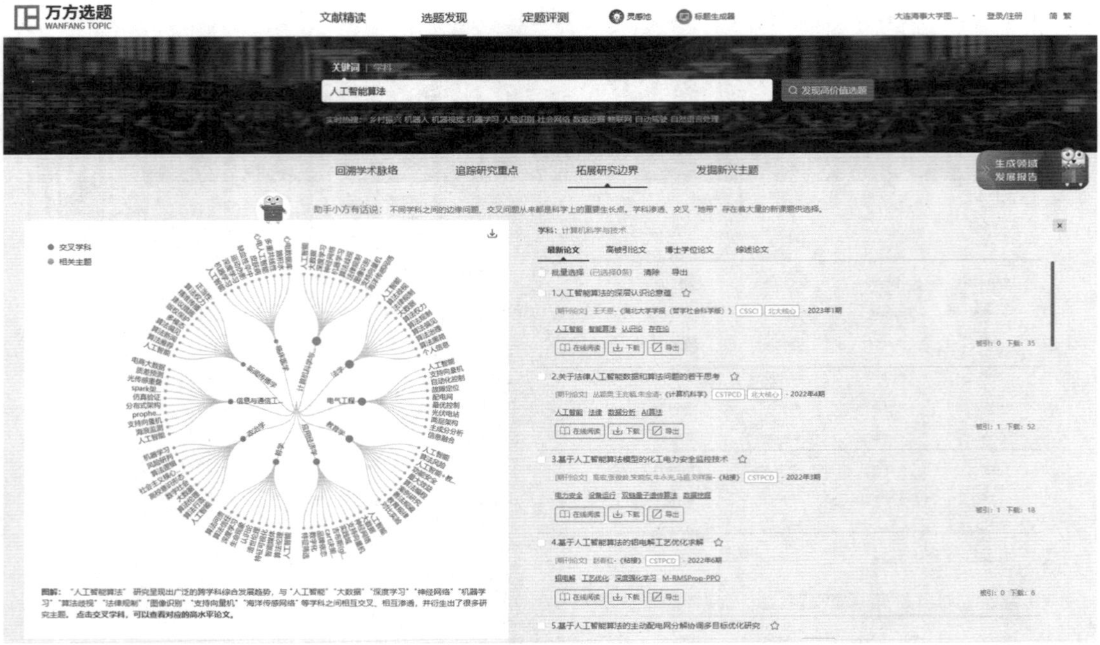

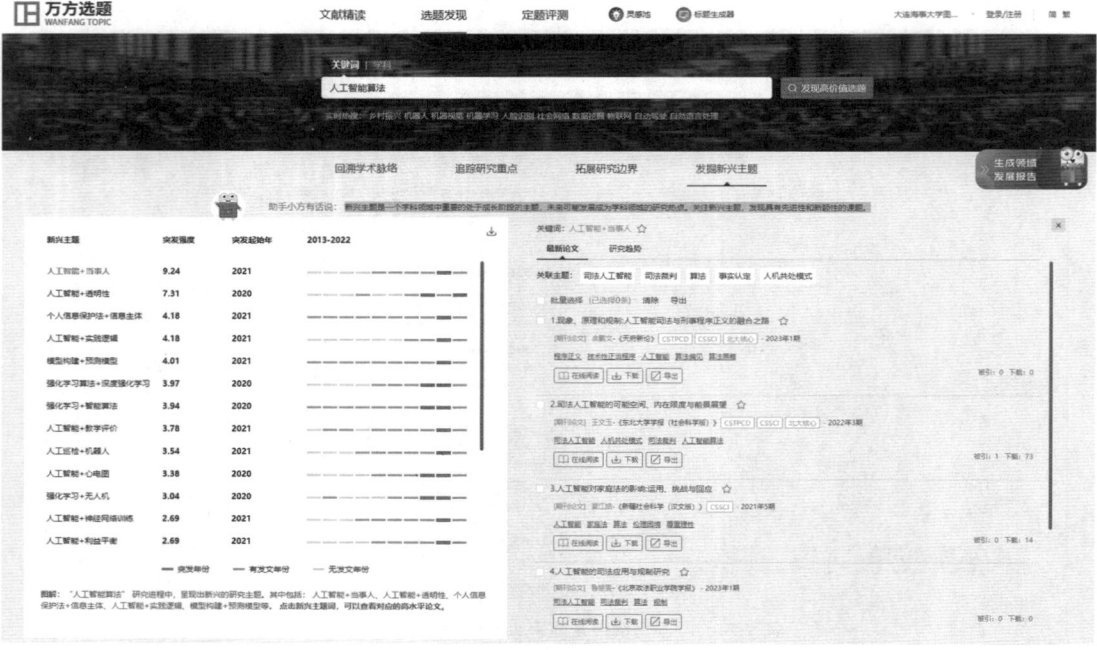

图 9-75　万方选题检索结果页面——拓展研究边界

④发掘新兴主题模块：新兴主题是一个学科领域中重要的处于成长阶段的主题，未来可能发展成为学科领域的研究热点。系统根据读者输入的检索词，推荐与其相关的新兴主题，发现具有先进性和新颖性的课题。点击感兴趣的新兴主题，在右侧可以查看对应的高水平论文（见图 9-76）。

图 9-76　万方选题检索结果页面——发掘新兴主题

第七节　利用数据库资源查找中外文专利文献

一、问题的分析

专利文献作为记载专利申请、审查、批准过程中所产生的各种有关的文件资料，不仅包括专利请求书、说明书、权利要求书、摘要在内的专利申请说明书和已经批准的专利说明书的文件资料，还包括专利公报、专利文摘，以及各种索引与供检索用的工具书等。专利文献具有内容新颖、实用性强、出版迅速等特点，既是一种集技术、经济、法律三种情报为一体的文献资料，也是科研工作中重要的参考资料。下面，我们将先介绍专利文献的基础知识，作为后续专利文献检索的基础。

(一)专利的类型

由于各国专利法的不同，专利类型的划分也不尽相同，如美国的专利分为发明、外观设计及植物专利，而我国、日本及德国专利主要分为发明、实用新型、外观设计三种类型。在我国，发明是指对产品、方法或者其改进所提出的新的技术方案。实用新型是指对产品的形状、构造或者其结合所提出的适于实用的新的技术方案；外观设计是指对产品的整体或者局部的形状、图案或者其结合以及色彩与形状、图案的结合所做出的富有美感并适于工业应用的新设计。

(二)专利文献概述

1.专利文献的作用

专利文献是传播专利信息的媒介，提供技术评价和技术法律状态等情报信息，竞争对手在技术或产品方面的开发、研制情况等信息。现如今，专利文献的数量、质量与一个国家经济、科技发展水平呈正向相关。同时，专利文献的公开、传播，反过来可以促进一个国家经济的发展和科技的进步。

2.专利基本著录事项

著录事项中包括基本的专利信息：专利申请的时间、申请的号码、申请人或专利权人、发明人、发明创造名称、发明创造简要介绍、发明所属技术领域分类号、公布或授权的时间、文献号、出版专利文件的国家机构等。

3.专利文献的分类法

为了方便对专利的管理与利用，国际组织及有关国家制定了专门的专利分类法，国际上通用的专利分类法有两种，一种是世界知识产权组织（WIPO）编写和修订的《国际专利分类法》（International Patent Classification，简称 IPC），另一种是《国际外观设计分类法》（也称洛迦诺分类法）。我国专利文献分类主要采用的是《国际专利分类法》。

4.专利文献号的编码规则

专利文献号是指国家知识产权局按照法定程序，在专利申请公布和专利授权公告时给予

271

的文献标识号码,包括申请种类号和文献流水号两个部分,并与国别代码、种类代码联合使用,排列顺序应为:国家代码 CN、专利文献号、专利文献种类标识代码。

(1)申请种类号

专利文献号中的申请种类号所使用的数字含义规定如下:1 表示发明专利申请;2 表示实用新型专利申请;3 表示外观设计专利申请。

(2)专利文献种类标识代码

种类代码为大写字母,字母的含义为:A——发明专利申请公布;B——发明专利授权公告;U——实用新型专利授权公告;C——发明专利权部分无效宣告的公告;Y——实用新型专利权部分无效宣告的公告;S——外观设计专利授权公告或专利权部分无效宣告的公告。我国现行规则的申请号及文献号举例(见表 9-1)。

表 9-1　我国现行规则的申请号及文献号举例

种类	申请号	公布号	授权公告号	专利号
发明	201710195983.9	CN101207268A	CN101207268B	ZL 201710195983.9
进入中国国家阶段的 PCT 发明	201680012968.X	CN101164163A	CN101164163B	ZL 201680012968.X
实用新型	201920059558.1		CN201435998U	ZL 201920059558.1
进入中国国家阶段的 PCT 实用新型	2017900000645		CN201436162U	ZL 201790000064.5
外观设计	201930140521.7		CN301168542S	ZL 201930140521.7

二、问题的解决

在了解了专利文献的基础知识后,下面以检索申请人为大连海事大学的专利为例,将分别从中外文专利的角度介绍一下如何利用数据库检索专利文献的方法。

(一)专利检索的基本思路

1.确定检索范围

明确需要检索的专利类型、国家/地区、申请人、发明人等外部信息。

2.选择检索工具

根据自身需求,合理选择检索工具,如要检索中文专利可选择中国知网(Cnki)专利数据库、万方数据知识服务平台的专利子库等。

3.确定检索字段

根据需求,确定检索字段。如明确知道所需发明专利的名称,则可选择"发明名称"作为检索字段。

4.输入检索词

选择好检索字段后,输入相应的检索词,要确保准确并完整。

5.执行检索

根据上述步骤设置好的检索条件,执行检索操作。

6.检索结果处理

根据自身需求,对检索到的专利文献进行筛选、导出等操作。

(二)中文专利检索方法及步骤——以"中国知网(Cnki)专利数据库"为例

(1)进入中国知网首页,点击"专利"数据库,进入专利子库检索界面(见图9-77)。中国知网的专利数据库包括中国专利和海外专利,其中,《中国专利全文数据库(知网版)》包含发明公开、发明授权、外观设计和实用新型四个子库,准确地反映中国最新的专利发明。专利相关的文献、成果等信息来源于 Cnki 各大数据库,可以通过申请号、申请日、公开号、公开日、专利名称、关键词、分类号、申请人、发明人、优先权等检索项进行检索,并一次性下载专利说明书全文。《海外专利摘要数据库(知网版)》包含美国、日本、英国、德国、法国、瑞士、世界知识产权组织、欧洲专利局、俄罗斯、韩国、加拿大、澳大利亚、中国香港及中国台湾地区十国两组织两地区的专利。专利相关的文献、成果等信息来源于 Cnki 各大数据库。可以通过申请号、申请日、公开号、公开日、专利名称、关键词、分类号、申请人、发明人、优先权等检索项进行检索,专利说明书全文链接到欧洲专利局网站。

图 9-77　中国知网专利数据库首页

(2)推荐读者使用"高级检索"功能进行检索,点击"高级检索"进入专利数据库的"高级检索"页面,进一步选择《中国专利全文数据库(知网版)》子库(见图9-78),选择"申请人"字段,输入检索词"大连海事大学",点击"检索"(见图9-79)。

图 9-78　中国知网专利数据库子库选择

273

图 9-79　中国知网专利数据库检索条件输入

（3）检索共得到申请人＝"大连海事大学"的专利文献 7 235 篇，在检索结果页面（见图 9-80），与论文文献类似，读者可以根据需求，对检索结果进行排序、精炼、导出与分析。

图 9-80　中国知网专利数据库检索结果页面

(4)进入专利文献详情页面后,可查看专利文献的专利类型、申请号、申请人、发明人、分类号、代理机构等外部信息,主权项信息、摘要以及专利的法律状态。在该页面,为读者提供了 CAJ 原文下载途径,并在页面下方提供了相似专利推荐、本领域科技成果与标准、该专利的相关研究与应用等信息(见图 9-81)。

图 9-81　中国知网专利文献详情页面

(三)外文专利检索方法及步骤——以"Derwent Innovations Index"为例

外文专利检索的基本思路与中文文献检索相同,以在 Web of Sciecne 平台中的 Derwent Innovations Index 数据库中检索有关平板等离子显示器的相关专利为例,具体介绍外文专利的检索步骤:

(1)读者输入网址:http://webofscience.com 访问 Web of Science 平台,在 Web of Science 页面点击"所有数据库"右侧的下拉菜单,则可以看到所有可供检索的数据库,点击"Derwent Innovations Index"链接即可进入(见图 9-82)。

图 9-82　Derwent Innovations Index 进入方式

(2)在首页的基本检索框中,选择主题检索项,输入检索词"flat panel plasma display"(可用引号对特定检索词进行精准限定),点击"检索"(见图 9-83)。

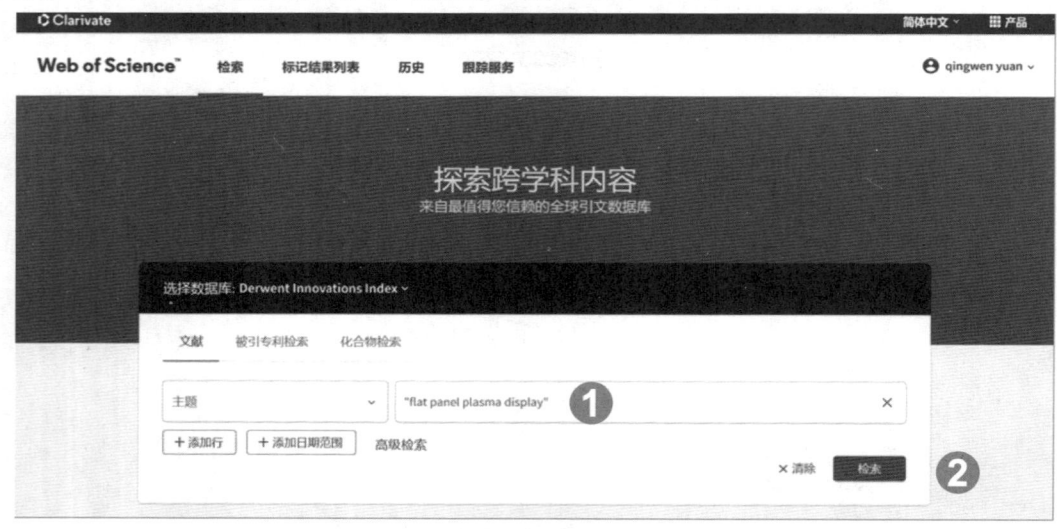

图 9-83　Derwent Innovations Index 检索

（3）在检索结果详情页面，与论文检索结果详情页面类似，读者可以根据需要进行检索结果排序、精炼；也可以通过分析检索结果多维度地分析专利信息。

（4）在专利详情页面（见图9-84），读者通过点击"发明人"，可以链接到数据库中该发明人的其他专利，也可以了解专利审查员在审查该专利时参考的科技文献以及专利文件，读者可通过多种方式（导出、打印、邮件、保存和添加到标记列表等）下载或者保存该记录到 EndNote Online 个人图书馆。

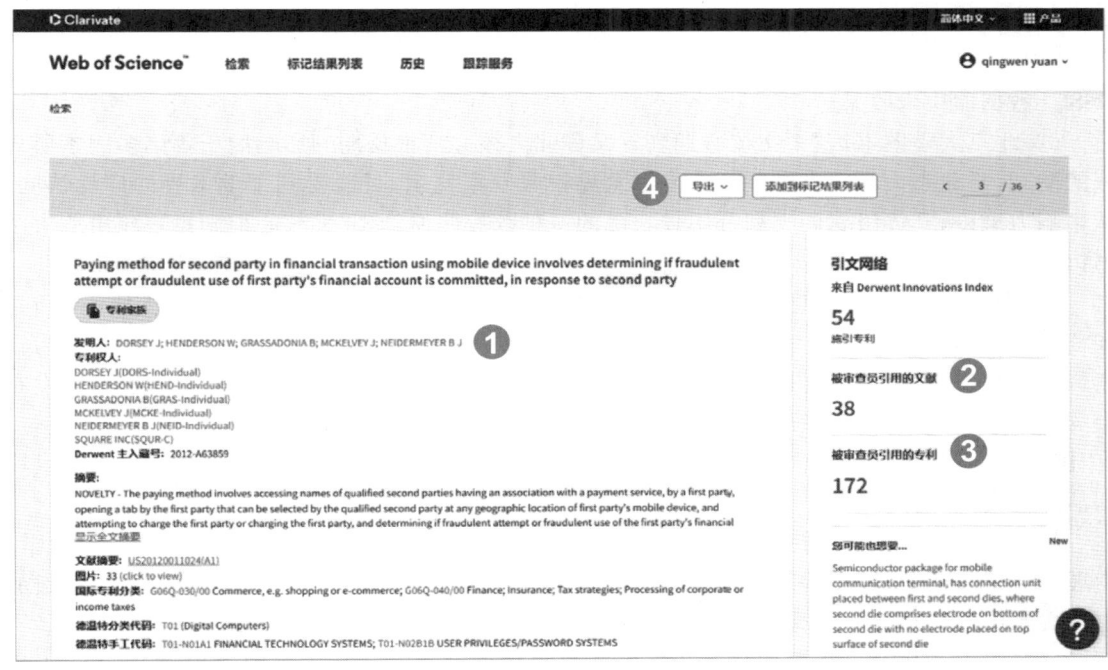

图 9-84　Derwent Innovations Index 专利详情页

第八节　利用数据库资源选择合适的投稿期刊

一、问题的分析

学术期刊（Academic Journal）是一种经过同行评审的期刊，发表在学术期刊上的文章通常涉及特定的学科。学术期刊展示了研究领域的成果，并起到了公示的作用，其内容主要以原创研究、综述、书评等形式的文章为主。学术期刊按照不同的分类标准可以分为不同的种类，下面介绍常见的核心期刊类别，为读者的选刊投稿提供参考。

（一）国际核心期刊引文索引

（1）SCI-E 美国《科学引文索引》：收录了自然学科领域口最具权威和影响力的学术期刊。

（2）SSCI 美国《社会科学引文索引》：收录了社会科学领域中最具权威和影响力的学术期刊。

（3）CPCI《科技会议录索引》（Science＋Social Science ＆ Humanities）：收录了自然科学、社会科学、人文领域中最具权威和影响力的会议录。

（4）EI《工程索引》：期刊、会议、技术报告等。非整刊收录，在基础科学领域，EI只收录与工程和应用有关的文献纯粹理论，如生物学理论、化学理论、地质理论都不在其内。

（二）国内核心期刊遴选体系

（1）南京大学"中文社会科学引文索引（CSSCI）来源期刊"（又称南大核心）：由南京大学发布的"中文社会科学引文索引"，是国家、教育部重点研究项目，两年一评，扩展刊源收录文献在CSSCI数据库中未收录。

（2）北京大学图书馆"中文核心期刊"（又称北大核心）：根据期刊影响因子等诸多因素所划分的期刊，是北京大学图书馆联合众多学术界权威专家鉴定，目前受到了学术界的广泛认同。从影响力来讲，其等级属同类划分中较权威的一种。按照惯例，北大核心期刊每三年由北大图书馆评定一次，并出版《北大核心期刊目录要览》一书。

（3）中国科学技术信息研究所"中国科技论文统计源期刊"（又称中国科技核心期刊）（CSTPCD）：是中国科学技术信息研究所出版的中国科技论文统计源期刊，学科范畴主要为自然科学领域，每年对中国科研产出状况进行各种分类统计和分析，以年度研究报告和新闻发布会的形式定期向社会公布统计分析结果，公开出版《中国科技论文统计与分析》年度研究报告、《中国科技期刊引证报告》（核心版），为政府管理部门和高等院校、研究机构和研究人员提供期刊信息及决策支持。

（4）中国科学院文献情报中心"中国科学引文数据库（CSCD）来源期刊"：收录我国数学、物理、化学、天文学、地理学、生物学、农林科学、医药卫生、工程技术和环境科学等领域出版的中英文科技核心期刊和优秀期刊千余种。

（5）《中国人文社会科学核心期刊要览》，中国社会科学院文献信息中心发布。2000年推出首版，建有《中国人文社会科学引文数据库》（CHSSCD）。

（6）《中国核心期刊目录》（RCCSE），是邱均平教授团队创立的四大科教评价报告之一，于2009年3月正式推出第1版，于2011年后连续推出了《RCCSE》第2版、第3版、第4版和第5版、第6版，RCCSE（第6版）得到权威学术期刊（A＋等级）366种，核心期刊（A和A－）1 693种，B＋等级（准核心期刊）1 914种，B等级（一般期刊）1 847种，C等级（较差期刊）570种。

（7）《中国学术期刊综合引证报告》，清华大学图书馆和中国学术期刊（光盘版）电子杂志社发布，建有《中国引文数据库》（CCD）。

二、问题的解决

在了解了学术期刊分类后，接下来，将以中国知网、Web of Science、Science Direct数据库为例，介绍如何利用数据库辅助读者选刊投稿。

（一）利用中国知网的期刊分析功能辅助选刊投稿

（1）进入中国知网主页后，选择学术期刊子库（见图9-85），点击进入学术期刊子库首页，在该页面点击"期刊导航"（见图9-86），进入"期刊导航"页面。

（2）在"期刊导航"页面左侧，系统为读者提供了学科导航、卓越期刊导航、社科基金资助期

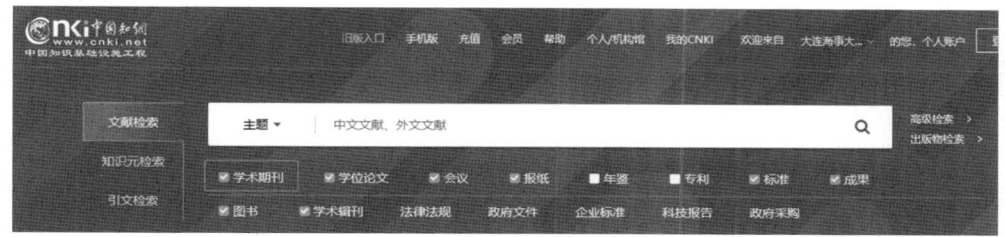

图 9-85　中国知网首页选择学术期刊子库

图 9-86　中国知网学术期刊子库首页选择"期刊导航"

刊导航、数据库刊源导航等多个维度进行期刊的筛选。

【举例 1】如何筛选公路与水路运输领域内的期刊进行投稿？

第一步：在期刊导航页面的左侧的学科导航处找到"公路与水路运输"学科（见图 9-87），点击该学科进入期刊列表页面（见图 9-88）。

图 9-87　中国知网期刊导航页面——学科选择

图 9-88　中国知网期刊导航页面——期刊列表页面

第二步：中国知网收录的"公路与水路运输"学科期刊共有 88 本，选择按复合影响因子降序排序，读者可以根据需求选择其他的排序方式。

第三步：点击期刊其中某一期刊封面，进入该期刊的信息详情页面查看该刊的基本信息、出版信息、被核心索引收录的情况（见图 9-89）；可按"刊期浏览"查看该刊的论文，可查看该刊所包含的具体栏目（见图 9-90），也可查看关于该刊年度出版情况及学术热点动态的可视化分析图谱，读者可以依据上述信息判断自己的文章是否与刊物相匹配（见图 9-91）。

图 9-89　中国知网期刊详情页面——期刊信息

图 9-90　中国知网期刊详情页面——期刊栏目浏览

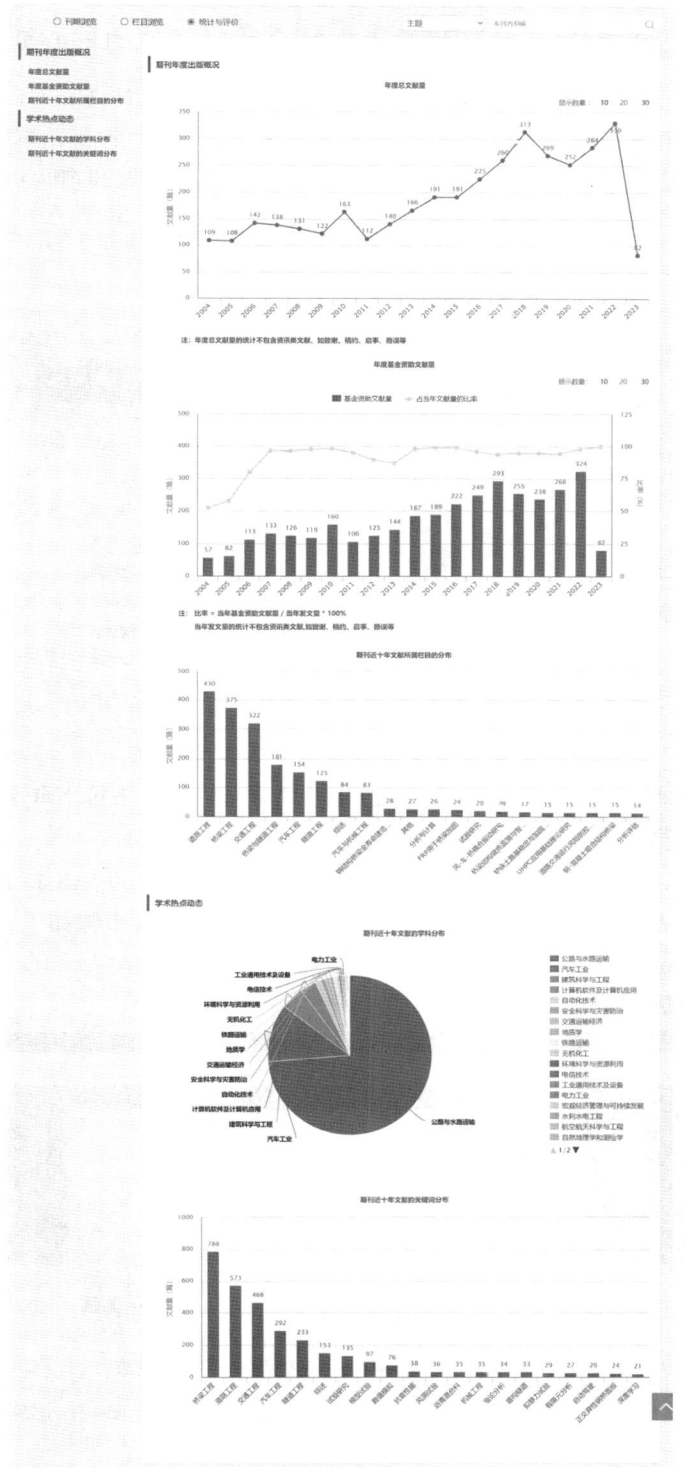

图 9-91　中国知网期刊详情页面——期刊发文的统计与分析

(二)利用 CSSCI 数据库筛选我国人文社会科学领域的核心期刊

作为我国人文社会科学领域重要的文献信息查询与评价工具,CSSCI 提供多种信息检索途径。读者若想查询最新的收录期刊目录,可在 CSSCI 首页的"期刊导航"模块进行查看(见图 9-92),点击"来源期刊"进入详情页面后,可查看最新的"来源期刊"和"扩展版来源期刊"。

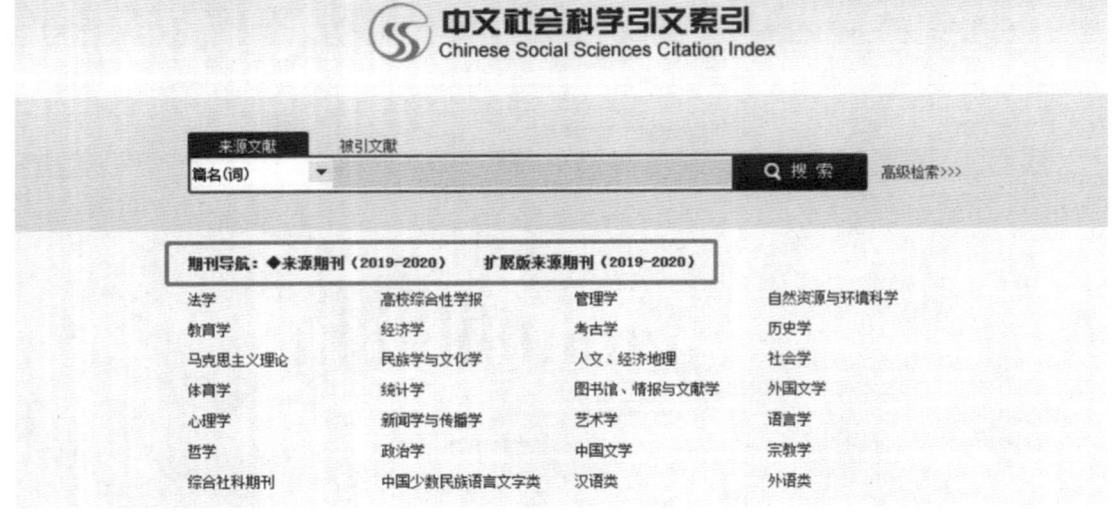

图 9-92　CSSCI 首页——"期刊导航"

(三)利用 Web of Science 平台的主期刊列表查询 SCI-E、SSCI、CPCI 等核心索引的收录期刊目录

Web of Science 平台收录了国际四大核心期刊引文索引中的 SCI-E、SSCI、CPCI 等多个核心索引目录。读者可以通过主期刊列表查询最新的收录目录,步骤如下:

(1)点击 Web of Science 平台主页右上角"产品"选项卡,选择"Master Journal List",进入主期刊列表页面(见图 9-93)。

图 9-93　Web of Science 平台主页——主期刊列表

(2)在主期刊列表页面,选择"Dowmloads"选项卡,需要登录 Web of Science 个人账号后,可下载各索引的期刊列表(见图 9-94)。

(3)登录个人账号后,可根据需求下载所需的最新期刊列表,及最新的期刊引证报告(JCR)(见图 9-95)。

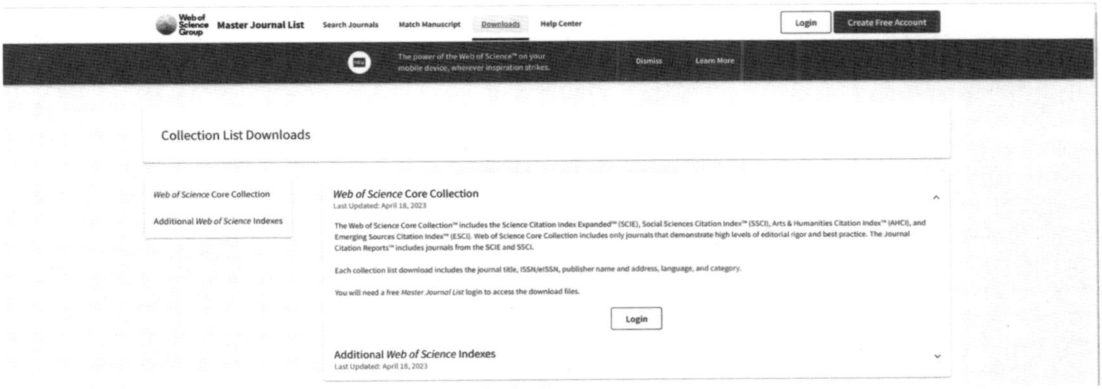

图 9-94　Web of Science 平台主期刊列表页面

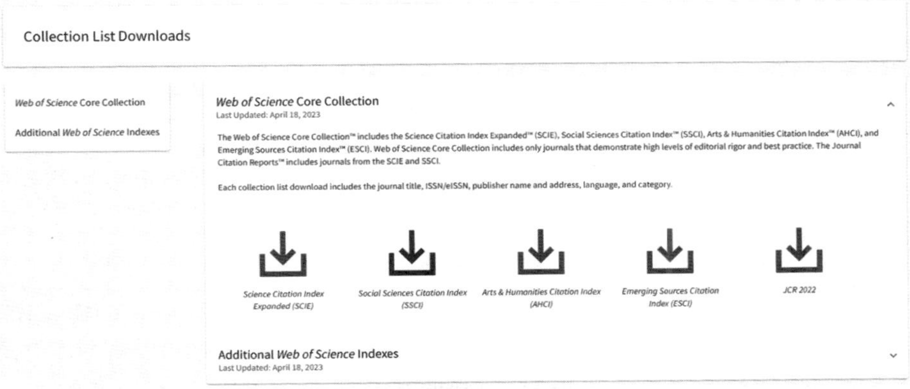

图 9-95　Web of Science 平台期刊列表下载

（四）Web of Science 平台的期刊引证报告（JCR）衡量期刊影响力

JCR 作为提供基于引文数据统计信息的期刊评价资源，通过对参考文献的标引和统计，JCR 可以在期刊层面衡量某项研究的影响力，显示出引用和被引期刊之间的相互关系。

【举例】以查询期刊"JOURNAL OF MARINE SCIENCE AND ENGINEERING"为例，查看该期刊的影响因子、分区等信息，帮助读者评价期刊在该领域的影响力，具体检索步骤如下。

（1）在 Web of Science 平台右上角"产品"选项卡，选择"Journal Citation Reports（JCR）"，进入 JCR 主页（见图 9-96）。

图 9-96　Web of Science 平台——JCR 入口

283

（2）进入 JCR 首页，在该页面可通过输入期刊名称、ISSN 号等信息直接查询某本期刊情况，也可以通过浏览学科排序、期刊排序、出版社排序等入口进行期刊查询（见图 9-97）。

① 在检索框中键入期刊名称、期刊 ISSN 或 eISSN、所属学科及刊名关键字，
　直接点击右侧放大镜或在检索提示框内点击目标期刊名称，即可进入目标
　期刊概览页面
② 新增 Match my manuscript 模块，可由 JCR 快捷进入主期刊列表，匹配适
　合的投稿期刊
③ 通过期刊排序方式浏览结果
④ 通过学科排序方式浏览结果，可以查看 254 个 Web of Science 学科类别中
　每个类别的期刊列表
⑤ 通过出版社排序方式浏览结果
⑥ 通过国家 / 地区排序方式浏览结果
⑦ Resources & updates 获取 JCR 更新资讯与帮助文档，提供意见反馈等
⑧ 管理喜欢的期刊列表

图 9-97　Web of Science 平台——JCR 首页

（3）在 JCR 首页检索框中输入期刊名称"JOURNAL OF MARINE SCIENCE AND EN-GINEERING"，进行检索（见图 9-98）。点击进入期刊"JOURNAL OF MARINE SCIENCE AND ENGINEERING"详情页面，可查看期刊的基本信息、影响因子及分区等信息。该刊属于 SCI－E 收录期刊，所属类别分别有 OCEANOGRAPHY－SCIE，ENGINEERING，OCEAN－SCIE，ENGINEERING，MARINE－SCIE 三个领域，在这三个领域内的 2021 年的分区分别为 OCEANOGRAPHY：Q2、ENGINEERING，OCEAN：Q2、ENGINEERING，MA-RINE：Q1（见图 9-99、图 9-100、图 9-101）。

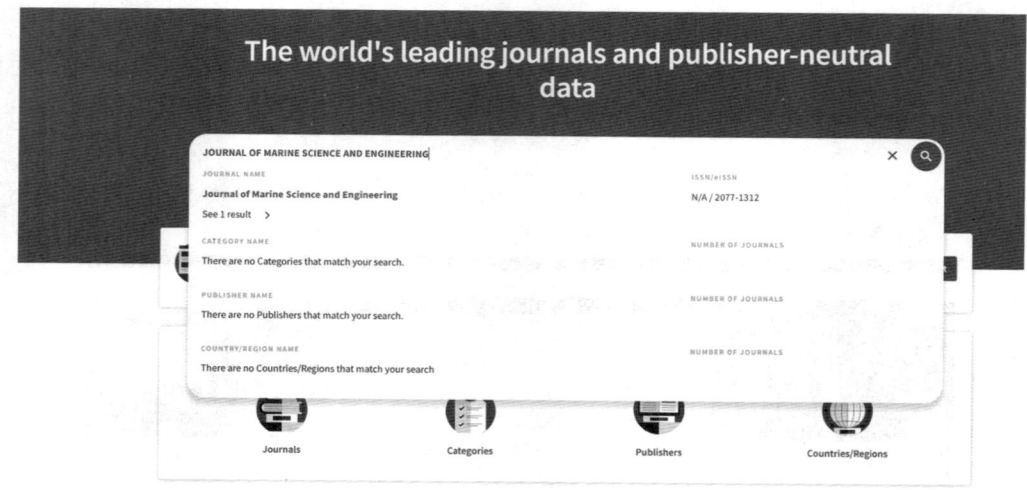

图 9-98　JCR 首页检索页面

图 9-99 期刊的基本信息

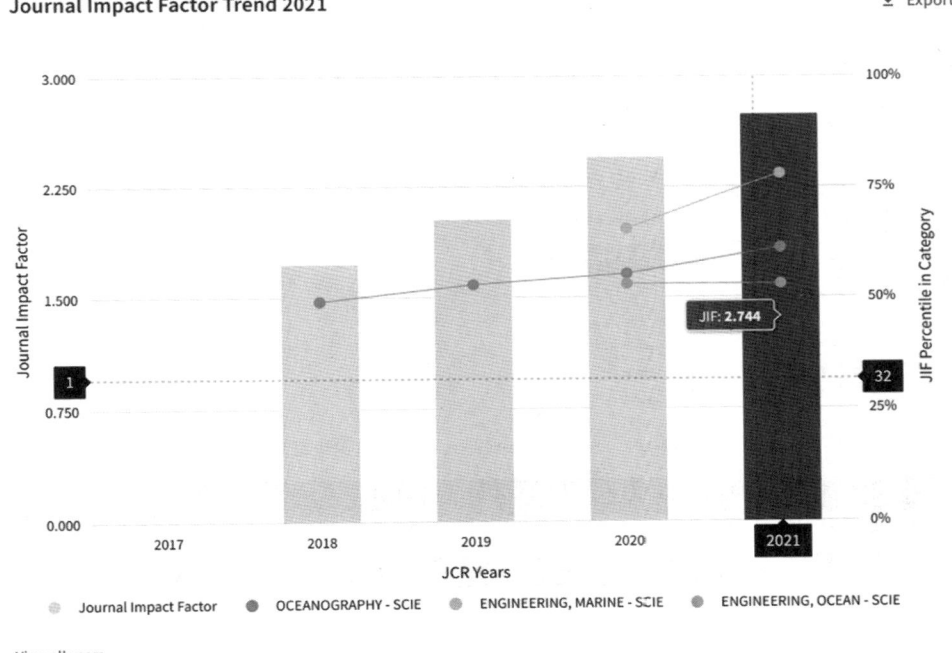

图 9-100 期刊的影响因子信息

Rank by Journal Impact Factor

Journals within a category are sorted in descending order by Journal Impact Factor (JIF) resulting in the Category Ranking below. A separate rank is shown for each category in which the journal is listed in JCR. Data for the most recent year is presented at the top of the list, with other years shown in reverse chronological order. Learn more

EDITION
Science Citation Index Expanded (SCIE)

CATEGORY
ENGINEERING, MARINE
4/16

JCR YEAR	JIF RANK	JIF QUARTILE	JIF PERCENTILE	
2021	4/16	Q1	78.13	
2020	6/16	Q2	65.63	
2019	N/A	N/A	N/A	
2018	N/A	N/A	N/A	

EDITION
Science Citation Index Expanded (SCIE)

CATEGORY
ENGINEERING, OCEAN
8/16

JCR YEAR	JIF RANK	JIF QUARTILE	JIF PERCENTILE	
2021	8/16	Q2	53.13	
2020	8/16	Q2	53.13	
2019	N/A	N/A	N/A	
2018	N/A	N/A	N/A	

‹ ● ● ● ›

图 9-101 期刊的分区信息

(五)利用 ScienceDirect 数据库查看期刊信息及投稿方式

在 ScienceDirect 平台可以查询 Elsevier(爱思唯尔)集团出版的学术期刊信息,在期刊主页通过链接可查看该刊物投稿的官网页面。在 ScienceDirect 数据库中任意通过期刊名称的超链接都可进入该期刊的详情页面(见图 9-102)。点击"Submit your article",进入期刊投稿页面(见图 9-103),点击"Guide for authors"也可进入作者指南页面,帮助读者进行期刊投稿(见图 9-104)。

图 9-102　ScienceDirect 平台——期刊详情页面

图 9-103　ScienceDirect 平台——期刊投稿页面

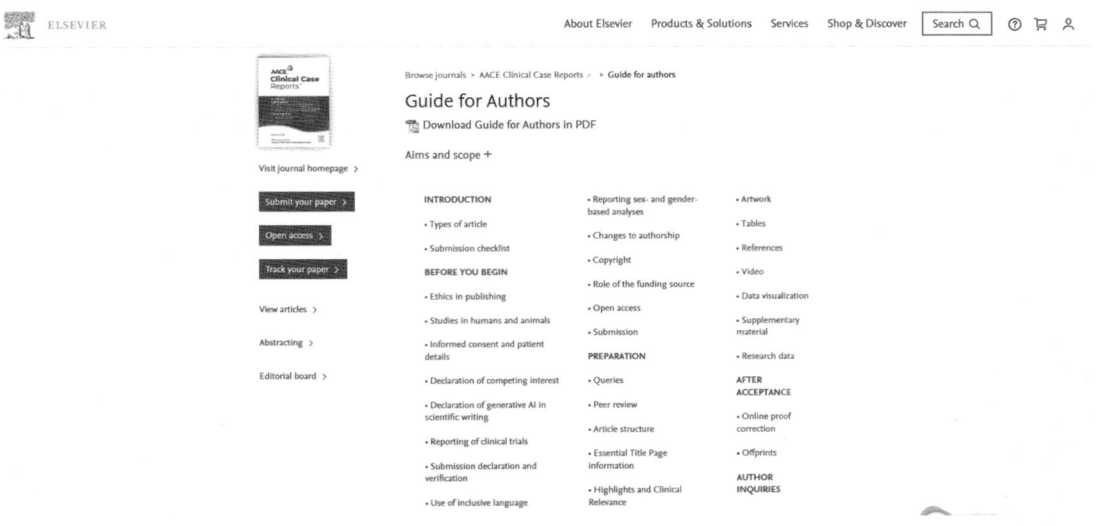

图 9-104　ScienceDirect 平台——作者指南页面

第九节　利用数据库资源进行英语学习

一、问题的分析

英语是大学生的必修课之一,学习阅读全球最新科研文献和资讯也离不开英语,本节将介绍如何利用图书馆资源来提升英语水平,中文数据库以"环球英语多媒体资源库"为例,外文数据库以"EBSCO 外语研究与学习数据库"为例,具体介绍利用数据库辅助英语学习的使用方法。

二、问题的解决

(一)利用环球英语多媒体资源库进行英语学习

环球英语多媒体资源库是依托环球天下教育集团旗下的三大教育机构(即环球雅思总校、环球职业教育在线、环球世界风小语种中心)共同推出精品课程数据库。库内包括各种英语学习、考试的课程,无论是四、六级考试,还是托福、雅思考试,甚至是小语种学习,都可以找到相应的视频课程,还可以观看公开课直播,获取考试资讯、问题答疑、考试技巧等,我们还能在这个平台上进行模拟考试,真题测试,专项练习等,可以一站式解决英语学习考试的各种问题。具体使用方法如下:

(1)读者通过网址:http://www.englibrary.com 进入环球英语多媒体资源数据库首页(见图 9-105),可以在左侧的课程列表中通过浏览的方式选择需要的课程,例如,想要学习雅思基础的读者,可以在雅思考试模块中根据需求选择"雅思基础",会筛选出有关雅思基础学习的相关课程(见图 9-106),包括雅思口语、听力、写作、阅读等多项学习课程,点击进入具体课程页面,均为视频形式课程,同时还配有讲义,配合听课时查看,也可以根据需要下载讲义(见图9-107)。

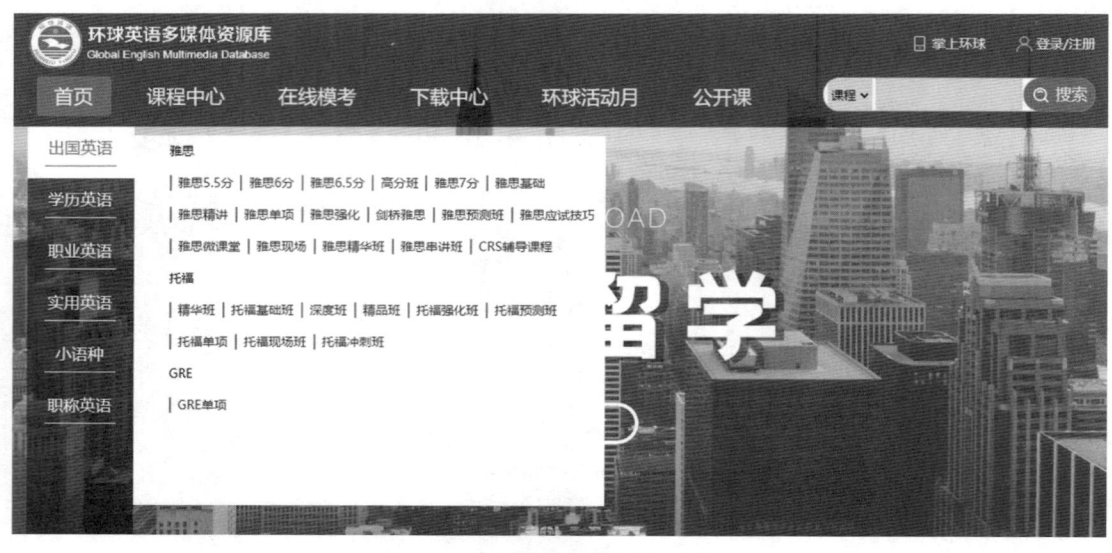

图 9-105　环球英语多媒体资源库首页

图 9-106　环球英语多媒体资源库课程分类筛选页面

　　(2)学习了在线课程后,读者若想要测试一下学习成果,可以切换至"在线模考"模块,该模块中有模拟题、历年真题及专项练习(见图9-108),进入考场前,需要读者自行注册一个个人账号,登录后,即可进入考场(见图9-109),在该界面是有考试时间的计时显示,可以让读者体验真实考试的感觉,提交答卷后,系统会给出得分、每道题的答案及解析。

　　(3)在数据库的"下载中心"模块为读者提供了视频、音频、文档等各类资源,在主题分类中,读者可以根据需要进行筛选,下载到本地(见图9-110)。

第 13 课时
雅思阅读基础班第1...
第 14 课时
雅思阅读基础班第1...
第 15 课时
雅思阅读基础班第1...
第 16 课时
雅思阅读基础班第1...
第 17 课时
雅思阅读基础班第1...
第 18 课时
雅思阅读基础班第1...
课程讲义
讲义源文件
course.htm
4 / 17
63%
有机试和笔试
笔试 60分钟三篇文章
注意每篇文章的题目序号，不要漏题，选标题的题目在文章之前，而不是之后
READING PASSAGE 1
You should spend about 20 minutes on Questions 1–13, which are based on Reading Passage 1 below.
Sheet glass manufacture:
the float process
雅思阅读基础班第1讲
Choose NO MORE THAN TWO WORDS from the passage for each answer.
Write your answers in boxes 1–8 on your answer sheet.
填空题 Early methods of produc
Method
Advantages
Disadvantages
Glass remained
Ribbon
Could produce glass
Non-stop process
04:49 / 30:35

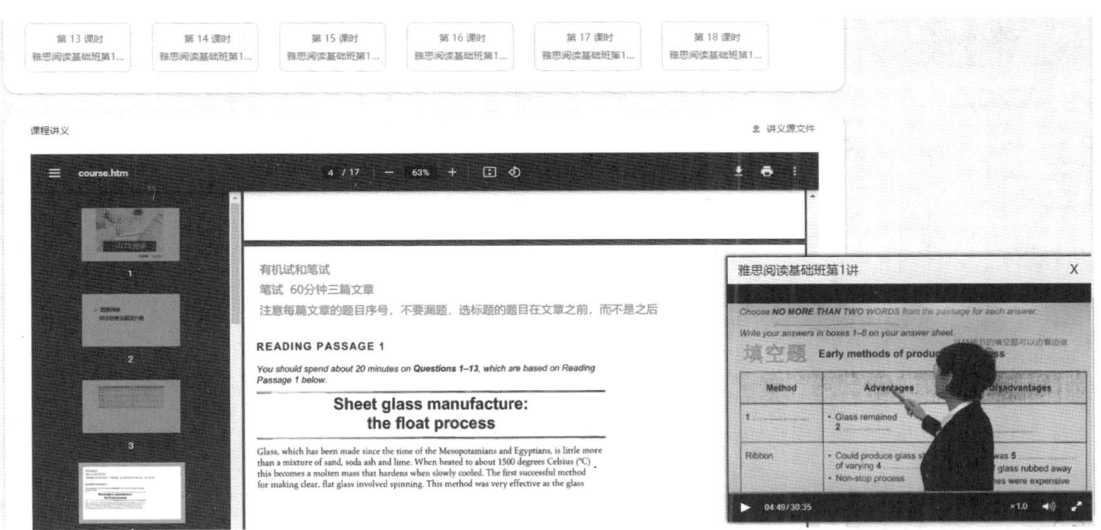

图 9-107　环球英语多媒体资源库课程列表页面

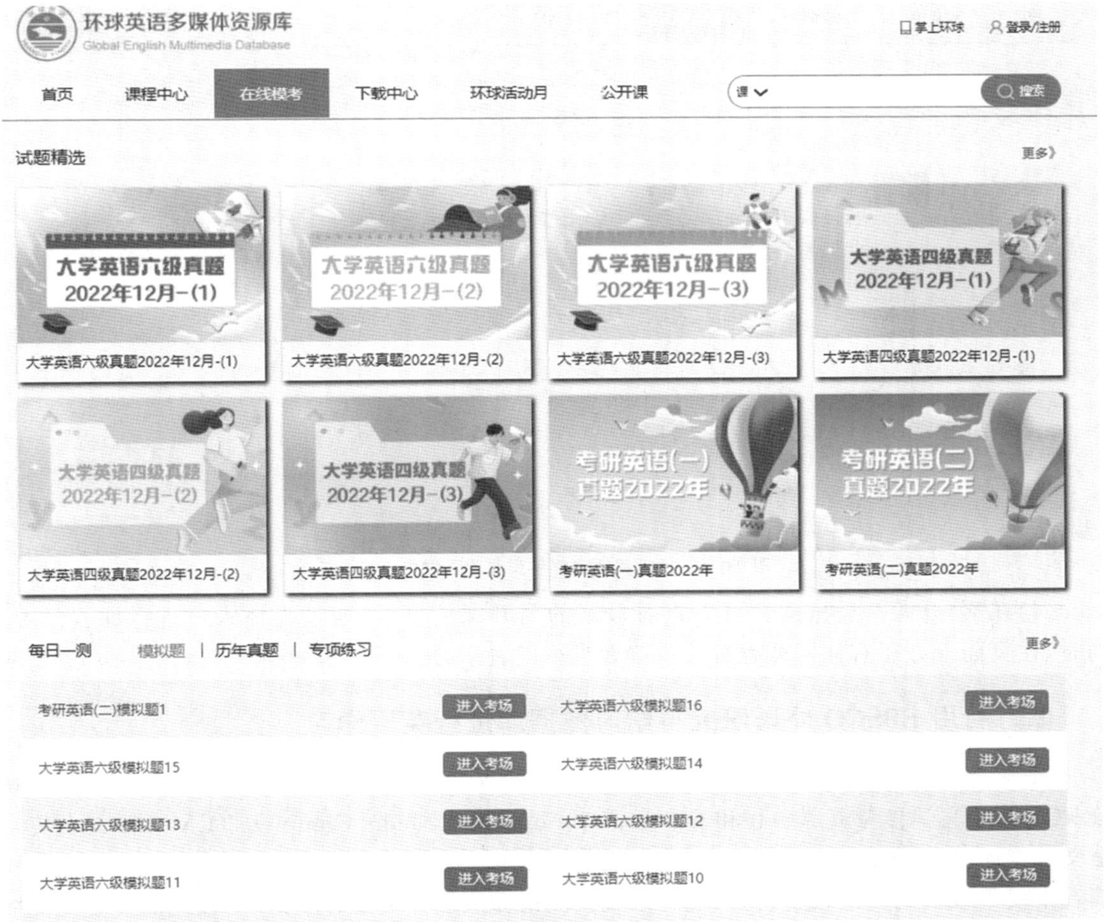
环球英语多媒体资源库
Global English Multimedia Database
掌上环球
登录/注册
首页
课程中心
在线模考
下载中心
环球活动月
公开课
搜索
试题精选
更多》
大学英语六级真题 2022年12月-(1)
大学英语六级真题2022年12月-(1)
大学英语六级真题 2022年12月-(2)
大学英语六级真题2022年12月-(2)
大学英语六级真题 2022年12月-(3)
大学英语六级真题2022年12月-(3)
大学英语四级真题 2022年12月-(1)
大学英语四级真题2022年12月-(1)
大学英语四级真题 2022年12月-(2)
大学英语四级真题2022年12月-(2)
大学英语四级真题 2022年12月-(3)
大学英语四级真题2022年12月-(3)
考研英语(一) 真题2022年
考研英语(一)真题2022年
考研英语(二) 真题2022年
考研英语(二)真题2022年
每日一测
模拟题 | 历年真题 | 专项练习
更多》
考研英语(二)模拟题1
进入考场
大学英语六级模拟题16
进入考场
大学英语六级模拟题15
进入考场
大学英语六级模拟题14
进入考场
大学英语六级模拟题13
进入考场
大学英语六级模拟题12
进入考场
大学英语六级模拟题11
进入考场
大学英语六级模拟题10
进入考场

图 9-108　环球英语多媒体资源库在线模考版块

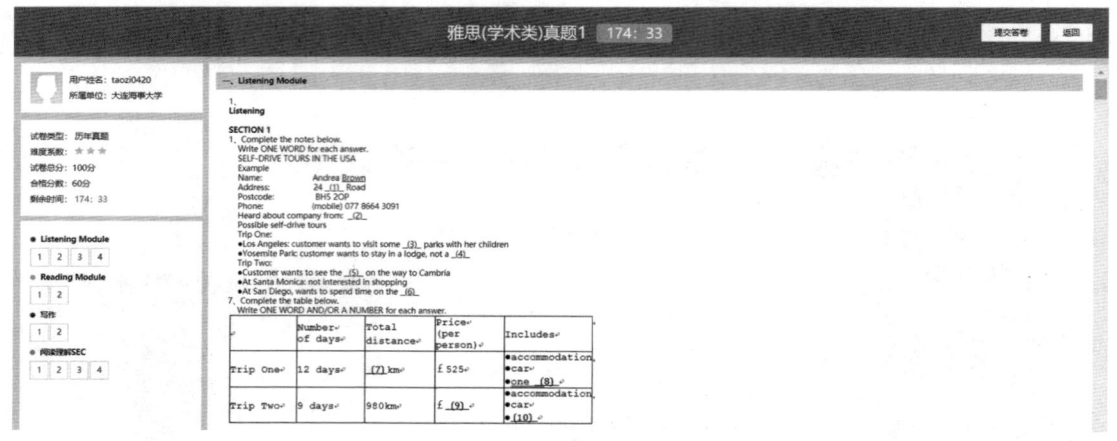

图 9-109　环球英语多媒体资源库在线考试界面

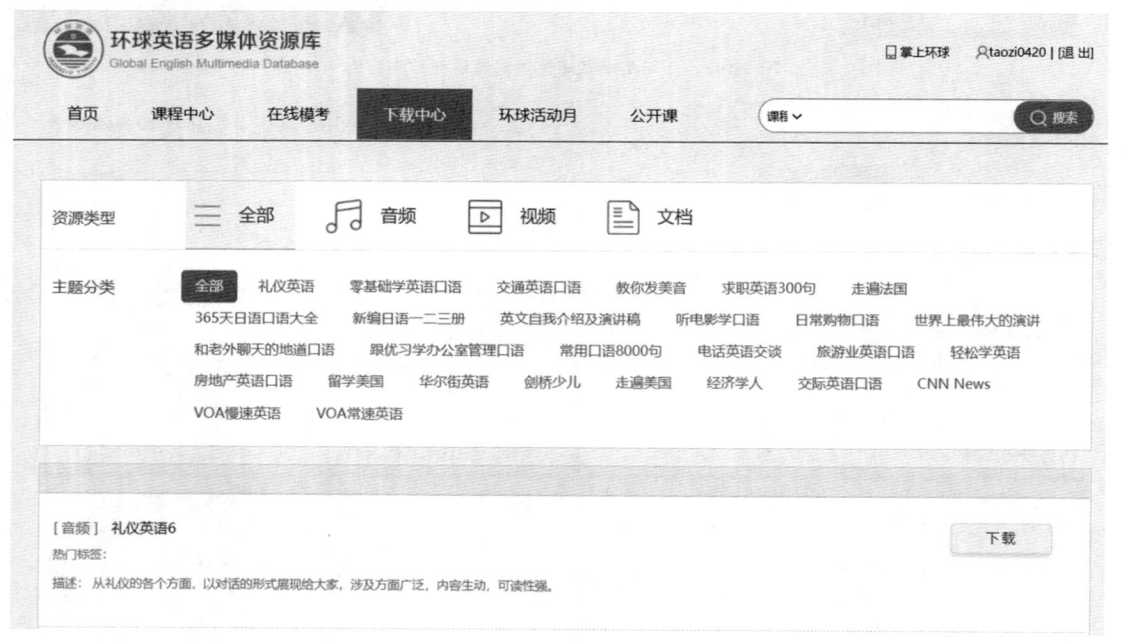

图 9-110　环球英语多媒体资源库下载中心模块

（4）在"公开课"模块，读者可以查看最新的公开课信息，可通过直播入口进行课程学习。同时，在页面下方还有往期课程链接供读者进行回看学习。

（二）利用 EBSCO 外语研究与学习数据库进行英语学习

EBSCO 外语研究与学习数据库主要包含 3 个子库，Explora、Literary Reference Center (LRC) 英美文学参考资源中心和 Communication Mass Media Complete (CMMC) 大众传媒全文数据库。其中，Explora 平台主题涉及自然科学、人文历史、社会科学、艺术等各个方面，读者不仅可以找到英语教学视频，还可以找到英语原版阅读文献，还可以个性化的设置英文播放的口音和语速，下载到手机中练习听力。LRC 是一个综合性的文学参考数据库，能够为用户提供从古代到现代的广泛的文学参考信息，包括剧情简介、概要和书籍概述、文学评论、作者传记等。CMMC 提供传播和大众传媒领域的文献检索及研究解决方案,涉及传媒学、传播学、广告学、翻译学、语言学等相关专业。下面以 LRC 为例介绍具体使用方法。

(1)读者通过网址 http://search.ebscohost.com 进入 EBSCO 平台首页,选择"Literary Reference Center (LRC) 英美文学参考资源中心"即可进入 LRC 平台首页(见图 9-111)。在首页最上方为读者提供新检索、出版物、科目、词典、索引等选项卡,读者点击相应的选项卡会跳转到不同的模块,例如点击"出版物",读者则可按照字母顺序、主题或说明、匹配任意关键字等方式浏览出版物(见图 9-112)。LRC 平台为读者提供了两种检索方式,默认为基本检索,在检索框下方,读者可以根据需要切换为"高级检索"方式,并可搜索历史检索记录。此外平台主页也为读者推荐精选作品,在平台首页右侧参考书库中,还为读者提供了引文帮助、检索指南等文档,辅助读者更好地利用数据库。

图 9-111　LRC 平台首页

图 9-112　LRC 平台——出版物浏览方式

(2)读者根据需求选择检索项,并输入检索词即可进行出版物的检索。例如,我们使用"高级检索"方式,检索标题中包含"Hamlet by William Shakespeare"的出版物。首先在 LRC 平台点击"高级检索"进入对应页面,选择标题检索项,输入检索词"Hamlet by William Shake-speare",在页面下方读者可根据需求,对文献类型、文学作者国别及生平、文学人物、文学流派等多方面检索条件进行设定。

(3)检索结果以列表形式呈现,读者可以对检索结果进行排序及精炼,进一步对出版物进行筛选,在该页面会显示每篇文献的类型,是书籍、学术期刊、评论或者其他类型,具有全文的文献可通过点击"PDF"进行查看并下载全文(见图 9-113)。

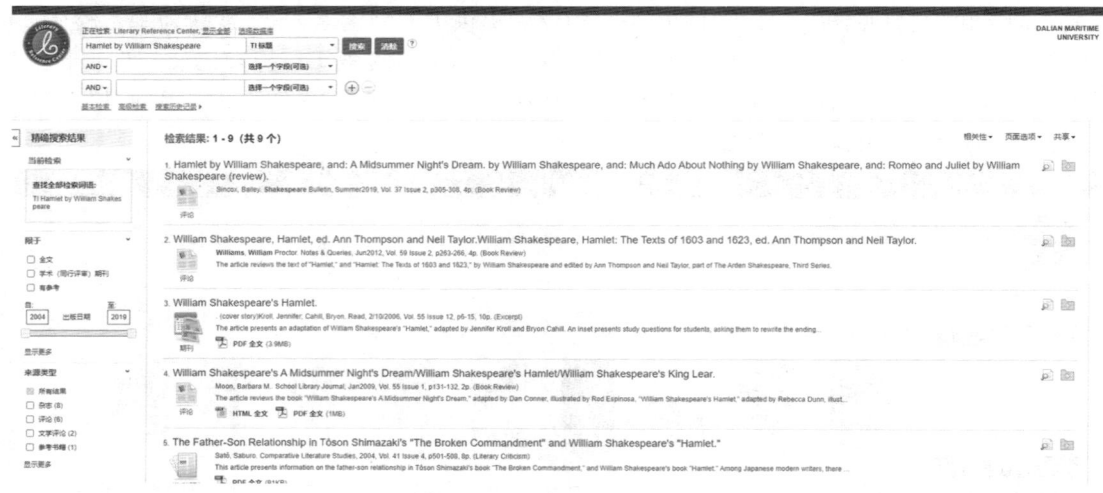

图 9-113　LRC 平台——检索结果页面

(4)在文献详情页面,除了展示了文献的基本信息外,在页面右侧的工具栏,还为读者提供了添加至文件夹、保存、导出、翻译等功能,此外,数据库还提供文献播放的功能,可以帮助读者练习听力(见图 9-114)。

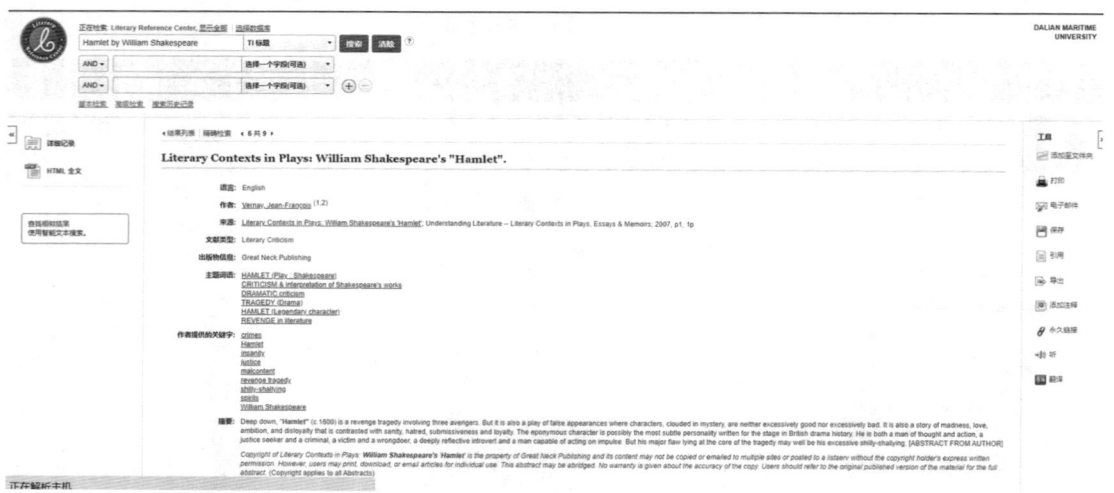

图 9-114　LRC 平台——文献详情页面

第十节　利用免费的信息检索课程开展相关学习

一、问题的分析

信息社会给我们带来了浩如烟海的信息,如何从信息大潮中获取有价值的信息,是每个人都需要面临的问题,我们获取及利用信息的能力至关重要,本节将会为大家介绍一些免费获取信息检索课程的途径,以便开展信息检索学习。

二、问题的解决

下面将为大家具体介绍如何应用信息素养教育数据库、网络在线课程平台、数据库公众号、图书馆培训课程和微视频课程等途径获取信息检索学习资源的具体检索方法。

(一)利用信息素养教育数据库开展相关学习

高校信息素养教育数据库是一款供高校师生学习信息检索、提升信息素养能力的专业视频类数据库。数据库涵盖了概念理论篇、检索技术篇、信息资源篇、检索系统篇、知识管理篇、学术资源篇、学术写作篇、科研工具篇、应用场景篇等九大模块培训课程,课程以动画微视频的方式,通过2~5分钟的微视频讲述一个信息素养的知识点,课程短小精悍、干货满满,便于读者利用碎片化时间学习。数据库还包含练习题、专家讲座、PPT课件、特色专题等模块,全面聚焦信息素养教育资源。

读者通过网址 https://suyang.zxhnzq.com/进入高校信息素养教育数据库首页(见图9-115),可根据需要在首页检索框中输入感兴趣的课程方向,如搜索"图片搜索"的相关课程,点击检索即可。在检索结果页面(见图9-116)读者可以按时间、名称、热度进行排序,筛选课程视频;也可以根据需要选择精品课程、练习题、课件/案例等不同选项卡,浏览数据库中的相关课程;还可以通过左侧的课程分类导航筛选感兴趣的课程。

图 9-115　高校信息素养教育数据库首页

图 9-116　高校信息素养教育数据库检索结果页面

(二)利用网络在线课程平台开展相关学习

1.中国大学 MOOC

中国大学 MOOC(https://www.icoursel63.org/)是网易与高教社携手推出的在线教育平台,承接教育部国家精品开放课程任务,向大家提供中国知名高校的 Massive Open Online Course(大规模在线开放课程,MOOC)课程。在该网站,读者可以在搜索到许多有关信息素养、信息检索相关的精品课程(见图 9-117)。

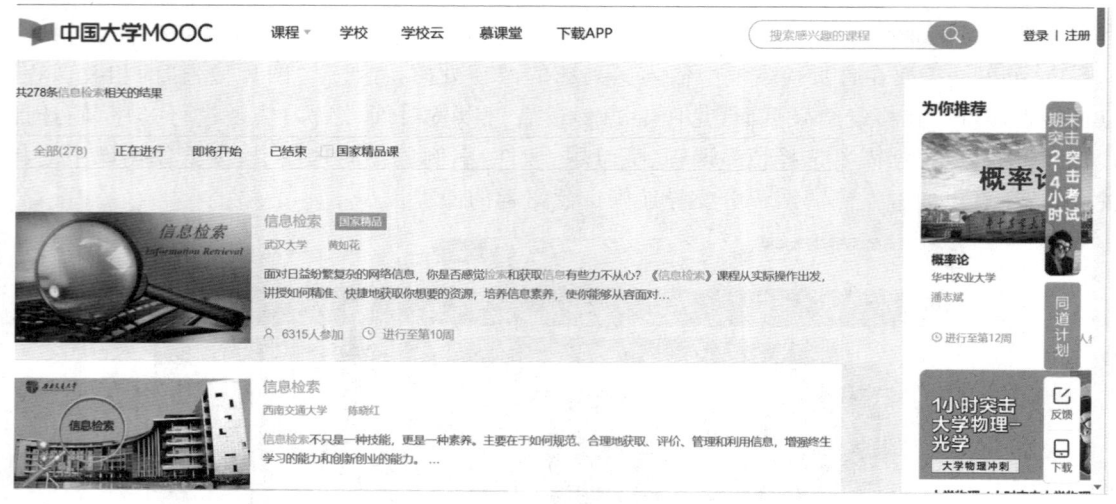

图 9-117　中国大学 MOOC 页面

2.网易公开课

网易公开课是与中国大学 MOOC 平台类似的在线课程平台,汇集清华、北大、哈佛、耶鲁等世界名校共上千门课程,覆盖科学、经济、人文、哲学等 22 个领域。在网易公开课,读者同样可以搜索到有关信息素养、信息检索相关的课程(见图 9-118)。

图 9-118 网易公开课界面

(三)利用数据库公众号开展相关学习

目前,大部分数据库服务商为了让读者能够更好地使用数据库,都开发了相应的信息素养课程来帮助读者了解其产品及使用方法。读者可以通过关注其微信公众号的方式,获取相应的课程信息、回放视频等培训课程。例如,科睿唯安公司创建的科睿唯安学术研究公众号,提供了 Web of Science 平台系列产品的使用课程,并可观看视频回放(见图 9-119);科睿唯安知识产权服务号,提供了专利数据库的使用方法课程视频(见图 9-120)。

图 9-119 科睿唯安学术研究公众号   图 9-120 科睿唯安知识产权服务号

（四）利用图书馆培训课程和微视频课程开展相关学习

高校图书馆作为大学的文献中心，是高校信息素养教育的重要阵地。读者可以通过关注所在图书馆的官方网站和微信公众号平台，获取图书馆信息素养课程信息。以大连海事大学图书馆为例，读者可以通过大连海事大学图书馆首页的"培训信息"模块查看数据库培训信息（见图9-121）。在大连海事大学图书馆微信公众号中，读者也可查看近期举办的数据库培训资讯，查看大连海事大学图书馆制作的信息素养教育系列微课程——鲲鹏微课堂（见图9-122），旨在提升读者的信息素养，帮助读者更好地了解和使用图书馆的各类型资源，掌握数据库检索的方法和技巧，为学习和科研助力。

图 9-121　大连海事大学图书馆官网中的"培训信息"模块

图 9-122　大连海事大学图书馆微信公众号"鲲鹏微课堂"

参考文献

[1] 毕宏,陈怡冰.大学生信息素养教程[M].大连:大连海事大学出版社,2015.

[2] 肖凤玲,李朝葵.大学生信息素养实用教程[M].北京:科学出版社,2021.

[3] 杜良贤.图书馆利用与文献检索[M].成都:电子科技大学出版社,2015.

[4] 黄松平,肖旭作.科学与道德:钱三强科技思想述评[M].桂林:广西师范大学出版社,2022.

[5] 乔好勤,潘小明,冯建福,等.信息检索与信息素养[M].武汉:华中科技大学出版社,2022.

[6] 蔡丽萍.文献信息检索教程[M].3 版.北京:北京邮电大学出版社,2022.

[7] 岳修志.信息素养与信息检索[M].北京:清华大学出版社,2021.

[8] 明均仁.信息检索[M].武汉:华中科技大学出版社,2021.

[9] 李贵成,刘微,张金刚.信息素养与信息检索教程[M].2 版.武汉:华中科技大学出版社,2021.

[10] 王宏波,来玲.信息资源检索与利用[M].4 版.大连:东北财经大学出版社,2019.

[11] 康桂英,明道福,吴晓兵.大数据时代信息资源检索与分析[M].北京:北京理工大学出版社,2019.

[12] 柯平.重新定义图书馆[J].图书馆,2012(05):1-5,20.

[13] 黄宗忠.对图书馆定义的再思考[J].图书馆学研究,2003(06):2-10.

[14] 肖珑.支持"双一流"建设的高校图书馆服务创新趋势研究[J].大学图书馆学报,2018,36(05):43-51.DOI:10.16603/j.issn1002－1027.2018.05.008.

[15] 李峰,马芳珍,张春红,等.我国高校图书馆决策支持服务的调查与思考[J].大学图书馆学报,2017,35(02):56-61.DOI:10.16603/j.issn1002－1027.2017.02.007.

[16] 教育部关于印发《普通高等学校图书馆规程》的通知[EB/OL].[引用时间]. http://www.moe.gov.cn/srcsite/A08/moe_736/s3886/201601/t20160120_228487.html

[17] 高校图书馆数字资源采购联盟. http://www.libconsortia.edu.cn/Ency/indexEncy.action

[18] 大连海事大学图书馆门户网站.http://lib.dlmu.edu.cn/

[19] 中国知网.http://www.cnki.net/

[20] 万方数据知识服务平台.http://g.wanfangdata.com.cn/

[21] 可知电子书平台使用方法.https://www.keledge.com

[22] 读秀学术搜索.https://www.duxiu.com/

［23］博看数据库（电脑版）.http://zq.bookan.com.cn/? t＝index&id＝21169

［24］国务院发展研究中心信息网.http://www.drcnet.com.cn/www/int/

［25］交通运输知识库.http://zt.yuetong.cn

［26］北大法宝.http://www.pkulaw.cn/

［27］万方视频.http://video.wanfangdata.com.cn/

［28］创新树——全球创新知识服务平台.http://www.innovationtree.cn

［29］新东方多媒体学习库.http://library.koolearn.com/

［30］VIPExam 考试学习资源数据库.http://www.vipexam.cn

［31］中文社会科学引文索引.http://cssci.nju.edu.cn

［32］EPSDATA.http://www.epsnet.com.cn

［33］Web of Science.http://Web of science.com

［34］Engineering Village.http://www.engineeringvillage.com/

［35］Science Direct.http://www.sciencedirect.com/

［36］SpringerLink.http://link.springer.com/

［37］Emerald 数据库.https://www.emerald.com/insight/

［38］EBSCOhost 平台.http://search.ebscohost.com/

［39］IEEE Xplore.http://ieeexplore.ieee.org/

［40］Clarksons SIN 平台.https://www.clarksons.net.cn/n/#/portal

［41］ESI 平台.https://esi.clarivate.com

［42］InCites 数据库.https://incites.clarivate.com

［43］ProQuest 学位论文全文检索平台首页.http://www.pqdtcn.com

［44］超星发现.https://www.zhizhen.com/

［45］百链学术搜索.www.blyun.com/

［46］畅想之星电子书数据库.www.cxstar.com

［47］超星期刊.https://qikan.chaoxing.com/

［48］环球英语多媒体资源数据库.http://www.englibrary.com

［49］高校信息素养教育数据库.https://suyang.zxhnzq.com/

［50］中国大学 MOOC.https://www.icoursel63.org/

［51］网易公开课.https://open.163.com/